# QUEM MATOU JOHN LENNON?

Lesley-Ann Jones

# QUEM MATOU JOHN LENNON?

As vidas, os amores e as mortes do maior astro do rock

Tradução de Isabela Sampaio

Rocco

Título original
WHO KILLED JOHN LENNON?
The Lives, Loves, and Deaths of the Greatest Rock Star

Primeira publicação John Blake Publishing, Londres.

*Copyright* do texto © Lesley-Ann Jones, 2020

O direito de Lesley-Ann Jones de ser identificada como autora desta obra foi assegurado por ela em concordância com o Copyright, Designs and Patents Act 1988.

Todos os direitos reservados.
Nenhuma parte desta obra pode ser reproduzida ou transmitida por meio eletrônico, mecânico, fotocópia ou sob qualquer outra forma sem a prévia autorização do editor.

Direitos para a língua portuguesa reservados
com exclusividade para o Brasil à
EDITORA ROCCO LTDA.
Rua Evaristo da Veiga, 65 – 11º andar
Passeio Corporate – Torre 1
20031-040 – Rio de Janeiro, RJ
Tel.: (21) 3525-2000 – Fax: (21) 3525-2001
rocco@rocco.com.br
www.rocco.com.br

*Printed in Brazil*/Impresso no Brasil

Todos os esforços razoáveis foram feitos para rastrear detentores de direitos autorais de material reproduzido neste livro, mas, se algum tiver sido ignorado. inadvertidamente, as editoras estariam felizes em divulgar.

CIP-Brasil. Catalogação na publicação.
Sindicato Nacional dos Editores de Livros, RJ.

J67q

Jones, Lesley-Ann
    Quem matou John Lennon?: as vidas, os amores e as mortes do maior astro do rock / Lesley-Ann Jones; tradução Isabela Sampaio. – 1. ed. – Rio de Janeiro: Rocco, 2020.

    Tradução de: Who killed John Lennon?: the lives, loves, and deaths of the greatest rock star
    ISBN 978-65-5532-052-7
    ISBN 978-65-5595-036-6 (e-book)

    1. Lennon, John, 1940-1980. 2. Músicos de rock – Inglaterra - Biografia. I. Sampaio, Isabela. II. Título.

20-67011
CDD: 927.8166
CDU: 929.78.071

Camila Donis Hartmann – Bibliotecária – CRB-7/647

O texto deste livro obedece às normas do
Acordo Ortográfico da Língua Portuguesa.

*Para meu pai:*
*O guerreiro permanece aqui.*
*Kenneth Powell Jones*
*11 de outubro de 1931 — 26 de setembro de 2019*

# SUMÁRIO

| | | |
|---|---|---|
| ECOS | | 11 |
| Capítulo 1 | COME TOGETHER | 42 |
| Capítulo 2 | ABANDONADO | 54 |
| Capítulo 3 | JULIA | 69 |
| Capítulo 4 | LUNA | 102 |
| Capítulo 5 | GIOCONDA | 117 |
| Capítulo 6 | INFERNO | 126 |
| Capítulo 7 | SVENGALI | 143 |
| Capítulo 8 | QUINTUS | 159 |
| Capítulo 9 | AMERIGO | 174 |
| Capítulo 10 | ALMA | 186 |
| Capítulo 11 | ANOS DE VIDA | 192 |
| Capítulo 12 | REDENTOR | 200 |
| Capítulo 13 | YOKO | 210 |
| Capítulo 14 | AREIA MOVEDIÇA | 220 |
| Capítulo 15 | REVELAÇÃO | 232 |

| | |
|---|---|
| Capítulo 16  METAMORFOSE | 249 |
| Capítulo 17  KYOKO | 263 |
| Capítulo 18  MAY | 283 |
| Capítulo 19  RESSURREIÇÃO | 297 |
| Capítulo 20  REPLAY | 306 |
| Capítulo 21  FINALE | 314 |
| CODA | |
| DAYS IN THE LIVES: UMA LINHA DO TEMPO SELECIONADA | 333 |
| NOTAS | 369 |
| EM OUTRAS PALAVRAS | 391 |
| MÚSICA | 397 |
| BIBLIOGRAFIA SELECIONADA E RECOMENDAÇÕES | 409 |
| AGRADECIMENTOS | 413 |

*IN MEMORIAM*
JOHN WINSTON ONO LENNON
9 de outubro de 1940 — 8 de dezembro de 1980

"Guardo em mim uma fera, um anjo e um louco."
DYLAN THOMAS

"Abençoados sejam os estranhos —
Os poetas, os desajustados, os escritores, os místicos,
os hereges, os pintores e os trovadores —
Pois eles nos ensinam a ver o mundo…
… com um outro olhar."
JACOB NORDBY

"É melhor partir de forma triunfal, jovem."
SIMON NAPIER-BELL

# ECOS

Os ritmos da mente e da memória são como as marés. Mudam de forma o tempo todo. Até mesmo aqueles que estiveram presentes, que conheceram e vivenciaram John Lennon em primeira mão, podem ter uma tendência a se esquecer das coisas. Alguns reescrevem a história para preencher as lacunas, e podem ser perdoados por isso. Quarenta anos são uma vida inteira. Para John, foram. Ainda assim, ele não parece muito distante. 2020 é um ano de marcos históricos: aniversário de quarenta anos do assassinato de John, cinquenta anos do fim oficial dos Beatles,[1] sessenta anos da banda em Hamburgo e ano em que John completaria oitenta. Parece ter chegado a hora de reexaminar tudo e de relembrá-lo. Se você tem menos de cinquenta anos, ainda não era nascido quando os Beatles se separaram. Se tem menos de quarenta, não era vivo quando John morreu. Inimaginável? Será que para você, assim como para mim, parece que ele ainda está aqui?

Existem tantas versões de sua história quanto pessoas dispostas a contá-la. Onde a verdade é um ponto de vista, fatos e números podem ser inconvenientes. Quando as reminiscências são distorcidas por deduções e teorias, o resultado pode ser confuso. Se a suposição é a raiz de todos os erros, a especulação é quem rouba o pensamento lógico. Tudo isso é um obstáculo. John cunhou essa ideia (será?) em um verso de "Beautiful Boy (Darling Boy)", em seu último álbum lançado em vida,

*Double Fantasy*: "Life is what happens to you while you're busy making other plans."[2*]

John disse muitas coisas em sua meia-vida contraditória e cheia de acontecimentos. Ele voltava atrás em suas afirmações, reescrevendo a própria história e redefinindo linhas de raciocínio a todo momento. Essa sua tendência certamente confunde o escritor tanto quanto os relatos conflitantes e as lembranças inconstantes de pessoas próximas a ele, ou de quem cruzou seu caminho. Deixar todo mundo em dúvida é a cara de John. Confuso? Não sou só eu.

*

Nós sabemos o final. Aconteceu numa segunda-feira em Nova York, no dia 8 de dezembro de 1980. Uma noite de ventania, mas atipicamente amena para a época do ano. John e Yoko voltaram para casa de limusine, vindos de uma sessão noturna no estúdio de gravações Record Plant, e chegaram ao edifício Dakota por volta das 22h50, hora local. Foram confrontados por um viajante texano que empunhava uma pistola Charter Arms calibre 38 e um exemplar de *O apanhador no campo de centeio*, de J.D. Salinger. Mark Chapman, de 25 anos, estava à espera deles, e calmamente disparou cinco balas contra John. Quatro delas o atingiram. Ele foi levado por policiais ao Hospital Roosevelt, entre a 59th Street e o Central Park, onde o Dr. David Halleran, um cirurgião geral de 29 anos no terceiro ano de residência, segurou nas mãos o coração de John, fazendo massagem cardíaca e suplicando em silêncio por um milagre.

Doutor *quem*? Mas os relatos anteriores não reconhecem os esforços de Stephan Lynn e Richard Marks por terem agido para salvar a vida de John? Dr. Lynn concedeu muitas entrevistas, com lembranças cada vez mais floreadas. Lynn também alegou que Yoko, deitada, batia a cabeça repetidas vezes no chão do hospital. Em 2015, porém, depois de anos ouvindo outros médicos receberem o crédito, David Halleran foi a público "por uma questão de precisão histórica". Em uma entrevista

---

* "A vida é aquilo que nos acontece enquanto estamos ocupados com outros planos." (N. da T.)

para um programa investigativo da Fox TV, ele declarou oficialmente que nem Lynn nem Marks haviam tocado no corpo de John. Tal declaração foi endossada por duas enfermeiras, Dea Sato e Barbara Kammerer, que trabalharam ao lado dele no quarto 115 naquela noite fatal. Yoko também se posicionou na ocasião, negando a bateção de cabeça histérica. Ela insistiu ter permanecido calma durante todo o processo, para o bem de Sean, filho do casal, à época com cinco anos. Ela confirmou a versão dos fatos do Dr. Halleran. Por que ele não havia se pronunciado antes?

"Parece um pouco inadequado um profissional sair por aí dizendo: 'Oi, eu me chamo Dave Halleran, cuidei de John Lennon'", disse ele. "Naquele momento, eu desejava me arrastar para baixo de uma pedra, tudo que eu queria era ir para casa. Eu estava aflito, chateado, a gente acaba se sentindo de certa forma responsável por aquilo que poderia ter feito diferente."

Você estava nos Estados Unidos naquele momento? Será que era um dos 20 milhões de telespectadores que estavam em casa assistindo ao jogo do New England Patriots contra o Miami Dolphins no *Monday Night Football*, da ABC, interrompido pelo comentarista Howard Cosell para anunciar a notícia bombástica de que John havia levado um tiro? Você estava entre os outros milhões que souberam do acontecimento pela NBC ou pela CBS? Talvez tenha sido um dos milhares que se dirigiram ao Upper West Side para se juntar à vigília? Ou será que estava em outra parte do mundo, informando-se após o ocorrido, e assistiu à legião de fãs em luto que se afundava na lama do Central Park, passava flores pelas grades do edifício Dakota e cantava "Give Peace a Chance" aos prantos? Você ouviu falar que uma versão genérica de "All My Loving" estava tocando no sistema de som do hospital no momento em que Yoko recebeu a notícia de que o marido estava morto? O produtor de TV Alan Weiss ouviu. Por acaso, ele estava deitado em uma maca no corredor do hospital naquele instante, enquanto aguardava atendimento após ter sofrido um acidente de moto. Existem coincidências?[3]

Se você já era nascido na época e estava na Inglaterra quando tudo aconteceu, é provável que estivesse dormindo profundamente. John morreu por volta das 23 horas no horário de Nova York, em 8 de dezembro (os relatos apresentam variações a respeito da hora exata da morte), o equivalente no Reino Unido a 4 horas da manhã de terça-feira, 9 de dezembro, no Tempo Médio de Greenwich. A notícia atravessou o Atlântico graças a Tom Brook, correspondente da BBC em Nova York. Ele soube do ocorrido através do ex-magnata do pop e compositor Jonathan King, que naquele tempo morava na cidade. Brook disparou em direção ao Dakota. Ele ligou para o programa *Today*, da Radio 4 de uma cabine telefônica na calçada. Não havia tantos programas de TV matutinos naquela época. A maioria das pessoas ouvia o rádio pela manhã. Eles pediram para Tom ligar de volta às 6h30, quando o programa, coapresentado naquele dia por Brian Redhead, estaria no ar. Brook desenroscou um receptor de telefone do escritório e conectou em um cabo condutor para transmitir relatos do público que havia gravado — nada de internet, e-mail ou celulares — e foi entrevistado ao vivo por Redhead. Quando era hora de nos levantarmos para ir à escola, ao trabalho ou passear com o cachorro, o impensável já estava por toda parte.

*

Onde você estava quando ficou sabendo?

Eis a questão. Aludindo à abertura do eterno solilóquio do príncipe Hamlet, esta é sem dúvida a questão dos nossos tempos.[4] A Geração Silenciosa, dos nascidos entre a metade e o fim dos anos 1920 até o início e meados dos anos 1940, e os baby boomers do pós-guerra costumam se lembrar de onde estavam e o que faziam quando souberam do assassinato do presidente John F. Kennedy. O assunto surgiu em uma conversa com meus três filhos quando comecei a pesquisa para este livro. "Vocês têm que entender que John Lennon foi o nosso JFK", falei. "Por quê?", perguntou meu filho, em idade escolar. "O que um aeroporto tem a ver com isso?"

Os millennials e os pós-millennials, ou Gerações Y e Z, respectivamente, às vezes interpretam a pergunta referindo-se à morte de Diana, princesa de Gales, mesmo que fossem bebês de colo ou nem sequer nascidos quando o acidente aconteceu. É a turma do meio-termo, da chamada Geração X, que começou a surgir na virada para os anos 1960, a mais propensa a associar a pergunta a John Lennon.

Essa é uma tríade de mortes sem sentido que têm mais em comum do que pode parecer a princípio. Nos três casos, as teorias da conspiração persistem. Quando o trigésimo quinto presidente dos Estados Unidos foi assassinado em Dallas, Texas, em 22 de novembro de 1963, as especulações se disseminaram. Teria o suposto assassino, Lee Harvey Oswald, agido sozinho? Será que trabalhava para a Máfia? O atentado tinha ligação com Cuba? Quantos tiros foram disparados? Por trás, de uma janela do sexto andar, ou do infame "canteiro", à frente do desfile? Até mesmo a física da investigação vem há muito gerando desentendimentos. Quase sessenta anos depois, ainda gera. Depois que a princesa Diana e Dodi Fayed morreram em uma passagem subterrânea de Paris em 31 de agosto de 1997, um misterioso Fiat Uno branco tornou-se o emblema da tragédia. Cento e setenta e cinco acusações de conspiração foram investigadas. O principal demandante, o magnata egípcio Mohamed Al Fayed, estava por trás da mais séria: a de que a morte da princesa foi encomendada porque ela estava grávida de seu filho e herdeiro. Muitos acreditam até hoje que ela foi morta pelo Serviço Aéreo Especial britânico, a SAS.

E chegamos a John. Há muito especula-se que sua morte tenha ligação com a vigilância da CIA e do FBI, como resultado de seu prévio ativismo de esquerda; que o autor do crime, Mark Chapman, era um assassino que sofrera lavagem cerebral, como no filme *Sob o domínio do mal*; que José Perdomo, o hoje falecido porteiro que trabalhava na guarita do edifício Dakota, era um exilado cubano ligado à fracassada invasão militar anti-Castro da Baía dos Porcos em 1961. A simples verdade, no fim das contas, não é capaz de satisfazer os teóricos da conspiração. Ver também "terraplanistas", "certidão de nascimento de Obama", "demolição controlada do World Trade Center, 11 de setembro". Os especialistas apontam o viés de proporcionalidade, explicando que teorias da conspiração são mecanismos de defesa para ocorrências intoleráveis. Aqueles que se afastam da razão precisam encontrar outros culpados.

*

Você já havia nascido em 1980? Tem idade suficiente para se lembrar do cubo mágico de Ernő Rubik, de Margaret Thatcher, Ronald Reagan, e seja lá quem tenha atirado em J.R. no seriado *Dallas*? Consegue se lembrar da estreia do canal de notícias 24 horas por dia da CNN, pioneiro no mundo? Você assistiu aos Jogos Olímpicos de Inverno em Lake Placid? Leu sobre Tim Berners-Lee, o cientista da computação que começou a trabalhar naquilo que se tornaria a World Wide Web? Não tínhamos conhecimento na época, mas 1980 foi o ano que nos deu Macaulay Culkin, Lin-Manuel Miranda e Kim Kardashian; o ano em que nos sacudíamos ao som de "Call Me", do Blondie, e "Rock With You", de Michael Jackson, "Coming Up" de McCartney e "Crazy Little Thing Called Love" do Queen; um ano dominado por Bowie e Kate Bush, por Diana Ross e The Police; o ano em que perdemos Jean-Paul Sartre, Alfred Hitchcock, Henry Miller e Peter Sellers; Steve McQueen, Mae West, John Bonham, do Led Zeppelin, e o Beatle John.

Será que você foi a uma loja de discos na sexta-feira do dia 24 de outubro daquele ano para comprar o novo single de John Lennon, "(Just Like) Starting Over"? Talvez tenha ouvido a música no rádio a caminho da escola ou da faculdade e pensado: "É impressão minha ou lembra um pouco 'Don't Worry Baby', dos Beach Boys?" Lançado três dias depois nos Estados Unidos, "Starting Over" se tornaria o maior sucesso da carreira solo de John no país. E acabou sendo seu último single lançado em vida. Em 6 de janeiro de 1981, havia três singles de Lennon no Top 5 do Reino Unido: o supracitado aparecia em quinto lugar, "Happy Xmas (War is Over)" em segundo e, no topo da parada, "Imagine". A conquista não seria ofuscada pelas próximas três décadas e meia.[5]

\*

Trinta e oito anos depois, em dezembro de 2018, estamos na O2 Arena, na Península de Greenwich, em Londres, para ver Sir Paul McCartney promover seu décimo sétimo álbum de estúdio, *Egypt Station*. Foi a última parada da empolgante turnê *Freshen Up*. Embora no passado Paul costumasse fazer de tudo para se esquivar de seu legado e tocar quase que exclusivamente composições próprias, esta noite é uma celebração de todo o catálogo, incluindo Beatles, Wings e canções de sua carreira solo. "A Hard Day's Night", "All My Loving", "Got to Get You into My Life", "I've Got a Feeling", "I've Just Seen a Face". Os refrães pairam no ar, ganhando ainda mais força com a ajuda da plateia radiante. Imagens enormes de John e George surgem ao fundo. Aí vai "In Spite of All the Danger", a primeira gravação dos Quarry Men. E agora "Here Today", o pesaroso tributo de Paul a John. Em meio ao turbilhão, Ronnie Wood aparece no palco e, já que está ali, eles "bem que podiam tocar uma música juntos". Foi a deixa para a entrada de um jovem senhor de 78 anos, que correu para se juntar ao Beatle e ao Stone. "Senhoras e senhores", exclama Paul, "o sempre fantástico Ringo STARR!" Este, por sua vez, se encaminha para a bateria enquanto Ron ajusta a guitarra. Eles dão início a "Get Back". O estádio vai à loucura. "Guardem bem esta imagem", sussurrei para meus filhos. "Metade dos Beatles em um palco, meio século desde a separação. Vocês nunca vão ver isso outra vez."

\*

Será que nós, que nascemos no fim dos anos 1960, sem poder acompanhar em tempo real a magia dos Beatles por ainda sermos crianças, lamentamos não ter vivido essa fase ou não nos importamos tanto com isso? Para mim, foi a segunda opção. Comecei pelos Wings e descobri os Beatles de trás para a frente — mas, só depois da faculdade, e não antes de me apaixonar por Bolan e Bowie, ficar encantada por Lindisfarne, Simon & Garfunkel, Stones, Status Quo, James Taylor,

Roxy Music, Pink Floyd, Eagles, Queen, Elton John e os mais variados artistas, grupos e músicas, infinitas músicas, que consumiram minha adolescência. Para aqueles que ainda não estavam aqui, deve ser muito difícil compreender o impacto dos Beatles no mundo. Nada nem remotamente comparável aconteceu durante suas vidas. As gerações mais antigas estão muito bem-servidas com uma enxurrada de volumes escritos por autores que revisitam a juventude desses artistas. Com exceção de dois livros de memórias escritos pela primeira esposa de John, Cynthia, e por sua meia-irmã, Julia Baird, todas as biografias respeitáveis de John Lennon foram escritas por homens. Ao reimaginarem o tempo que passaram na companhia dos Beatles, às vezes retratando-se na história com mais importância do que de fato tiveram (já que restam poucas pessoas para questioná-los), eles pouco têm a ensinar aos leitores mais jovens e mais entusiasmados que costumam esperar mais do que uma infinidade de fatos e datas e opiniões imponentes. E foi assim que, ao longo dessas quatro décadas desde sua morte, o Lennon mais conhecido entre os fãs mais jovens se distanciou tanto do John que de fato existiu que se transformou praticamente em outra pessoa, não foi?

Só depois da morte de John eu tive a chance de conhecer indivíduos que fizeram parte de sua vida. Paul, George e Ringo. Maureen Starkey, a primeira esposa de Ringo, que se tornou, por certo tempo, minha amiga. Linda McCartney, com quem comecei a colaborar em seu livro de memórias, *Mac the Wife*. O fato de o livro nunca ter sido finalizado nem publicado é uma das minhas maiores tristezas, pois era uma história e tanto. Depois conheci Cynthia Lennon, que me convidou para ser ghost-writer de seu segundo livro. O primeiro, *A Twist of Lennon*, publicado em 1978, tinha deixado um gosto amargo. Frustrada com a recusa de John em se comunicar com ela após tê-la abandonado junto de Julian, filho do casal, para ficar com Yoko Ono, Cynthia escreveu-lhe "uma grande carta aberta, pondo tudo para fora". Olhando em retrospecto, ela admitiu que teria agido de modo diferente. Depois que a poeira baixou, estava pronta para tentar de novo. Mas ela acabou se envolvendo com o empreendimento de um restaurante fadado ao fracasso, e nosso projeto de publicação ficou de lado. Muitos anos depois, em 2005, ela nos ofereceu *John*, uma abordagem muito mais ousada e confessional do que o primeiro livro. Como jornalista nos anos 1980, acompanhei Julian Lennon no Montreux Rock Festival. Por fim, conheci Yoko Ono em Nova York.

\*

Mais de meio século depois da separação dos Beatles, ainda temos questionamentos. O que foi tudo aquilo? Como conseguiram? Eles foram o maior fenômeno sociocultural de todos os tempos. O impacto da fama e da música dos Beatles ao longo dos anos 1960 afetou tantos seres humanos em cada cantinho do planeta quanto a missão espacial *Apollo 11* e a chegada do homem à Lua em julho de 1969. Neil Armstrong, Buzz Aldrin e Michael Collins tornaram-se celebridades graças à expedição lunar e rodaram o mundo para celebrar a conquista. No entanto, de modo geral, foi uma fama passageira. Qual é o legado deles? Uma bandeira desbotada em uma longínqua superfície celestial. Pegadas na poeira. Uma placa para informar os futuros visitantes da Lua sobre um momento histórico sem precedentes. Que "nós" estivemos lá.

Mas os Beatles não são coisa do passado. Suas canções têm vida, respiram. São tão familiares para nós quanto nossos próprios nomes. A música garante relevância duradoura a seus criadores. Apesar de terem sido gravadas com equipamentos básicos, independentemente de infinitas regravações, remixes, novas capas e relançamentos, os gloriosos sons originais permanecem novos. Não há nada de artificial nas músicas deles. Com exceção de alguns covers, eles escreveram e compuseram as próprias canções. Tocavam os próprios instrumentos. Foram um dos primeiros a abrir uma gravadora própria, a Apple, através da qual também puderam lançar a carreira de outros artistas. Da produção deles, foram vendidas um bilhão de unidades, e, com os downloads, o número cresce todos os dias. Eles lideraram as paradas de singles do Reino Unido dezessete vezes: feito inédito até o momento. Tiveram mais álbuns no topo das paradas britânicas, e por mais tempo, do que qualquer outro artista. Venderam mais álbuns nos Estados Unidos do que qualquer um já conseguiu. A popularidade dos Beatles ao redor do mundo parece intacta. Eles ganharam sete Grammys e quinze Ivor Novellos. Como artistas mais influentes de todos os tempos, ainda inspiram mais músicos do que qualquer um pode alegar: Three Dog Night, The Bonzo Dog Doo-Dah Band, Lenny Kravitz, Tears for Fears, Kurt Cobain, Oasis, Paul Weller, Gary Barlow, Kasabian, The Flaming Lips, Lady Gaga e The Chemical Brothers, só para citar alguns, caíram nos encantos do Fab Four. Compare "Setting Sun", canção dos Chemical Brothers com vocais de Noel Gallagher — que pega emprestada a letra dos próprios irmãos Gallagher, "Comin' on Strong" (também com influência dos Beatles) — com "Tomorrow Never Knows", do álbum *Revolver*. As músicas dos Beatles já foram gravadas por milhares de cantores de todas as idades e de todos os gêneros musicais possíveis. A propósito, Gaga também sugeriu que, para além da música, os Beatles foram responsáveis pelo nascimento da revolução sexual feminina. Por mim, tudo bem.

A maior de todas as perguntas — por que estamos aqui? — há muito desperta o interesse de artistas e cientistas. Ela nos levou até a Lua. Fez os Beatles criarem músicas. Eles podem não ter se dado conta em um primeiro momento, quando ainda estavam na fase de babar por garotas e rascunhar letras inspiradas nas emoções do amor físico. Mas estavam chegando lá. Não estamos mais próximos de solucionar as grandes questões filosóficas, aqueles aspectos da vida que talvez permaneçam eternamente além do alcance da compreensão humana. Consciência existencial, o dilema do determinismo, a existência ou não de Deus, o mistério de nosso futuro e a probabilidade de haver vida após a morte e reencarnação são temas que, há milênios, incitam análises e estimulam a criatividade. Não podemos nos esquecer de que os Beatles também gostavam de explorar. Eles arriscavam. Criavam de formas inéditas e, a princípio, não tinham noção do próprio dom. Eles deram início à sua grande aventura durante a era televisiva, quando a disseminação de música e mensagem podia ser potencializada — mas antes da revolução digital, sem a internet, quando havia menos informações sobre tudo. Ainda não existiam canais de notícias 24 horas por dia. Era preciso ler os jornais diários para se informar, nem que fosse apenas as manchetes. As Coisas Importantes ganhavam atenção, e é por isso que a maioria dos habitantes do planeta Terra soube da existência dos Beatles. Eles foram, e são, o perfeito reflexo da cultura e do clima de seu tempo. Por mais que não faltem personalidades gigantescas nos anos 1960 — Bob Dylan, o "Mozart e Shakespeare de sua era"; Muhammad Ali, tricampeão mundial dos pesos-pesados e objetor consciente da Guerra do Vietnã; John F. Kennedy; defensores dos direitos civis, como Martin Luther King e Malcolm X; e os esplêndidos representantes do clássico charme hollywoodiano, como Elizabeth Taylor, Rock Hudson, Cary Grant, Doris Day, John Wayne e outros —, os Beatles ofuscaram todas elas. Seria por eles terem sido unificadores naturais, transcendendo classe, raça, gerações e gêneros com seu apelo irresistível? Por terem oferecido a trilha sonora da década? Porque eram pessoas de verdade, comuns e palpáveis, que, juntas, produziam uma química sobrenatural, gerando um sentimento que toda a humanidade ansiava compartilhar? Será que um dia veremos algo assim outra vez?

Honestamente, eu duvido. Porque nunca teve e não tem relação "apenas" com a música. O efeito dos Beatles foi resultado de uma colisão de fatores que se cristalizaram em um episódio sem precedentes na história. Como havia menos oportunidades de exposição, e menos artistas competindo na mesma arena, se alguém se tornava famoso nos anos 1960, a tendência era que fosse um sucesso gigantesco — mesmo que momentâneo. No Reino Unido do surgimento dos Beatles, havia apenas dois canais televisivos: BBC e ITV. O BBC2 só surgiu em abril de 1964. Nos Estados Unidos, a maioria dos lares tinha um aparelho de TV em 1960, mas só existiam três canais: ABC, CBS e NBC. Portanto, havia momentos em que a grande maioria dos telespectadores assistia ao mesmo programa simultaneamente. Agora que praticamente todos os países contam com uma infinidade de canais, o foco é menos concentrado, e os índices de audiência são fragmentados. Se você por acaso não foi um dos

74 milhões de americanos que assistiram à primeira aparição dos Beatles no *Ed Sullivan Show*, da CBS, em 9 de fevereiro de 1964, não havia muito mais ao que assistir. Portanto, muitos acabaram fazendo parte do *zeitgeist* sem querer. A radiodifusão também era limitada. No Reino Unido, havia a BBC Light Programme, mas a BBC Radio 1 só surgiu em setembro de 1967, para atender ao público jovem até então dominado por estações "pirata" — Radio London, Radio Caroline, Swinging Radio England — e a Radio Luxembourg.

"A Radio London era os Beatles", recorda Johnnie Walker, apresentador da BBC. "Agradável e arrumadinha, era aquela estação de rádio que você podia levar para tomar um chá em casa com sua mãe. A Caroline com certeza era os Stones — desleixada, anárquica, não conformista e rebelde […] estava ali para oferecer liberdade e expressão para a explosão de criatividade artística que marcou os anos 1960."

Nos Estados Unidos, as estações de rádio Top 40 da maioria das grandes cidades tocavam gravações dos Beatles de 1963-64. Mas a faixa FM mudou o panorama das rádios em 1967, resultando em uma quantidade muito maior de pequenas estações interessadas em música de nicho. Embora tenha acontecido com os Beatles, é raro surgirem artistas de grande alcance hoje em dia. Adele, Taylor Swift, Justin Bieber, Ed Sheeran, Stormzy, Lizzo e Billie Eilish são óbvias exceções. O hip hop atualmente é a grande influência onipresente, e já lançou algumas estrelas: Kanye West; Beyoncé, é claro; Jay-Z. Ainda assim, se compararmos ao que os Beatles fizeram e tudo que conquistaram, é pouco. Eles podem até gerar números que talvez provem o contrário, mas eu ainda afirmaria que não chegam nem perto da popularidade e da influência generalizada dos Beatles.

O advento do rádio transistorizado, invenção que muitas vezes passa despercebida, foi de suma importância. Boa parte dos jovens pôde comprar o aparelho ou ganhar um de presente, e passaram a levá-lo no bolso ou na mochila, e até mesmo para a cama na hora de dormir, para ouvi-lo debaixo das cobertas. Era o que eu fazia. O dispositivo individual de áudio revelou-se um grande divisor de águas no consumo de música. Crianças e adolescentes de hoje têm a possibilidade de ouvir músicas diariamente através de smartphones com *earbuds* ou fones de ouvido no transporte público, e nunca param para pensar que seus pais e avós talvez se sentassem no andar de cima do ônibus com o ouvido grudado em um radinho, com poucas opções de música disponível para ouvir. Os jovens dos anos 1960 ao menos podiam manter-se antenados, e fizeram parte da lealdade coletiva que os fãs desenvolveram por seus cantores e grupos preferidos.

Quanto ao marketing e aos meios de comunicação de massa, os Beatles foram o primeiro grupo pop a se beneficiar dessas indústrias em ascensão para atrair o novo público-alvo: um vasto e crescente grupo de adolescentes consumidores. Os jovens, muitos deles incentivados a se rebelar graças à influência do rock'n'roll norte-americano dos anos 1950, passaram a adotar identidades, estilos, músicas e outros aspectos de um estilo de vida que ia contra tudo aquilo que era imposto pelos pais. Tradições vitorianas e austeridade pós-guerra eram motivos de revolta. Bainhas subiam, pílulas desciam, e a cultura jovem tornou-se uma força dominante e turbulenta. Os Estados Unidos ostentavam 76 milhões dos chamados "baby-boomers" — ou seja, pessoas nascidas durante ou depois de 1946, no fim da Segunda Guerra Mundial, quando houve um grande aumento na taxa de natalidade do país. Metade de toda a população norte-americana tinha menos de 25 anos. Os Beatles eram vendidos para eles com as mesmas táticas que se utilizavam para comercializar brinquedos, doces e calças jeans. Com as mudanças de estrutura social nos países desenvolvidos, muitas "novas" vozes exigiam ser ouvidas, incluindo mulheres, integrantes da classe trabalhadora e minorias étnicas. Os avanços tecnológicos do pós-guerra, a destruição nuclear iminente, a derrota no Vietnã e outros fatores também tiveram papel importante.

Em poucas palavras? Vamos lá. Os Beatles representavam mudança. Eles eram o anúncio de uma nova direção. Validavam pensamentos alternativos. Iam direto ao ponto, diziam aquilo que viam, apresentavam-se do jeito que eram, desprezavam os protocolos, debochavam e fugiam do que era pomposo e pretensioso. O sotaque de Liverpool, a sagacidade e o senso de humor do grupo tornaram-se viciantes. Enquanto o mundo parecia cambalear pelos anos 1960 em uma trajetória de aparente autodestruição, os Beatles prestavam atenção na calma e na pequena voz interior. Eram sentimentais. Expressavam emoções verdadeiras. Falavam e cantavam suas verdades.

Alguns comentaristas destacaram o assassinato do presidente Kennedy como o fator decisivo para o sucesso dos Beatles nos Estados Unidos. Perplexos e angustiados, os norte-americanos precisavam ter algo a que recorrer, uma distração de toda a tragédia para compensar o peso do luto. Bem na hora, surgem quatro britânicos insolentes com um claro desrespeito por convenções e autoridade. A postura de "homem do povo", a personalidade, o charme e o glamour de JFK seduziram os Estados Unidos. A chegada dos Beatles naquele momento serviu para preencher o espaço vazio e cumprir a mesma função, como parte do que ficou conhecido como a Invasão Britânica. Conforme a confiança do grupo crescia e as composições evoluíam para abarcar espiritualidade e filosofia, além de assuntos e dimensões até então inexplorados por aqueles que produziam simples música pop, os fãs evoluíam junto. Cada aspecto da imagem dos Beatles foi examinado. Cada nuance de suas existências particulares (tão "particulares" quanto era possível ser, àquela altura) foi invadida e dissecada. Como personificação da liberdade e da juventude destemida, eles foram praticamente santificados. Tudo isso lhe parece exagerado? Caro leitor, aconteceu de verdade.

Amigos meus que se lembram daquela época insana ainda refletem sobre "o que" e "como". Agora com cinquenta e tantos e até oitenta anos, todos eles adoram falar sobre como tiveram sorte de ter nascido a tempo de vivenciar a experiência do Fab Four em primeira mão. Alguns acreditam que sua geração é "diferente" e "especial" apenas por conta dessa circunstância aleatória. Existe, entre alguns deles, uma condescendência quase tangível em relação àqueles que "nasceram tarde demais". Veja só você. Os fãs de pop mais jovens, inclusive meus próprios filhos, muitas vezes ficam perplexos com a dominação global dos Beatles. "Por quê", eles perguntam, mesmo que a indústria da música tenha nos apresentado posteriormente a Queen, Bowie, Jackson, Madonna, U2, Prince, George

Michael e vários artistas fantásticos, e mais recentemente tenha lançado One Direction, The Wanted, BTS (o grupo sul-coreano Bangtan Boys) e, digamos, Little Mix. Por que os Beatles ainda são considerados o suprassumo do pop e do rock, uma força insuperável? Porque, através de sua música, de sua aparência e personalidade, os Beatles romperam a barreira do som. Eles mudaram o rumo da história ao se tornar o primeiro grupo de música pop a entrar no coração e na mente de centenas de milhões de pessoas no mundo inteiro. Eles transformaram o pop em uma linguagem universal. Através principalmente de suas gravações e, em menor escala — mas, ainda assim, significativa —, seus filmes, gravações de shows e infinitas entrevistas gravadas, eles continuam a influenciar e a converter novos fãs. Talvez continuem para sempre.

John Lennon, o mais irritadiço, esperto e perspicaz do grupo, o cara incrivelmente talentoso, foi o Beatle preferido. Talvez dotado da melhor voz — embora ele contestasse —, era o músico que mais refletia sua vida e sua época. Era também o mais complexo e contraditório; o que mais se incomodou e o que mais entrou em conflito com o que a fama fizera com eles. Mais do que isso, porém, ele era uma variedade de Johns. Um emaranhado de contradições. Em um minuto era um gozador hilário, em outro, um idiota amargurado. Ao mesmo tempo, bruto e um bebê chorão. Presunçoso, grosseiro, indiferente e paranoico, ele era capaz de ser ao mesmo tempo superextravagante e surpreendentemente contido. Cruel, mas generoso. Indeciso, mas exigente. Impiedoso e autocrítico de uma só vez. Sentia inveja do grande virtuosismo musical de McCartney. Em sua fase pós-Paul, nenhum dos dois foi tão magnificamente criativo quanto eram na época em que compunham juntos, como tinham sido desde a adolescência, quando a química entre os dois desfrutava do frescor da novidade. John tinha o que costumávamos chamar de "personalidade forte". Ostentava uma postura *carpe diem*. Ferido, desequilibrado e insolente, conquistou seu espaço no mundo com imperfeições e tudo. Ele nunca se importou com o que os outros pensavam dele. Apreciava a verdade inaceitável, desagradável, inconfessa. Sua vida foi extinta no auge de sua história. Ele estava apenas na metade da jornada. Com a morte, sua mitologia se completa, se preserva para sempre. Embora hoje conheçamos a maioria de seus defeitos e de suas fraquezas, somos capazes de perdoar. Sua memória é santificada. Mais do que qualquer outro artista, John Lennon veio a ser considerado tanto o símbolo quanto a consciência de sua época. Mas quem ele *era*?

*

Para mim, ele se revela de modo mais plausível e confiável através das mulheres formidáveis que fizeram parte de suas quatro décadas de vida, não importa se o amaram ou o negligenciaram, se o consertaram ou prejudicaram, se o fortaleceram ou enfraqueceram. Não importa se o aperfeiçoaram ou o debilitaram. Se tinham algo a oferecer, a tomar, ou se eram indiferentes a ele. Julia, a mãe supostamente "boêmia" e "irresponsável", que na verdade o adorava e por quem ele era apaixonado, o deixou duas vezes, segundo John. A primeira foi quando seus pais se separaram. O pai os abandonou, e a mãe "despachou" Lennon para viver com a irmã (ela fez isso mesmo?) antes que ele completasse cinco anos. Ele identificou o segundo "abandono" materno como o momento em que Julia foi atropelada por um carro dirigido por um policial de folga e morta na rua em que John morava. Ele tinha apenas dezessete anos. Da janela de seu quarto, era possível visualizar perfeitamente a cena em que o acidente ocorreu. Ele dava de cara com aquilo todos os dias ao acordar, e nunca deixou de ter fantasias com a mãe. Chegou até mesmo a ter desejos sexuais por ela, segundo o terapeuta Arthur Janov, e se perguntava se deveria tentar seduzi-la. A meia-irmã de John, Julia Baird, manifestou publicamente seu repúdio por essa insinuação de incesto. Não havia necessidade de se aborrecer: Freud apresentou o conceito do complexo de Édipo em 1899. Verdade seja dita, poucos adolescentes escapam ilesos. A maioria prefere morrer a ter que admitir algo do tipo. John era apenas transparente em relação aos próprios sentimentos.

Ele foi criado de modo impecável por sua tia Mimi, a autoritária e dominadora irmã mais velha de Julia. Sua primeira esposa, Cynthia, companheira da escola de arte, engravidou e "teve que" se casar com John quando ele tinha apenas 21 anos, muito antes de estar pronto para assumir tal responsabilidade. O quão tomado pela culpa John ficou em seus últimos anos toda vez que pensava na maneira como Cynthia, após esgotar o escasso acordo de divórcio, passara a se ocupar: escreveu biografias sensacionalistas, abriu restaurantes, desenvolveu um projeto de roupas de cama baratas, juntou as escovas de dente com um chofer para conseguir se sustentar. A primeira empresária/apoiadora não oficial de John foi uma mulher: Mona Best. Seu primeiro amor secreto foi a queridinha do pop Alma Cogan, cuja morte precoce por câncer o fez ter pensamentos suicidas. Yoko Ono, a sedutora, carente e ambiciosa artista japonesa, surgiu na hora certa. Ela era a alma gêmea natural de John Lennon, e foi uma segunda esposa formidável. A assistente de produção May Pang tornou-se amante de John por um curto período — ideia da própria Yoko. Kyoko, a enteada que ele adorava, foi sequestrada pelo pai biológico quando tinha apenas oito anos. John a amava como se fosse sua filha, mas nunca mais a viu.

Ele passou sua meia-vida tentando compensar a própria vulnerabilidade e construindo uma armadura. Havia descoberto o dom para escrever sobre suas emoções desde o início. Compôs "Help!" com apenas 24 anos, por exemplo, expondo sua psique frágil, mas embrulhando tudo na forma de uma canção pop animada. Ele flertava de modo carnal com o Svengali dos Beatles, Brian Epstein. Para fins de pesquisa, nada mais. Declarou que sua banda era mais popular que o Filho de Deus, arruinando sua popularidade nos Estados Unidos.

Os segredos, as vidas e os amores de John continuam a atrair fiéis em peregrinações épicas. Em Liverpool, eles visitam a casa de Mimi, chamada de Mendips; visitam seus colégios e a escola de arte; os locais em que ele se apresentava, incluindo o Casbah e o Cavern (não é o original, mas serve); lugares que inspiraram as canções mais queridas dos Beatles, incluindo a rotatória, o ponto de ônibus e a barbearia de Penny Lane, o refúgio para órfãs do Exército da Salvação, Strawberry Fields, e a rota do ônibus de Menlove Avenue até o centro da cidade, que John relembra em "In My Life"; o cemitério da igreja de St. Peter, em Woolton, onde jaz o túmulo verdadeiro de uma certa Eleanor Rigby. Foi ela quem inspirou o eterno lamento dos Beatles sobre a condição dos idosos, apresentando uma das letras mais evocativas já escritas: "[...] wearing the face that she keeps in a jar by the door." O salão paroquial do outro lado do cemitério foi o local em que John conheceu Paul, numa festa da igreja em julho de 1957.

Os fãs também se aglomeram em Hamburgo, cidade em que os rapazes viveram entre 1960 e 1962, e onde acumularam suas dez mil horas essenciais. A oportunidade de tirar fotos na Beatles-Platz, nas casas noturnas Indra e Kaiserkeller, e no local dos antigos Star-Club e Top Ten, onde eles se apresentaram ao vivo por mais horas do que em qualquer outro lugar do mundo, é irresistível. Seguindo pela orla, os fiéis se reúnem do lado de fora do prédio que um dia foi sede de uma instituição de caridade britânica, onde eles tinham acesso a cereais no café da manhã e refeições simples, e também podiam lavar suas roupas de baixo. Os fãs param para beber umas e outras no Gretel and Alfons, um pub que lembra um boteco de esquina britânico e os faz se sentirem em casa. Era lá que seus ídolos costumavam relaxar depois de horas de trabalho, deixando o cansaço tomar conta.

Em Londres, as multidões ainda ficam à espreita do lado de fora da Abbey Road Studios, onde os Beatles gravaram quase todos os seus álbuns e singles entre 1962 e 1970. Tiram selfies na faixa de pedestres mais famosa já pintada. Passeiam da London Beatles Store até a estação Marylebone, onde as cenas iniciais de *A Hard Day's Night: Os reis do iê-iê-iê* foram filmadas; passam pelo número 34 da Montagu Square, antigo endereço de Ringo e uma espécie de centro de recuperação dos Beatles, que John e Yoko alugaram e onde foram presos por porte de drogas, que pertence atualmente a amigos meus, e que hoje tem a placa azul típica de algumas casas de Londres, indicando que ali viveu uma personalidade importante; vão até o London Palladium, local da famosa apresentação dos Beatles, e à vizinha Sutherland House, antigo domínio do empresário Brian Epstein, de onde ele comandava sua organização, a NEMS; e o número 3 da Savile Row, antigo estúdio e escritório da

Apple Corps, onde eles fizeram sua última apresentação ao vivo, em cima do telhado, em 30 de janeiro de 1969.

Em Nova York, o hotel cinco estrelas St. Regis, na Quinta Avenida, primeiro lar de John e Yoko na cidade, ainda faz parte do mapa dos Beatles; assim como o número 105 da Bank Street, no West Village, sua primeira residência formal; e o edifício Dakota, entre a 72nd Street e Central Park West, a última. John foi morto a tiros no local. Yoko ainda mora ali. Eu não sei se conseguiria, mas tudo bem. No endereço onde se encontrava o antigo estúdio Hit Factory, W48th e 9th, os fãs ainda se reúnem para relembrar a gravação do último álbum de John e Yoko, *Double Fantasy*. O restaurante chinês Mr. Chow, na East 57th Street, era o favorito de Lennon. No Central Park, em frente ao edifício Dakota, encontra-se o eterno memorial de John, o Strawberry Fields.

Até mesmo o Japão tornou-se um destino turístico para os fãs de Lennon, por oferecer lembranças de férias felizes em família que John passava ali com sua esposa, seu filho mais novo e os familiares de Yoko. Em Kameoka, Quioto, eles visitam o resort Sumiya, "porque John esteve lá"; Karuizawa abriga o refúgio favorito dos Lennon, o Hotel Mampei; os fãs também frequentam o bairro de Ginza, em Tóquio, à procura das melhores bandas cover dos Beatles — existem centenas por ali.

\*

Quem consegue imaginar como era ser John? Talvez nem mesmo o próprio John conseguisse. No auge da fama e da importância dos Beatles, ele cultivou uma consciência aterrorizante de seu vazio existencial. Foi perseguido por um profundo sentimento de decepção e insatisfação pelos bens materiais que a fortuna havia lhe proporcionado. Nem o reconhecimento e nem as recompensas forneciam as respostas para as perguntas que o atormentavam desde a infância. Abatido pelo medo de que "isso seja tudo", John chegou até mesmo a levar a religião em consideração. Em dado momento, pediu a Deus que lhe enviasse um "sinal". Quando nada parecia acontecer, ele voltou-se para a própria imaginação, concluindo que "Deus" era apenas uma energia que vibra sem parar por todo o universo, e que provavelmente era benigna. Ainda assim, ele desejava um tema, um código para seguir, que moldaria sua existência e lhe daria algum tipo de sentido. Foi através das drogas, principalmente o LSD, que ele chegou ao amor.

Em junho de 1967, um convite para os Beatles se apresentarem na primeira transmissão internacional ao vivo de TV via satélite, para quatrocentos milhões de telespectadores, ofereceu a oportunidade perfeita para John promover sua nova temática para o mundo. Caindo na própria propaganda, ele deu início à iludida missão de "aprimorar a humanidade". Foi isso que os levou à música que tocaram naquela transmissão histórica: "All You Need Is Love". Para salvar o mundo, é preciso pôr sua própria máscara de oxigênio primeiro. Afinal, o que é o amor se não o desejo de ser amado? A postura de John não combinava tanto com o traço de personalidade que o mantinha são havia muito tempo: seu cinismo inerente. Ele se apegou a ela mesmo assim, como um molusco se agarra a uma pedra, até que Yoko percebeu uma lacuna no mercado e tornou-se a personificação dessa pedra. Apesar da rejeição do mundo e dos próprios Beatles a essa curiosa intrusa asiática, ela tornou-se sua constante, a pessoa mais importante de sua vida. Rumo ao pôr do sol, eles dançavam, de mãos dadas, promovendo a paz mundial.

Hoje em dia talvez fossem ridicularizados. Mas aqueles eram tempos diferentes, não se falava em politicamente correto. Ainda era possível condenar e expor a depravação e o egoísmo sem se tornar alvo das próprias acusações. John, o míssil da paz, saudava a imaginação humana como a chave para a salvação individual e coletiva. Sua distintiva canção, "Imagine", era a essência de sua clareza pessoal e de tudo que até então o preocupava. Era ambiciosa em sua tentativa de inspirar pessoas dos mais diversos estilos de vida, de todas as partes do mundo, e transcender barreiras de todo tipo. Ela expunha seu ponto de vista, mas era extremamente idealista. Não provocou nenhuma mudança. Ainda assim, não abalou sua crença fervorosa de que a música popular tem um papel muito mais importante do que apenas entreter.

Sempre um artista de integridade, John era contestador. Até mesmo com suas próprias composições. Especialmente com as composições, talvez. Ele foi o primeiro a admitir que suas antigas letras eram machistas. Ele reajustou sua abordagem nos últimos anos para refletir sua nova consciência feminista. Ele se arriscava e muitas vezes deixava a desejar, mas parecia sempre fiel a si mesmo… ou o mais fiel que *podia* ser. Os Beatles se destacaram porque quebravam as regras: em termos de estrutura das músicas, composição das letras, apresentação pessoal e muitos outros fatores. A cereja do bolo era John, que, com sua inteligência e seu humor ácido, com seu talento para enigmas, trocadilhos e jogos de palavras, com sua visão única a respeito da vida, elevou a música produzida pela banda a patamares até então desconhecidos e inimagináveis. Ele experimentava com o impossível, enchendo as canções de mensagens subliminares e criando camadas de sentimentos conflitantes até que as composições se tornassem quase impossíveis de suportar. Ouça novamente "Strawberry Fields Forever" e "Across the Universe" para comprovar. *The Beatles*, o chamado "Álbum Branco", talvez nos mostre John em seu estado mais amargo, furioso, frustrado, dedicado, louco, triste, crítico, político e reflexivo. Por outro lado, o que dizer de *John Lennon/Plastic Ono Band*? Expondo sua devastadora denúncia dos Beatles — "o sonho acabou" —, o álbum apresenta a balada acústica "Working Class Hero", o reconhecimento arrasado daquilo que, graças à fama global e à fortuna inimaginável, ele não era mais capaz de ser. Se é que um dia ele já teve uma vida humilde, para início de conversa. Mimi fez questão de manter as campainhas para chamar os criados sobre a porta do "salão matutino" de Mendips, para garantir que não nos esqueçamos. Por fim, de seu último LP lançado em vida, *Double Fantasy*, temos "Watching the Wheels": uma confissão do motivo pelo qual ele parou de compor durante seus breves anos como "dono de casa". Tendo encontrado seu próprio paraíso na terra — felicidade doméstica, de maneira singular, com Yoko e os filhos juntos — "Eu precisava deixar pra lá".

\*

E se ainda estivesse vivo? Como o ex-Beatle octogenário interpretaria nosso mundo com suas calotas polares derretidas, ecologicamente comprometido, derrotado pela Covid, politicamente condenado? O que ele faria a respeito de tudo isso — se é que faria? John Lennon teria importância hoje em dia? Seria relevante? Ainda teria significado?

Eu acho que sim. Porque ele era uma voz da consciência. Ele se posicionava. O populismo de direita, mote da política moderna, está em ascensão. Eu acredito que John se mobilizaria para protestar — mesmo aos oitenta anos, contanto que ainda estivesse bem de saúde. Nós não vemos McCartney metido com política, não é? Isso marca uma diferença fundamental entre os dois. Eu imagino que John fosse seguir falando sobre todas as coisas que despertassem sua ira. Será que ainda lançaria novos álbuns? É possível. No entanto, há que se levar em conta a possibilidade de seu trabalho com a música acabar perdendo o fôlego. *Double Fantasy* tem algumas boas faixas — "Watching the Wheels" e "Woman", por exemplo, enquanto "Beautiful Boy" é divina —, mas o álbum teria sido o sucesso que foi caso ele não tivesse morrido?

Se John não tivesse sido assassinado, ainda estaria vivo?

"Talvez não", avalia Michael Watts, ex-editor e colaborador da revista *Melody Maker*. "E se estivesse vivo, acho que teria diminuído um pouco o ritmo, embora eu tenha certeza de que ele seria de alguma maneira uma figura pública. Expressaria sua opinião a respeito de questões importantes. John era tão famoso e potente que ele e Yoko apareceriam na TV o tempo todo, participando de programas e filmes, seriam figuras de destaque no rádio e nas redes sociais e apresentariam podcasts. Acho que, secretamente, ele odiaria esse tipo de papel, mas acredito que acabaria se rendendo. Ele abriria mão de parecer piedoso a respeito de qualquer assunto. Diria tudo que tivesse a dizer de um jeito divertido. Acabaria com Trump. Os jornais e a mídia fariam coro a tudo que ele tivesse a dizer sobre 'o Donald'. Esse tipo de voz definitivamente faz falta, e, sem dúvida, faz falta na mídia britânica. Penso, por exemplo, que o *Guardian*, que é antipopulista, com certeza antidireita, e retrata os fatos a partir de uma perspectiva liberal, deveria escancarar os fatos na primeira página — TRUMP É UM MERDA, esse tipo de coisa — em vez de suavizar a situação. Essa seria a escolha de John. Ele não teria papas na língua. Seria um agitador. Quem cumpre este papel atualmente? Ele não entraria para a política, jamais andaria na linha. Imagine John Lennon na Câmara dos Comuns: impossível, não é? Acho que ele esmoreceria como compositor e como força criativa, mas sua grande potência como porta-voz permaneceria viva. Ao lado de Yoko, claro: eles formariam um time formidável. Eles se posicionariam. É por isso que precisávamos dele."

Será que John e Yoko ainda estariam juntos? Ele voltaria para sua companheira do Fim de Semana Perdido, May Pang, como ela e outros acreditam, ou quem sabe encontrasse uma nova modelo, porque é isso que os rock stars fazem? Será que teria dado uma chance à paz com Paul? Será que os Beatles, como já foi discutido, se reuniriam para uma apresentação no festival Live Aid, em julho de 1985, quinze anos após a separação? Não é uma ideia absurda, é? Bob Geldof estava no auge de seu poder de persuasão naquela época. The Who participou. Led Zeppelin cedeu. McCartney fez uma aparição. Por que a maior banda de todos os tempos não tocaria? E, depois disso, como seria? Um álbum de retorno? Um reencontro nos estúdios Abbey Road com o produtor George Martin, que ainda estava vivo? Uma turnê mundial de recomeço — que não teria como foco os gritos ensurdecedores de milhares de adolescentes (a principal razão pela qual eles pararam de se apresentar ao vivo em agosto de 1966 foi porque não conseguiam mais ouvir o que tocavam, cantavam ou pensavam), e sim fãs adultos que ouviam, *de fato* ouviam, além de tecnologia e equipamentos de ponta — que eles talvez pudessem de fato gostar? Mais *magical mystery* dos Beatles até a morte de George Harrison, em 2001? Eu daria tudo por isso.

Será que John ridicularizaria essas ideias? Tentaria sequestrar o Global Jukebox do estádio de Wembley naquele dia e o transformaria em uma manifestação pela paz? Será que ia preferir a ideia de ser interrompido em seu auge e manter-se com quarenta anos, idade que terá para sempre? Quem sabe. Uma coisa é certa: ele não gostaria nem um pouco da ideia de se tornar um velho exausto e ultrapassado sem nenhuma inspiração para compartilhar, nem de se esforçar demais para apresentar músicas ainda relevantes, reciclando sucessos e perambulando sem parar em incessantes turnês de despedida pelos cinco continentes, cantando e tocando até cair.

Deveríamos ir fundo na questão. Deveríamos perguntar: quem, ou o quê, matou John Lennon — e quando o "verdadeiro" John Lennon morreu? Porque as balas que seu assassino disparou foram apenas (por assim dizer) o último prego no caixão. Mas *por que* foram? O comportamento despreocupado de John nos tempos de infância deixou de existir com a morte de Julia, sua mãe? Ele ficou tão abalado com o falecimento de seu tio George, que trouxe sua criatividade à tona em primeiro lugar, e tão devastado com a perda de seu melhor amigo, Stuart Sutcliffe, morto em decorrência de um aneurisma (e maltratado, ridicularizado e punido por John, a quem ele idolatrava), que não via mais sentido em viver? Será que a culpa que sentia em relação a Stu e a incapacidade de se perdoar foram os catalisadores de sua tendência à autossabotagem? Tendo se estabelecido como um roqueiro com jaquetas de couro, o que o fez abandonar esta versão de si mesmo tão rapidamente, permitindo que a banda ousada que havia criado e aperfeiçoado fosse reformulada como um grupo de garotos de cabelo parecido e ternos padronizados? Por que ele se permitiu ser classificado como um popstar água com açúcar, uma sombra poderosa de seu eu verdadeiro?

No auge da fama dos Beatles, John abandonou essa imagem, redescobriu o rock e se reinventou como um ativista e pacifista do meio musical. Mas será que sua filantropia nada mais era que uma cínica cortina de fumaça para o quão pouco ele se importava com a humanidade? Imaginar que não há posses, como cantava em "Imagine", enquanto era dono de rebanhos de gado, quartos refrigerados só para os casacos de pele e propriedades multimilionárias em Manhattan, Long Island e na Flórida? Será que as complexas teorias da conspiração que ganharam força ao longo das décadas têm fundamento? Teria John abandonado a posição autoimposta de dono de casa e cuidador de criança — após apenas cinco anos — porque considerou esse papel tradicionalmente feminino uma chatice entediante que destruía sua alma?

\*

A história foi escrita, revisada e reimaginada à exaustão. A vida de John foi reproduzida tantas vezes que certas ideias fictícias passaram a ser fatos, enquanto verdades significativas foram distorcidas e se tornaram irrelevantes. Sempre há detalhes a se passar a limpo. Será que alguém disse para Sam Taylor-Wood, agora Taylor-Johnson, "Você não pode fazer o filme *O garoto de Liverpool* porque já foi feito antes"? As melhores histórias já contadas — Tiranossauro Rex, Tutancâmon, César, Dickens, Shakespeare — sempre podem ser recontadas. Não seria diferente com o maior astro do rock de todos os tempos.

É uma questão de perspectiva. O tempo passa. Nós refletimos, avaliamos. Sempre há espaço para novas opiniões. Existem enciclopédias, bibliotecas e até cursos de graduação dedicados ao estudo e à apreciação dos Beatles e de sua música, mas, ainda assim, os especialistas e os historiadores querem mais. Memória, contexto e tolerância não são elementos estáticos. Nunca foram.

Eu não me interessei em escrever mais uma biografia convencional sobre John. Este livro não se trata disso. Aqui exponho meu passeio pelas vidas, pelos amores e pelas mortes de John, em homenagem à efeméride dos quarenta e dos oitenta anos. É um caleidoscópio, uma análise, uma reflexão: afinal, quem era ele? Como se sentia em relação a certas coisas? Minha motivação foi o desejo de dar conta de suas contradições; descobrir quando e por que morreu. O que não é desnecessário. Nós já sabemos que havia mais de um John, então quem ou o que matou o original? E suas variações? Quem foi o John que viemos a conhecer, e o que ele representa no século XXI? O que ele poderia significar no futuro? É possível imaginar uma época em que John Lennon não será mais ouvido, discutido, debatido, dissecado? Quando será que nos cansaremos de fazer peregrinações aos lugares que ele lembrava, às pessoas e às coisas que vieram antes, como cantado em "In my life", às experiências que moldaram sua visão? Quando deixaremos de nos importar com o Onde Tudo Começou?

É óbvio que já havia música muito antes de Lennon e McCartney se encontrarem. Se essa era a razão, a música sempre foi a razão. Poucos têm o dom de criá-la e expressá-la. Todos são capazes de apreciá-la e de se comoverem com ela. Todas as vidas melhoram graças à mais acessível e universal das formas de arte. Até mesmo os profundamente surdos sentem os ritmos que fazem todo coração bater.

Por mais angustiante que seja dizer isso, John já se foi há tempo o suficiente para ser considerado uma figura histórica. A salvação é um legado sonoro tão vital e magnífico quanto era no momento em que ele o criou. Não dá para imaginar um dia em que suas vidas, seus amores e mortes, suas canções, sua influência para a música, para os músicos e para bilhões de meros mortais em todo o mundo deixarão de ter importância.

Cambaleando às cegas através das incertezas, vou à sua procura.[6]

*

O que é o rock'n'roll senão mitologia e hipérbole? Abram as portas e deixem que entrem: os insolentes, os excluídos, os que desafiam a morte, os antenados com síndrome de Peter Pan. Os transgressores pensativos, os audaciosos, aqueles que se arriscam, que vão em busca do sucesso contra tudo e contra todos. Os criadores mais espetaculares, os individualistas mais intensos, os vencedores e perdedores mais sombrios, ousados, desapegados, excêntricos, extravagantes e boêmios, que tomam, que roubam tudo. É no rock'n'roll e naqueles que executam suas artes que nós projetamos, mais do que em qualquer outro gênero de entretenimento ou categoria de artista, nossos sonhos mais extremos e nossas fantasias mais intensas. Para milhões de pessoas, os ídolos do rock são os verdadeiros super-heróis. Eles estimulam a imaginação e andam sobre as águas. Eles obviamente sabem voar. Mas nós não, e por isso idolatramos as batidas, os gritos, as arrancadas, os rabiscos geniais, os ritmos, as melodias e as harmonias, o *sex appeal* arrebatador e incendiário. Sentimos como se pudéssemos participar dessa dança frenética. Como se pudéssemos ser um deles. Como se fosse assim tão simples. Nada, muito menos seu rock star repleto de contradições, é o que parece.

Sempre fui obcecada por astros do rock. Conheci David Bowie quando tinha cinco anos, e comecei a bater na casa dele para tentar entrevistá-lo aos onze. Encontrei, no caminho cintilante que levava à sua lendária porta da frente, talentos que viriam a se tornar Siouxsie Siouxs, Boy Georges e Billy Idols. Estudei na escola que George Martin, o produtor dos Beatles, também já havia frequentado. Fui aluna da faculdade que deu origem ao Pink Floyd. Como ajudante inexperiente do DJ Roger Scott na Capital Radio de Londres, fui até a Flórida para me encontrar com Dion DiMucci (convertido ao cristianismo), ídolo teen dos anos 1950 e 1960 que descobriu sua vocação cantando *a cappella* nas esquinas do Bronx. Roger o idolatrava: o primeiro sucesso de Dion & The Belmonts, "I Wonder Why", fez deles pioneiros. Dion sobreviveu à turnê que matou Ritchie Valens e Buddy Holly em 1959, e desabafou sobre isso. Seus sucessos da carreira solo, "Runaround Sue" e "The Wanderer", também eram clássicos de Roger Scott. Em Nova York, acompanhamos Billy Joel até a soleira do número 142 da Mercer Street, no SoHo, onde foi feita a foto da capa de *An Innocent Man*, álbum que homenageia a herança do rock. Em Nova Orleans, mergulhamos de cabeça nos Neville Brothers. Keith Richards os apresentou para Roger. O Stone participou de *Uptown*, álbum do grupo lançado em 1987. Em 1989, foi a vez de *Yellow Moon*, o álbum que possivelmente fez Roger se voltar para si e elevar seu espírito enquanto o câncer de esôfago o vencia, em especial graças à canção "Healing Chant". Naquela época, ele estava na BBC Radio 1, sobressaindo acima de todos os programas das tardes de sábado e noites de domingo. Ele deixou para trás as incansáveis viagens pelo mundo e torceu contra as expectativas. Morreu em 31 de outubro de 1989, tendo compartilhado comigo suas histórias de "Amigo dos Beatles" que impressionaram os Estados Unidos, divulgado detalhes essenciais sobre a época em que participou, entre 31 de maio e 1º de junho de 1969, da gravação de "Give Peace a Chance", de John e Yoko, durante o infame Bed-In for Peace no Queen Elizabeth Hotel, em Montreal.

Como jornalista da Fleet Street, entrevistei boa parte dos rock stars que se possa imaginar. Acompanhei muitos deles em turnês. Encostei, conversei e respirei o mesmo ar que grandes artistas por centenas de horas. Minha exposição a eles e minhas observações formaram uma percepção de características em comum, traços de personalidade, estados de espírito e perspectivas de vida que não podiam ser ignorados. Apesar de sons e visões conflitantes, dos inúmeros estilos de composição e performance, muitos deles foram postos no mesmo balaio. Eles tinham muito a provar. Eram terrivelmente inseguros, e almejavam aprovação como famintos atrás de migalhas. Quando nos aprofundamos um pouco mais, a fonte de sua arte se torna muito clara. Era, para eles, um inchaço profundo, uma onda enorme e aterrorizante prestes a bater. Um abismo devorador, impossível de ser preenchido, com as adversidades, os abusos e/ou disfunções durante a infância. Talvez os rock stars sejam a subespécie mais sofrida e angustiada de todas.

Estudo esses caras há anos. Digo "caras", mas é claro que tanto mulheres quanto homens do meio artístico podem ser vítimas. Para cada Johnny Cash — que teve um passado de dificuldade e abuso, que lutou contra o vício e o trauma ao longo de sua juventude e tornou-se uma pessoa tão transtornada que escreveu, em sua célebre canção "Folsom Prison Blues", sobre atirar em um homem em Reno apenas pela experiência de observá-lo morrer — existe uma Christina Aguilera, que sofreu extrema crueldade física e emocional nas mãos do próprio pai, e se voltou para a música para compensar a dor. Para cada Prince, que sobreviveu à separação dos pais aos dois anos revestindo-se de contradições, que sofreu bullying devido às crises epiléticas e que se tornou viciado em sexo antes de encontrar consolo na religião — existe uma Adele, que tinha três anos quando o pai deixou a mãe. Mark Evans tentou voltar de fininho para a vida da filha quando descobriu quem ela havia se tornado quando cresceu. Adele não se deixou enganar. Para cada Jimi Hendrix — filho de mãe solteira e pai encarcerado e criado basicamente por amigos da família, para os quais a violência doméstica e a exploração sexual eram coisas rotineiras — existe uma Janis Joplin, cuja família nunca a compreendeu, e que sofreu bullying constantemente na escola por conta de seu peso, suas espinhas e sua adoração por música negra. Pearl (seu apelido) foi chamada de "porca" e "vadia". Com sua garrafa de Southern Comfort, foi expulsa da cidade. Não foi o álcool que a matou. Foi a heroína. Para cada Eric Clapton — que acreditou até os nove anos que a avó, Rose, era sua mãe e que a mãe adolescente, Patricia, era sua irmã; que foi rejeitado novamente quando Patricia se casou, mudou-se para o Canadá e teve outros filhos, mas foi incapaz de buscar seu primogênito; que, viciado em heroína, apaixonou-se pela esposa do melhor amigo, George Harrison, e por fim conquistou Pattie Boyd e casou-se com ela. O casal não conseguia ter filhos. E, para piorar a situação, ele engravidou outras duas mulheres. A maior tragédia de sua vida aconteceu em 1991, quando um de seus filhos, Conor, de quatro anos, caiu da janela do quarto em um prédio em Manhattan — existe uma Rihanna, criada em Barbados por um pai violento, abusivo, viciado em álcool, crack e cocaína, e que fugiu rumo ao estrelato aos quinze anos. Para cada Eminem — abandonado pelo pai ainda bebê, vítima de abuso da própria mãe, que também o traiu ao escrever um livro; apesar disso, quando Debbie Nelson sucumbiu ao câncer, seu filho pagou todas as despesas médicas — existe uma Amy Winehouse, que nunca aceitou o fato de seu adorado pai ter trocado a mãe que ela idolatrava por outra mulher. Amy buscou refúgio na automutilação, nas drogas e no álcool até a morte. Para cada Michael Jackson — acusado de molestar menores de idade, tendo ele mesmo sofrido esse tipo de abuso — existe uma Sinéad O'Connor, que alegou ter sido violentada sexualmente por sua falecida mãe "possuída", em uma câmara de tortura mantida dentro de casa. O'Connor era forçada a dizer "Eu não sou nada" repetidas vezes, e, desde então, sofre de colapso nervoso.

Richard Starkey é filho de um pai ausente e bêbado e uma mãe autoritária, passou um ano se recuperando de uma apendicectomia e, prestes a entrar na vida adulta, praticamente não sabia ler nem fazer contas. Ele encontrou sua salvação na música, fama e fortuna, como Ringo Starr. Paul McCartney e o irmão mais novo, Michael, perderam a mãe ainda garotos, quando a parteira e enfermeira domiciliar Mary morreu aos 47 anos, em outubro de 1956.

Como fica claro, o mundo do rock, tanto nos casos eternamente celebrados quanto nos pouco conhecidos, tem sido o antídoto para a adversidade desde o início.

*

Não existe verdade única. Não há fatos, e, ao mesmo tempo, existem milhões de fatos. Contraditório? É o que John era. Muitos aspectos de sua vida permanecem abertos à interpretação. Teorias, rumores, suposições e idealizações cumprem seu papel. Bem como o próprio John. Quase nenhum comentário incisivo, aparte maldoso ou declaração melancólica, escapou de seus lábios sem que ele contestasse ou atualizasse posteriormente. Nenhum pensamento era imutável. Não há uma versão sua que seja definitiva, finalizada. Reinventando-se constantemente, muitas vezes de modo subconsciente, ele experimentou infinitas versões de si mesmo. A frase "tudo para todos" é insuficiente, mas este era John. Autocentrado, obstinado e frustrado pelas circunstâncias de sua infância — abandonado pelo pai e entregue pela mãe aos cuidados de uma tia severa e um tio compassivamente gentil, que se foi muito cedo —, encontrou nas palavras uma válvula de escape para emoções e frustrações. O sexo, o rock'n'roll e, depois, as drogas logo assumiram o controle. Sua mãe morreu de modo violento quando ele tinha dezessete anos. Jamais viria a presenciar ou se encher de orgulho pelo impacto de seu filho no mundo inteiro. E ele jamais superaria a perda. Sentiu-se traído e desfavorecido pelo resto da vida. Nada seria capaz de confortá-lo ou de compensá-lo. Ele se casou muito jovem, tornou-se pai antes de alcançar a maturidade e, aos vinte e poucos anos, já conciliava fama mundial e uma fortuna fantástica com as ordinárias obrigações domésticas... e resultados calamitosos. Era tudo demais para ele, John deveria ter dito. Sua salvação foi encontrar o amor verdadeiro. Afinal, sua união com Yoko revelou-se ampla, simples, complexa e familiar. Um amor edificante, angustiante e que desafia a morte, nos moldes de Romeu e Julieta, Antônio e Cleópatra, Vênus e Adônis. Duas almas gêmeas que se tornam um só corpo, os dois sozinhos contra um mundo preconceituoso, confundindo críticos e céticos aonde quer que fossem; confirmando, para todos aqueles desesperados em acreditar, que o Amor Verdadeiro existe. Pelo que John viveu, no fim das contas? Somente por Yoko e o filho do casal, Sean. Para a eterna desolação de Julian Lennon.

O mundo dá voltas. As décadas vão passando. Será que, hoje em dia, John se reduz a palavras e melodias, ainda que sejam músicas gravadas em nosso DNA e que nunca deixaremos de tocar? Não, nem nunca será. O John que se amava, se odiava e se redescobria — aquele que pertencia ao planeta, mas existia basicamente dentro de sua própria mente — está entre nós.

CAPÍTULO 1

# COME TOGETHER

Os historiadores podem se sentir tentados a dar apenas uma rápida pincelada nos primeiros anos de vida de seu objeto de estudo para chegar mais depressa ao ponto em que as "coisas interessantes" começam a acontecer. Mas o que pode ser mais fascinante do que as circunstâncias do nascimento, os desafios da infância, os primeiros cortes de uma colcha de retalhos que de algum modo se expandem e se autocosturam até se tornar o personagem que buscamos conhecer? Mais do que isso, e as aventuras de seus antepassados?

Para todos os homens destemidos, influentes e indomáveis na vida de John, eram as mulheres que, para o bem ou para o mal, a dominavam. Percorrendo as sombras de sua árvore genealógica, encontramos mulheres corajosas e resilientes em ambos os lados. Mulheres que sobreviveram à fome, ao distanciamento da família, às dificuldades e reviravoltas da mudança de ambiente, às tragédias da guerra; que viviam grávidas, que deram à luz uma dezena de bebês ou mais; que morriam desesperadas no parto; que, destruídas pela miséria e pela viuvez, preferiram entregar os filhos aos cuidados de instituições de caridade a ter que vê-los morrer de fome.

Embora as mulheres governassem a vida de John, em vários níveis e com consequências conflitantes, não havia antepassadas distintas em nenhum dos lados da família. A questão é o quão longe você quer ir. Alguns biógrafos investigaram o DNA numa tentativa de encontrar ancestrais interessantes, cujas conquistas possam lançar luz sobre as origens do talento e da personalidade de John. O desejo de descobrir que a genialidade está nos genes talvez tenha sido o responsável por dar vida à ideia de que o bisavô paterno de John Lennon, James, descrito como cozinheiro de navio e por algum tempo cantor, deixou Liverpool e mudou-se para os Estados Unidos; e que o filho de James, também chamado John e conhecido como Jack, foi parcialmente famoso no país no fim do século XIX como membro de uma trupe de menestréis que pintavam o rosto de preto em uma época pré-direitos civis e pré-abolição da escravatura. Robertson's Kentucky Minstrels era o nome da trupe com a qual ele supostamente viajava, antes de voltar para a terra natal de seu pai e se estabelecer em Merseyside, onde sua primeira esposa, norte-americana, morreu durante o parto. Como seria fascinante se tudo isso fosse verdade. Infelizmente, as certidões de nascimento e os censos de 1861, 1871 e 1901 indicam o contrário. A história dos Lennon, como a de qualquer outra família, já havia há muito tempo atravessado os campos da fantasia. As fábulas podem ser difíceis de serem desmentidas. Rumores e suposições são atraentes. Ainda há quem se sinta tentado a acreditar na lenda reluzente, apesar dos fatos inequívocos.

O que se sabe ao certo é que os bisavós paternos de John, James Lennon e Jane McConville, não nasceram em Liverpool, mas no Condado de Down, em Ulster, no norte da Irlanda, e que atravessaram o Mar da Irlanda com as famílias durante a Grande Fome de 1845 a 1849, numa época em que a Irlanda ainda era parte da Grã-Bretanha (condição que se estendeu até 1922). James, um tanoeiro e almoxarife, casou-se com Jane em Liverpool em 1849, quando tinha cerca de vinte anos. A noiva tinha apenas dezoito. O casal foi abençoado com oito ou mais filhos antes de Jane morrer no parto. Seu filho John, conhecido como Jack, nasceu em 1855, e é o avô do nosso John Lennon. Jack tornou-se despachante e escriturário, mas não era muito confiável. Era um famoso frequentador de pubs, e costumava cantar para pagar suas cervejas. Casou-se com a namorada de Liverpool, Margaret Cowley, aos 33 anos, e teve quatro filhos, mas somente uma, a filha que se chamava Mary Elizabeth, sobreviveu. A mãe de Mary morreu durante o parto da irmã, também chamada Margaret. Jack, o viúvo católico, logo passou a "viver em pecado" com a protestante Mary Maguire, uma mulher analfabeta e aparentemente médium, conhecida como Polly. Tiveram quatorze ou quinze filhos (os registros variam), oito dos quais eles perderam, e por fim se casaram em 1915, três anos depois do nascimento do filho Alfred, pai de John. Jack morreu de cirrose em 1921, quando seu filho tinha oito (ou nove) anos e sofria de raquitismo: uma doença infantil que se origina da deficiência de vitamina D, fazendo com que os ossos se enfraqueçam, e as pernas se dobrem. Alf usou aparelhos ortopédicos de ferro por anos, o que impediu seu crescimento normal. Polly era pobre demais para sustentar a família por conta própria, e se viu obrigada a entregar Alf e sua irmã, Edith, ao regime de internato do Blue Coat School, uma escola de caridade estritamente protestante. Alf acabou se tornando o mais instruído dos Lennon, e logo conseguiu um trabalho assalariado em uma companhia de navegação de Liverpool.

Por parte de mãe, os ancestrais de John remontam ao País de Gales. A mistura de irlandês e galês lhe deu uma forte ascendência, com ambas as nações e culturas célticas convergindo e dividindo significativas características em comum de imaginação vívida, melancolia esporádica, teimosia, paixão e simpatia imediata.

As obscuras raízes galesas de John são, hoje, conhecidas. Seu bisavô, John Milward (por vezes Millward), era filho de Thomas Milward, jardineiro-chefe de Sir John Hay Williams, alto xerife de Flintshire. Este John nasceu nos majestosos arredores de Dolben Hall, em meados da década de 1830, enquanto seu pai trabalhava ali. Milward Junior tornou-se, na adolescência, aprendiz de advogado da família Williams. Aos vinte e poucos anos, um terrível acidente durante uma caçada exigiu amputação de seu braço esquerdo. A recuperação em uma casa de hóspedes em Rhyl o fez cair nos braços da jovem de vinte anos Mary Elizabeth Morris, que morava na rua Berth y Glyd, em Llysfaen, perto de Colwyn Bay, na costa norte de Gales. Mary havia acabado de ser expulsa da fazenda da família após ter engravidado de um vizinho e dado à luz um filho ilegítimo. Quando ela e o novo amante engravidaram, ficaram ansiosos para abafar mais um escândalo e fugiram para a Inglaterra. A avó materna de John Lennon, Annie Jane, futura costureira, nasceu em um aposento alugado da Bear and Billet Inn em Chester, no ano de 1871. A família mudou-se para Liverpool logo depois, onde a mãe, Mary, transformou-se em uma poderosa matriarca que se recusava a falar em qualquer língua que não fosse galês. O relacionamento desmoronou. John morreu sozinho e miserável com cinquenta e poucos anos, enquanto Mary viveu até a casa dos oitenta, em 1932.

Seguindo a linhagem de Mary, sugere-se que o tetravô de John foi o reverendo Richard Farrington, de Llanwnda, Caernarvonshire, estimado autor de livros sobre antiguidades galesas. Por meio dele, a ascendência de John pode remontar a Owain ap Hugh, um alto xerife elisabetano de Anglesey; e, a partir dele, muitas gerações antes, chegamos a Tudor ap Gruffud, irmão de Owain Glyndŵr. Último príncipe nativo de Gales do século XV, Glyndŵr foi imortalizado em *Henrique IV (Parte I)* de Shakespeare. Isso faria do herói nacional galês um tio ancestral de John. Assim, John é considerado descendente direto de Llewelyn, o Grande, que governou o País de Gales no século XIII; além disso, através de Joan, esposa de Llewelyn, ele é descendente dos reis João da Inglaterra, Malcolm da Escócia, Guilherme, o Conquistador e Alfred, o Grande. O que John acharia de tanta grandeza, caso fosse provado ser verdade incontestável?

O bisavô materno de John, William Stanley, nasceu em Birmingham no ano de 1846. Mudou-se para Liverpool aos vinte e poucos anos, onde conheceu e se casou com sua esposa do norte da Irlanda, Eliza. O casal viveu em Everton, no norte de Liverpool. Seu terceiro filho, George Ernest Stanley, nascido em 1874, viria a ser o avô materno de John. George tornou-se marinheiro mercante, trabalhando em alto-mar por muitos anos, e foi também fabricante de velas para navios e outros tipos de embarcação. Posteriormente, trabalhou para a London, Liverpool and Glasgow Tug Salvage Company, que ajudava a recuperar destroços de naufrágios. Ele conheceu a supracitada Annie Jane Milward no fim da década de 1890. Os dois não se casaram antes de constituir família. Os dois primeiros filhos, Henry e Charlotte, morreram pouco depois do parto. A terceira criança foi Mary Elizabeth, destinada a se tornar a lendária tia Mimi de John, a mulher que o criaria no lugar de sua mãe e quem de fato o controlava. Uma criança viva antes do casamento foi evidentemente o bastante para George e Annie, que se casaram no fim de 1906 e tiveram mais quatro filhas que viriam a chamar o pai de "Dada", por fim chegando ao apelido definitivo de "Pop". A quarta criança das cinco formidáveis irmãs Stanley foi a mãe de John, Julia, que nasceu em Toxteth, no sul de Liverpool, em 12 de março de 1914, junto da Primeira Guerra Mundial.

Se você já ouviu falar dela, quem gostaria que ela fosse? Sente-se inclinado a escolher a Julia Jezabel, a prostituta de bom coração? Uma cabeça-oca, uma garota imprudente que sonhou alto demais devido à overdose do surrealismo hollywoodiano que a hipnotizava nas telas do cinema Trocadero, onde trabalhou como lanterninha; que tinha rosto fino e corpo sensual, com seu uniforme e chapéu certinhos e engomados, e tão vaidosa que ia dormir de maquiagem; que, com suas roupas cheias de babados e cachos perfumados, frequentava clubes e salões de Liverpool para flertar com marinheiros, estivadores e garçons, dando bronca nos rapazes e cuidando de si mesma com uma risada aberta; que podia ser gentil de maneira casual; que colocava filhos no mundo e abria mão deles sem se importar? Ou a Julia Lennon (nascida Stanley) difamada e incompreendida é sua preferência? Deixando de lado as fantasias junto das centenas de milhares de palavras já escritas, faladas e presumidas sobre ela, você é capaz de admitir, assim como eu devo, que a Julia da vida real pairava entre os extremos, assim como qualquer pessoa? Que não era nem pecadora nem santa? Que não era nem de longe tão diabólica quanto foi retratada? A jornada pessoal de John começa com a dela, na cidade em que ambos nasceram. John a idolatrava, sofria por ela, a repreendia e a desejava em canções devastadoras como "Mother" e "Julia".

Liverpool não era, de forma alguma, o único ponto em comum entre mãe e filho. Ambos tinham o cabelo castanho-avermelhado dos celtas (embora os olhos fossem diferentes; os de Julia eram azul-claros, enquanto os de John eram castanho-claros). Ambos nasceram no estopim e viveram em meio a guerras mundiais. Eram dois desajustados com um dom para a música, rebeldes que agradavam a todos, eram a alma do ambiente, mas essencialmente pessoas solitárias. Cada um deles se casou com pessoas que despertaram a consternação e o desprezo de suas famílias. Cada um se tornaria, de forma evidente e dolorosa, a inspiração do outro. Ambos morreram violentamente nas mãos de terceiros, na casa dos quarenta, deixando devastação e consequências que jamais cicatrizariam.

Em 1914, Liverpool ainda era uma cidade imponente, próspera e formidável, um lugar de arquitetura impressionante e conquistas fenomenais. Foi lá que surgiu a Cunard, fundada em 1839, que liderou a revolução oceânica. Em 1870, como se afirma, todo habitante de Liverpool trabalhava nessa grande companhia de navegação ou tinha um conhecido que trabalhava. A cidade ostentava uma população que, graças à mobilização das massas promovida pelas revoluções agrícola e industrial, passara de menos de cem mil habitantes no século anterior para oito vezes mais no início dos anos 1900. O tabaco da Virgínia e o açúcar das Índias Ocidentais eram suas principais importações. As indústrias que se desenvolveram para processar esses produtos eram enormes. A fabricação de cerveja, os bancos e as seguradoras geraram fortunas — assim como o comércio de escravos no Atlântico. Por outro lado, milhares de indivíduos trabalhavam duro como operários, na fabricação de indústrias e usinas, ou em empregos precários em amplos estaleiros. A classe média alta trabalhadora e a classe média baixa tendiam a trabalhar no comércio, como gerentes, atendentes e funcionários administrativos. Alfaiates, costureiros, peleiros e chapeleiros habilidosos atendiam às necessidades de indumentária da elite endinheirada. A classe alta do Norte se vestia tão bem quanto seus colegas da capital. Embora muitas mulheres da classe trabalhadora tivessem empregos em escolas, lojas, fábricas e estabelecimentos de confecção de roupas, elas costumavam ser solteiras. Muitas mulheres mais humildes trabalhavam duro como criadas — empregadas domésticas, faxineiras, cozinheiras e cuidadoras de crianças — em prósperas casas mercantis. Muitas mulheres casadas e viúvas lavavam roupa para fora para escapar da fome. Longe das deslumbrantes fachadas de edifícios gigantescos, quando o ar de riqueza já se tornava distante, as casas de alvenaria do homem comum eram manchadas de fuligem, a atmosfera pesada com o fedor de fumaça de carvão e excrementos equinos e humanos. A vida tropeçava pelas ruas de pedra com botas reforçadas e calças pescando, com o ruído de carroças puxadas por cavalos. Nas profundezas da periferia, colonizada pelos desamparados, havia um verdadeiro Hades da privação e da pobreza.

A Britânia não dominava mais os mares. Sob o domínio do rei George V, a Grã-Bretanha deixou de ser a maior potência industrial do mundo. A competição estrangeira crescia. O status de Liverpool, que um dia fora o coração marítimo de uma nação vitoriosa com complexo de superioridade, elevou-se com a Primeira Guerra. Com uma grande extensão de docas ao longo do rio Mersey, sua posição estratégica como um porto de águas profundas a poucos menos de 3.500 milhas náuticas de distância de Nova York cruzando o Atlântico, e sua porta de entrada para a Europa, Liverpool tinha uma posição privilegiada durante o ataque dos Aliados contra a Alemanha. Cargas essenciais, alimentos, combustíveis e bens manufaturados, tropas, equipes médicas, prisioneiros de guerra e refugiados dominaram a orla.

Os jovens da cidade correram para se alistar. Mais de doze mil liverpudlianos se apresentaram para o combate marítimo. Outros três mil atenderam ao grito de guerra do Lorde Kitchener e se apresentaram ao exército. Quase um milhão de mulheres trabalhavam nas fábricas de munição, dirigiam transportes públicos, delegacias, departamentos governamentais e agências de correios, e varriam as ruas de paralelepípedos com suas saias compridas e encardidas. Em 1918, algumas conquistaram o direito ao voto. No entanto, em 1923, ainda havia apenas oito mulheres no Parlamento, enquanto aquelas acima dos 21 anos só puderam votar em 1928. Ao mesmo tempo, mudanças sociais ganhavam corpo em Liverpool no decorrer da década de 1920. Os trabalhadores se fortaleceram, depois de muito sacrifício e sofrimento durante a guerra. Tais mudanças passaram a ser mais uma exigência do que um pedido. A provisão de habitações sociais teve início em uma escala sem precedentes. Embora o país fosse ter que esperar até 1948 pelo Estado de Bem-Estar Social, as esperanças e expectativas das classes menos favorecidas de Liverpool foram às alturas.

Julia não viria a ter lembranças detalhadas de seus anos de infância arrasados pela guerra. O bebê da família para as irmãs mais velhas Mary Elizabeth (mais tarde Mimi), Elizabeth Jane (apelidada de Betty, ou Liz, e, por fim, conhecida na família como Mater) e Anne Georgina (Anne entre as irmãs, mas que seria conhecida como Nanny), Julia era adorada. Dada tocava banjo e ensinou a quarta filha a tocar também. Ela logo ganhou confiança e passou a tocar o instrumento de ouvido enquanto cantava para acompanhar. Também aprendeu a dominar o ukulele e o acordeão. Quando a quinta irmã Stanley, Harriet (Harrie), nasceu, Julia já havia se transformado na precoce "irmã bonita" com um quê de ovelha negra. Línguas estalavam em reprovação. Todos faziam vista grossa. Ela era também a "irmã musical". Por conta disso, bem como por sua personalidade efervescente, era mimada. Nem um pouco estudiosa, largou a escola aos quinze anos, em 1929, com poucas perspectivas de vida. Encontrou Alf Lennon por acaso no Sefton Park, em Liverpool, próximo ao lago. Os gracejos vieram logo em seguida. Se não foi amor à primeira vista, foi ao menos uma introdução.

Mas Alf ouviu o canto da sereia. A imensidão do mar o chamava. O rapaz abriu mão da terra firme para levar uma vida no oceano, tornando-se marinheiro mercante e partindo em uma jornada mundo afora. Conhecido como Freddie e Lennie, ele afeiçoou-se ao trabalho e às suas irresistíveis vantagens, sendo o lucrativo comércio de contrabando sua parte favorita. Não demorou a ser promovido. Este jovem mensageiro foi subindo cada degrau até se tornar garçom de salão, jurando lealdade à bebida e seguindo sua jornada aos trancos e barrancos. Assim como sua amada, a quem escrevia longas cartas românticas sem resposta, ele também tinha um lado musical. Alf levava uma gaita no bolso e uma canção no peito. Julia não se impressionava. Não estava nem aí. Ciente de que sua família considerava o jovem Lennon inferior a ela, Julia — a deslumbrante, obstinada e cativante Julia — manteve as opções em aberto e as emoções à mostra. Ela flertava onde quer que estivesse e com quem quisesse. A ideia de que ambos pudessem ser fiéis um ao outro durante as longas ausências de Alf parece absurda. Talvez ele tivesse uma garota em cada porto, aquela velha malandragem do mar. Talvez

Julia tenha cedido aos desejos de alguns dos muitos pretendentes que se recusavam a ouvir um não. Talvez tenha provocado o jovem Alfie com um pedido de casamento, como tem sido especulado, ou talvez tenha sido ele quem fez o pedido no fim das contas, após Julia ridicularizar seu admirador baixinho, dizendo que nunca seria homem o suficiente para pedir sua mão. Qualquer que seja a verdade acerca dos detalhes, os dois se casaram em 3 de dezembro de 1938, no cartório da Bolton Street, cerca de onze anos após terem se conhecido. Julia tinha 24 anos. Nenhum parente de nenhum dos lados da família foi avisado, ninguém compareceu. Eles passaram a lua de mel em um cinema e a noite de núpcias separados — ela na residência da família, ele de volta ao alojamento —, como se estivessem se preparando para a ira do clã Stanley. No dia seguinte, Alf estava de volta ao mar. Ele passou três meses indo e voltando das Índias Ocidentais.

*

Com exceção de Londres, nenhuma cidade britânica foi mais bombardeada do que Liverpool. Ela tornou-se alvo por ter o maior porto da costa oeste, sendo a porta de entrada para o fornecimento de produtos alimentícios essenciais e de outras mercadorias. Destruir a rota de abastecimento garantiria a derrota da Grã-Bretanha. A Luftwaffe, Força Aérea Alemã, realizou cerca de oitenta ataques aéreos em Merseyside entre agosto de 1940 e janeiro de 1942. O auge dos ataques ocorreu em um bombardeio de sete noites, em maio de 1941. Embora as docas, as fábricas e as ferrovias fossem os principais alvos, grandes áreas em ambos os lados do rio Mersey também foram devastadas e destruídas. A partir das bases aéreas dos países conquistados, incluindo França, Bélgica, Holanda e Noruega, bombardeiros alemães rumavam para Liverpool, ampliando suas campanhas com pérfidos ataques noturnos. Em 28 de agosto de 1940, quando Julia Lennon estava grávida de seis meses de John, 160 bombardeiros foram despejados em Merseyside. Durante um bombardeio no Natal daquele ano, a cidade sofreu seus ataques mais pesados. Nos primeiros seis meses de vida de John, as investidas eram constantes. No fim de abril de 1941, a região metropolitana de Liverpool já havia sofrido mais de sessenta ataques. As docas estavam destruídas, e os navios haviam afundado. Edifícios corporativos — incluindo os famosos Cotton Exchange, Custom House e Rotunda Theatre —, hospitais, igrejas, escolas e casas foram derrubados. Estradas, linhas de bonde e ferrovias foram arruinadas. Em 1942, cerca de quatro mil pessoas já haviam sido mortas, e outros milhares foram gravemente feridos. Grande parte dos estragos levaria anos para ser recuperada.

Apesar da convocação compulsória de homens saudáveis entre dezoito e 41 anos, Alf Lennon, à época com 26, foi dispensado do serviço, pois avaliou-se que ele realizava um trabalho essencial no mar. Os pais de Julia, Pop e Mama, junto dela e das filhas Mimi e Anne, retiraram-se do centro da cidade e alugaram uma casa no subúrbio de Wavertree, próximo a Penny Lane, no número 9 da Newcastle Road. Quando o navio de Alf atracou, ele foi direto atrás da esposa, e mais tarde afirmaria que John foi concebido no chão da cozinha da casa geminada dos Stanley. Será que até mesmo o mais experiente dos obstetras é capaz de identificar com tanta precisão o momento exato da concepção? E mais uma vez Alf se foi, partindo em um navio que agora seguia sob a segurança da rota de comércio do Atlântico Norte, sem saber se veria sua amada novamente.

Embora Mimi, a tia coruja, possa ter jurado de pés juntos que John nasceu durante um ataque aéreo, isso não é verdade. O dia estava calmo quando Julia deu à luz seu primeiro e único filho no hospital-maternidade da Oxford Street — que, hoje em dia, é um alojamento estudantil, e ainda guarda as marcas de estilhaços voadores junto da placa que informa que aquele é o local em que nasceu John Lennon. Visitar o prédio é uma experiência assustadora. A lembrança do lugar me deixou inquieta por vários dias, embora eu mal tenha me comovido em todas as muitas vezes em que estive no memorial Strawberry Fields, no Central Park. Já esteve lá? Vá e veja.

Pouco tempo depois, a patriota Julia, que representou o país na escolha do nome do meio do filho, voltou com o bebê para a Newcastle Road.[1] Mimi, enfim casada com o pobre pretendente que quase havia desistido dela, passou a ser a sra. George Smith. O marido era um produtor local de laticínios que havia herdado uma propriedade a alguns quilômetros de distância, em Woolton, para onde Julia e o filho, e ocasionalmente Alf, às vezes escapavam. John só foi conhecer o pai com mais de dois anos de idade. Não se podia dizer que Julia sossegava em casa, à noite, durante as longas ausências do marido. Na verdade, ela vivia para lá e para cá na companhia de militares, com toda a despreocupação de uma garota imprudente em tempos de guerra. Não que Alf fosse inocente: ele conseguiu piorar seu crime de deserção em um navio sendo preso por tentar contrabandear a carga de outro, e foi condenado à detenção na Argélia. Julia, acostumada a receber uma parte do salário do marido junto das cartas digressivas que ele lhe escrevia, descobriu que não havia nada para ela no escritório naval. Sem ter notícias de Alf, e sem saber o que poderia ter acontecido com ele, provavelmente presumiu que o marido abandonara friamente os dois, ela e seu filho recém-nascido. Assim sendo, resolveu mudar de vida. Forçada a se sustentar por conta própria, conseguiu um emprego de atendente em uma taberna local. Foi lá que conheceu um soldado galês cujo nome nunca foi mais específico do que "Taffy Williams". Quando Alf chegou em casa um ano e meio depois, descobriu que a esposa aparentemente estava grávida de Taffy. O que se seguiu foi uma grande comoção, da qual John ainda se lembraria na fase adulta. Julia mudou sua versão da história e insistiu que havia sido estuprada por um soldado desconhecido. É possível que ela não soubesse quem era o pai. Williams rejeitou de imediato a ideia de que a criança poderia ser de qualquer pessoa que não ele, e teria acolhido mãe e filho de bom grado. O que arruinou suas chances com Julia foi ter exigido que ela abrisse mão de seu menino mais velho. Julia se recusou a abandonar John, e esse foi o fim da linha para o galês. Já Alf implorou a Julia que lhe permitisse assumir a paternidade da criança que ela estava esperando, para que os quatro se tornassem uma família. Ela rejeitou a proposta. Parece plausível presumir que seus pais, pessoas muito corretas, e suas imponentes irmãs, temendo um constrangimento social, do tipo "O que os vizinhos vão dizer?", também tenham se preocupado com o bem-estar e a felicidade de seu adorado neto e sobrinho.

Alf não estava disposto a desistir do filho. Como ele conseguiu fazer com que John saísse da fortaleza dos Stanley e fosse para a casa de seu irmão Syd, em Maghull, é um mistério. O que fez Julia permitir que ele levasse o filho embora por várias semanas, e depois por meses seguidos, para ficar com Syd, esposa e filha, vários quilômetros ao norte de Liverpool? Talvez a depressão tenha sido um fator importante. A esposa de Syd, Madge, tentou matricular John na escola local. Os Lennon se apegaram tanto ao sobrinho que ousaram ter a expectativa de conseguir a guarda legal da criança. Onde estavam seus pais? Syd e Madge não tiveram nem sinal de Julia durante esse tempo. Quando o imprevisível Alf apareceu sem aviso na primavera de 1945, informando que viera buscar o filho, a pequena família ficou devastada.

Julia Lennon deu à luz seu segundo bebê em 19 de junho de 1945, em Elmswood, uma maternidade do Exército da Salvação. Sob pressão da família, que condenava seu comportamento imoral e havia resistido à desonra ao bom nome dos Stanley, ela foi forçada a entregar a criança para adoção. Sua filha, a quem deu o nome de Victoria Elizabeth Lennon, foi entregue a um casal local: Peder, norueguês, e Margaret Pedersen. Os Pedersen mudaram a identidade da nova filha para Lillian Ingrid Maria, e a menina foi criada em Crosby, a poucos quilômetros de onde Julia continuou a viver. Mas Ingrid, como era chamada, não conheceu os pais biológicos nem o meio-irmão, John. Ingrid só descobriu sua verdadeira identidade quando decidiu se casar e precisou da certidão de nascimento. Ela ficou chocada e perplexa, mas resoluta. Sentiu-se desconfortável em procurar sua família de sangue enquanto a mãe adotiva ainda estava viva. Quando Margaret Pedersen faleceu, em 1998, Ingrid deu as caras. A certa altura, parece ter acreditado que era filha biológica de seu pai adotivo, com o marinheiro Peder supostamente tendo tido um caso com Julia. Não há nome do pai na certidão de nascimento de Victoria Lennon.

CAPÍTULO 2

# ABANDONADO

Julia Lennon contribuiu para o esforço de guerra? Até onde sabemos, ela não foi convocada — o que parece surpreendente, já que, nos anos 1940, a maioria das mulheres com boa saúde física e mental recebeu o chamado. A partir da primavera de 1941, todas as mulheres britânicas dos dezoito aos sessenta anos tiveram que se alistar e passar por entrevistas, e a maioria teve que escolher um entre uma variedade de empregos. A maternidade não era garantia de isenção. Esperava-se e exigia-se que elas fossem capazes de conciliar as duas atividades. A Lei de Serviço Nacional de dezembro de 1941 legalizou o recrutamento feminino. Embora somente as jovens entre vinte e trinta anos tenham sido recrutadas a princípio, em 1943 quase 90% das mulheres solteiras e 80% das casadas estavam ativas na causa, trabalhando em fábricas, como *land girls* no Women's Land Army ou nas forças armadas. Isso incluía o WRNS: Women's Royal Naval Service; o WAAF: Women's Auxiliary Air Force; o ATS: Auxiliary Territorial Service; e a Executiva de Operações Especiais. Milhares dirigiam ambulâncias, pilotavam aeronaves desarmadas, trabalhavam como enfermeiras e atuavam atrás das linhas inimigas. Até mesmo Sua Alteza Real, a princesa Elizabeth, futura rainha Elizabeth II, serviu no ATS em 1945, quando tinha apenas dezenove anos. Tendo sido treinada como motorista e mecânica, a princesa foi promovida a Comandante Júnior Honorária. A filha mais nova do primeiro-ministro Winston Churchill, Mary, destinada a se tornar Lady Soames, também serviu.

Oitenta mil mulheres se juntaram ao Women's Land Army para cultivar e colher alimentos. O Women's Voluntary Service (WVS) era uma força a ser levada em conta nas cidades, especialmente na capital, onde elas trabalhavam nos abrigos do Metrô de Londres, preparando milhões de xícaras de chá. As ex-donas de casa agora vestiam macacões, arregaçavam as mangas e prendiam as madeixas para dar duro em indústrias, fabricando veículos, aeronaves, produtos químicos e munições. Elas trabalhavam em estaleiros, ferrovias, canais e ônibus. Trezentas e cinquenta mulheres construíram a ponte de Waterloo, em Londres, apelidada de "Ladies' Bridge" (ou "Ponte das Mulheres"), embora este fato só viesse a ser reconhecido oficialmente mais de meio século depois. Quase 25 mil mulheres trabalhavam na construção civil britânica em 1944, mas recebiam muito menos do que os homens para desempenhar o mesmo serviço!

Se Julia conseguiu escapar das linhas de produção e dos estaleiros, será que aderiu às campanhas de costura do governo, "Make Do and Mend" e "Sew and Save"? Embora o tricô tenha se tornado a obsessão nacional feminina durante a guerra, é difícil imaginar uma atendente de bar glamorosa tricotando por trás das torneiras do pub local.

Eu penso sobre Julia. Ela não sai da minha cabeça há anos. A lembrança de Julia perseguia John, o que faz dela alguém fascinante. Tenho, em lugar de destaque na minha mente, uma imagem dela como uma espécie de *femme fatale* como Rita Hayworth,[1] vestindo uma anágua diante de uma penteadeira, retocando a maquiagem, pintando os lábios de vermelho, passando perfume; arrumando-se para mais uma noite de diversão provocadora. Justificando-se no espelho com a desculpa de que, durante a guerra, vale tudo. As regras e os costumes sociais de sempre não se aplicavam mais. Vivendo como se a espada de Dâmocles pairasse sobre suas cabeça, com a ameaça real de serem varridas da face da Terra por bombardeios a qualquer momento, quem poderia culpar as pessoas por aproveitarem a vida deliberadamente, sem ressalvas nem cautela? Os casos de doenças venéreas subiram drasticamente em todo o país, bem como os índices de gravidez. O aborto ainda não havia sido legalizado, e só deixaria de ser crime em

1967. Isso não impediu que algumas mulheres desesperadas recorressem a soluções caseiras. Tomar banho escaldante, beber gim, utilizar agulha de tricô, faca e babyliss e agachar-se sobre o vapor de uma panela quente representavam riscos não só à saúde, mas à própria vida, assim como as práticas brutais dos aborteiros clandestinos.[2] Embora ter filhos ilegítimos ainda fosse socialmente inaceitável (situação que se manteria pelas décadas seguintes), houve um grande aumento no número de filhos de mães solteiras. O resultado foi o desenvolvimento da educação sexual. Para Julia e outras mulheres na mesma situação, o aborrecimento fora embora.

Mama, a querida matriarca da família Stanley, havia morrido. Pop viveria por mais algum tempo, até 1949. Dizem que o pequeno John e seu severo avô vitoriano criaram um laço, e a dupla costumava passear pelas docas ou "pelo calçadão",[3] de onde observavam o rio Mersey e apontavam os edifícios do outro lado. Tia Mimi, ex-estudante de enfermagem no Woolton Convalescent Hospital (onde conheceu o namorado George, que visitava o local para fazer entrega de leite), era a irmã mais velha que sempre cuidava das irmãs e de seus filhos; que tomava para si os problemas de todos e que vivia em conflito com o pai. Mimi se encarregou de observar os acontecimentos sempre com desconfiança. Sem dúvida temia o impacto do estilo de vida de Julia sobre John. Estava claramente determinada a garantir que todas as questões seriam tratadas "em defesa dos interesses do menino".

O que essa frase vaga e assustadora significa? De modo sucinto, ela propõe o óbvio: quando a mãe de uma criança pequena arruma um novo namorado, expressa toda sua afeição por ele e o enche de atenção em detrimento do filho, o último está fadado ao sofrimento. Se o namorado despreza a criança — ou pior, a trata mal —, a evidente preferência da mãe pelo amante configura abuso e negligência em relação ao filho. Julia não via as coisas dessa maneira. Era muito raro que essas questões fossem discutidas abertamente naquela época. Nos tempos mais esclarecidos de hoje, temos a vantagem de uma extensa pesquisa científica relacionada ao bem-estar infantil. O estudo das Experiências Adversas na Infância (Adverse Childhood Experiences, ou ACE), estabelecido nos anos 1980, foi uma das maiores e mais abrangentes investigações a avaliar a associação entre maus-tratos na infância e saúde individual e bem-estar na vida adulta.[4] Foi incentivado pelo Dr. Vincent Felitti, da Kaiser Permanente Health Appraisal Clinic, em San Diego, Estados Unidos, e reproduzido no mundo inteiro. Suas descobertas foram devastadoras. Hoje estamos muito cientes dos fatores que ameaçam o fundamental senso de si das crianças, bem como seu desenvolvimento saudável. As crianças experimentam o mundo através do relacionamento com seus pais e cuidadores. Em um ambiente acolhedor, elas florescem física e emocionalmente. Os elementos essenciais para a disciplina positiva são básicos: segurança, estabilidade, consistência; rotina, continuidade, disciplina. O fator essencial é o afeto. Vamos chamar de "amor". Uma criança não pode pular de galho em galho, nem viver no meio do fogo cruzado entre pais que só brigam. Ela não pode ser usada como uma peça de xadrez. Não se deve nunca, em hipótese alguma, pedir que ela escolha entre a mãe e o pai. Hoje em dia sabemos que traumas de infância costumam levar à depressão e a outros transtornos mentais na vida adulta, bem como doenças. Por quê? Porque o estresse é tóxico. A exposição prolongada aos hormônios do estresse inibem o desenvolvimento do cérebro e comprometem as ligações de circuitos cerebrais, que ainda estão vulneráveis e em formação durante a primeira infância. O sistema imunológico fica suprimido, deixando a criança propensa a infecções e doenças crônicas. Os hormônios do estresse podem também danificar a parte do cérebro responsável pela memória e pelo aprendizado, levando a déficits que podem prejudicar o indivíduo de forma permanente.

Mimi Smith sabia pouco ou nada a respeito disso. Ou seja, ela podia não ter tido o vocabulário ou o conhecimento médico para auxiliá-la a articular suas preocupações, mas era astuta. Tinha instinto. Seu senso de certo e errado era profundamente antenado. Para muitos, ela pode ter sido uma espécie de Hyacinth Bucket,[5] protagonista da série britânica *Keeping Up Appearances*, dando importância demais para a opinião alheia. Ela podia ser uma pessoa crítica e irritadiça. Mas, ao menos, era zelosa e correta. Era capaz de ver com os próprios olhos que a irmã se comportava de modo egoísta, colocando as próprias necessidades antes das de John. Ninguém está insinuando que Julia não amava o filho. Pelo que se sabe, ela o mimava e o adorava. Mas, como mãe, era desorganizada. Tendia a não colocá-lo em primeiro lugar. Os instintos de Mimi lhe diziam que John precisava de uma figura materna melhor. Embora sempre insistisse que nunca quis ter filhos, seu ego a convenceu de que ela era a pessoa certa para cumprir esse papel. Assim, começou a "fisgar o John" e integrá-lo em seu confortável e organizado lar. Ela e o marido, George, o educariam com calma e respeito, cuidariam dele como se fosse seu próprio filho, e criariam um bom menino, que daria orgulho a toda a família.

Os Aliados brindaram à rendição da Alemanha nazista em 8 de maio de 1945. O povo em festa lotou a avenida The Mall até chegar ao Palácio de Buckingham, para saudar o rei George VI, a rainha Elizabeth e suas filhas, as princesas Elizabeth e Margaret. Mantimentos haviam sido racionados, e festas de rua se espalharam por todo o país. Imagine um John com rosto lambuzado de geleia e joelhos ralados, vestindo uma bermuda social e um suéter de tricô em meio a dezenas de crianças em mesas postas de uma ponta a outra no meio da rua, radiante sob as bandeirolas e as bandeiras do Reino Unido, enquanto se apinhava de sanduíches, bolinhos e geleias. Com apenas quatro anos e meio na época, ele afirmou não se lembrar de nada em particular do Dia da Vitória na Europa. Havia lugares dos quais ele se lembrava, como cantava em "In My Life", mas este não era um deles.

Depois que mudou de emprego, Julia teve uma queda por um freguês do pub no qual passou a trabalhar. John Dykins era um vendedor porta a porta moreno, de olhos castanhos e chapéu Trilby. Um vigarista local que havia se safado de lutar na guerra por conta de um problema respiratório. Ele agora ostentava seu dinheiro por todo o bar para impressionar a bela e jovem atendente. A família de Julia era contra, mas quem disse que ela se importava? Ela chamava seu novo e elegante namorado de "Bobby", talvez para fazer com que seu filho fosse o único John.

Em novembro de 1945, um mês após completar cinco anos, John entrou para a escola infantil de Mosspits Lane. Desde a chamada das primeiras aulas, ele era um peixe fora d'água. Já sabia ler, escrever, pintar e desenhar, sabia cuidar de suas necessidades pessoais e pensar por conta própria, tinha uma mente questionadora e parecia anos-luz de distância dos colegas de classe. Desde o início, precisava de mais do que o ensino público padrão era capaz de lhe oferecer. Ou melhor, precisava menos do ensino padrão e mais de outros tipos de estímulo criativo. É possível que Julia nem sequer tenha percebido. Ela levava John à escola, depois trabalhava no pub no horário do almoço até chegar a hora de buscá-lo. Cinco meses depois, saiu da casa de Pop para morar com Bobby... em um pequeno apartamento em Gateacre, no qual ela, o namorado e o filho dormiam juntos em uma cama de casal, e onde John sabia muito bem o tipo de coisa que eles faziam. Mimi, naturalmente, ficou ultrajada. Ela foi direto ao apartamento para dizer poucas e boas ao casal vivendo em pecado. Quando Bobby a mandou embora, Mimi correu até a Câmara Municipal de Liverpool para denunciá-los ao importante departamento de serviços sociais. Ela claramente agiu por impulso, sem ter parado para avaliar as consequências de trair a própria irmã. Os funcionários do órgão municipal responsável entenderam a situação e a acompanharam até o tal antro de perdição. De imediato, Mimi recebeu a guarda temporária de John, enquanto aguardava um novo inquérito que provavelmente nunca foi para a frente. Imagine sua alegria ao recolher as coisas de John, pegá-lo pela mão e levá-lo de volta a Mendips, sua casa em Woolton, localizada no número 251 da Menlove Avenue. Casa esta em que John jamais precisaria dividir o quarto, muito menos a cama.

Mas e o traído pai de John, Alf, que, àquela altura, já estava casado com Julia havia sete anos? Ao voltar do mar em um período de folga e descobrir que o filho agora vivia sob o teto de sua esperta cunhada e o receptivo marido, correu para Mendips imediatamente. Ele deve ter ficado confuso com a revelação de que Mimi já o havia tirado da Mosspits Lane e o transferido para a Escola Primária Dovedale. Alf prometeu voltar no dia seguinte, e foi o que fez, pedindo para levar John às compras. Isso não aconteceu. Em vez disso, levou o filho até a estação Liverpool Lime Street, onde embarcaram em um trem para Blackpool e foram fazer uma visita ao seu companheiro de bordo Billy Hall. Apesar dos diversos relatos a respeito da história de terror que aconteceu em seguida, a verdade é menos melodramática. Dizem que Alf planejava se mudar para a Nova Zelândia com o filho, que viajaria junto dos pais de Billy. Julia disparou até Blackpool[6] para exigir o filho de volta; John, então, foi forçado a escolher entre os pais, e a princípio optou por ficar com Alf, mas depois pensou melhor e correu desesperado pela rua para abraçar a mãe. Mas será que foi assim mesmo? Os relatos divergem. Billy Hall desmentiu o drama. Ele se lembrava de Julia chegando à propriedade dos Hall com Bobby Dykins; uma reunião civilizada no salão principal de sua mãe; e Alf saindo satisfeito pelo fato de que a decisão correta havia sido tomada — John retornaria a Liverpool para viver com Julia.[7]

O que não era um problema. Mas o desenrolar dos fatos após aquele fatídico dia de junho de 1946 estava longe de ser ideal. Alf afogou as mágoas nos botecos locais, voltou para a vida no mar e só veria o filho outra vez vinte anos depois… numa época em que os Beatles já haviam conquistado o mundo, e John havia se tornado um astro internacional. Quanto a Julia, ela colheu o que plantou. Além disso, estava grávida mais uma vez. Julia e Dykins foram morar com Pop, para dividir as despesas da casa e tomar conta do pai idoso, cuja saúde estava debilitada. John voltou para Mendips, sob os cuidados de tia Mimi e tio George. E foi isso. Dos cinco anos em diante, apesar de Julia continuar morando a uma curta distância, John nunca mais voltaria a viver com a mãe ou com o pai.

Aos quarenta e quarenta e três anos de idade, respectivamente — com sua casa batizada em homenagem a uma série de colinas no sudoeste da Inglaterra, seus vitrais de chumbo, seus cardigãs, seus modos antiquados e decentes, sua vira-lata Sally e seus gatos siameses —, Mimi e George deviam parecer mais avós substitutos do que pais. O negócio de laticínios e as terras que fizeram parte da família de George por gerações foram confiscados pelo governo britânico. George foi convocado, dispensado do exército depois de três anos e trabalhou em uma fábrica de aviões em Speke até o fim da guerra. Em certo momento, trabalhou no turno da noite da estação Woolton, limpando ônibus e bondes — naquela época, os bondes ainda percorriam toda a extensão da Menlove Avenue onde hoje a grama cresce. George deve ter lamentado a decadência da prosperidade e o fim da perspectiva de uma aposentadoria tranquila. Ainda assim, eles deram um jeito. A frugalidade tomou conta. O racionamento ainda não havia sido suspenso (e não seria completamente erradicado até 1954). Mimi cozinhava, limpava e lavava as roupas por conta própria, mas o ar de casa de grã-finos foi mantido. Embora as velhas campainhas de chamar os criados estivessem desativadas havia muito tempo, ela ainda se referia pretensiosamente ao cantinho apertado anexo à cozinha, onde o café da manhã era servido, de "salão matutino". Preciosos pratos de porcelana, recém-espanados, eram expostos com orgulho. As aparências eram mantidas, mesmo entre quatro paredes. Apesar disso, a família tinha tão pouco dinheiro que, no fim das contas, seria obrigada a receber estudantes como hóspedes.

A mudança de ambiente deve ter sido exaustiva para John. Como ele lidou com a situação? Aos cinco anos, ainda estava aprendendo a trabalhar com suas próprias emoções; ainda estava adquirindo autocontrole e ainda era vulnerável a explosões por pequenos infortúnios, algo que Mimi jamais toleraria. Aos cinco anos, ainda enfrentava as complicações de se vestir sozinho, tentando abotoar-se e amarrar os cadarços. Ainda estava se familiarizando com a escova de dentes e se afligindo com a queda de cada dente de leite. Será que Mimi o encheu daquilo de que John mais precisava — amor, atenção e apoio — ou tendia a ser distante e recriminadora? Será que esperava mais de John do que ele era capaz de ser? Parece que sim. Mimi só se importava com modos à mesa e horários de dormir seguidos à risca; com falar somente quando solicitado; com dicção e articulação: ela não aceitaria ver John tagarelando com o sotaque típico de Liverpool.[8] Também garantiu que o sobrinho participasse semanalmente da escola dominical da igreja de St. Peter, em Woolton, onde ele cantou no coro por um breve período. O que um garotinho magoado pensava disso tudo? Como deveria processar o fato de que sua mãe não precisava mais dele, porque tinha um novo namorado? Por que seu pai deixou que ela o buscasse na casa daquele homem, apenas para levá-lo de volta à casa de sua tia e abandoná-lo ali para sempre? A imagem dele deitado ali, sozinho, de pijama e debaixo das cobertas em sua caminha estreita, dentro de seu quartinho apertado sobre a ameaçadora sacada (a que existe hoje em dia foi incluída em 1952), perguntando-se o que pôde ter feito para que papai e mamãe não gostassem mais dele e decidissem abandoná-lo, é de partir o coração. É alguma surpresa que John tenha se tornado alguém fechado, que se distraía facilmente e confundia realidade com faz de conta?

Felizmente, havia seu tio. O alto e grisalho George, sempre de cachimbo na mão, era um homem gentil, paciente e brincalhão que já havia deixado suas amarguras para trás; que fazia tudo que a esposa mandava; que se tornou o mais fiel aliado de John durante aqueles anos confusos em que ele não tinha muita certeza de qual era seu lugar. Exausto da escola, amuado e aborrecido, levando bronca de Mimi para que pusesse a mesa e guardasse as roupas, John não conseguia deixar de rir quando tio George fazia caretas por trás da esposa para ridicularizá-la e aliviar o clima pesado. Era com George que John jogava bola no quintal muito bem-cuidado, com macieiras, depósito de carvão e aerador de gramado, embora não tivesse nenhum interesse ou aptidão para os esportes; com a ajuda e o incentivo de George, ele aprendeu a andar de bicicleta; graças especialmente a George, tornou-se obcecado por livros. Mimi e o marido eram leitores vorazes. Havia vários volumes de todos os gêneros literários pela casa. Os favoritos de John na infância eram *Alice no País das Maravilhas* e *O vento nos salgueiros*.[9] George também o apresentou aos jornais, que o ajudaram a desenvolver suas habilidades de desenhar e contar histórias, e o ensinou a fazer palavras cruzadas. Pode-se dizer que foi inteiramente graças a George que John aprendeu, desde cedo, a fazer uso do poder de sua imaginação.

Não pretendo com isso depreciar os esforços de Mimi para oferecer o melhor começo de vida possível ao sobrinho. Seja lá o que se diga sobre sua tia, ela se preocupava com John e tinha boas intenções. Assumiu o papel de mãe, mas não seria sua "mamãe": ele já tinha uma. Acompanhava John até a escola e o buscava, deixava claro que estaria sempre ao seu lado, e não o largaria para se divertir durante a noite. Sob hipótese alguma ela permitiria que John ficasse sozinho em casa depois da escola. Se ele ainda estivesse submetido à criação despreocupada de Julia e Bobby, as coisas poderiam ter sido bem diferentes. Em tais circunstâncias, delinquência infantil e coisas piores poderiam tê-lo atraído.

E Julia? Ela visitava o filho. Será que as visitas foram se tornando cada vez mais raras e espaçadas, até que ela se tornasse basicamente uma lembrança? Ela não se afastou por completo. As outras irmãs também apareciam; todas participavam e opinavam a respeito do bem-estar de John. Cinco irmãs são cinco irmãs. Alguns sugeriram que Mimi desencorajava as visitas de Julia, determinada como era em impor seu próprio estilo de disciplina e autoridade. Talvez seja um exagero. Qualquer que seja a verdade, ninguém parece ter questionado o arranjo. Ao que parece, Julia nunca tentou reaver John. Ela deu à luz duas filhas de Dykins, Julia e Jackie, e acabou indo morar em uma casa de conjunto habitacional perto de Mendips, no número 1 da Blomfield Road. Havia espaço o suficiente para John, mas ele jamais foi convidado para viver com sua verdadeira família. A distância entre mãe e filho foi aumentando. Assim, Julia começou a evoluir até se tornar o foco inconsciente de suas fantasias.

Um elemento vital da juventude de John, sobre o qual Mimi tinha pouco poder de influência, era seu grupo de amigos. Um menino deslocado que efetivamente é também filho único vai atrás de coleguinhas e irmãos substitutos. Neste aspecto, John teve sorte. Ele se enturmou com uma indomável turminha de encrenqueiros: o estudioso Ivan "Ive" (chamado de "Ivy") Vaughan, Nigel Walley, o filho de um policial, e Pete "Snowball" Shotton, cujo apelido refere-se aos seus cachos quase brancos de tão loiros. Seus nomes são lembrados graças à ligação com a infância de John e com os Beatles em fase de formação. Pete e John, logo conhecidos como o duo "Shennon e Lotton", ou "Lotton e Shennon", tornaram-se inseparáveis quase que pelo resto da vida. John rapidamente roubou o status de Pete de líder do bando, papel que nasceu para cumprir. Pete logo revidou: na escola dominical, as crianças eram obrigadas a confirmar sua presença respondendo com o nome completo. Quando Pete ouviu John dizer seu nome do meio, Winston, alegremente apelidou o novo amigo de "Winnie". Ele usaria este diminutivo toda vez que julgasse que John precisava baixar um pouco a bola — o que acontecia com frequência. Apesar disso, a amizade floresceu e resistiu.

John e Pete rapidamente revelaram o que havia de pior um no outro. Eles logo se transformaram em moleques desbocados, ousados e gaiatos, que invadiam, vandalizavam e praticavam pequenos furtos aonde quer que pisassem em Woolton. Em parte como desafio, eles se penduravam em árvores por cima dos ônibus que passavam, jogavam torrões de terra em trens a vapor do alto da ponte ferroviária e tijolos nos postes de luz, apenas por diversão. A maioria das contravenções era idealizada e orquestrada por John. Mimi teria um ataque se soubesse. Mas este John nada tinha a ver com o menino que ela conhecia dentro de casa. Se ela soubesse, certamente não acreditaria que o sobrinho levava uma vida dupla fora do alcance de sua casa, chegando até a falar de um jeito que mais parecia uma língua estrangeira.

"Como que por instinto, John gravitava em direção ao centro das atenções", lembrou Pete em 1983, "e sua personalidade forte sempre lhe garantia uma grande e admirada plateia. Quanto ao restante do grupo, John era nosso comediante e filósofo permanente, fora da lei e estrela. Assim como Nige e Ive, eu geralmente me via feliz de levar adiante a maioria de suas ideias e sugestões."[10]

Pete logo se tornaria uma figura indispensável para John como companheiro de travessuras, aliado, Quarryman (Shotton tocava tábua de lavar roupa na primeira banda de John), parceiro de negócios, motorista, acompanhante e colaborador: Pete ajudou John a escrever "I am the Walrus" e contribuiu para o enredo de "Eleanor Rigby", de Paul McCartney.[11] Pete inclusive confessou que ele e John chegaram até mesmo a dividir namoradas e parceiras de sexo casual, nem sempre separadamente. De policial cadete e gerente proprietário de supermercado, Shotton viria a se tornar chefe da Apple Boutique dos Beatles e primeiro diretor-geral da Apple Corps. Ele voltava com facilidade à posição de assistente pessoal de John quando tudo "desmoronava", até que acumulou sua própria fortuna depois de estabelecer a Fatty Arbuckle's, rede de restaurantes de temática norte-americana, nos anos 1980.

De acordo com Bill Harry,[12] amigo íntimo de John nos tempos de Liverpool College of Art, além de fundador e redator do jornal *Mersey Beat*, Pete foi "o amigo mais próximo que John já teve, com exceção dos Beatles. John respeitava Pete porque ele o confrontava e podia ser um pouco parecido com John — meio sarcástico e temperamental. John pedia conselhos a Pete sobre muitas questões, e a amizade que nasceu entre eles nos tempos de escola permaneceu viva até os anos 1960. E eu sei que os dois se encontraram em Nova York nos anos 1970".

Embora a princípio pareça improvável e até mesmo surpreendente que um astro do rock mundialmente aclamado seja tão apegado ao seu melhor amigo de infância, não é algo incomum. O mesmo cenário já se repetiu diversas vezes. O exemplo de David Bowie e seu colega de playground George Underwood, conhecido por ter "causado" a pupila dilatada de David, é notável.[13] A dupla se conheceu no grupo de escoteiros de uma igreja de Bromley aos oito anos. "Nós nos encontramos, e foi isso: nos tornamos melhores amigos dali em diante", disse-me Underwood. "Nossa primeira conversa foi sobre música — skiffle [...] basicamente uma mistura de blues, jazz e folk, tocada com instrumentos caseiros [...] tudo de que precisávamos era a tábua de lavar roupa de nossas mães, aquelas superfícies de madeira planas e onduladas, usadas para esfregar as roupas, e um contrabaixo improvisado, composto por um cabo de vassoura e um pequeno baú vazio." Coincidentemente, o instrumento que Pete Shotton tocava na primeira formação dos Quarry Men (banda que ele mesmo nomeou) era a tábua. Outros exemplos incluem Bob Dylan, que ainda como Bobby Zimmerman conheceu o amigo Louie Kemp, em 1953, quando tinham doze e onze anos, no Herzl Camp, colônia de férias em Webster, Wisconsin. Eles permaneceram inseparáveis por cinquenta anos. George Michael, Andrew Ridgeley e David Austin, melhores amigos desde a infância, cresceram e compuseram músicas de alta qualidade juntos. Andrew e David ficaram devastados com a morte de George no Natal de 2016.

E Prince conheceu seu melhor amigo de infância, André Cymone, na sétima série, quando ambos tinham doze anos. Eles tocaram juntos em uma banda antes de Prince formar a The Revolution. Mais tarde, Prince foi morar com a família de Cymone. A dupla demonstrava um sexto sentido para muitas coisas, desde música até garotas. "Você sabe no que a outra pessoa está pensando sem nem precisar falar", comentou Cymone. O que deve ser o ponto-chave.

Esse tipo de amizade é um fenômeno curioso, particularmente quando um se torna famoso e bem-sucedido, e o outro permanece no anonimato. A beleza de um relacionamento que antecede a fama é que ele existe em um nível que não é afetado por elementos que poderiam desequilibrá-lo. Embora seja quase impossível (para não dizer impraticável) ser próximo de alguém famoso quando o outro não é, um amigo não famoso que uma celebridade conhece desde sempre pode se provar inestimável. Mais do que isso: para um astro, pode ser quase vital manter relacionamentos com os amigos que o conheciam "antes". Somente eles o conhecem como ele de fato é. Somente com eles pode ser ele mesmo e sentir-se livre para relaxar, se divertir e baixar a guarda. O reconhecimento disso confere ao amigo de infância um status privilegiado. Pode também colocá-lo em uma posição comprometedora. Muitas vezes, é a persona rica, famosa e exuberante que o amigo tem dificuldade de aceitar, porque conhece e aprecia a pessoa verdadeira. Quanto mais venerado pelos fãs o artista se torna, mais nostálgico e desesperado para revisitar a vida antes da fama pode se sentir. Assim, apega-se ainda mais aos poucos que estiveram ali desde o início, com quem pode compartilhar os velhos tempos. O amigo de infância, a testemunha silenciosa, o cúmplice original torna-se um canal precioso para tempos mais simples e "mais felizes". O retrovisor pelo qual as grandes estrelas observam o passado costuma mostrar apenas aquilo que foi bom. O instrumento de viagem no tempo de John era mais sofisticado. Em todas as direções, ele parecia enxergar através de caleidoscópios.

Naquele momento, Mimi mal podia imaginar que estava dando murro em ponta de faca. Que todos os seus esforços para fazer de John um aluno obediente e respeitável, que chegaria ao ensino médio como um estudante de excelente desempenho, conquistaria seu espaço na universidade e, por fim, se destacaria talvez como um médico, advogado, contador ou professor, seriam em vão.

Uma infância disfuncional contra a qual pudesse protestar. Um lar estimulante, mas rigoroso e sufocante, contra o qual se rebelar. Uma plateia admirada para a qual tocar, se exibir. John estava a caminho. Tudo de que precisava agora era uma válvula de escape para sua raiva e frustração. Um meio de expressar e aliviar a dor que era incapaz de compreender e controlar. A música já estava dentro dele? Acredito que sim, talvez embutida nos genes. Mesmo sem terem tido aulas, tanto Alf quanto Julia, seus pais, tinham habilidades musicais. Estudos modernos sugerem que a musicalidade pode ser herdada, mas que a exposição à música desde cedo pode criar e aumentar a aptidão. É possível que o primeiro instrumento com o qual John teve contato tenha sido um banjo ou ukulele que pertencia ao seu avô, o qual Pop ensinou sua filha Julia a tocar. É igualmente possível que o primeiro instrumento que John tocou tenha sido a humilde gaita de boca de um dos estudantes inquilinos de Mimi. O que é irônico, levando-se em conta que o próprio pai costumava carregar e tocar o mesmo instrumento, e poderia facilmente ter ele mesmo ensinado a John. O estudante, um tal de Harold Phillips, prometeu sua gaita a John caso ele conseguisse tocar uma música inteira até o dia seguinte. John cumpriu o acordo com duas músicas. Ele só a ganhou de presente quando o Papai Noel fez sua visita, mas, nossa, que alegria quando a gaita chegou. Ele jamais se esqueceria. Posteriormente, descreveu a manhã de Natal de 1947, e a surpresa que nele foi entregue, como "um dos melhores momentos da vida".[14]

Aos sete anos, John havia herdado a miopia de sua mãe, usava óculos de nerd e tocava gaita razoavelmente. Mantinha seus instrumentos de som e visão enfiados no bolso, atento aos garotos mais velhos, e afiava os punhos, os pés, o sarcasmo e a inteligência em preparação. Ele ia precisar dos quatro e de mais um pouco na escola grande.

Em cima de uma árvore do jardim, John tinha uma clara visão de uma mansão de arquitetura neogótica que datava de 1870, situada em um local onde costumavam crescer morangos silvestres. A propriedade foi doada para o Exército da Salvação nos anos 1930, e reaberta como Strawberry Field, um orfanato para meninas. John as ouvia brincando e gritando. A exuberância das crianças o conquistou. Logo ele estaria pulando o muro e se juntando a elas.

CAPÍTULO 3

# JULIA

Inteligente até demais, John já estava entediado com o ensino formal quando ele passou no exame conhecido como *Eleven Plus*. Ser forçado a memorizar informações inúteis e decorar tabuadas eram atividades que ele considerava perda de tempo. Apesar de sua indiferença, conseguiu uma vaga em uma das instituições acadêmicas mais respeitáveis de Liverpool, a escola secundária Quarry Bank, e lá começou a estudar em 4 de setembro de 1952. Com um suspiro de alívio, já que a separação teria sido insuportável, Pete também foi aprovado. Dizendo adeus aos companheiros de gangue Ivan Vaughan, que foi para o Liverpool Institute, no coração da cidade, e Nigel Walley, que havia sido admitido na Bluecoat School, Shennon e Lotton, vestidos de paletó preto, começaram a pedalar juntos diariamente durante o período letivo, do cruzamento entre a Menlove Avenue e a Vale Road, em Woolton, até a Quarry Bank, a pouco mais de um quilômetro e meio de distância. E lá ia John, com sua querida bicicleta Raleigh Lenton, como de costume. A expectativa era de uma chuva de notas dez, mas o rendimento dos garotos logo despencou, como documentado em seus boletins. Felizmente para ambos, suas notas pioraram em conjunto, de modo que a dupla de comediantes não foi dissolvida durante a meia década em que estudaram na instituição. Se existisse um exame *O Level* em pegadinhas e travessuras, ambos teriam se saído muito bem. Sua habilidade de atormentar os mestres não tinha fim, e não havia limites para sua vocação para aprontar. Atrasos, faltas, palavrões, insolência, espirrar tinta nos professores, sabotar equipamentos de sala de aula e colocar alunos de outras escolas para dentro, por mais absurdo que pareça, eram atitudes rotineiras. Detenções frequentes eram o preço que pagavam. John e Pete ficavam de castigo após as aulas quase todos os dias. Quando as pegadinhas não cessavam, os professores enfurecidos, com a paciência no limite e arrancando os cabelos, não tinham escolha a não ser mandá-los ao gabinete do diretor. O que significava punição com palmadas, uma verdadeira surra no traseiro com uma vara. Para piorar as coisas, o incidente era registrado no Livro das Punições, e às vezes também era preciso escrever à mão centenas de linhas repetindo algo do tipo "Eu não devo...".

Surras, chicotadas e pauladas nos quadris e nas palmas das mãos, embora se assemelhem à tortura, ainda eram costumes legais e corriqueiros entre as escolas britânicas nos anos 1950. Embora hoje seja algo impensável, a violência que os professores infligiam nos alunos que cometiam "faltas graves" quando outros métodos corretivos falhavam era permitida e considerada aceitável. O corpo docente da escola era visto como *in loco parentis*, figuras de autoridade com os mesmos direitos dos pais. A punição corporal nas escolas públicas levaria mais trinta anos para se tornar ilegal. Embora tenha sido proibida em 1986 nas escolas públicas, somente em 1998 foi eliminada das escolas particulares da Inglaterra e do País de Gales, em 2000 na Escócia e em 2003 na Irlanda do Norte. Só de pensar nisso, vemos como é absurdo. Bater em crianças nunca foi aceitável. Nunca foi certo um adulto infligir dor em qualquer parte do corpo de um menor de idade. Onde se traça o limite entre punição corporal aceitável e abuso infantil? Não se traça.

Estudos extensos feitos pelo UNICEF, pela Organização das Nações Unidas e por outras organizações levaram à identificação da punição corporal como uma forma dominante de violência e à sua proibição em diversos países ao redor do mundo. O Estudo Global sobre Violência Contra Crianças do secretário-geral da ONU, lançado em 2001 e publicado em 2006, documentou a imensa proporção do problema. As evidências são inequívocas. A correção física leva a agressão, ao vandalismo e a comportamentos destrutivos; à condutas antissociais e prejudiciais;

menor desempenho intelectual; habilidades sociais prejudicadas e distúrbios de saúde mental que incluem, mas não se limitam, ansiedade, depressão e diminuição da autoestima. Causa letargia, e pode resultar em falta de atenção, afastamento da escola e consequente abandono escolar. Pode provocar distúrbios de déficit de atenção, dependência química e até mesmo danos cerebrais. As chances de adolescentes submetidos a punições físicas agredirem filhos e cônjuges no futuro mais que triplicam. Bater ensina às crianças que esta é uma medida aceitável; que a melhor maneira de solucionar problemas é através do ataque.[1] Considerando tudo isso, não é difícil compreender a aversão de John pela escola e pelos professores, sua postura despreocupada em relação à autoridade, ou a personalidade e o comportamento que desenvolveu na adolescência. A inteligência natural que o levou ao tédio e à desobediência, que foi punida com violência, fez com que se comportasse de modo rude e negativo. John avançava até mesmo contra pessoas próximas a ele, incluindo o melhor amigo, Pete.

A salvação de John foi seu enorme talento para o desenho e para a escrita. Inspirado por Lewis Carroll, a quem parodiava, começou a fazer caricaturas perversas de seus professores e a rabiscar rimas deliciosamente ofensivas para acompanhar as imagens. Pete ficou maravilhado com o talento do amigo. Ele o encorajou a produzir mais. John logo desenvolveu o hábito de criar novas caricaturas todas as noites, o que resultou no lançamento do *Daily Howl*, seu próprio jornal satírico. Na verdade, o jornal não passava de um simples caderno escolar recheado de delícias diabólicas que passavam de mão em mão na sala de aula, e logo uma lista de espera começou a se formar para que todos pudessem dar uma espiada. Havia um elemento surreal naquelas estranhas palavras e imagens. Elas revelavam uma obsessão possivelmente doentia por deficiências físicas, pelos desfavorecidos e pelo grotesco. John claramente se identificava com os aflitos em algum nível. O que quer que tenha causado aquilo estava além da compreensão de seus colegas de classe, que naturalmente achavam seus rabiscos extremamente hilários. O humor infantil e sua obsessão pelo ridículo, pelo escatológico e pelo sexual eram de um nível acima da média. O *Daily Howl* foi um vislumbre da mente distorcida de John, que claramente tinha uma dimensão sombria e sinistra.

"Pessoas como eu já têm consciência de sua suposta genialidade aos dez, oito, nove anos", disse John em 1971. "Eu sempre me perguntava: 'Por que ninguém me descobriu?' Na escola, será que eles não viam que eu era mais inteligente do que qualquer um naquele lugar? Que os professores também eram burros? Que tudo que eles tinham eram informações de que eu não precisava? O colegial não era a porra do meu lugar. Era óbvio para mim. Por que não me colocaram em uma escola de arte? Por que não me treinaram? Por que não paravam de me forçar a ser uma merda de um cowboy como todos os outros? Eu era diferente, sempre fui diferente. Por que ninguém me notou?"[2]

A aparente arrogância de John, que ele já demonstrava desde tenra idade, muito provavelmente foi fruto de sua baixa autoestima. Esse traço de personalidade costuma se desenvolver durante a infância. Isso instigou um sem-número de especulações sobre sua saúde mental, e se ele foi acometido por alguma síndrome ou algum distúrbio que, naquele tempo, talvez ainda nem tivesse um nome. Sabemos que John nunca recebeu um diagnóstico formal. Inúmeros comentaristas deram uma de psicólogos amadores ao longo dos anos, descrevendo-o como portador de transtorno de personalidade narcisista, transtorno de personalidade limítrofe, dupla personalidade, transtorno de separação e mais. Alguns declaram, com surpreendente convicção, que ele "deve ter sido bipolar", ou que era "um clássico exemplo da congênita e genética síndrome de Asperger". Como eles *sabem*? No entanto, imagine o transtorno que for, John Lennon aparentemente o teve. Acrescente seus vícios — heroína, sexo e álcool — à sua imensa fortuna e fama global, e o problema torna-se bem visível. Ele era carente, neurótico, errático, instável, infantil, autocentrado e cruel. Fazia tudo que estava ao seu alcance para chamar a atenção para si. Ele compensava em excesso suas fraquezas. Não lidava bem com críticas. Apresentava-se como um sujeito carismático e extrovertido e seduzia as pessoas facilmente com charme, talento e inteligência, mas logo revelava sua falta de empatia, sem contar o desprezo. Ele não conseguia se controlar. Sabemos que batia na esposa e praticava abuso emocional

— especialmente em relação ao filho Julian —, que era um hipócrita e um mentiroso compulsivo; e que reescrevia a própria vida conforme seguia em frente, muitas vezes se contradizendo no processo.

Mas qualquer tentativa de reduzir a personalidade complicada de John a "resultado da falta de autoestima" instiga mais perguntas do que respostas.

"Eu descreveria John como alguém 'narcisisticamente ferido'", afirma o psicoterapeuta Richard Hughes. "A falta de autoestima é um resultado disso, mas não é algo binário.

"Descrever alguém como 'narcisisticamente ferido' não é um diagnóstico. Está mais para um 'estilo de personalidade', o que não é um termo patológico, mas usado por psicoterapeutas e psiquiatras para explorar a personalidade a partir de uma perspectiva relacional e de desenvolvimento. É importante lembrar que todos nós somos um pouco transtornados, todos nós somos um pouco narcisisticamente feridos.

"Não deveríamos tentar diagnosticar John. Isso seria patologizar, e, mesmo em retrospecto, eu defenderia que é desnecessário. Em geral, as pessoas só recebem um diagnóstico de 'transtorno' se tiverem passado por uma grave crise e precisarem de acompanhamento psiquiátrico. Ser diagnosticado como parte 'do espectro' é extremamente difícil por conta de suas nuances e do fato de que os recursos não são adequados. De qualquer maneira, o conceito moderno de síndrome de Asperger só surgiu em 1981, um ano após a morte de Lennon."

Embora a tendência possa ser a de se concentrar nas origens dos relacionamentos e desenvolvimentos do indivíduo, não podemos nos esquecer de seu contexto, como observa Hughes. Crescer em uma Liverpool pós-guerra, para início de conversa: uma cidade de imigrantes bastante sofrida, católica em espírito, destruída por bombas e profundamente traumatizada.

"Existem evidências de que, quando as necessidades de desenvolvimento não são atendidas ou quando há inconsistências, a criança não desenvolve a habilidade de se autorregular", explica Hughes. "Consequentemente, quando chega à fase adulta, o indivíduo oscila entre a supervalorização do eu e sentimentos de inferioridade e baixa autoestima.

Um histórico de apegos volúveis pode levar a mecanismos de defesa como dissociação, clivagem e estratégias paliativas — incluindo álcool e drogas —, o que pode resultar em um profundo senso de afastamento e na inabilidade de manter relacionamentos íntimos e significativos. Mas, é claro, para o narcisista, a culpa é sempre de outra pessoa.

É sabido que indivíduos com transtorno de personalidade narcisista costumam ter dificuldade de sentir empatia. Eles podem ser adultos altamente sociáveis, sedutores e charmosos; e, ao mesmo tempo, podem afastar as pessoas quando os relacionamentos exigem vulnerabilidade ou intimidade.

"Apesar disso", diz Richard Hughes, "os narcisistas costumam sentir fome de 'união'. Lennon era assim. Ele idealizava. Precisava 'formar um par', e 'se espelhar'. Penso sobre os relacionamentos significativos que teve com Brian Epstein, Paul McCartney e Yoko Ono, em particular, e certamente havia uma sensação de 'onde um começa e o outro termina'?"

"Ser uma celebridade acrescenta mais uma camada de complexidade, porque várias pessoas se projetavam em John. Ele representava tudo que era moderno e relativo ao pós-guerra. Elas queriam que ele fosse o modelo e o filósofo. Isso tinha tanto a ver com seu contexto e com seus déficits quanto com ele. Tudo se encaixava com sua personalidade adaptável. Estimulava suas feridas narcisísticas. No auge do sucesso dos Beatles, deve ter parecido um preço que valia a pena pagar."

Ainda assim, talvez continuemos curiosos a respeito de sua crescente autoconsciência; a respeito de seu medo de que o que ele era e o que tinha não fossem o suficiente. Podemos razoavelmente especular que ele precisava de algo mais: para si mesmo e para o mundo. Afinal de contas, como ele mesmo escreveu: Tudo de que precisamos é o amor.[3]

*

Voltemos à sala de aula. Alguns professores de fato o notaram, admitiu John, e o encorajaram a desenhar e pintar, meios pelos quais ele conseguia se expressar melhor.

"Mas, na maioria das vezes, tentavam me forçar a ser um maldito dentista ou um professor. […] Eu não me tornei alguém quando os Beatles fizeram sucesso ou quando passei a ser conhecido; sempre fui assim minha vida inteira."

Quanto a Mimi, ela sentiu que John a desrespeitava por não andar na linha, por não se dedicar aos estudos quando ela lhe dera todas as oportunidades da vida. O lembrete diário deste fato a enfurecia tanto que Mimi se sentiu forçada a puni-lo. E o fez jogando seus desenhos e escritos na lixeira.

"Eu dizia para minha tia: 'Se jogar fora a merda da minha poesia, vai se arrepender quando eu for famoso', e ela jogava tudo no lixo", reclamou ele mais tarde. "Nunca a perdoei por não me tratar como um puta gênio ou o que quer que eu fosse quando era criança."

*

Em um sábado, dia 4 de junho de 1955, quando John tinha quatorze anos, seu amado tio George teve uma hemorragia intensa e foi levado de ambulância até o Hospital Geral de Sefton, onde morreu no dia seguinte. Ele não mostrava nenhum sinal de doença grave e tinha apenas 52 anos. Determinou-se que a causa da morte foi cirrose não alcoólica e ruptura do abdômen. Há certa confusão a respeito do paradeiro de John nesse dia. Ele já estaria ausente em suas férias de verão habituais, hospedado com Mater, sua "tia de Edimburgo", seu segundo marido Bert e o primo Stanley na chácara de Bert em Sango Bay, Durness? Sua meia-irmã Julia insiste que sim, pois acredita que Mimi despachava John para aquelas longas viagens para a Escócia todos os verões "para mantê-lo afastado da mãe".

"John teve que encarar outro momento difícil quando voltou daquelas férias", disse Julia. "Seu tio George, marido de Mimi, havia morrido enquanto ele estava fora, desmaiando ao descer as escadas de casa em uma tarde de domingo [sic] para ir a seu trabalho como vigia noturno. Mimi e um de seus inquilinos, Michael Fishwick, chamaram uma ambulância […]"[4]

Estivesse ele presente ou não no momento em que tio George faleceu, John não relutava em visitar seus parentes da capital escocesa. Adorava viajar com eles para aquele belíssimo lugar nas longínquas Terras Altas do noroeste, com suas praias selvagens, cavernas e cachoeiras, focas, baleias e todos os tipos de pássaros. Deve ter sido o paraíso para um garoto da cidade de Liverpool.[5]

O pai do primo Stanley morrera jovem, e Stan fora enviado para um colégio interno em Peebles, na região de Scottish Borders. Sua mãe, Mater, casou-se de novo, e era agora esposa de um dentista de Edimburgo. A cidade tornou-se o novo lar da família.

"Foi nessa época que John começou a pegar o ônibus para nos visitar em Edimburgo", relembrou Stan, que era sete anos mais velho que John, e superprotetor com o primo. "Havia seis primos no total, mas John, Liela e eu éramos especialmente próximos."

Os adultos e as crianças se amontoavam no carro da família para enfrentar as seis horas e quase quinhentos quilômetros de viagem em direção ao norte, da qual John participou dos nove aos dezesseis anos.

"Ele amava aquelas férias", lembrou Stan. "Corria pelas colinas, construía diques, pegava objetos da areia e fazia desenhos das chácaras e das paisagens. Ele nunca se esqueceu dessa época, e ainda falava sobre isso quando nos encontrávamos já adultos."[6]

A chácara da família em que John se hospedava ainda existe. Um poema que ele escreveu no local foi a inspiração original para a música "In My Life", do álbum *Rubber Soul*, dos Beatles.

Naquela época, não era normal envolver crianças nos ritos funerários? Teria sido apenas porque John estava a cerca de oitocentos quilômetros de casa e incomunicável a não ser por carta, que levaria muito tempo para chegar até ele? Será que Mimi não tentou avisar John que ele havia perdido o tio que fora praticamente seu pai pelos últimos nove anos? Ou John ainda não estava na Escócia naquele momento, mas iria em julho, após o fim do período escolar, enquanto a pobre Mimi recebia tratamento no hospital por estresse e depressão? Será que ele simplesmente não estava em casa naquele fatídico sábado em que tio George adoeceu? Os fatos não são claros. Por mais que a primeira semana de junho de fato pareça bastante cedo para que John já estivesse em sua viagem de férias de verão — embora naquele tempo ainda fosse possível solicitar e conseguir permissão para se ausentar da escola por conta de alguma viagem que caísse durante o período letivo —, uma explicação para o possível *timing* poderia ser que as férias de meio de ano e os feriados das escolas da Escócia não coincidem com os da Inglaterra e do País de Gales, e poderiam muito bem estar ainda mais fora de sintonia nos anos 1950.

É verdade que Mimi não chamou John de volta a Liverpool para o funeral e o enterro e que, quando John voltou para casa, o corpo do tio já estava debaixo da terra, no jazigo da família, no cemitério da igreja de St. Peter? Ou ele estava em Woolton o tempo inteiro e compareceu à cerimônia? Sabemos que escreveu um delicado poema de condolências para Mimi no dia do funeral do marido, o qual ela estimou pelo resto da vida. Não se sabe onde ele escreveu. Sabemos que John estava devastado e não sabia como processar o luto. Como se lembraria mais tarde, ele e sua prima Liela caíram na gargalhada com a morte de George; há uma linha tênue entre o humor e a tragédia, entre a risada e a dor. O sofrimento de John foi tão terrível que ele se sentia completamente desamparado. Ele ria para expressar sua angústia. Liela se sentiu tão incapaz de ajudá-lo que não pôde deixar de se juntar a ele. Mas John chorava copiosamente pelo tio quando estava sozinho. Era compreensível. Como deveria lidar com mais essa perda, além de tudo que já lhe havia acontecido? Abandonado tanto pela mãe quanto pelo pai biológicos, e agora isso? Quem iria defendê-lo e ficar do seu lado? A rabugice de Mimi ficaria pior agora que estava de luto? John passou a usar o sobretudo de George, como se quisesse se envolver na essência de seu amável companheiro; como se quisesse se proteger com o aroma envelhecido de homem de meia-idade e absorver seu DNA.[7] Ele se recusou a jogá-lo fora mesmo quando ficou surrado e esfarrapado. Insistia em usar o sobretudo o tempo inteiro na escola de arte. Quanto a Mimi, que mantinha-se firme, era durona e pragmática demais para se permitir ser vista mergulhada em sofrimento. Mas revelou sua dor de maneiras sutis. Nunca mais usaria a sala onde ela e o marido costumavam relaxar e ler juntos. Confinando-se na cozinha e em seu pequeno salão matutino, Mimi deixou que a confortável sala de estar se tornasse obsoleta. Embora John tivesse continuado a morar com Mimi em Mendips, sem George, a vida nunca mais foi a mesma.

*

Embora as circunstâncias que tenham levado a isso sejam incertas, a desolação coincidiu com um furtivo renascimento da relação entre John e sua mãe. Sem o conhecimento de Mimi, John havia começado a desviar do caminho da escola para casa e a passar tempo na companhia de Julia em segredo. Pete Shotton lembrou que, quando ele e John recebiam suspensão por terem aprontado alguma, morriam de medo de ir para casa e confessar, admitir que haviam sido suspensos e enfrentar as consequências. Então, levantavam-se todos os dias no horário de sempre e seguiam a rotina normal. Abotoavam o uniforme, devoravam o cereal e saíam de bicicleta em direção à escola. Só que não iam para lá. Em vez disso, seguiam para a casa de Julia, em Allerton, que, por todo esse tempo, ficava a poucos quilômetros de distância, certamente perto o bastante para visitas regulares. Ela recebia os pestinhas de braços abertos.

John adorava e era encantado por Julia. Mimi, ríspida e estoica, com seu mantra "É para seu próprio bem", sua moralidade e seu comportamento pessoal rígidos, seus modos regrados e suas porcelanas elegantes, não podia competir com a cativante irmã mais nova. Julia era afetuosa, acolhedora e boêmia, com um glamour barato mas atraente que garotos adolescentes não resistiam. Descaradamente sexy e provocante, com um senso de humor atrevido e riso frouxo, circulava de salto alto, desfilava para lá e para cá com um espanador, e distribuía guloseimas e bebidas proibidas com uma piscadela. Sua casa era feminina e descontraída, o modelo de uma vida familiar caótica. Todos eram bem-vindos, quanto mais gente, melhor, e sempre havia lugar para mais um nas refeições. E, melhor ainda, havia duas adoráveis garotinhas, as meias-irmãs de John, Julia e Jackie, para brincar. Pelo que se sabe, ele as adorava e gostava muito passar tempo com elas.[8]

Julia e seu filho se completavam. Ambos faziam o tipo ousado, espirituoso, *carpe diem*, com desprezo pela autoridade e aversão por regras e convenções. Eram excêntricos, naturalmente engraçados, e pareciam sentir quase uma necessidade de fazer os outros rirem. E, o mais importante, ambos nutriam um grande amor pela música. Deve-se muito a Julia o nascimento dessa paixão de John. Ela não apenas mantinha seu banjo, o qual ensinou John a tocar, mas também era dona de uma coleção de discos e um gramofone, que contava até com alto-falantes estendidos em outros cômodos da casa. À sua maneira, Julia era "antenada", como se costuma dizer: uma fiel seguidora da moda. Não eram muitas as casas que tinham um gramofone naquele tempo. Na casa de Mimi, certamente não havia. O disco de vinil de 33 1/3 rpm (rotações por minuto) — o "LP" —, que oferecia 25 minutos de música em cada lado, havia surgido apenas em 1948, enquanto o compacto simples de 45 rpm — o "single", com capacidade de oito minutos — chegou no ano seguinte. Sem dúvida, havia alguns discos das *big bands* de jazz na coleção de Julia e Bobby, incluindo Glenn Miller, Benny Goodman e Artie Shaw; um pouco de jazz dos anos 1940, blues e Dixie; talvez um punhado de grandes nomes da música country, como Patsy Cline e Chet Atkins; certamente as vozes do momento, incluindo Pat Boone, muito famoso por gravar covers de sucessos do R&B negro. Bobby Darin, Frankie Avalon, Neil Sedaka, Connie Francis e Rickie Nelson são todos artistas com os quais John teria contato, bem como Carl Perkins, Jerry Lee Lewis, Perry Como e Nat "King" Cole; Tony Bennett e Doris Day; Julie London, Jim Reeves e Harry Belafonte. Havia também os grupos, incontáveis grupos — entre eles The Penguins, The Crows, The Turbans, The Weavers e The Fontane Singers —, e The Platters, cuja canção "The Great Pretender" foi um dos destaques de 1955.

Se os anos 1950 foram a era do blues cru e do R&B cansado do mundo em busca de um lugar nas frequências de rádio norte-americanas para encontrar uma nova vida e abrir o apetite de um público inquieto, agora havíamos chegado a um divisor de águas. Esse "novo" tipo de música (que já existia havia muito tempo) de repente ganhou força para se tornar o trampolim para uma explosão da subcultura adolescente, algo que nunca havia sido presenciado antes. Milhões de jovens entenderam o apelo. Eles se juntavam para consumir os ídolos rebeldes que Hollywood passara a oferecer — Marlon Brando em *O selvagem*, James Dean em *Juventude transviada* —, o que levou à ligação entre o comportamento de jovens baderneiros e a música conhecida como R&B. De fato, a indústria cinematográfica se apressou em explorar essa mina de ouro. Em 1955, ofereceu um divisor de águas com *Sementes de violência* e sua imutável música-tema "Rock Around the Clock", de Bill Haley & His Comets. Este filme sem precedentes foi tão empolgante para o público que os fãs não conseguiam se conter. Os Teddy Boys, com seus casacos de colarinho preto de veludo e calças justas, armados com lâminas, ficavam ensandecidos e destruíam os assentos do cinema durante as sessões.

A partir da convergência do blues e do country, do negro e do branco, surgiu o rockabilly. A partir do rockabilly, com artistas cujos nomes pareciam feitiços — John Lee Hooker, Muddy Waters, T-Bone Walker, Bo Diddley —, filtrado pelo prisma das ondas do rádio e pelos visuais fabulosos do cinema, nasceu o choque cultural do rock'n'roll. Acolhendo e absorvendo inúmeras influências enquanto se desenvolvia — da percussão africana e batidas dançantes até o gospel, dos ritmos do hambone às guitarras havaianas —, sua adaptabilidade, exuberância, rebeldia, sua tendência a sofrer transformações e sua recusa em ficar parado eram a promessa de um apelo popular permanente. Assim surgiram Little Richard e Fats Domino. Buddy Holly e Elvis Presley. Quando este último se aproximou do microfone com sua jaqueta xadrez para sua estreia no *Ed Sullivan Show*, em 9 de setembro de 1956, a primeira geração do rock'n'roll vivenciou a Segunda Vinda de Cristo: "Don't Be Cruel", "Love Me Tender", "Ready Teddy" e "Hound Dog" alcançaram 82,6% da audiência total da TV norte-americana na estreia da temporada do programa naquela noite. Embora seus requebrados, que enlouqueciam as garotas, e seus olhares ardentes tenham sido censurados pela câmera, os gritos da plateia ensandecida garantiram que os telespectadores tivessem uma ideia do que estava acontecendo.

Reza a lenda que o acesso precoce dos quatro futuros Beatles às músicas e aos artistas que inspirariam suas próprias composições se devia aos marinheiros americanos transatlânticos, que montaram uma espécie de rota casual de distribuição e importação de vinis. Trazendo estoques dos últimos lançamentos norte-americanos até o porto de Liverpool para fazer algum dinheiro com a população local, os marinheiros ianques são considerados responsáveis por apresentar artistas exóticos e obscuros ao grande público britânico. Mas, se eles descarregavam esses discos, onde os vendiam, e que tipo de mercado os comprava? Não se viam importações americanas nas lojas de Liverpool naquela época. Se existia algum tipo de mercado clandestino, não era de forma alguma conhecido. A cidade, naquele tempo, ainda era musicalmente atrasada. Na verdade, foram os músicos mais populares dos Estados Unidos, e não os obscuros, que acenderam a imaginação de John inicialmente. Artistas como Johnnie Ray, o célebre cantor e pianista de jazz e blues, e Frankie Laine, um dos maiores cantores do fim dos anos 1940 e início dos 1950, conhecido como "O cantor mais estiloso dos Estados Unidos", "Pulmões de Couro" e "Sr. Amígdalas de Aço". Laine não só encabeçou as músicas-tema de famosos filmes de faroeste, mas era capaz de cantar em praticamente qualquer estilo, do pop e do gospel até o folk e o blues, ofuscando Bing Crosby e Frank Sinatra. "Walking My Baby Back Home", de Ray, e "Cool Water", de Laine, foram o tipo de música que John começou a tocar para os amigos com a gaita que sempre o acompanhava.[9] Durante o verão escaldante de 1955 — seis semanas entediantes sem absolutamente nada para fazer, sem nenhuma grana sobrando e nenhum lugar específico para ir —, a gangue rebelde se reunia no parque para descansar ao sol, fumar e ficar com garotas, a maioria das quais só tinha olhos para John. Tanto garotos quanto garotas eram hipnotizados pelo som da gaita e se juntavam em animadas rodas de música. Ele estava chegando lá. No fim das contas, foi um verão fora do comum. Um verão que anunciou uma grande mudança. A música conservadora, para toda a família, estava sob ameaça pelo iminente ataque do feroz, do empolgante, do enlouquecedor de pais: o rock'n'roll. Em meio à variedade auditiva agora à sua disposição, uma única faixa mudou a vida de John.

"Possivelmente o primeiro registro de rock'n'roll, 'Rock Around the Clock' era barulhenta, bruta e sensual como nada que havíamos ouvido antes", disse Pete Shotton. "Tanto John quanto eu nos identificamos com a música quase no mesmo instante. O único aspecto negativo, na verdade, embora dificilmente pudéssemos ter nos dado conta na época, era a imagem do cantor. Bill Haley era gordo, casado e completamente convencional em termos de aparência e comportamento."[10]

No entanto, na cola de Haley veio Elvis, entregando toda a promessa que Haley e seus Cometas haviam mostrado. O estilo, o jeito e a sonoridade de Elvis eram a personificação de todo aquele vasto e lendário reino vivenciado apenas através de filmes que tentavam vender o Sonho Americano. Presley encapsulou a imagem da Terra Prometida de modo irresistível, e em um nível que atraía qualquer adolescente rebelde. Naquele momento, nem mesmo John teve a audácia de acreditar que um dia seguiria os passos do Rei. Um zé-ninguém que vinha do meio do nada? Ele nem sequer tinha uma guitarra.

Mas ele podia ouvir. Podia sonhar.

O outro atrativo da casa de Julia era que a mãe, ao contrário de Mimi, ainda tinha um companheiro, com o qual, por acaso, John não se incomodava. John sentia falta de exemplos masculinos a seguir depois da morte de tio George, então Bobby Dykins não precisou de muito esforço para conquistar sua confiança. Tendo abandonado o emprego de vendedor porta a porta, Dykins agora era uma versão em terra firme da função de garçom de bordo que Alf exercia, trabalhando em grandes hotéis de Liverpool. Ele gostava de beber, algo que John percebia e respeitava cautelosamente. Tinha também alguns tiques faciais impossíveis de ser ignorados, o que garantia muitas risadas de John e Pete. Eles logo mudaram seu nome para "Twitchy", por causa dos tiques, mas não por maldade. Os garotos tinham simpatia pelo sujeito, principalmente porque ele costumava dividir com os dois parte de suas gorjetas.

A casa de Julia passara a ser o lugar em que os garotos se sentiam em casa. Era para lá que iam sempre que tinham vontade de matar aula. Eles sabiam que a mãe de John os considerava uma distração bem-vinda à labuta doméstica entre levar e buscar as filhas na escola. Ela nunca os repreendia, punia ou os entregava; nunca ia atrás do diretor da escola ou da implacável Mimi. Sua casa era descontraída, um refúgio onde comiam e bebiam bem e onde podiam relaxar e fazer o que quisessem sem censuras ou castigos. Não é de surpreender que John e Pete passassem cada vez mais tempo lá. Agora que as brigas com Mimi eram frequentes e intensas, John começara até mesmo a passar a noite na casa da mãe. Quando as discussões em Mendips se tornavam insustentáveis, ele provocava Mimi dizendo que ia fugir e nunca mais voltar.

"Em retaliação", disse Pete Shotton, "Mimi certa vez chegou ao ponto de se livrar de Sally, a querida vira-lata de John. Uma das poucas vezes na vida em que vi John chorar foi depois que ele voltou da casa de Julia e descobriu que Sally não estava lá. Mimi justificou sua medida drástica lembrando que o sobrinho havia jurado nunca mais voltar a Mendips. Já que John não estaria por perto para passear com a cadela, argumentou a tia, ela não teve outra escolha a não ser sacrificá-la."[11]

"Tia Mimi matou a cachorrinha de John Lennon." Ah, Mimi, será que você foi mesmo capaz de fazer uma coisa dessas? Parece algo impensável. Se você de fato o fez, como Pete afirma, que tipo de raiva e instabilidade excruciantes a teriam induzido a cometer tamanha atrocidade? Privar um menino de uma criatura inocente que ele ama e cuida, em qualquer circunstância que seja, é um ato monstruoso. Sally era tudo na vida de John havia muito tempo. Era por ela que John voltava para casa, uma melhor amiga que não julgava, uma incrível fonte de conforto e amor incondicional. Era um elo que o ligava a tio George, cuja perda ainda era recente e por vezes insuportável, e a como as coisas em casa costumavam ser antes. Como a psicóloga Elizabeth Anderson observa: "Quando animais e crianças se juntam, o processo é pura alquimia, e a magia resultante tem propriedades curativas que funcionam muito bem."[12]

Em crise por conta de seu relacionamento conturbado com a educação, perturbado pelos hormônios em ebulição, mais inseguro do que nunca a respeito de seu lugar no mundo e confuso pelas visões oscilantes sobre si mesmo e a vida em geral, Sally era uma constante a quem

John há muito precisava se agarrar. Mas ela não estava mais ali, e John ficou destruído. Afastar-se de Mimi e conviver cada vez mais com Julia foram consequências inevitáveis. Nenhuma das irmãs se surpreendeu com isso.

Às vezes, quando a vida lhes passava a perna, John e Pete cogitavam a ideia de abrir mão de tudo e se tornar marinheiros. De fato, Mimi sempre temeu essa possibilidade, prevendo que o sobrinho pudesse tentar seguir os passos de Alf, seu pai imprestável. Era a rota de fuga mais óbvia para crias de cidades marítimas. Felizmente, para esses amigos inseparáveis, continuaria a ser o último recurso.

*

Então, a dupla descobriu o sexo. Como qualquer adolescente, eles vinham conversando e levantando dúvidas sobre o assunto havia anos, apesar de terem poucas informações disponíveis. Na escola, aprenderam apenas o básico, os detalhes recebidos com muito constrangimento. Os pais de Pete achavam inapropriado abordar o assunto com o filho, e John certamente não conseguiria arrancar nenhuma informação de Mimi. Pete supôs que John devia ter cerca de onze anos quando descobriu os prazeres da autossatisfação. Neste quesito, entre os dois, ele estava bem à frente. John não perdeu tempo em oferecer ao amigo uma demonstração pessoal de sua incrível habilidade nova, com a qual Pete ficou impressionado, mas foi um pouco mais lento em absorver. Não demorou muito até que a masturbação em conjunto virasse a última moda, evento que por vezes atraía um grande e animado grupo. Aparentemente, não havia lugar para a timidez. Os garotos, na maioria, pareciam ávidos para dar uma conferida, medir uns aos outros, comparar formas, tamanhos e resultados, fantasiar juntos e aprender uns com os outros ao longo do processo. John não tentou disfarçar o fato de que preferia mandar ver com a imagem da deusa do cinema francês, Brigitte Bardot. Ele não tinha vergonha de ostentar para os amigos que colava fotos de revistas de sua mulher ideal na parede e no teto de seu quartinho, onde podia se satisfazer à vontade.

O passo seguinte rumo à perda da virgindade foi o Abbey Cinema, próximo a Penny Lane, onde passavam as tardes de sábado acariciando garotas desconhecidas nas primeiras fileiras das salas. A partir dessas sessões, eles logo passariam às amizades coloridas — quesito no qual o convencido, confiante e espertinho John se saiu muito bem. Levando em consideração o nível de seu chauvinismo nortenho — o "sexo frágil" era visto como bom para apenas uma coisa, e mal valia a pena ligar para elas em outros assuntos —, ele escapou impune. Assim que conquistou o coração de sua primeira namorada firme, Barbara Baker, ele passou a desprezá-la e a evitá-la. A menos que houvesse uma oportunidade de levá-la para debaixo das cobertas[13] — muitas vezes literalmente na companhia de Pete e sua ficante do momento, ou outros amigos similarmente ocupados —, ele chegava ao ponto de fingir que não estava em casa quando ela o procurava. Quanto mais ele se esquivava, com mais desejo a namorada ia atrás. Por mais que se trate de meados dos anos 1950, seu comportamento ainda parece chocante para a época. John veio de uma família dominada por mulheres. Suas quatro tias indomáveis e sua enérgica mãe não eram nem um pouco fracas. Ele mantinha um respeito relutante por tia Mimi, que tanto havia sacrificado para criá-lo, e era tão fascinado pela mulher encantadora que o pôs no mundo que ninguém ficaria surpreso caso construísse um pedestal para ela. Então, por que menosprezava tanto as mulheres? Sua baixa autoestima começava a dar as caras novamente. Com sua postura casual, controladora e desdenhosa, com toda sua presunção e petulância, ele era capaz de controlar o jogo, melhorar seu status e aumentar sua popularidade dentro do grupo de amigos.

*

Enquanto isso, o gosto musical de John se expandia. Tanto ele quanto Pete eram fãs da Radio Luxembourg, a qual ouviam debaixo das cobertas à noite — no caso de John, através de fones de ouvido Bakelite numa extensão que levava ao quarto —, devorando Gene Vincent, Elvis Presley, Bill Haley e outros. Através de um amigo em comum, Donald

Beatty, eles conheceram Mike Hill, um rapaz disposto a compartilhar com eles seu toca-discos e sua coleção de discos americanos. Graças a Mike, descobriram Little Richard, Chuck Berry e Buddy Holly. Embora contrariado por não ter descoberto artistas tão raros e bacanas por conta própria, John conseguiu superar o ressentimento. Ele permitiu que a música consumisse sua vida.

"Foi a única coisa que fez sentido para mim, depois de tudo que estava acontecendo quando eu tinha quinze anos", disse ele a Jann Wenner, em uma entrevista para a revista *Rolling Stone*, anos depois. "O rock'n'roll era real, todo o resto era irreal. E o lance do rock'n'roll, do bom rock'n'roll — seja lá o que "bom" signifique — é que ele é real, e o realismo faz sentido independentemente de você mesmo. É possível reconhecer algo nele que é verdadeiro […]"

Para acompanhar o som, os rapazes precisavam adotar o estilo. Com o apoio de Julia, que ajudava em suas compras, John se reinventou como um Teddy Boy. Os "Teds" eram gangues de garotos rebeldes que faziam uma espécie de caricatura do estilo engomado eduardiano. Em casacos de colarinho de veludo, botas de cano baixo com solado de borracha e gravatas de cadarços, eles rondavam e aterrorizavam as redondezas. Não que John ou Pete fizessem parte oficialmente de uma gangue. Longe disso: só queriam manter as aparências. John logo se tornou uma versão barata do estilo, até mesmo com o típico topete de Elvis. Pete, com ainda menos recursos, fez o possível para acompanhar. Mas aquela moda logo deu lugar a outra quando a dupla se encantou por Lonnie Donegan. E eles não foram os únicos. Jovens do país inteiro ouviram o grupo de skiffle de Donegan e "Rock Island Line", de Lead Belly, na Radio Luxembourg, e milhões de fichas caíram enquanto o grito de guerra eclodia: "*Nós* podemos fazer isso!"

"Rock Island Line" foi a primeira gravação a atingir status de ouro no Reino Unido. Vendeu mais de um milhão de cópias no mundo inteiro. Lançou uma tendência que rapidamente se tornaria obsessão nacional. A certa altura, estimava-se haver entre trinta e cinquenta mil grupos de skiffle na Grã-Bretanha. Chas McDevitt Skiffle Group, Johnny Duncan and The Bluegrass Boys e The Vipers estavam entre os mais prolíficos.

Quando o programa de televisão *The Six-Five Special*, produzido por Jack Good, estreou na BBC TV em 1957 — o primeiro programa britânico de música jovem com uma gravação de skiffle como música-tema, e apresentando grupos de skiffle, além de artistas pop como Terry Dene, Petula Clark, Marty Wilde e Tommy Steele —, John já pensava em formar seu próprio grupo, The Quarry Men. Sua "primeira guitarra" era emprestada. Será que lhe compraram um instrumento barato na loja de instrumentos musicais Hessy's, que mais tarde viria a se tornar um lendário estabelecimento localizado coincidentemente na Stanley Street? Foi Mimi ou Julia quem deu a John sua "primeira guitarra", que na verdade foi, na prática, sua "segunda guitarra"? O consenso diz que foi Julia, mas a mitologia é rica neste aspecto. A primeira guitarra "de verdade" de John foi comprada através de uma empresa de vendas por reembolso postal localizada no sul de Londres, através do periódico *Reveille*. Havia um anúncio de "Guitarras de rock'n'roll" em uma edição da revista de março de 1957, para compra à vista ou em parcelas, sendo esta última a escolha de Julia. A guitarra que John recebeu era bastante simples, uma Gallotone Champion acústica. Ele logo compôs sua primeira música, "Calypso Rock", que infelizmente nunca foi gravada e que, anos depois, já não conseguia mais lembrar. A melodia e a letra perderam-se no éter, restando apenas seu título.

Embora muitas vezes seja atribuído a Mimi o crédito pela importante compra da primeira guitarra, Pete Shotton defendeu com unhas e dentes que foi Julia quem pagou pelo instrumento. De qualquer maneira, era Julia quem lhe ensinava os acordes de banjo, nada muito elaborado, e encorajava o filho em suas primeiras tentativas de tocar "Ain't That a Shame", de Fats Domino, enquanto sua tia Mimi só desaprovava. Era Julia quem o convidava para praticar guitarra em sua casa, enquanto Mimi o enxotava do quintal, resmungando por perturbar a rua inteira com aquela barulheira.

Apesar da relutância de Pete Shotton — que admitiu não ter o menor talento para a música e era absolutamente incapaz de imaginar que sua inclusão em qualquer grupo pudesse ser uma vantagem —, The Quarry Men Skiffle Group foi formado, com John na guitarra, e Pete na tábua de lavar roupa. O companheiro de Quarry Bank, Bill Smith, foi convocado para tocar o baixo improvisado. A instabilidade de Bill logo o fez ser substituído por outro membro da gangue, Len Garry, e seus reservas eram os amigos de longa data Nigel Walley e Ivan Vaughan. Outro colega de turma, Rod Davis, juntou-se para tocar banjo. O segundo guitarrista, Eric Griffiths, também entrou para o grupo, e incluiu um baterista, Colin Hanton, na formação. Embora muitas vezes se escrevesse "The Quarrymen", Pete insistiu que o nome da banda sempre teve três palavras. Nigel Walley logo foi eleito "empresário" e começou a divulgar a banda em busca de shows. Não havia nenhum no horizonte. Então, quando estavam prestes a terminar os estudos na Quarry Bank, a mãe de Pete providenciou uma oportunidade para que eles impressionassem a multidão em 6 de julho de 1957, no evento anual de Woolton, a festa da igreja de St. Peter.

Foi a festa que selou o destino de John. Porque, ali, em um campo além do cemitério onde o corpo de tio George estava enterrado; onde se encontrava o túmulo da verdadeira Eleanor Rigby, na sombra da igreja de arenito, com seus contrafortes e gárgulas no estilo neogótico, no ponto mais elevado de Liverpool; onde John frequentara a escola dominical e onde cantara no coro, ele encontraria seu par. Ali, após o show da tarde no qual os Quarry Men — John na guitarra e no vocal, Eric na segunda guitarra, Rod no banjo, Colin na percussão, Pete arranhando a tábua e Len no comando do baixo — tocaram na caçamba de um caminhão, encorajados por uma plateia que incluía a mãe de John e as meias-irmãs, Julia e Jackie; após a coroação de Rose Queen, após os bolos serem devorados e os cães da polícia voltarem aos seus postos; depois que as atrações se encerraram, que a animação foi guardada para o ano seguinte, que os participantes bem-vestidos voltaram às roupas comuns; e quando os músicos de skiffle se dirigiram até o salão da igreja para praticar para o Grande Baile daquela noite, dividindo a programação com a banda de metais da Cheshire Yeomanry, Ivan Vaughan se aproximou com um colega de escola, James Paul McCartney.

As gerações seguintes processaram, analisaram, revisitaram e reescreveram milhões de vezes a ocasião cujas consequências mais tarde seriam consideradas impactantes. Não existem registros formais deste "dia decisivo para a história da música moderna"; nada que prove que ele aconteceu ou o que foi dito além das lembranças em primeira mão e dos relatos de testemunhas oculares. Embora exista um trecho de gravação de John e dos Quarry Men tocando "Puttin' on the Style" e "Baby Let's Play House" naquela tarde — cujo vocal, mesmo naquele momento inicial, é sem dúvida a essência de John Lennon —, não há evidências gravadas das primeiras palavras trocadas entre Lennon, à época com dezesseis anos, e McCartney, que acabara de completar quinze, nem das primeiras notas que tocaram um para o outro.[14]

John ainda não sabia naquele momento, mas Paul havia assistido aos Quarry Men em ação naquela tarde e ficara boquiaberto.

"Lembro que fiquei maravilhado e pensei: 'Ah, ótimo', porque eu estava claramente curtindo muito o som", recordou Paul.[15] "Eu me lembro de John cantando uma música que se chamava 'Come Go with Me'.[16] Ele a tinha ouvido no rádio. John não sabia muito bem a letra, mas conhecia o refrão. As outras partes ele só inventou.

"Eu só pensei: 'Bom, ele é bonito, canta bem e me parece um ótimo vocalista.' É claro, ele estava sem óculos, então realmente parecia afável. Lembro que John era bom. Entre os integrantes da banda, era o único extraordinário. Os outros meio que passavam despercebidos."

Foi amor à primeira vista. Eles também rondaram um ao outro feito tubarões. John demonstrou indiferença e foi silenciosamente provocativo. Paul foi reverente, um pouco admirado. John estava vestido de forma casual com camisa xadrez e topete oleoso. Paul estava penteado, de paletó esporte branco e calças justas. John tocava acordes de banjo, aparentemente afinando a guitarra em Lá enquanto deixava a Mi de baixo solta. O canhoto Paul virou o instrumento de cabeça para baixo para dedilhá-lo, e mostrou a John como se afinava corretamente antes de mandar ver em "Twenty Flight Rock", de Eddie Cochran. Também tocou "Be-Bop-A-Lula", de Gene Vincent, e algumas canções de Little Richard. John era propenso a se esquecer das letras. Paul tinha facilidade para memorizá-las. Ele impressionou o grupo ao rascunhar, de cabeça, os versos de algumas das músicas favoritas de John. John ficou relutantemente impressionado com esse novato de olhos grandes e rosto de gálago, mas parecia saber por instinto que algo especial estava acontecendo. Ele ao mesmo tempo respeitava e se ressentia por Paul ser tudo que era. A ideia de que o grupo sem dúvida se beneficiaria com a inclusão desse rapaz deve ter lhe ocorrido mais ou menos imediatamente. Mas, se convidasse Paul a se juntar à banda, seria o próprio John ofuscado por ele?

"Eu meio que pensei: 'Ele é tão bom quanto eu'", admitiu John mais tarde. "Eu era o líder do grupo até aquele momento. Então, pensei: 'Se eu aceitá-lo, o que vai acontecer?'"[17]

Alguns anos depois, John conseguiu articular seu dilema de modo mais coerente: "Eu tinha um grupo", disse ele. "Eu era o vocalista e o líder. Então conheci Paul, e precisei tomar uma decisão: era melhor ter um cara melhor do que os outros? Fortalecer o grupo ou *me* fortalecer?"[18]

O dilema de John envolvia abrir mão do controle. Era como se soubesse intuitivamente, desde o primeiro encontro, que, se Paul se juntasse à banda, teria que ser em pé de igualdade com ele, e não como apenas mais um membro. Por mais que quisesse se manter líder do grupo que havia formado, John sabia que poderia ser muito melhor junto com Paul no comando; e que isso, por sua vez, refletiria favoravelmente para ele. Embora John fosse demorar um tempo para processar a ideia, sua aceitação de Paul como o próximo passo vital e inevitável para os Quarry Men era praticamente fato consumado naquele mesmo dia. Se eles fossem capazes de ver o futuro e vislumbrar as disputas de poder que teriam pela frente, as brigas e reconciliações, os pontos altos de suas mais sublimes colaborações e os baixos de suas mais cruéis hostilidades, é provável que tivessem dito adeus um ao outro no mesmo instante. Àquela altura, tudo estava em jogo e não havia nada a se perder. Por mais jovens que fossem, eles sabiam disso.

Psicólogos clínicos e cientistas que se dedicam ao estudo do potencial humano vêm refletindo há mais de um século sobre o segredo da parceria criativa. Que tipo de alquimia ocorre entre dois indivíduos talentosos que eleva sua vocação artística e faz sua colaboração ser muito mais produtiva do que qualquer coisa que eles possam criar individualmente? O que quer que seja, Lennon e McCartney podem ser o melhor exemplo de todos. Se uma parceria funciona graças à forma como os indivíduos em questão são capazes de acentuar as qualidades de cada um ao mesmo tempo que disfarçam as fraquezas, e criando no processo oportunidades para cada um brilhar, não há necessidade de buscar outros exemplos. Coloque o rosto de Paul, com seus lábios apertados, suas letras bonitinhas e seus floreios melódicos diante da ferocidade e dos riffs de blues de John; pegue a angústia e a raiva de John e as misture com o encanto e o carisma tímido de Paul; corrompa a inocência sentimental de Paul com o cinismo e a luxúria de John, e qual será o resultado? Podemos chamar de mágica. Em essência, é isso. Um persuadindo o outro a sair de sua zona de conforto. Um revelando o que o outro tem de melhor, um completando o outro. Sem medo de serem censurados e ridicularizados, o encorajamento mútuo era natural. A dinâmica é incrivelmente simples em sua complexidade. Como uma dupla que canta, compõe, grava e se apresenta junta, eles são melhores do que a soma de suas partes.

*

Voltemos ao momento em que John disse "Por mim, tudo bem" para a entrada do novato tímido, mas confiante musicalmente. Pense nos sentimentos de Pete Shotton, que torcia o nariz por se sentir preterido desde que John começara a passar todo seu tempo aprendendo acordes de guitarra e praticando com o sabichão. Mas de onde havia surgido o sabichão?

De Speke, no sul de Liverpool, originalmente. James Paul McCartney nasceu no Hospital Walton, filho de Mary, católica romana, e do protestante Jim. Tanto o pai quanto a mãe eram gentis, educados, trabalhadores e reservados. O pai de Paul trabalhava como vendedor de algodão e passava horas tocando piano em seu próprio grupo informal, a Jim Mac's Band. Sua mãe era enfermeira e parteira, e suas acomodações variavam de acordo com o trabalho. Eles ficaram juntos e se casaram durante a guerra. O primogênito nasceu em 18 de junho de 1942. O irmão caçula de Paul, Peter Michael, chegou dezoito meses depois, e, segundo a tradição, seria conhecido tanto como Michael quanto como "nosso garoto".[19] Assim como John, Paul estava acostumado com reuniões de família e tias amorosas e fortes. Ele aprendeu piano observando o pai tocar. A família chegou a providenciar e pagar por aulas profissionais de piano, mas Paul não tinha paciência para lições "de verdade" e declarou que seria muito melhor aprender por conta própria. Ele jamais aprenderia a ler ou escrever partituras. Havia adquirido habilidades rudimentares no trompete com seu próprio instrumento de segunda mão, e aprendera sozinho os acordes C, F e G/G7 nas guitarras de amigos muito antes de ter a sua. Essa criança inteligente e de rosto alegre, charmosa e rechonchuda — depois esbelta — já havia encontrado seu parceiro de cigarros no andar de cima do ônibus escolar, um garoto de uma série anterior à dele no "Innie" (como o Instituto era conhecido) que se chamava George Harrison (um dos supracitados amigos-com-guitarras). George, o caçula de quatro filhos e mais um morador de conjunto habitacional, era filho de Harold, um comissário de navio que se tornou motorista de ônibus, e Louise, uma assistente de mercearia. Ele se encantou por Elvis Presley na mesma época que Paul e John, tendo ouvido "Heartbreak Hotel" em 1956.

Que ano transformador foi aquele. A família de Paul havia se mudado de Speke, subúrbio em decadência, para outro conjunto habitacional em uma área mais salubre, desta vez Allerton — o número 20 da Forthlin Road fica a apenas dez minutos de caminhada de Mendips, na Menlove Avenue. Foi a partir daí que sua mãe, Mary, passaria a trabalhar como enfermeira domiciliar: o simples mas arrumado imóvel alugado passou a ser propriedade da família como benefício de seu emprego. Foi lá, pouco antes de completar quatorze anos, que Paul começou a compor suas próprias músicas, algo que descobriria ser capaz de fazer sem muito esforço. Foi lá que compôs "When I'm Sixty-Four", no piano da família.[20] Foi lá que sua mãe, aos 46 anos, optou por ignorar os sintomas precoces do que pensava ser uma iminente menopausa. Ela tomou alguns comprimidos para má digestão e seguiu em frente. Seu filho mais velho comprou na loja Curry's seu primeiro disco — "Be-Bop-A-Lula", de

Gene Vincent —, e o levou para casa cheio de orgulho. Como ela havia decidido esconder a triste verdade dos filhos, Paul não fazia ideia do que estava acontecendo quando sua mãe foi diagnosticada com um tumor e deu entrada no hospital para fazer uma mastectomia. Tarde demais. O câncer de mama já havia se espalhado e não podia mais ser controlado. Os filhos a viram uma última vez, ainda sem saber que estavam prestes a perdê-la. Ela morreu no dia 31 de outubro. Paul ainda não havia completado quinze anos, e o irmão tinha apenas doze. Nenhum dos dois foi levado à missa de réquiem, e também não compareceram ao enterro. O pai deles, devastado, não fazia ideia de como lidar com a situação. Como sabia que o marido não entendia nada de cuidados domésticos, Mary deixara instruções detalhadas por toda a pequena casa antes de sair pela última vez para o hospital. A família se reuniu. Paul se isolou, perdeu-se na música e compôs uma canção que pode ter sido inspirada na morte de sua mãe, "I Lost My Little Girl".[21]

\*

Alan Sytner, jovem empresário de Liverpool e fã de jazz, inaugurou o Cavern Club no porão de um antigo armazém na Mathew Street, em janeiro de 1957: "Dezoito escorregadios degraus de pedra que conduzem a um conjunto de fétidas catacumbas de tijolo", como o *Daily Telegraph* descreveu o local. Sytner havia visitado clubes de jazz subterrâneos em suas viagens pela Europa — tais como o famoso Le Caveau de la Huchette, na Rue de la Huchette, ao sul do rio Sena no Quartier Latin de Paris —, e decidiu criar algo que seguisse a mesma linha.[22] A Mathew Street fica no coração da zona comercial de Liverpool. Seus porões lembravam a construção rudimentar do prédio do século XVI do Le Caveau, com arcos de tijolo e túneis labirínticos. As passagens serviram de abrigos antiaéreos durante a Segunda Guerra Mundial, e acomodariam seiscentos fãs de música ou mais. Embora os primeiros músicos a se apresentarem no local fossem exclusivamente jazzistas, a programação logo se expandiu para incluir grupos de skiffle, dos quais havia centenas na região de Liverpool. Por coincidência, o "empresário" dos Quarry Men, Nigel Walley, que havia largado a escola para trabalhar como aprendiz de golfista profissional no Lee Park Golf Club, em Gatacre, acabou fazendo amizade com o pai de Alan Sytner, um médico. Aproveitando a oportunidade, Nigel pediu que ele o apresentasse a Alan, com o intuito de garantir uma vaga para seus clientes no Cavern. O pai de Alan Sytner generosamente propôs uma audição no clube de golfe, após a qual os Quarry Men foram convidados para cobrir o intervalo entre números de jazz no Cavern. Sua primeira e histórica apresentação no local aconteceu numa quarta-feira, 7 de agosto de 1957. O grupo recebeu ordens estritas de só tocar skiffle. John, naturalmente, teve outras ideias. Na noite do show, após uma introdução suave, seguindo à risca as instruções, ele partiu descaradamente para uma versão de "Don't Be Cruel", de Elvis. Seus estupefatos companheiros de banda não tiveram escolha a não ser acompanhá-lo. Sytner ficou furioso com a audácia. Ele atravessou a multidão para enfiar na mão de John um bilhete escrito às pressas com os dizeres: "Pare já com o maldito rock'n'roll!"

Em 1959, Alan Sytner venderia o Cavern para o apoiador Ray McFall, que expandiria seu repertório para incluir blues e rock'n'roll, cuja demanda não parava de crescer. Ao longo dos anos, porém, Sytner apressou-se em tomar para si o crédito por seu papel fundamental no progresso dos mais célebres filhos de Liverpool.

"Sem mim, não haveria Cavern. Sem mim, não haveria Beatles", afirmou ele em 1998. "Sem mim, não haveria nada disso aí, sério. Ah, é claro que Lennon e McCartney se tornaram gênios e grandes artistas, mas me responda uma coisa: eles teriam crescido se não fosse pelo Cavern? Se os Beatles só tocassem em salões paroquiais em Maghull, será que alguém teria prestado atenção neles?"[23]

O articulado contador McFall comprou o Cavern por 2.750 libras em 1959, e o reinaugurou com uma apresentação de Acker Bilk e sua Paramount Jazz Band. Já ciente de que o beat ganhava vantagem sobre o jazz tradicional, ele começou a convidar novas bandas. Rory Storm and The Hurricanes tocou no local em maio de 1960, com Ringo Starr na bateria. Depois que o DJ da casa, Bob Wooler, chamou a atenção de Ray para os Beatles, ele agendou a banda, que fez sua estreia como tal em uma sessão de almoço em fevereiro de 1961 — tendo acabado de voltar, em debandada, de Hamburgo. Foi McFall quem mandou que eles se aprumassem, com o intuito de atrair uma clientela mais arrumada. Brian Epstein visitou o clube em novembro de 1961, e assinou contrato com o grupo em dezembro. Eles tocariam no Cavern 292 vezes, até agosto de 1963, ganhando 25 xelins (1,25 libra) por cada apresentação – embora diga-se que Epstein tenha negociado vários aumentos durante o período. Com a explosão da Beatlemania em 1964, o Cavern tornou-se um santuário para eles. A casa tinha até seu próprio programa semanal na Radio Luxembourg, e atraía os maiores artistas do momento, The Who e The Kinks entre eles.

Sem condições de cobrir os custos dos extensos reparos nos drenos, McFall vendeu o clube e declarou falência em 1966. O estabelecimento chegou a reabrir sob nova direção, mas foi demolido em 1973. O Cavern de hoje, uma das atrações mais populares e mais visitadas de Liverpool, situa-se a muitos metros de distância do clube original, na Mathew Street.

*

Após ser convidado a fazer parte do grupo em outubro de 1957, quase três meses depois de ter conhecido John, Paul fez sua primeira aparição pública com os Quarry Men no New Clubmoor Hall — um clube conservador para homens no norte de Liverpool — numa sexta-feira, 18 de outubro. Eles tocaram no local novamente em 23 de novembro, com roupas quase idênticas: camisa branca, calça preta e gravata de cadarço. O repertório de covers incluía Elvis e Gene, Buddy e Carl e Little Richard. O lado skiffle da banda estava perdendo força. Eles iam e voltavam dos compromissos de ônibus. A estreia de Paul no Cavern com o grupo aconteceu em 24 de janeiro de 1958.[24] Faltavam cinco meses para ele completar dezesseis anos. John tinha apenas dezessete.

A dupla passara a ser unha e carne, encontrando-se com o máximo de frequência que seus horários permitiam, e carregando suas guitarras aonde quer que fossem. Graças aos esforços meticulosos de Paul na Mendips de Mimi, no número 20 da Forthlin Road de Jim McCartney, no número 1 da Blomfield Road de Julia, e em qualquer lugar que pudessem se reunir, John finalmente tornou-se um guitarrista. As notas de Paul na escola estavam caindo, ele provocou a ira de seu pai por andar com esse novo melhor amigo com pinta de marginal, mas gostava do futuro que se desenhava à sua frente. Eles ousaram sonhar. Graças a Nigel Walley, os shows não paravam de surgir: eventos em clubes sociais, festas e bailes para lá e para cá por toda a cidade, muitos dos quais aconteciam em dias de semana, com aula no dia seguinte. Pete Shotton ainda estava por perto, embora tenha desistido de sua função nos Quarry Men. Apesar disso, ele e John ainda eram melhores amigos. Pete e Paul passaram a competir pela atenção e pelo carinho de John. John não dava bola para a agressividade fervilhante entre dois rapazes agindo feito menininhas. Ele sorria e deixava que prosseguissem. Além disso, havia coisas mais importantes com que se preocupar. O grupo claramente precisava de mais um guitarrista. Alguém que desse conta do tipo de solos complicados que desafiavam tanto ele quanto Paul. Na virada para o ano de 1958, o velho amigo de escola de Paul, George, estava no caminho para integrar a banda em seus compromissos ao vivo. Paul o apresentou a John no início de 1958, e o menino participou de um teste. O veredito aconteceu no andar de cima do ônibus. Ele sabia tocar, tudo bem, mas como isso ia funcionar? John era um homem, Paul era um garoto, mas o pequeno George Harrison, que nem quinze anos tinha, era apenas uma criança. Mas não por muito tempo. Em fevereiro de 1959, George completou dezesseis anos, deixou a escola e tornou-se aprendiz de eletricista em uma loja de departamento. Talvez John o levasse a sério agora que ele tinha um emprego.

*

Instigados por comentários sugestivos de John, em gravações pessoais jamais destinadas a publicação ou transmissão, mas que chegaram ao domínio público após seu assassinato, alguns comentaristas inflaram as insinuações de que John teria experimentado desejos sexuais por sua mãe, que provavelmente nunca passaram de fantasias. Alguns chegaram a sugerir que aconteceu um contato íntimo real. Não existem evidências quanto a isso. A própria Julia nunca falou nada a respeito. Esse privilégio, juntamente com todos os outros, lhe seria negado.

Será que alguém esperava, dada sua falta de interesse na educação formal e seu evidente desprezo pela escola, que John não se saísse mal em seus exames *O Level*? Mimi deve ter rezado para que ele tomasse juízo no último segundo e surpreendesse a todos, aproveitando ao máximo as oportunidades das quais ela mesma nunca havia desfrutado, e se remodelasse em algo que fizesse seus esforços e investimentos valerem a pena. Sua mãe não dava a mínima, reconhecendo em John um rebelde dissidente, assim como ela, um eco e reflexo de si mesma, alguém "especial", "diferente", que deixaria sua marca de qualquer maneira; que era inteligente demais, brilhante e talentoso demais para andar na linha. Mimi provavelmente poderia ter dado uns cascudos na irmã por não apoiar seu ponto de vista mais convencional, e por encorajar John a seguir seu próprio caminho. Mas John havia deixado bem claras as suas obsessões: garotas e música. Música e garotas. O rock'n'roll era tudo que importava. Mais cedo ou mais tarde ele seria "escolhido", escrevam o que ele está dizendo.

Tia Mimi, enquanto isso, estava decidida a salvar alguma coisa dos escombros. Apesar do fato lamentável de John ter sido reprovado em artes, matéria na qual se destacava, ela conseguiu convencer o diretor da Quarry Bank, Sr. Pobjoy, a recomendá-lo para o Liverpool College of Art. Seu plano deu certo. Agora, ela poderia ao menos se consolar com a ideia de que ele estabeleceria uma futura carreira razoável como um artista comercial. Em 16 de setembro de 1957, faltando três semanas para completar dezessete anos, John tornou-se um estudante de arte. Ele mal podia esperar. John aproveitou a oportunidade de se destacar em meio à multidão desde o início, desfilando por lá com uma série de trajes excêntricos que desafiavam rótulos, invariavelmente cobertos pelo velho sobretudo de tio George. Ainda morando oficialmente na casa de Mimi, onde a música "dele" não era bem-vinda e onde só se podia ensaiar no quintal ou na varanda, ele passava o máximo de tempo possível na casa de Julia, onde era possível dedilhar, cantar, tocar discos e brincar à vontade. Foi na casa de Julia que compôs uma de suas primeiras músicas, "Hello Little Girl".[25]

*

Dominado pela música do jeito que era e obcecado com o desenvolvimento do grupo, John não estava exatamente se dedicando aos estudos na escola de arte. Embora seu talento natural fosse evidente, e sua habilidade para soluções rápidas com o intuito de se livrar de apuros quando o prazo de um trabalho se aproximava fosse impressionante, ao fim de seu primeiro ano letivo, ele estava entediado. Tirando a pegação com mulheres do tipo que não se levava nem para conhecer sua mãe, quem dirá Mimi, as bebedeiras nos cafés e pubs locais e os encontros com almas parecidas com quem passava o tempo, John teve poucas conquistas. Ele era um estudante de arte apenas no papel. O que era uma pena, dado seu talento. Enquanto isso, seu grupo não tinha mais tantos convites para shows quanto tivera antes, em grande parte porque o "empresário" Nigel Walley precisou se ausentar por motivo de saúde, e não havia mais ninguém para correr atrás e marcar novas apresentações. Os Quarry Men precisavam repensar a situação.

Eles não eram os únicos. As coisas também não iam muito bem na vida de Julia Lennon. O ápice das desventuras em série foi a detenção de seu companheiro Bobby Dykins, condenado por dirigir sob efeito de álcool, recebendo uma multa pesada e na sequência sendo demitido de seu emprego. Tudo isso fez com que Julia fosse atrás de Mimi para terem uma conversa franca que ela não gostaria que fosse necessária, em uma terça-feira, 15 de julho de 1958. Ela deixou John em sua própria casa, no número 1 da Blomfield Road, para confrontar Mimi com o ultimato que Bobby lhe dera. Com dificuldades financeiras, ele insistiu que Julia informasse a Mimi que o casal não poderia mais acomodar John. Também deixariam de alimentá-lo. Dado que adolescentes robustos são capazes de consumir mais do que o restante da família junto, era possível entender o ponto de Bobby. Mas como deve ter sido doloroso e humilhante para Julia ter que dizer isso a Mimi — especialmente depois de tudo que a irmã já havia feito por John; depois da forma como havia liberado Julia do peso e dos gastos de criá-lo. A própria Mimi não estava exatamente nadando em dinheiro, e ainda recebia hóspedes pagantes para sustentar a John e a ela.

Uma vez que sua infeliz missão tinha sido cumprida, Julia despediu-se tristemente mais ou menos às quinze para as dez da noite. Embora fosse tarde, ainda não estava totalmente escuro. Mimi estava cumprimentando a irmã no portão da frente quando Nigel Walley chegou, querendo falar com John. Julia sugeriu em tom de flerte que ele a acompanhasse até o ponto de ônibus. Ao chegarem à esquina, os dois deram boa-noite. Julia seguiu em frente para atravessar a Menlove Avenue enquanto Nigel virou-se na direção oposta. Foi neste instante que ele sentiu seu sangue gelar com um guincho de freio e um baque assustador que só poderiam significar uma coisa. Ele virou-se e viu Julia voando. Ela foi atropelada por um sedã Standard Vanguard, dirigido por um policial de folga, Eric Clague, também conhecido como Constable 126 C, da Polícia de Liverpool, que estava desacompanhado e ainda aprendendo a dirigir. Seu destino já estava selado antes mesmo de chegar ao chão. Chegou morta ao Hospital Geral de Sefton, com danos extensos no cérebro causados por fraturas no crânio. Tinha 44 anos. O médico-legista em seu inquérito chegou ao veredito de morte acidental.

Teria John comparecido ao funeral de sua mãe, que aconteceu na semana seguinte? Ele nunca falou sobre o assunto. Sua prima Liela, à época estudante de medicina em Edimburgo, confirmou ter ido com John. Suas meias-irmãs Julia, com onze anos, e Jackie, com oito, não foram sequer informadas de que a mãe morrera. Elas foram retiradas de casa e forçadas a "sair de férias" para a Escócia com a tia Mater e o tio Bert, que mal conheciam. Elas ainda não sabiam no dia em que as levaram embora, mas nenhuma das duas veria sua casa outra vez. Ao retornarem a Liverpool, tiveram que morar com a tia materna Harrie e seu marido, tio Norman, em um lar frio e sem afeto, e também foram afastadas do pai. Ninguém nunca lhes deu uma explicação plausível. As meninas não faziam ideia, até anos depois, de que estavam sob tutela da justiça. Mais tarde, Julia se emocionou ao descrever esta terrível situação — e eu só posso concordar com ela — como "abuso infantil".[26]

Teria John se rebelado de vez? Será que encheu a cara até apagar, tornando-se ainda mais desordeiro e ofensivo? Será que ficou de cama e sofreu o luto em silêncio, desesperado? Tornou-se mais duro, mais cruel, mais amargo, mais cínico, mais pervertido, mais rebelde do que nunca? Afastou-se da autoridade e cuspiu no *establishment*, condenando a ambos de uma vez por todas — postura que mais tarde faria dele um verdadeiro agitador? A história afirma que ele fez tudo isso e mais um pouco. As contradições parecem apropriadas. É tudo verdade.

"Foi a pior coisa que já me aconteceu", disse John, dez anos após a tragédia. "Ela era ótima. Eu pensei [...] não tenho responsabilidade com mais ninguém."[27]

Décadas depois, pouco antes de sua morte em 1980, suas lembranças eram mais duras do que nunca:

"Perdi minha mãe duas vezes", disse ele. "Primeiro, aos cinco anos, quando fui morar com minha tia. E, mais uma vez, quando ela de fato morreu fisicamente [...] foi uma fase muito difícil para mim. Aquilo me deixou muito, muito amargurado. O ressentimento latente que eu guardava na juventude cresceu muito na época. Ser um adolescente e um roqueiro e um estudante de arte, e minha mãe ser morta, justo quando eu estava restabelecendo um relacionamento com ela [...] Nós colocamos muita conversa em dia em poucos anos. Nós nos comunicávamos. Nós nos dávamos bem [...] foi bem traumático para mim."

John se enfureceu contra as mortes e perdas. Isso estava fadado a separá-lo de Mimi, com quem a convivência passara a ser insuportável. Ele acordava todas as manhãs, abria as cortinas e dava de cara com o exato local em que sua mãe morrera. Imagine só. Eu já estive na janela da frente naquele quarto de infância de John, e olhei para fora assim como ele olhava. Foi insuportável. Como ele segurou as pontas? Isolado em sua angústia, era incapaz de expressar seu sofrimento até mesmo para Pete, por medo de como isso poderia afetar a amizade dos dois. Ele havia perdido o acesso às adoráveis meias-irmãs, que poderiam ter lhe proporcionado conforto de irmãos. Agora compartilhava com seu parceiro musical mais próximo a pior experiência de todas, mas era incapaz de falar sobre isso com Paul. John precisava desesperadamente de alguém a quem se apegar. Mas quem seria sua fortaleza?

CAPÍTULO 4

# LUNA

Ele encontrou duas. Ambas estavam bem debaixo do seu nariz havia algum tempo, pois eram colegas da escola de arte.

Cynthia Powell costuma ser descrita como "certinha". Era uma "bonequinha". Bonita, recatada e gentil, tocava a vida de maneira digna e modesta, nunca chamando atenção para si. Ela vinha de Hoylake, a próspera cidade litorânea na Península de Wirral, com um memorial de guerra projetado por um Jagger,[1] faróis antigos e proeminentes, muitos prédios tombados, um clube náutico e um balneário público. Também é lar do Royal Liverpool Golf Club, com o segundo maior campo de golfe da Inglaterra, e ainda se reveza para sediar o Aberto Britânico de Golfe.

Nascida em Blackpool em setembro de 1939, Cynthia era a caçula de três filhos. Com dois irmãos mais velhos, ela não se intimidava na presença de garotos. Seu pai, Charles, fora funcionário da General Electric Company. Enquanto sua mãe, Lillian, estava grávida dela, foi levada a Blackpool com várias outras mulheres grávidas para que pudessem ter seus filhos protegidas dos bombardeios. Quando Cynthia nasceu, seus pais decidiram não arriscar a retomada de uma vida em família sob ataques aéreos alemães constantes. Eles se mudaram para a costa, onde Cynthia cresceu. Desde cedo, ela mostrou talento para as artes, ganhou concursos e uma vaga na escola de arte para secundaristas da cidade, e a expectativa era de que progredisse para o Liverpool College of Art. Ela poderia nunca ter conseguido, e a história teria tomado outro rumo, após seu pai ter adoecido de um câncer de pulmão terminal e ter ordenado que a filha esquecesse a faculdade. Ele não estaria mais presente para sustentar a mãe de Cynthia por muito tempo, dissera, então a jovem precisaria arrumar um emprego e prover para as duas. Ele morreu quando a filha tinha dezessete anos. Sua mãe deu uma de tia Mimi, recebendo inquilinos para que Cynthia pudesse ir atrás de seu sonho. Ela entrou para a faculdade, assim como John, em setembro de 1957. Como estudante de artes gráficas, talvez nunca chegasse a conhecê-lo, não fosse pelo fato de estarem na mesma turma de *lettering*.

"Cyn" era um ano mais velha que John, e isso era visível. Desorganizado e desinteressado, ele normalmente surgia despreparado e de mãos vazias quando entrava cambaleante na sala de aula — isto é, quando se dava ao trabalho de aparecer. Petulante e convencido como sempre, começou a usar à vontade seus lápis, suas canetas, réguas e outros instrumentos. Ele nunca os devolvia, e ela nunca ousava pedir de volta. Sempre atrasado, e muitas vezes de ressaca e desgrenhado, John era o último aluno de todo o prédio com quem alguém poderia imaginar que a impecável "Senhorita Hoylake" ficaria. Era verdade que ele só estava na aula de *lettering* porque outros professores o haviam expulsado de suas turmas? Faz lembrar os tempos de Quarry Bank. Será que John um dia aprenderia? Acho que não. Sabe-se lá o que Cynthia viu nele. Ele não era legal com ela. Embora John achasse irresistível zombar de seu sotaque, de suas roupas, de seu "jeito certinho", de sua aparente prepotência, havia algo nela que ele não conseguia desvendar. Cynthia não era seu tipo. John jamais poderia ser descrito como o tipo dela. Mas havia química, e havia o cupido. Não tinha nada que pudessem fazer. O namoro começou. John estava ansioso para apresentá-la a Pete, que, por incrível que pareça, havia se tornado um policial em treinamento. Ele ficou perplexo com a disparidade da situação:

"[...] De cara, fiquei impressionado com a diferença entre aquela moça atraente e educada e todas as vadias com quem John costumava sair naqueles tempos", disse ele abertamente. "Cyn mostrou-se excepcionalmente gentil e tão tímida que chegava a doer, e não pude deixar de pensar que talvez fosse delicada demais para estar nas mãos de John."[2]

Os opostos se atraem? A ciência moderna descarta essa ideia, mas Cynthia certamente concordou quando conversamos sobre este e outros aspectos do relacionamento durante nossas sessões de entrevista em 1989, para um livro de memórias que, no fim das contas, não foi para a frente. Isso foi pouco antes da abertura de seu desafortunado restaurante, Lennon's, colado na Theatreland, em Londres. Apesar de ela e seus sócios terem investido pesado no empreendimento, e de ter até mesmo "roubado" Peter Stockton — o ostensivo gerente geral de seu vizinho na Upper St. Martin's Lane, Peter Stringfellow — para administrar o local, o negócio não vingou. Ela me convidou para o restaurante em uma tarde na semana de sua midiática inauguração.

Cynthia divorciou-se mais duas vezes depois de John. Ela disse "sim" para o segundo marido, Roberto Bassanini, um hoteleiro italiano, em 1970. A relação durou três anos. O terceiro marido, John Twist, era um engenheiro lancastriano. Eles se casaram em 1976, mas o divórcio veio sete anos depois. Quando nós nos conhecemos, ela estava vivendo com o chofer liverpudliano Jim Christie, quatro anos mais jovem, que morava em Penrith, Lake District.

Cynthia havia voltado a usar seu primeiro sobrenome de casada. Era "bom para os negócios", disse. Ela desenvolvera móveis e artigos de decoração para a marca de tecidos Viyella com o sobrenome, e lançara seu próprio perfume, "Woman", em resposta ao hit homônimo de 1980, que John havia escrito para Yoko. Uma entusiasta da culinária, Cynthia também foi dona de um restaurante/pousada, Oliver's Bistro, em Ruthin, no norte do País de Gales. Ela era franca a respeito de seus projetos para ganhar dinheiro. "É por necessidade", disse, dando de ombros. "Meu acordo de divórcio foi bem modesto (100 mil libras e a custódia de Julian), e, é claro, o dinheiro já se foi. Faço o que for preciso para sobreviver. Preciso pagar as contas como qualquer um."

Linda, a falecida esposa de Paul McCartney, organizou nosso encontro. Linda e eu chegamos a colaborar por um curto período em um projeto de livro, *Mac the Wife*, mas ela decidiu no meio do caminho não publicá-lo. Paul manteve contato com Cynthia após o fim do casamento dos Lennon, e escreveu "Hey Jude" para Julian.[3] Lançada pelos Beatles em agosto de 1968, quando o primogênito de John tinha apenas cinco anos, e até hoje uma das músicas mais queridas da banda, a canção foi composta por Paul para consolar a criança em meio à agonia da separação de seus pais.

Eu encontrei Cynthia para conversar sobre um novo livro de memórias que ela gostaria de escrever. O primeiro, *A Twist of Lennon*, publicado em 1978, tinha deixado um gosto amargo. Ela ficou tão frustrada pelo modo como John a havia ignorado e se recusado a se comunicar depois que a deixou para ficar com Yoko que escreveu o livro como uma "longa carta aberta para ele, colocando tudo para fora". Olhando em retrospecto, admitiu que teria agido de modo diferente. Agora que havia aceitado o assassinato de John em dezembro de 1980, ansiava tentar novamente. Ela precisava contar sua versão da história oficialmente. Não tinha mais medo de recriminação por parte de John. Ela buscou aconselhamento, e decidiu que precisava de ajuda profissional. Mas acabou se envolvendo com o novo restaurante, e o projeto foi engavetado. Anos depois, em 2005, escreveu e publicou um segundo livro de memórias por conta própria. Intitulado simplesmente *John*, era muito mais ousado e confessional do que o primeiro.

Sentada a uma mesa de canto em seu restaurante monocromo naquele dia de 1989, Cynthia fumou um cigarro atrás do outro e não parava de reabastecer as taças de vinho.

"Tudo começou com a morte da mãe de John", disse ela. Seus olhos cor de chocolate brilhavam por trás dos grandes óculos de aros dourados. Ela mexia muitas vezes em sua grossa franja loira. Sua voz agradável tinha um quê de *scouse*. Na casa dos cinquenta, sem se esforçar, ela ainda fazia cabeças girarem. Uma vez uma Lennon, sempre uma Lennon.

"Foi complicado, como tudo aconteceu", explicou Cynthia. "O efeito da morte da mãe na mente de John foi profundo e nocivo. Ele tinha dezessete anos, e acredito que nunca tenha se recuperado disso. A morte dela destruiu sua habilidade de ter relacionamentos normais com as mulheres.

"Ele nunca sentou comigo para explicar a situação com grandes detalhes. Não sei se teria conseguido articular as palavras, na verdade. Tive que juntar cada pecinha da história a partir de observações que ele fazia, de um detalhe ou outro que escapulia, e de comentários de outras pessoas. Sabia que sua mãe era o que se chamava de 'boêmia', do tipo desinibida, e que havia deixado o filho mais ou menos na época em que ele começou a estudar. John disse que foi morar com 'tia Mimi e tio George', a irmã mais velha de sua mãe e o marido, de quem eu sei que John era particularmente próximo. Ele nunca falou muito sobre o pai, a quem algumas pessoas se referiam como 'Alf', e outras como 'Freddie'. Entendi que a mãe era separada do pai de John, vivia com outro homem chamado Bobby Dykins, e que tiveram duas filhas. Sei que ele idolatrava a mãe, que ela o ensinou a tocar banjo e lhe deu sua primeira guitarra. Com Mimi, a coisa era bem diferente. Preciso ter cuidado com o que digo aqui, pois, é claro, ela ainda está viva (Mimi morreu dois anos depois, em dezembro de 1991, aos 85 anos). Ela criou John com rédea curta, com muitas regras e expectativas. Era difícil agradá-la e muito fácil desapontá-la, e ela deixava isso bem claro, digamos assim. Sua irmã Julia, pelo que John dizia dela, nada tinha a ver com Mimi. Era menos rígida, mais divertida, mais descontraída. John se identificava com ela, era nítido. A mim parecia que ele tinha puxado muito a mãe. Embora Mimi obviamente o adorasse, John era claramente uma decepção para ela. Em seu ponto de vista, ele nunca satisfez seu potencial e desperdiçou oportunidades.

"Eu sabia que John se saía mal na escola, embora todo mundo pudesse ver como era brilhante, esperto e à frente da turma. Entendi que muito de suas dificuldades vinham do tédio, o que explicaria por que ele era simplesmente incapaz de se dedicar aos estudos. Ele passou para a escola de arte por um triz — provavelmente não deveria nem estar lá, de verdade — e nos conhecemos quando ele sentou atrás de mim na sala de aula. Ele cutucava minhas costas e pedia meus lápis e outras coisas emprestado, e é claro que nunca devolvia."

Como a própria Cynthia admitiu, nenhum de seus amigos ou familiares conseguia entender o que ela via nele.

"Nós nem parecíamos combinar." Ela sorriu. "Seu 'guarda-roupa', se é que podemos chamar assim, era praticamente o de um mendigo. Na verdade, já vi mendigos que se vestiam melhor. Ele quase chegava ao ponto de amarrar suas botas com um pedaço de corda. Fazia coisas como arrancar o bolso de um antigo casaco da escola e saía desse jeito, embora fosse muito pequeno para ele, e as mangas puídas só chegassem a pouco abaixo de seus cotovelos. Andava por aí com um sobretudo muito velho e esfarrapado que, se quer saber minha opinião, poderia fazer parte da caminha de cachorro. Só mais tarde descobri que tinha sido de seu tio George e que John não suportava a ideia de se desfazer da peça. Ele devia se sentir mais próximo e confortado pelo tio quando vestia o sobretudo."

John foi um desafio para Cynthia desde o início.

"Ele vivia emburrado e mal-humorado na maior parte do tempo, e suas explosões de raiva podiam ser incontroláveis", disse ela. "E ele falava palavrões constantemente. Bem grosseiro e insensível, um palavreado que não se diz na frente de uma dama. Eu não estava acostumada a ouvir esse tipo de linguajar — meus pais certamente nunca xingavam — e achava aquilo constrangedor, não me importo em admitir. Costumava ficar vermelha de vergonha naquela época, mas John não parecia ligar. Acho que gostava de me constranger. Isso lhe dava uma posição vantajosa."

O que mais incomodava Cynthia era a falta de ambição e ímpeto de John.

"Tudo bem", admite ela, "nós ainda éramos muito jovens. Mas era inevitável me sentir perplexa com a forma como John nunca planejava nada. Quer dizer, ele costumava saber o que faria no fim de semana, e normalmente não envolvia fazer o dever de casa, é claro. Mas ele nunca falava sobre seu futuro ou sobre sua vida. Estes eram assuntos proibidos de se ter com John. Às vezes, eu tinha a impressão de que ele não esperava viver por muito tempo, e aquilo me incomodava. Não parecia ter o menor respeito pela vida, digamos assim. Talvez por conta de tudo que já tinha passado. Quando sua mãe lhe entrega para outra pessoa e seu pai o abandona, depois o tio que o criou morre, e você precisa lidar o tempo inteiro com uma tia muito complicada, raivosa e reprovadora sem a presença do tio para aliviar a tensão, e depois aquela coisa horrível com a cadela, e depois sua mãe morre, justo quando você estava começando a se reaproximar dela... Bem, era tragédia demais, não? Não é de surpreender John ter sido daquele jeito. Ele era muito vulnerável, e obviamente precisava de cuidados maternos. Quando a gente para e pensa, ele era apenas uma criança, é claro, mas, de muitas maneiras, parecia um homem de meia-idade para mim. Ele parecia mesmo, às vezes. Mas, na maior parte do tempo, era apenas um garoto. Um garotinho confuso e vulnerável por dentro daquele exterior áspero e arrogante."

Cynthia supôs que ele despertou seu instinto materno.

"Eu me sentia muito protetora em relação a ele, e sempre me dizia que as outras pessoas simplesmente não o compreendiam", disse-me ela. "Eu costumava me sentir mãe dele, em diversos aspectos. Eu era independente e muito motivada. Trabalhava, estudava, cumpria meus prazos. Gostava de me manter ocupada, e gostava de ter uma meta a cumprir. John parecia não ter motivação alguma, a não ser quando se tratava de música. Parecia que a morte da mãe dele havia deixado sua própria vida em suspenso. Às vezes, costumava pensar comigo mesma que ele realmente não se importava em viver ou morrer."

Ela queria mudá-lo?

"Sim, é claro. E não. Eu secretamente adorava o jeito dele. Todas as coisas das quais se safava. Eu não era corajosa o suficiente para brincar com a sorte e agir como John, embora com certeza houvesse momentos em que gostaria. Então, com o comportamento de John, eu me empolgava por tabela. Ele era perigoso. Ele atraía atenção de formas que eu jamais teria ousado. Tinha alguma coisa nele. Ele era irresistível. Era rebelde. Era capaz de chamar a atenção de todos os presentes sem fazer absolutamente nada."

Então, o cara mais bagunceiro da faculdade conquistou a mais santinha de todas?

"Não acho que tenha sido tão premeditado assim", rebateu Cynthia. "Havia algo a respeito de ser 'a garota dele' porque era a última coisa que qualquer um esperava. Confesso, eu gostava um pouquinho de estar no centro das atenções dele. Não consigo explicar, de verdade, eu simplesmente gostava. Eu era tímida e discreta, e o fato de estar com ele chocava mesmo as pessoas. Andar com John, fazer parte de seu grupinho tornava qualquer um mais interessante. Havia também o fato de que minha mãe não o suportava, e ela deixava isso bem claro. Ela me avisou que ele era uma péssima influência, e que nada de bom resultaria do nosso relacionamento. É claro, isso só me fez desejá-lo ainda mais. Alertar seu filho ou sua filha a respeito de uma pessoa indesejável pela qual ele ou ela possa estar se apaixonando só serve para pôr mais lenha na fogueira, não é? Foi exatamente a mesma coisa com Mimi. Ela não enxergava a verdade sobre ele. Simplesmente não via o que todo mundo via. Ele era a luz dos olhos dela, e nenhuma mulher seria boa o suficiente para o seu John. Nem mesmo uma garota educada como eu, mesmo que seja eu dizendo. Mimi era incapaz de aceitar ou aprovar qualquer pessoa que fosse mais próxima de John do que *ela*."

Cynthia sabia desde o início do relacionamento que John era a pessoa certa?

"Aos dezoito anos, o que a gente sabe da vida?" Ela deu um sorriso triste. "E, não se esqueça, ele era mais novo do que eu, e as garotas tendem a ser bem mais maduras do que os garotos nessa fase. Mas, entre nós dois, ele era o 'velho' cansado, enquanto eu era a garota tímida, inocente, sonhadora. Durante todo o tempo em que estivemos juntos, nunca houve um momento sequer em que o simples ato de pensar nele não me desse um friozinho na barriga, em que eu não fosse toda suspiros e bochechas vermelhas. John literalmente me deixava sem ar. Parecia não me restar escolha: eu *tinha* que estar com ele, e fim de papo. Existe algo de incrivelmente sexy no poder que uma pessoa pode exercer sobre outra, você não acha? É aquela descarga de adrenalina quando você a vê ou até mesmo quando simplesmente pensa nela, eu acho. Essa mistura confusa de confiança e vulnerabilidade em relação a alguém é algo verdadeiramente intoxicante. Não é que ele acreditasse ser melhor que todo mundo, e sim que realmente não se importava de um jeito ou de outro.

"John poderia ter tido qualquer garota que quisesse. Poderia ter conquistado qualquer uma de nós, mas ele *me* queria. Na verdade, não existe nada que eu não teria feito por ele. Ainda me sentia assim muito depois do divórcio, apesar de todo o sofrimento. John era complicado. Mais perturbado do que a maioria das pessoas tem conhecimento. Eu queria mais do que tudo que ele fosse feliz. Não acredito que ele alguma vez tenha sido, e isso acaba comigo."

John poderia "ter qualquer garota que quisesse". A mulher que ele cobiçava havia muito era uma musa do cinema, mais loira, mais voluptuosa e de lábios mais carnudos do que a maioria dos jovens fogosos poderia sonhar. Antecipando aquilo que Olivia Newton-John fez em *Grease*, filme jovem e cheio de nostalgia que se passa nos anos 1950, quando sua personagem Sandy deixa de lado a imagem impecável de Sandra Dee e passa a se vestir de couro e a sair com as garotas perigosas, Cyn arrumou água oxigenada e batom e se transformou em uma versão descarada de Brigitte Bardot. Os olhos de Mimi quase saltaram das órbitas. Sua reprovação patente pela vulgaridade da Senhorita Hoylake era expressa em voz alta. Cyn a ignorava. Se sua imagem de professora de escola dominical não tinha sido suficiente para conquistar a tia de John, ela não tinha nada a perder indo fundo na ousadia. Seja lá o que fosse preciso para segurar seu John, Cyn estava dentro.

*

Irmãs são uma coisa só. Sejam de criação, meias-irmãs, em tempo integral ou em meio período, elas tendem a ser ignoradas pelos irmãos mais velhos no pior dos casos, e toleradas no melhor. Podem ser aceitas ou não. Mas um garoto precisa de irmãos. Aqueles que não têm nenhum vão atrás de substitutos, e é o que John fazia. Ele tinha primos, mas, por motivos geográficos, suas interações com eles eram ocasionais, e diminuíram à medida que envelheciam. Sua gangue da vizinhança havia se reduzido a uma banda — que havia se transformado, por um breve período, em Johnny and The Moondogs. Pete Shotton esteve ao seu lado durante a escola, fez uma participação meia-boca na banda e continuaria sendo o amigo dedicado de John para sempre. Mas, agora que Pete havia jurado lealdade à polícia, John precisava encontrar outra pessoa que estivesse na mesma sintonia que ele. Alguém que não só melhorasse seu desempenho — algo que, lá no fundo, devia saber que precisava —, mas que também pudesse dominar.

A princípio, pode parecer estranho que ele tenha escolhido Stuart Sutcliffe; talvez, mais importante, que Stu tenha cedido aos encantos de John. Nenhum dos dois era o tipo do outro. De um lado, havia Lennon: grande, de aparência feroz, ligeiramente agressivo, de estilo meio Teddy Boy, sem paciência com quem julgava ignorante, carrancudo, desdenhando da autoridade e escapando ileso. De outro, havia Stu: um escocês pequeno e taciturno, de óculos, estrutura óssea e dedos delicados; o lixeiro mais improvável que se podia imaginar (ele trabalhava nos caminhões em meio período para pagar os estudos em seu primeiro ano); um artista dedicado e talentoso que sempre impressionava John, e que geralmente era bem tímido. Que tinha o rosto mais jovem, mas parecia o mais velho. Que, a certa altura, cultivou uma modesta barba estilo Van Gogh, presumivelmente para parecer mais maduro. Que sofreu por sua arte, sendo dotado de verdadeiro talento artístico. Que vivia desoladamente em um sótão frio e sem glamour, num imóvel de um quarto, com colchões espalhados pelo chão e um velho caixão e um sinal de trânsito como móveis. Quando John se mudou para lá no início de 1960 e dividiu o apartamento com ele por um tempo, Mimi ficou fora de si. Ela implorou para que Cynthia o convencesse a não sair de casa. Quando Cyn explicou que não podia obrigá-lo a fazer o que não quisesse, Mimi insistiu em ao menos ter permissão para continuar lavando as roupas de John, para que pudesse aparecer uma ou duas vezes por semana e levar uma refeição para ele.

Embora John se considerasse um artista, seu trabalho se resumia a pouco mais do que esboços e cartuns. Ele gostava de dizer que a arte havia sido seu "primeiro amor", mas sua produção nunca estaria à altura da pretensão. Entretanto, não é de surpreender que suas litografias e gravuras de edição limitada mudem de donos hoje em dia por somas consideráveis. Seus desenhos excêntricos, retratos íntimos e caricaturas que exploravam temas como "paz", "amor" e "verdade" (muitos dos quais desde então foram coloridos à mão por Yoko) são bastante populares hoje em dia e, nos últimos anos, passaram a valer muito mais. É sempre assim quando um artista famoso não está mais aqui para produzir coisas novas. Em 2014, a casa de leilões Sotheby's, em Nova York, registrou um recorde de preço para um desenho de Lennon intitulado *Untitled Illustration of a Four-Eyed Guitar Player*, vendido por US$ 109.375. O esboço feito à tinta, que mais do que quadruplicou sua generosa estimativa de preço, era parte da coleção mais extensa das artes e dos roteiros originais de John a ir para leilão. Anunciado como "You Might Well Arsk: Original Drawings and Manuscripts 1964-65", o show foi 100% vendido e chegou perto de alcançar 3 milhões de dólares. O artista John sem dúvida tem um grande número de seguidores — mas quanto disso se deve ao fato de que as peças são do maior rock star do mundo?

Estamos acostumados com o conceito de "músico como artista visual". As pinturas no estilo Picasso e os retratos em tons pastel de Bob Dylan, as grandes pinturas a óleo e "peças de mídias mistas" de John Mellencamp, as fascinantes capas de discos de Cat Stevens, o expressionismo abstrato de Jim Morrison, as pinturas em estilo grafite de Dee Dee Ramone, a arte rabiscada que Ronnie Wood fez dos Stones (e de outros artistas), desenhos e fotografias de Patti Smith e obras de arte de Brian Eno, Joni Mitchell, Grace Slick e David Bowie, que desenhou e pintou "o som da música", são apenas alguns exemplos. Tampouco John, o desenhista, era o único Beatle a manchar as mãos de tinta. Macca começou a pintar nos anos 1980. Ringo fez experimentos com pop art. George Harrison colaborou com o colega músico Keith West em 1986 para produzir peças baseadas em suas canções mais famosas. Já houve exposições que apresentaram a arte coletiva dos quatro Beatles.

John foi um músico que fazia arte ou um artista que fazia música? Não seria melhor resistir ao impulso de classificá-lo e passar a reconhecê-lo como um criador capaz de se expressar por mais de um meio? A mesma imaginação, alma e visão que concebeu e criou músicas sublimes era simplesmente canalizada por outro meio. Não é algo incomum. Picasso escreveu poemas e peças surrealistas. Salvador Dalí cocriou roteiros com Luis Buñuel e escreveu um romance, *Rostros Ocultos*. O neoexpressionista Julian Schnabel também criou filmes narrativos, incluindo o célebre *Basquiat*, sobre o colega artista Jean-Michel Basquiat, que inclui uma trilha sonora deslumbrante e apresenta David Bowie como Andy Warhol. O próprio rei da Pop Art criou centenas de filmes e escreveu um romance isolado: *A: A Novel*. Já que estamos no assunto, não devemos ignorar a artista conceitual Yoko Ono, que escreveu seu conto de fadas *Invisible Flower* quando tinha apenas dezenove anos (e só foi publicado em 2012, por insistência de seu filho Sean); que em 1964 publicou o curioso livro de poemas instrutivos chamado *Grapefruit*; e que criou músicas com seu marido e independentemente dele. Também não devemos ignorar o fato de que alguns pintores do rock produziram obras de arte que ofuscam o melhor de sua própria música. John poderia achar o dito movimento artístico de celebridades de hoje um tanto pretensioso, uma espécie de *o rei está nu*.

Os esforços das galerias em exibir artistas já famosos por trabalhos não visuais — enquanto não ligam a mínima para artistas plásticos desconhecidos com obras de arte similares — é um desserviço para a pureza do conceito da "arte pela arte".

\*

Stuart Sutcliffe não só ajudou John com sua lição de casa. Também abriu os olhos do amigo para os impressionistas franceses. Pierre Auguste Renoir, Claude Monet, Edouard Manet e Henri de Toulouse-Lautrec eram alguns dos pintores que ele adorava e nos quais se inspirava. O movimento que surgiu de pinceladas minuciosas e delicadas, criando ilusões de luz, tempo e substância, foi aperfeiçoado por artistas de Paris que se tornaram proeminentes no fim do século XIX. Ofendeu a convenção artística da época. Essa abordagem mais abstrata e menos definida da arte, na qual sentimentos e emoções eram transmitidos e atmosferas eram evocadas, infiltrou-se na música e na literatura. Também inspirou Vincent van Gogh, que se mudou da Holanda para Paris para aprender com os ensinamentos de Gauguin, Pissarro e Monet, e experimentou com as cores para expressar emoções. Ele descobriu como trabalhar a dor, a depressão e a angústia em sua arte. Cortava suas veias, no sentido figurado, por todas as suas telas. Um artista que expunha sua alma e seus sentimentos através de pinturas era algo revolucionário. Van Gogh inventou este novo estilo, que seria classificado como expressionismo. Provavelmente lhe custou sua sanidade: aos 37 anos, suicidou-se com um tiro.

É possível sabermos mais do que o necessário. O aspecto mais atraente de qualquer forma de arte é seu mistério. Os espaços em branco entre as pinceladas, as notas silenciosas não tocadas. Um artista, seja lá de qual área, não exatamente se esforça para mostrar a nós algo de si mesmo, mas luta para dar sentido à sua própria existência. É um ponto de vista com o qual John concordava.

"Se eu tivesse a capacidade de ser algo diferente do que sou, eu seria", comentou ele em 1971. "Não é divertido ser artista. Escrever é uma tortura, sabe? Eu li sobre Van Gogh, Beethoven, a porra toda. Se eles tivessem psiquiatras, não teríamos as excelentes imagens de Gauguin. Esses malditos estão simplesmente nos arrastando para a morte; isso é tudo que podemos fazer, nos deixamos levar como animais de circo.

"Eu me ressinto de ser um artista, nesse sentido, eu me ressinto de fazer shows para um bando de idiotas que não sabem de nada. Eles não sentem nada. Sou eu que sinto, porque sou eu que estou expressando. Eles vivem indiretamente através de mim e outros artistas [...]."[4]

\*

Embora Stu, assim como John, fosse louco por rock'n'roll, e apesar de ter criado um estilo de roqueiro descolado para si, não havia nele a menor iminência de ser um astro do rock. O alcance de suas habilidades vocais havia atingido o limite durante um curto período como corista. Embora tenha tido algumas aulas de piano, tocado clarim no Air Training Corps e seu pai tenha lhe ensinado alguns acordes de guitarra, ele não era um instrumentista admirável. Seu contato com Paul McCartney e George Harrison havia sido facilitado simplesmente por uma questão geográfica. Enquanto ainda eram alunos do Liverpool Institute, bem ao lado da escola de arte, costumavam aparecer para ensaiar com John nas salas de aula vazias da faculdade. Stu ficou impressionado com os garotos, sentiu-se atraído pela banda e começou a dar as caras nas festas para assistir às apresentações.

Um momento decisivo aconteceu quando uma pintura de Stu, *The Summer Painting*, foi selecionada para a exposição John Moores Painting Prize na Walker Art Gallery, em Liverpool. A obra ficaria em exibição na galeria de novembro de 1959 até a virada para 1960.[5] O próprio Moores comprou a pintura por 65 libras, o que seria visto como um grande divisor de águas para um jovem artista ainda inepto. Isso sem falar em todo o lucro inesperado. John, Paul e George logo o ajudaram a gastá-lo. À época sem baterista e bateria, baixista e baixo, decidiu-se que Stu poderia entrar na formação como qualquer um dos dois, contanto que estivesse preparado para investir no próprio instrumento. Incapaz de se imaginar como um percussionista digno, ele foi convencido a dar uma chance para o baixo — o modelo Höfner President foi devidamente comprado na Frank Hessey's Music Shop.

"O problema era que ele não tocava bem", comentou Paul McCartney. "Isso era um pouco inconveniente, mas fazia vista, então não era um grande problema."

Quando Stuart juntou-se ao grupo cada vez mais evoluído no Natal de 1959, Paul confessou que ele e George ficaram loucos de ciúmes.

"Era algo com o qual eu não lidava muito bem", disse Paul. "Nós sempre tínhamos um pouquinho de ciúmes das outras amizades de John. Ele era o cara mais velho; as coisas simplesmente eram assim. Quando Stuart entrou, parecia que ele estava roubando meu lugar e o de George. Tivemos que ficar um pouco em segundo plano. Stuart tinha a idade de John, estudava na escola de arte, era um pintor muito bom e tinha toda a credibilidade que nós não tínhamos."[6]

A essa altura, a banda era conhecida como The Silver Beatles, sem dúvida inspirada pela infinidade de grupos de R&B e doo-wop de "criaturas" que dominavam uma variedade de paradas de sucesso dos Estados Unidos durante os anos 1940 e 1950. Muitos deles eram grupos com nomes de "pássaros": The Crows, The Flamingos, The Orioles, The Robins, The Ravens, The Larks, The Penguins, The Swallows, The Wrens. Havia os grupos "animais", tais como The Spaniels, The Rattlesnakes (grupo de skiffle/rock'n'roll de Barry Gibb, que viria a se tornar os Bee Gees em 1958), The Impalas, The Teddy Bears e, especialmente, The Spiders. Mais importante ainda, havia também os Crickets de Buddy Holly — que seguiam o estilo musical dos grupos com nomes de pássaros. Entusiasmados com o tema dos nomes inspirados em insetos, Buddy e os rapazes não notaram que já havia um grupo de R&B do Bronx chamado The Crickets, após terem mudado de ideia em relação à escolha do nome The Beetles. Um pouco mais à frente, os Beatles cunharam seu nome (em parte) em homenagem aos Crickets. O mundo dá voltas.

## CAPÍTULO 5

# GIOCONDA

Até que ponto a coerção de John para incluir Stuart Sutcliffe em uma banda na qual o amigo mal estava preparado para tocar tem a ver com a própria insegurança de John? Acostumado como estava a conseguir convencer praticamente todo mundo, exceto Mimi, a fazer qualquer coisa que quisesse através de uma charmosa teimosia, nem sempre era óbvio para aqueles que o cercavam que se tratava de uma enganação. O relutante Stu não era mais músico do que Pete Shotton, que, assumindo totalmente suas limitações, abandonou a tábua de lavar roupa improvisada quase tão logo foi convencido a arranhá-la. Mas Stu tinha talento artístico. Ele iria longe. Ele tinha o visual certo para isso e fascinava as garotas. A música era algo tão natural para John que ele provavelmente presumia que qualquer um pudesse entendê-la, em especial alguém com inclinações criativas; que bastava determinação, dedicação e alguns ensaios superficiais. Stu faria parte de seu grupo, e fim de papo. O aspecto mais subliminar da situação, talvez até mais sinistro, era que John precisava dele ali. Ameaçado desde o início pelo virtuosismo precoce de Paul, John corria o risco de ser ofuscado em sua própria banda pelo membro mais jovem, mais angelical, mais visualmente atraente e mais musical. Já havia uma atmosfera tóxica nessa estrutura, algo que os outros talvez tenham sentido. Pois a função principal de Stu era fazer John parecer bacana.

Ele faria graça da insinuação, caso já existisse um diagnóstico desse tipo na época, mas John já exibia sinais daquilo que hoje conhecemos como transtorno de personalidade narcisista. Ele era instintivamente crítico e julgava os outros, às vezes chegando a extremos, como se o único propósito da existência de todos fosse elevar sua própria reputação e importância. Costumava atacar e menosprezar os demais, de maneiras que lhe conferiam a ilusão de superioridade. Ele não teria entendido na época, e com tão pouca idade, que era sua extrema falta de autoestima que o levava a buscar o controle e diminuir os outros. Seu relacionamento com Stu era um excelente exemplo. John o queria na banda, mas o ridicularizava por sua falta de musicalidade e por não alcançar o nível de qualidade que esperava dele. Em vez de tentar ajudá-lo a melhorar seus "maus" hábitos ou trabalhar com ele de forma construtiva na prática do baixo, John fazia questão de censurá-lo, magoá-lo e minar sua confiança. John era capaz de ser terrivelmente passivo-agressivo, ou até mesmo abertamente agressivo, fazendo com que todos em seu grupo pisassem em ovos quando estavam com ele, de tanto medo que tinham do que poderia fazer ou dizer em seguida. Propenso a enchê-los de sarcasmo e tiradas maldosas, ele não tinha papas na língua e mantinha os outros sempre alertas enquanto permanecia em negação com seus próprios sentimentos e defeitos. Também costumava se retirar e ficar emburrado, deixando seus companheiros enlouquecidos com o que poderiam ter dito ou feito para irritá-lo.

Todos nós já encontramos um narcisista. Sentimos na pele como um relacionamento com pessoas desse tipo pode ser prejudicial. Eles chegam como uma dádiva de Deus, nos olham com desprezo do alto de seu elegante pedestal, recusam-se a fazer concessões, precisam sempre ser o centro das atenções, em um minuto carinhosos, no outro, ácidos e cruéis. Costumam encher de negatividade todos aqueles com quem entram em contato, muitas vezes de modo subliminar. Biógrafos e psicólogos fazem a festa com esse aspecto de John. Embora seja impossível até mesmo para aqueles com as qualificações profissionais necessárias diagnosticar um indivíduo que nunca conheceram, e que, de qualquer maneira, está morto, temos a liberdade de refletir sobre as experiências que o moldaram. Sua infância profundamente complexa e disfuncional foi, podemos presumir de modo razoável, a raiz de seus problemas. Ele era um enorme emaranhado de contradições, vários sujeitos, caras bons e maus misturados. Hoje em dia se sabe muito mais sobre o desenvolvimento do cérebro durante os primeiros e cruciais anos de vida e sobre a formação do eu adulto do que se podia imaginar nas décadas de 1950 e 1960. Podemos concluir, de um ponto de vista distante e desprendido, mas bem-informado, que John, o filho carente e abandonado, era um Peter Pan com outro nome.[1] Ele nunca crescera. Ele se odiava. O puxão na pesada jaqueta de couro que adotou como seu "estilo" por volta dessa época era simbólico: escondia e protegia sua suscetibilidade. Qualquer um que riscasse, arranhasse ou esticasse sua jaqueta se tornaria alvo de sua ira e brutalidade. Ele era compelido a se comportar assim por conta de sua baixa autoestima. Era incontrolável. John não via problemas em magoar ou rejeitar os outros, mas ai de quem fizesse algo parecido com ele. Embora fosse capaz de manter relacionamentos pessoais íntimos, invariavelmente colocava a si mesmo em primeiro lugar. E logo sabotava a parceria de alguma maneira, em evidentes atos de autoflagelo. Um pouco mais para a frente, adicione a isso fama e fortuna em escala ampla e pouco compreensível, misture com abuso de entorpecentes, salpique um pouco de infidelidade e violência doméstica, acenda o gás e mantenha-se bem afastado. Talvez John nunca tenha tido a menor chance de viver uma vida "normal". Se é que isso existe.

"Como todos os grandes artistas, ele era problemático", reflete Simon Napier-Bell, o famoso empresário do rock, compositor, cineasta e autor; responsável pelas carreiras de Marc Bolan, Eric Clapton, Jeff Beck e George Michael; que conheceu John no início dos anos 1960.

"Ele era extremamente agressivo, raivoso e aborrecido na maior parte do tempo", diz Simon. "Na verdade, ele era muito bom em disfarçar isso às vezes. Eu nunca vi Paul assim: ele sobreviveu ao fenômeno dos Beatles de um jeito diferente. Era sempre o mais educado dos Beatles. John sempre tinha que fazer um comentário sarcástico, tinha que dizer algo que o fizesse parecer melhor e diminuísse você. Ou ele o ignorava. Não gostava de si mesmo e tinha um desejo de morte. Mas, veja, estamos descrevendo *artistas*. Não são pessoas normais. Dada a minha fraqueza pessoal por pessoas difíceis e inteligentes, ele nunca me amedrontou. Nós tínhamos a mesma idade. Eu o via de uma maneira que talvez os outros não vissem. Ele era tranquilo para mim."

O fato de ele ter sido levado, desde o fim da adolescência, a destruir praticamente tudo que fazia bem para si, de relacionamentos amorosos ao sucesso profissional, é a chave de suas vidas, seus amores e suas mortes. Quem matou John Lennon? Foi *ele mesmo*.

*

Hoje em dia, ninguém se impressiona com a ideia de uma mulher trabalhando como empresária de rock, promoter ou guru do entretenimento. Estamos mais do que acostumados com o Efeito Sharon Osbourne, com Apollonia Kotero e Tina Davis, com Janet Billig Rich e Dianna Hart.[2] Naquela época, mulheres desse tipo eram uma rara sensação. Em tempos mais recentes e em circunstâncias diferentes, a história pessoal de Mona Best e seu importante papel como a "Mãe dos Beatles" poderia tê-los conduzido em um caminho alternativo. Ela poderia até ter moldado um grupo mais preparado para lidar com os caprichos e as loucuras da fama, que talvez não tivesse se separado no auge de seu sucesso global, que talvez tivesse continuado a se apresentar e a gravar discos até o século XXI, a despeito da morte de John, em dezembro de 1980, e a de George, em novembro de 2001.

A morena e sedutora Mona era proprietária do Casbah Coffee Club, aberto no porão de sua grande e labiríntica casa em Liverpool, em agosto de 1959. Ela se inspirou ao ver uma reportagem na televisão sobre o 2i's, na Old Compton Street, no bairro londrino do Soho, inaugurado três anos antes pelos irmãos Irani — de onde vem o nome do estabelecimento. Era um ponto de encontro para os "beatniks", termo derivado da Geração Beat, popularizada pelos escritores Jack Kerouac, Allen Ginsberg e seus seguidores. Os jovens descontentes e hipsters oprimidos de Nova York rapidamente ganharam uma onda de seguidores que se expandiria até se tornar o movimento hippie global. Os beatniks de Londres se juntavam nos novos cafés para recitar poesia, debater música e cinema de arte, investigar revistas italianas em busca de dicas de moda, trocar discos e dançar as músicas que tocavam nos jukeboxes. Inicialmente, esses estabelecimentos atraíram uma legião de jovens por um motivo muito simples: eles ficavam abertos até mais tarde do que os pubs. O 2i's, que, apesar da apóstrofe errada, mais tarde conquistaria o status lendário de "primeiro clube de rock da Europa", era como um laboratório. Foi lá que Ian "Sammy" Samwell conheceu Harry Webb, que se metamorfoseou em Cliff Richard, para quem Samwell escreveu "Move It". O Marquee Club abriu em 1958 na Oxford Street, e lá os Rolling Stones fariam sua primeira apresentação, em 1962. A Stock Records, na South Molton Street, foi um elemento crucial da cena, porque importava discos de R&B, blues e rock'n'roll que não eram vendidos em nenhum outro lugar. Brian Jones, Eric Clapton e muitas outras jovens estrelas do rock incipientes tornaram-se residentes do Soho. Os olhos de Mona reluziam com a oportunidade.

Seu Casbah Club seria exclusivo para membros, para evitar que qualquer um pudesse entrar. Uma taxa de adesão anual de dois xelins e seis pence (meia coroa) garantiu a admissão de cerca de trezentos afiliados naquela primeira temporada. Ela instalou uma máquina de café espresso (algo bastante raro na época), providenciou aperitivos e bebidas não alcoólicas, e girava os discos para seus ávidos clientes em uma pequena Dansette.

Os Quarry Men de John conseguiram o show da noite de inauguração por acaso, depois que outro grupo desistiu. George Harrison ia tocar guitarra no grupo em questão, Les Stewart Quartet, e um dos integrantes estava ajudando a proprietária a enfeitar o local. Ela precisava não só de um grupo substituto, mas mais ajudantes com pincéis. John, Paul, George e Stuart Sutcliffe colaboraram. Um bando de artistas jamais deixaria uma parede em branco. Eles se encarregaram de embelezar o espaço com estrelas, arco-íris, dragões, aranhas e até um besouro. Essas pinturas rupestres, junto de uma silhueta de John acrescentada por Cyn, foram, é claro, preservadas para a posteridade. Assim como as histórias. De acordo com a família de Mona, quando ela descobriu que John, à época com dezenove anos, havia esculpido seu nome na parede do porão, partiu para cima dele, dando-lhe "um tapa na cabeça".

"Seus óculos voaram até o chão e então ele pisou neles", disse o filho de Mona, Roag.

Isso deixou o míope John em desespero, pensando em como conseguiria voltar para casa. Mona salvou o dia.

"Foi assim que John Lennon acabou usando os óculos da minha avó durante o mês seguinte", explicou Roag, sugerindo que os "óculos de vovó", relíquia da família, influenciariam a imagem de John nos anos vindouros.[3]

Em 2006, o antigo depósito de carvão no número 8 da Hayman's Green foi tombado pelo governo britânico. Logo em seguida, foi reinaugurado como destino turístico e se estabeleceu como uma famosa locação no turismo dos Beatles em Liverpool.

O grupo de John, que já havia passado por diversas mudanças de nome — Johnny and The Moondogs, Japage 3 e Los Paranoias, antes de voltar para Quarry Men —, fez cerca de sete shows de sábado à noite, de 29 de agosto até outubro de 1959, incluindo Ken Brown do Les Stewart Quartet ao lado de John, Paul e George, a quinze xelins cada um. Eles se apresentavam sem baterista e sem sistema de som. Apesar disso, mais de trezentos adolescentes locais se aglomeraram para o show de estreia, dançando e suando a noite inteira naquele sufocante porão. Foi John quem convenceu Mona a contratar um guitarrista amador chamado Harry para abrir o show deles, para que pudessem pegar seu pequeno amplificador emprestado. Encorajada pelo sucesso da primeira noite, Mona propôs que eles se tornassem banda residente e negociou um pagamento um pouco mais atraente para o grupo. Ela relaxou, contou os xelins que arrecadava com os ingressos e observou as filas que percorriam até a esquina da Green. Após cada show de sábado à noite, "Mo" abria seus aposentos privados para os jovens músicos. Seus papos sedutores sobre filosofia oriental e tradições indianas impressionaram George Harrison em particular.

O desenrolar da história é delicioso. Paul e George tinham um amigo no Liverpool Institute chamado Neil Aspinall, que se tornaria o primeiro roadie da banda. Ele levava e buscava os equipamentos do grupo para shows em Liverpool e arredores em uma van de segunda mão comprada por Mona. Em março de 1960, Stu e John mudaram o nome do grupo para Beatles, embora muitas vezes fossem apresentados como "The Silver Beatles" por clubes que não conseguiam entender seu nome "esquisito". Neil e o filho de Mona, Pete, tornaram-se amigos tão próximos que, em 1961, Aspinall começou a alugar um quarto na residência dos Best. Com cerca de vinte anos, e vulnerável, ele se envolveu com Mona, dezessete anos mais velha. Mona engravidou. Apesar do sucesso fenomenal — o número de membros do clube havia aumentado para mais de mil —, ela fechou seu bem-sucedido Casbah de vez com uma última apresentação dos Beatles em junho de 1962, pouco antes do nascimento de seu terceiro filho. Vincent "Roag" Best veio ao mundo em julho de 1962. Aspinall continuou trabalhando para os Beatles, e continuaria a serviço deles pelo resto da vida. Quando Mal Evans, ex-técnico de uma empresa de comunicações e roadie em meio período do Cavern Club, começou a se aproximar deles, Neil foi promovido a assistente pessoal. Mona e Neil se separaram em 1968. Ele se tornaria o diretor-executivo da Apple Corps. Morreu de câncer de pulmão em 2008, aos 67 anos, com Paul McCartney em seu leito.

Pete, filho de Mona e aluno do Collegiate Grammar School, também tornou-se músico. Pouco depois de ela ter lhe comprado sua primeira bateria, ele lançou sua primeira banda, The Black Jacks. Depois de uma briga envolvendo pagamento, John e os Quarry Men deram o fora do Casbah. Os Black Jacks de Pete os substituíram como a banda residente. Por ser o único espaço da cidade que dava oportunidade para novos grupos amadores naquela época, havia sempre muito interesse e competição. A maioria das bandas emergentes em Merseyside tocou ali uma vez ou outra, incluindo Gerry and The Pacemakers e The Searchers. Os Quarry Men logo retornaram, e se apresentaram no local de tempos em tempos. Foi no porão de Mona que John e Paul convenceram Stu a comprar seu baixo e se juntar ao grupo. Foi lá, também, que o filho de Mona, Pete, foi incluído na formação dos Beatles como o baterista de que tanto precisavam. Pouco depois do nascimento de seu meio-irmão,

Roag, Pete seria afastado dos Beatles. Mas precisamos visitar Hamburgo primeiro.

Quando o filho se tornou um Beatle, Mona assumiu a responsabilidade pela carreira da banda e efetivamente tornou-se sua primeira empresária. Foi ela quem pressionou o dono do Cavern Club, Ray McFall, a arrumar para eles uma vaga de banda residente no horário de almoço. McFall estava comprometido com o jazz naquela época, mas por fim repensou sua posição quando o rock começou a ganhar notoriedade. Mona poderia muito bem ter continuado a empresariar os Beatles, se o gerente de loja de discos Brian Epstein não tivesse surgido, esperto e bem-preparado, como um empreendedor experiente. Mona provavelmente se sentiu intimidada por ele. Ela cedeu o controle. Mas, mesmo depois de terem assinado com Epstein, ela se manteve presente. Abria sua casa para eles, alimentava-os, colocava dinheiro vivo nos bolsos e ideias na cabeça deles, e mais tarde afirmaria que se envolveu muito mais com os rapazes do que seus próprios pais. Mona tornou-se tão irritante para Epstein que ele passou a se referir a ela como "aquela mulher".

Peter, Paul e George seriam deportados de Hamburgo em novembro de 1960. Foi Mona quem os tranquilizou e conseguiu recuperar seus equipamentos: um grande feito naqueles tempos de comunicação limitada e barreiras linguísticas. Foi ela quem importunou a Granada Television no ano seguinte, para tentar garantir uma vaga para eles no famoso programa do produtor Johnnie Hamp, *People and Places*. Em 1967, quando os Beatles estavam preparando a arte de capa do álbum *Sgt. Pepper*, John atrevidamente perguntou a Mona se ela poderia emprestar as medalhas de guerra de seu pai, conquistadas na Índia, para usarem na sessão de fotos. Ainda sentida com a forma como haviam excluído Pete da banda, Mona mesmo assim concordou. Sempre foi evidente que os Beatles tinham um enorme respeito por ela. À sua maneira desajeitada e tímida, todos permaneceram eternamente gratos por tudo que ela havia feito por eles. Mesmo depois de terem alcançado a fama, os rapazes mantiveram contato e lhe enviavam presentes da estrada. Mona foi atingida por seu envolvimento com a maior banda da história? Digamos assim: ela nunca mais abriu outro clube; não tentou empresariar outra banda; nunca se envolveu em outros negócios além de receber em sua sagrada residência alguns hóspedes pagantes. O fato de nunca ter se mudado daquela enorme casa na Hayman's Green sugere um forte apego emocional ao lugar, que representava seu papel na extraordinária história dos Beatles. Um ataque cardíaco a levou oito anos depois da morte de John, no dia em que ele completaria 48 anos. Ela tinha 64.

CAPÍTULO 6

# INFERNO

Foi Allan Williams, um galês atarracado, ex-cantor que havia se tornado proprietário do café/clube de strip-tease/casa noturna Jacaranda e uma espécie de agente-empresário de bandas da cena beat, que orquestrou a ida dos Beatles — e alguns outros artistas e pintores ocasionais — para Hamburgo. Os hoje famosos clubes Indra e Kaiserkeller ainda estão em atividade na rua Grosse Freiheit, em St. Pauli, uma área profana nas sombras da majestosa igreja católica de St. Joseph. Bruno Koschmider, um empresário alemão sedento por grupos britânicos, era o proprietário dos estabelecimentos. "Kosch" também era dono do Bambi Filmkunsttheater, conhecido como "Bambi Kino", um pequeno cinema na rua Paul-Roosen Strasse, na esquina da Grosse Freiheit.

Nem o Soho de Londres, nem o De Wallen de Amsterdã estavam à altura do Reeperbahn, distrito da luz vermelha que era, na virada para os anos 1960, a Central dos Marinheiros. Sua proximidade com as extensas docas da cidade e seu aglomerado de bordéis, clubes de strip-tease e inferninhos infestados de prostitutas, cafetões, travestis, gângsteres e traficantes garantiam uma afluência noturna de clientes em busca de cerveja, bandas, garotas e brigas, provavelmente nesta ordem. Vá até lá hoje em dia, e você será perdoado por confundir a ainda decadente região de luzes de neon com uma anti-Disneylândia para noivas e noivos. Suas ruas hoje transbordam de garotas vestidas de tutus com suspensório, véus e sapatos extravagantes; rapazes solteiros e inexperientes saem cambaleando de shows de sexo ao vivo para urinar e vomitar nas ruas de paralelepípedo. Nem um pouco elegante. Mas, ainda assim, é de certa forma mágico. Durante todos esses anos, escreve-se sobre Hamburgo com uma reverência que beira o culto religioso, graças ao seu papel decisivo na história dos Beatles.

Foi em Hamburgo que eles, sem nenhum preparo ou experiência, passaram pelo mais árduo aprendizado, apresentando-se, como se afirma, em mais shows ali do que em qualquer outro lugar do mundo durante o decorrer de suas carreiras. Embora as estimativas variem, e embora o total se equipare ao número de apresentações que eles calculam terem tido no Cavern, o consenso é por volta de 280. Seja lá quantos shows foram — o número exato pouco importa, quem liga para isso, é o suficiente para saber que foram muitos —, eles evoluíram, se aperfeiçoaram, agitaram a plateia com suas versões estendidas de músicas de Little Richard, Elvis Presley, Carl Perkins, Fats Domino e outros, e "cumpriram as dez mil horas".[1] Foi lá, também, que os rapazes conheceriam e se aproximariam de Ringo Starr, anunciando o fim da função de Paul como baterista em meio período; foi lá que os Beatles expandiriam o repertório e fariam sua primeira gravação comercial como banda de apoio para a música "My Bonnie", de Tony Sheridan — o que despertaria a atenção de Brian Epstein, proprietário de loja de música de Liverpool, e o levaria a oferecer seus serviços como empresário; lá conheceriam os novos amigos descolados que inspiraram um corte de cabelo coletivo, andrógino e de comprimento médio que viria a ser chamado de "moptop"; lá, naquela pocilga fétida e exposta, que John expressaria seu lado misantropo sem filtros, tornando-se um cara provocador, ameaçador, arrogante e desdenhoso. Ele maltratava e insultava seus anfitriões marchando pelo palco em passo de ganso prussiano, fazendo saudações de "Heil Hitler!" e gritando "nazistas!", "malucos!", "retardados!" e "krauts!" — segurava um pente de bolso preto sobre o lábio superior como um bigode falso de Hitler e caía de rir ao imitar deficientes físicos. Kosch entrou para a história por ter ordenado aos Beatles: "Machshau!" (Façam um show!). John, em seu habitat natural, entregava literalmente o que ele queria e mais um pouco, chegando ao ponto de começar brigas em cima do palco. Em certa ocasião, apareceu vestindo pouco mais que um assento de vaso sanitário. Longe de se ofender, o público aceitava.

Foi um membro da Royal Caribbean Steel Band que plantou a ideia da viagem. Eles então saíram do "Jac", um frio e úmido ponto de encontro subterrâneo na Slater Street, próximo à escola de arte, para fazer algumas apresentações no porto alemão. Eles escreveram cartas para Williams, exaltando a cena local. Visualizando uma oportunidade, Williams ofereceu seus serviços a Koschmider como agente dos grupos de Merseyside. Como não conseguiu contratar Rory Storm and The Hurricanes, por estarem comprometidos com uma temporada de verão no Butlin's, e recebeu um "não" de Gerry and The Pacemakers, também já ocupados, Williams vendeu os Beatles para Koschmider. Sem nada que pudesse impedi-los — Paul, Pete e George haviam deixado a escola, enquanto John havia sido reprovado em seus exames de fim de ano e expulso da escola de arte —, os quatro estavam ansiosos para ir. Eles se convenceram de que essa oportunidade de consolidar e desenvolver o que haviam construído até então poderia levá-los à sua grande chance. Em 16 de agosto de 1960 — ainda no embalo de uma viagem de quinze dias pelo norte da Escócia como banda de apoio do protegido de Larry Parnes, Johnny Gentle —, John, Paul, Stu, George, Williams, sua esposa Beryl, seu irmão Barry Chang e "Lord Woodbine", também conhecido como o promotor musical trinidadiano Harold Adolphus Phillips (com quem Williams foi coproprietário de um clube de strip-tease em Liverpool) se amontoaram na minivan verde de Williams, fizeram um pequeno desvio até Londres para buscar Georg Sterner (que seria intérprete e "espião dos Beatles", enquanto trabalhava como garçom para Kosch no Kaiserkeller) e passaram por Harwich e Hoek van Holland. Eles dispararam da Holanda para a Alemanha, chegando no dia seguinte com apenas algumas horas de descanso antes de serem levados às pressas até o palco. Daí em diante, apresentaram-se muitas horas por noite até a madrugada, todos os dias, durante seis semanas, enquanto se alojavam em acomodações apertadas e sujas nos fundos do cinema Bambi Kino.

Rory Storm and The Hurricanes chegaram em outubro, e logo caíram na rotina de cinco ou seis sets de noventa minutos por dia, alternando com os Beatles. Olá, Ringo.

As peripécias que se seguiram durante as cinco viagens a Hamburgo realizadas pelos rapazes entre agosto de 1960 e dezembro de 1962, por si só, já dão histórias para livros e filmes. Suas visitas incluíram 48 noites no Indra, seguidas por 58 noites no Kaiserkeller, após reclamações sobre o barulho no primeiro clube; três meses no Top Ten; e uma temporada de abertura de sete semanas no Star-Club. Eles voltaram a Hamburgo em novembro e dezembro de 1962 para seus quarto e quinto compromissos, agendados no Star-Club com meses de antecedência. Durante as duas últimas visitas, Ringo assumiu a bateria, tendo substituído Pete Best em agosto daquele ano. Os Beatles se mostraram relutantes em honrar o último agendamento de duas semanas que começava em 18 de dezembro de 1962, pois estavam sendo requisitados no Reino Unido graças ao sucesso de seu primeiro single nas paradas, "Love Me Do".

John disse que havia nascido em Liverpool, mas crescido em Hamburgo, frase que se tornou conhecida. Isso vale para todos eles. É muito difícil que tivessem conseguido de outra maneira. Arrastados do relativo luxo de suas próprias casas, eles enfrentaram um batismo de fogo e aprenderam rapidamente a se defender em uma das ruas mais barras-pesadas da Europa. Fizeram novos amigos, incluindo Horst Fascher, ex-campeão de boxe peso-mosca, um destaque entre os delinquentes. Ex-presidiário contratado como segurança por Koschmider, ele se imaginava cantor e viu em seus novos colegas um caminho das pedras para os holofotes. Nunca aconteceu, mas tudo bem. Os primeiros encontros com ele foram hostis. Quando George Harrison perguntou se ele era nazista, Horst deu-lhe uma surra. Quando John insistiu no insulto, Fascher o arrastou até o banheiro masculino e mijou em cima dele. Sua raiva talvez fosse justificável, considerando que sua família havia acolhido e auxiliado judeus durante o Holocausto. Mas ele amoleceu, afeiçoou-se aos sórdidos malandros e passou a cuidar deles.

Tendo em mente que John ainda não tinha vinte anos, e Paul e George eram consideravelmente mais jovens quando fizeram sua estreia na Alemanha, a imagem deles junto a strippers, prostitutas, travestis, bandidos violentos com canivetes e fornecedores de drogas, seguranças brutamontes armados e funcionários de bar teria sido mais do que suficiente para fazer Mimi cair dura no chão. Sem saber que John havia começado a trilhar o caminho da dependência química já nos tempos de estudante, ela ficaria horrorizada com o que viria a seguir. Qualquer coisa que sirva para aguentar as noites. Para ajudar a aumentar a resistência durante as várias sessões diárias, tocando para grupos de gaiatos que só estavam ali para, no mínimo, tomar umas cervejas e trocar uns socos, eles começaram a tomar preludin, apelidado de "prellies". Nome comercial da fenmetrazina, a droga era conhecida nos Estados Unidos como "Bam". O preludin era um estimulante poderoso, com alguns efeitos colaterais desagradáveis que podiam ser usados para suprimir o apetite. Quando tomavam os comprimidos com cerveja, os rapazes às vezes espumavam pela boca, e eram capazes de ficar acordados por dias. Quando estavam chapados, os shows eram pura diversão. John, naturalmente, exagerou no uso, às vezes ingerindo quatro ou cinco comprimidos em comparação à mais restrita dose única de Paul. Dizem que Pete mal tocava na droga. O que poderia explicar alguma coisa.

"Em Hamburgo, os garçons sempre tinham preludin — e vários outros comprimidos, mas me lembro do preludin porque dava a maior onda — e todos eles tomavam essas drogas para se manter acordados, para trabalhar durante a quantidade inacreditável de horas nesse lugar que ficava aberto a noite inteira", lembrou John. "Então, os garçons, quando viam os músicos caídos de cansaço ou de embriaguez, lhes davam um comprimido. A gente tomava, começava a falar, ficava sóbrio, era capaz de trabalhar quase que para sempre — até que o efeito passava, então a gente tinha que tomar outro."[2]

Em pouco tempo, passaram a sentir necessidade de algo mais forte, e migraram para o speed: anfetamina altamente viciante prescrita como medicamento antidepressivo/ansiolítico, apelidada de Black Bomber, French Blues e Purple Heads.

Não demorou muito até a reputação deles ultrapassar os milhares de espectadores na orla e alcançar os ouvidos de alguns sofisticados jovens intelectuais de Hamburgo, mais familiarizados com o jazz tradicional; em particular, um pessoal descolado, de roupas pretas, formado na escola de design Meisterschule für Gestaltung, uma instituição de arte, moda e fotografia. Klaus Voormann veio primeiro, e logo trouxe a namorada, Astrid Kirchherr, e o amigo em comum, Jürgen Vollmer. Outros semelhantes vieram em seguida. Quando entrevistei Klaus para este livro, ele havia acabado de completar 81 anos.

"As pessoas me pedem há décadas para analisar meu bom amigo John Lennon", disse ele. "Mas eu não analiso. Não consigo. É difícil demais.

"O que vou dizer é que a época antes de eles se tornarem famosos é a versão mais interessante de John, para mim. Ele não estava feliz, veja bem. Ah, não. Eu diria o contrário. John estava sempre muito, muito frustrado. Ele era muito sarcástico, muito engraçado, sempre tentava encobrir seus problemas com uma piada ou uma pegadinha. Ele não sabia quem ou o que era, isso era óbvio para mim. Tinha a ver com a mãe dele, com os problemas que surgiram durante a infância. A morte dela era muito recente, havia acontecido alguns anos antes, e ele ainda não tinha processado isso quando veio para Hamburgo.

"John fingia ser um roqueiro, mas na verdade não era. Ele era muito durão, isso sim. Foi o primeiro integrante da banda que conheci, e eu não sabia o que pensar dele. Fiquei com medo, pensei que fosse me machucar, mas havia algo muito forte que me atraiu nele."

O grupinho popular de Klaus, ele admite, tinha pouco em comum com os Beatles.

"Nós éramos o grupo das artes. Usávamos roupas de camurça e couro, lenços esvoaçantes e penteados estranhos. Éramos muito diferentes deles. Por causa de nossa aparência e do tipo de pessoas que éramos — bastante profundas, intensas e questionadoras —, era difícil frequentarmos aqueles clubes. Havia sempre muitas brigas. Mas tivemos sorte de os garçons terem visto que nos tornamos amigos da banda, eles nos protegiam e tomavam conta de nós. Começamos a ir à Grosse Freiheit quase todas as noites para assisti-los tocar."

Nascido em Berlim, disléxico e filho de médico, ele era dois anos e meio mais velho que John e tinha mais ou menos 22 quando descobriu os Beatles. Designer gráfico e artista comercial, a primeira capa de disco profissional de Klaus foi a versão dos Typhoons para a canção instrumental de 1960 dos Ventures, "Walk Don't Run".

"Eu estava orgulhoso. Sabia falar um pouquinho de inglês, então levei a arte comigo e a mostrei para John, que me disse para falar com Stuart, já que ele era o cara das artes na banda. Essa foi nossa deixa para fazer contato com os Beatles. Stuart e eu passávamos o tempo conversando sobre Kandinsky e outros artistas favoritos, e todos os outros se juntavam ao papo. Até mesmo John — que em geral não costumava gostar de nenhum cenário em que ele não fosse o assunto.

"Eles eram diferentes de qualquer pessoa que já tínhamos conhecido. Tudo sobre eles era completamente instintivo, eles eram completamente fascinantes para nós. Acho que nós também éramos fascinantes para eles. Tivemos a educação que nos transformou em seres sensíveis, questionadores. Éramos meio que existencialistas na época, seguíamos aquela filosofia, e foi John que decidiu que deveríamos nos chamar 'Exis'.[3]

"Eu com certeza esperava que eles fossem longe", insiste Klaus. "Certamente soube ao vê-los no palco, desde os primeiros momentos. Eu simplesmente sabia que seriam grandes. Com eles, você tinha de tudo. A voz e a energia roqueira únicas de John. Os vocais potentes e melódicos de Paul. O doce George, à sua maneira bastante convencido, tocando músicas de Eddie Cochran e Joe Brown. Cada indivíduo com sua personalidade bastante forte. Juntando todos, a mistura era mágica. Eu nunca fiz essa análise na época em que vivenciava aquilo, apenas sentia."

Mas John era um enigma para ele. Apesar de toda a extravagância e brincadeira, lamenta Klaus, ele nunca lhe dava abertura.

"Ele acabou mudando de ideia, no fim das contas, e revelava para mim uma coisa aqui e outra ali, mas sempre encurtava as informações, e raramente revelava muito sobre si mesmo. Só muito mais tarde, quando já éramos amigos havia muitos anos, quando ele morava nos Estados Unidos e trabalhava em seus projetos solo, eu ia visitá-lo e então ele se abria de verdade para mim. Em Hamburgo, por outro lado, falava pouco. Eu queria muito conhecê-lo.

"Eu me lembro de uma noite em que ficamos muito bêbados juntos, fomos a um clube de strip-tease e acabamos expulsos. Eram mais ou menos cinco da manhã. Nós dois fomos até o mercado de peixes e sentamos em um banco tremendo de frio ao ar livre, só batendo papo. Foi uma situação estranhamente íntima, mas mesmo assim ele não conseguia se abrir para mim. Ele não se soltava. Realmente não estava em sintonia consigo mesmo naquela época. Eu era um pouco mais velho, e tinha meus próprios problemas, com certeza. Mas me doía observar John em tanta agonia. Ele ficava tão bravo que fazia coisas como destruir a porta de um armário com os punhos, e rasgava sua preciosa jaqueta de couro. Ele era um bom amigo, um amigo querido para mim, mas eu não conseguia ajudá-lo."

O principal problema com os Beatles naquela época, reflete Klaus, era que eles não tinham nenhum adulto por perto para guiá-los.

"Este era o problema fundamental. Eles não tinham idade o suficiente para estar em Hamburgo por conta própria. Eram realmente apenas crianças, mas eles não tinham ninguém que cuidasse deles. Não havia nenhuma mãe, nenhuma tia para se encarregar das tarefas domésticas, que é o que estavam acostumados até chegarem lá. Eram apenas jovenzinhos arrancados de Liverpool para serem explorados em um país estrangeiro; para viverem em alojamentos terríveis (você não imagina a imundície) e serem forçados a trabalhar feito condenados noite após noite, hora após hora. Eles precisavam se drogar para se manter acordados. Sentíamos pena deles. Aquele alojamento no Bambi Kino era péssimo. Não dava nem para manter um animal ali. O cômodo em que eles dormiam era simplesmente uma despensa. Não havia guarda-roupa, nem uma cama de verdade para dormir, apenas aquelas camas de campanha. Era sujeira pra todo lado, eles usavam uma panela como vaso sanitário, não havia um lugar decente em que pudessem se lavar, eles precisavam enfiar os pés na pia dos banheiros públicos do cinema. Se nós não tivéssemos aparecido, eles continuariam levando aquela vida. Era tão terrível, tão nojento, que nos chocava. Dava vontade de chorar. Não éramos salvadores da pátria nem nada disso, simplesmente queríamos dar um pouco mais de conforto para eles. Astrid e eu os convidamos para a casa da mãe dela para que pudessem tomar um banho, lavar os cabelos e comer algo de verdade. Eles precisavam desesperadamente de cuidados maternos, e foi isso que Astrid fez por eles. Nós nos tornamos a família deles. Astrid e eu éramos tipo os pais deles. Cuidamos daqueles garotos, e fizemos com que se sentissem bem novamente. Nós os levamos a passeios ao cinema, por todo Hamburgo e arredores, e ao mar Báltico. Eles eram muito abertos a novas experiências, especialmente Stuart."

Astrid, à época também com 22 anos, era formada em fotografia e trabalhava como assistente de fotógrafo. Ela capturou algumas das primeiras e mais icônicas imagens em preto e branco dos Beatles, que desde então já foram exibidas no Reino Unido, na Alemanha, na Áustria, nos Estados Unidos e no Japão, e publicadas em livros de edição limitada.

"Foi como um carrossel em minha cabeça, eles pareciam absolutamente incríveis [...] Minha vida inteira mudou em alguns minutos. Tudo que eu queria era estar com eles e conhecê-los", disse ela em 2005.[4]

Ela era uma loira deslumbrante, de derreter o coração. Aos olhos de John, uma "Brigitte Bardot alemã", basicamente uma reencarnação perfeita de seus sonhos pubescentes.[5] Todos eles se apaixonaram. Astrid os levou à histórica Heiligengeistfeld, a Praça do Espírito Santo, comumente chamada de Hamburger Dom, local do parque de diversões mais famoso da cidade, para fotografá-los. Jürgen Vollmer também os fotografou, em grupo e individualmente, por toda Hamburgo. Astrid os levou para tomar um chá em casa com sua mãe viúva, Nielsa, em Altona: um próspero subúrbio a oeste de Hamburgo que outrora fora um próspero bairro judeu. Os rapazes ficaram boquiabertos com o quarto dela, um cômodo esplêndido à luz de velas, pintado de preto com um teto prateado e lençóis pretos de cetim. Eles se deram tão bem com Nielsa que em pouco tempo passaram a brotar em sua casa quase todos os dias para o jantar. Ela logo foi persuadida a obter suprimentos de preludin para eles através de um amigo farmacêutico da região, pois os comprimidos só eram disponibilizados oficialmente sob prescrição médica. Outra fornecedora regular foi Rosa Hoffman, uma das faxineiras do banheiro do clube.

Até mesmo o cínico e insensível John ficou encantado com Astrid. Ele escreveu sobre a nova amiga para Cyn de forma tão radiante em suas cartas detalhadas e ilustradas de até dez páginas que sua namorada ficou louca de ciúmes. Ela não tinha com que se preocupar. Quando viajou para Hamburgo em férias de quinze dias para visitar John, acompanhada da namorada de Paul, Dot Rhone, Astrid as recebeu, comportou-se lindamente, e ainda acomodou Cyn na casa de sua mãe (enquanto Dot foi levada, com Paul, para ficar na casa-barco de Rosa, a faxineira). Cyn viu com os próprios olhos que Stu e Astrid estavam noivos: eles usavam alianças de ouro. Stu se apaixonou à primeira vista. Até o fim, Astrid descreveu o frágil artista como seu grande amor. Mas o casamento, por razões trágicas, nunca aconteceu.

Astrid, duas vezes divorciada, reclusa e sem filhos, manteve sua beleza e sua integridade até o fim. Ela continuou a se referir a seu primeiro noivo, Stuart Sutcliffe, que morrera em seus braços com apenas 21 anos, como "amor da minha vida". Ela morreu sozinha em Hamburgo, em 12 de maio de 2020, 58 anos depois dele, e oito dias antes de completar 82. Suas imagens precursoras dos Beatles com carinha de bebê, capturadas por toda sua cidade natal em sua humilde câmera Rolleicord, permanecem suspensas como estrelas por todo o universo deles. Mas ela sempre foi modesta a respeito de seu papel em moldar a imagem e o estilo deles.

"Minha contribuição mais importante para eles", insistiu, "foi a amizade."

Enquanto isso, os Beatles retornaram a Liverpool sob suspeita em outubro de 1960. Eles haviam insultado Koschmider ao abandonar o emprego para trabalhar em um clube concorrente que era maior e mais profissional: o Top Ten. Ao retornarem ao Bambi Kino para reaver seus poucos pertences, Paul e Pete encontraram o cômodo na mais completa escuridão. Pendurar uma camisinha em um prego da parede e atear fogo nela sempre despertaria a ira de Koschmider. Não houve nenhum dano permanente, mas Koschmider correu para alertar a polícia sobre a tentativa de incêndio criminoso. Os infratores foram presos, interrogados e deportados. George, que tinha apenas dezessete anos, sem permissão de trabalho e abaixo da idade mínima para trabalhar ali de qualquer forma, já tinha sido expulso no mês anterior, em novembro. A permissão de John foi cancelada pouco depois. Ele arrastou-se de trem para casa sozinho, com medo de que nunca mais fosse encontrar a Inglaterra.

Stuart teve amigdalite e permaneceu em Hamburgo até ficar bem o suficiente para viajar, com uma passagem de avião paga por Astrid. Mas seu coração não estava mais em Liverpool, nem com os Beatles. Ele abandonou o rock'n'roll por amor em julho de 1961. Após mudar-se para Altona com sua noiva, inscreveu-se para uma bolsa de estudos na Hochschule für bildende Künste Hamburg com intenção de procurar um futuro emprego como professor de arte. Mas ele vinha sofrendo de fortes dores de cabeça, sensibilidade à luz e até mesmo cegueira intermitente. Depois de Stu desmaiar inesperadamente em sala de aula certo dia, Nielsa Kirchherr entrou em contato com especialistas. Embora os exames fossem inconclusivos, a condição de Stu piorou. Em 10 de abril de 1962, Nielsa chamou Astrid com urgência no trabalho para acompanhá-lo em uma ambulância até o hospital. Ele morreu em seus braços antes de chegarem. A causa da morte foi dada mais tarde como "ruptura de aneurisma, resultando em paralisia cerebral devido a sangramento no ventrículo direito do cérebro". Ele tinha 21 anos. Astrid se afundou no luto. Ainda assim, coube a ela ir ao aeroporto encontrar Paul, John e Pete quando eles retornaram a Hamburgo para dar início à sua próxima temporada na cidade. George embarcou mais tarde em um voo com a mãe de Stu, Millie, e o novo empresário dos Beatles, Brian Epstein. Os rapazes ficaram transtornados. George e John fizeram todo o possível para dar apoio a Astrid, que quase perdera a vontade de viver. Como recordou em uma entrevista posterior, John lhe disse que ela deveria decidir se queria "viver ou morrer, não existe outra questão".[6]

Nem Astrid nem John compareceram ao funeral de Stuart em Liverpool. Perder, ou ser forçado a perder os funerais de seus entes queridos tornou-se um traço da existência de John. Ele parece ter sido assombrado por seu amigo pelo resto da vida. Mais tarde, Yoko Ono reconheceria que John falava muito e com carinho sobre Stuart, descrevendo-o como um "alter ego" e uma "força inspiradora". "Eu sentia que conhecia Stuart porque quase não havia um dia em que John não falasse sobre ele", disse

Ono.[7] Teria sido a culpa de John, ou até mesmo o medo de repercussões, que o impediram de comparecer, como deveria, para prestar suas últimas homenagens?

Há muito se especula que John possa ter sido o responsável direto pela morte de Stuart. A declaração chocante foi replicada antes do lançamento do livro de Pauline Cronin Sutcliffe sobre seu falecido irmão. A cobertura da imprensa que antecedeu a publicação distorceu o que a psicoterapeuta de Long Island e negociante de arte tinha a dizer sobre as supostas agressões físicas de John contra Stu. Ela foi difamada pela mídia por sua "crença fervorosa" de que a hemorragia cerebral fatal foi gerada por um dos ataques gratuitos de John durante uma crise de ciúmes em 1959. Pauline supostamente declarou que os rabiscos e as exclamações quase ilegíveis de Stu em seu caderno de desenhos durante seu último ano de vida eram "um reflexo do lento declínio de sua saúde mental". A autópsia de fato sinalizou um recuo no crânio que poderia ter sido causado por um chute ou um golpe. Mas, em julho de 2003, à frente de um leilão da Bonhams London, com mais de uma centena de bens pessoais de seu irmão — sua certidão de nascimento, diplomas da Liverpool College of Art, fotografias, poemas, cartas escritas por Astrid para a família do noivo, cartas de amor de Stuart para ela, algumas letras de "músicas perdidas dos Beatles", supostamente escritas por Stu, e seus cadernos de rascunhos —, ela admitiu ter dito que uma briga entre John e Stuart que acontecera semanas antes da morte do baixista dos Beatles "não devia ter ajudado", mas negou ter culpado John por provocar os ferimentos que o mataram.

"Eu não disse o que foi citado nos jornais, e estou em choque com isso", disse ela. "Estou aflita pela família de John Lennon, por minha própria família e pelos milhões de fãs dos Beatles que se sentiriam profundamente ofendidos por isso."

A Sra. Sutcliffe dedicou quarenta anos de sua vida a colecionar lembranças e escrever sobre o irmão. O patrimônio de Sutcliffe não gerava receita, afirmou, e havia se provado impossivelmente caro de se manter. Ela acreditava que os fãs clamariam por ter uma parte da história de Sutcliffe, porque foi ele quem deu aos Beatles sua imagem característica.

"Sempre acreditei que Stuart foi não só uma força central por trás dos Beatles — mas também o membro que mais influenciou a imagem pública da banda, fazendo declarações de estilo que ainda reverberam pelo mundo até hoje. Mais importante de tudo, porém, ele foi um artista que escolheu deixar de lado sua associação com os Beatles para ir em busca de seu primeiro amor — sua arte."

Qualquer que seja a verdade, os biógrafos e os fãs há muito se mostram profundamente divididos. A lesão de Stuart tem sido atribuída a uma série de ocorrências e condições, de uma briga de rua em meio a qual John voou para cima dele, não para machucá-lo, mas para protegê-lo, até o uso excessivo de anfetaminas por parte de Stuart.

"Meu irmão apanhou mais de uma vez", afirmou Pauline em outra entrevista. "Na verdade, isso acontecia com muitos deles. Era algo corriqueiro para as bandas de rock'n'roll de Liverpool no fim dos anos 1950, início dos anos 1960. Sempre havia gangues atrás deles [...] simplesmente fazia parte daquele mundo na época."[8]

A Sra. Sutcliffe, que contribuiu para o filme *Os cinco rapazes de Liverpool*, de 1993, estrelando Stephen Dorff, baseado na vida de seu irmão com os Beatles, também falou sobre os rumores de uma possível relação homossexual entre os dois. Se Stu e John tiveram algum envolvimento carnal durante os tempos de Liverpool College of Art, ela disse que não ficaria nem um pouco surpresa. "O próprio John disse em certo momento que isso aconteceu", apontou, esquecendo-se de revelar a fonte. Ela descreveu John como "um rapaz brilhante, mas muito complexo e incompreendido".

John adorava Stuart porque ele era o único que o entendia de verdade, de acordo com a avaliação analítica profissional de Pauline Sutcliffe. Stuart compreendia que os ataques de fúria de John eram irrupções de decepção e escapes de sofrimento, que vinham do fato de que ninguém o entendia. Ninguém, exceto Stuart. Por que se voltar contra *ele*, então? *Porque sim*. Como cantavam os Mills Brothers, "You always take the sweetest rose, and crush it till the petals fall".[9]*

---

* "Você sempre escolhe a rosa mais bonita, e a despedaça até que as pétalas caiam." (N. da T.)

Ainda assim, a amizade dos dois sobreviveu, e até mesmo cresceu.

"Eu li algumas das cartas que estão com Astrid", disse-me Klaus Voormann. "Stuart e John continuaram a ter conversas íntimas por escrito após Stuart deixar os Beatles para ficar com ela. No momento em que os conheci, tive a sensação, e fui lembrado disso ao ler as cartas, de que John admirava Stuart, e o considerava um ser superior. John era tão inseguro em relação a si mesmo que sempre precisava de alguém melhor do que ele para idolatrar feito um herói. Pelo resto de seus dias, nunca encontrou um herói melhor que Stuart."

\*

Em julho de 1962, outro célebre baixista estava passando por uma fase Grosse Freiheit, e esperava com uma ingênua ansiedade o momento em que seu caminho se encontraria com o de John. Frank Allen, aos dezenove anos, logo alcançaria fama internacional como um dos Searchers, mas na época era guitarrista dos sensacionais Rebel Rousers, a banda de Cliff Bennett. O conjunto de Bennett estava tocando no recém-inaugurado Star-Club, em frente ao Kaiserkeller de Bruno Koschmider.

"O Star-Club, propriedade de Manfred Weissleder e administrado por Horst Fascher, era uma igreja adaptada, situada entre uma série de bares e clubes de sexo", lembra Frank.[10] "Era muito mais importante do que o Kaiserkeller, contratando não só dezenas de bandas do Reino Unido — em particular uma enxurrada de artistas desconhecidos trazidos de Liverpool — mas também grandes atrações dos Estados Unidos. Durante nossas várias passagens por lá, dividimos o palco com lendas como Bill Haley & His Comets, Joey Dee & The Starliters, The Everly Brothers, Bo Diddley — acabei tocando baixo em sua apresentação —, Gene Vincent, Vince Taylor, Ray Charles, Fats Domino, Jerry Lee Lewis e muitos outros. Naquela primeira viagem, descobrimos que o grande assunto no clube era sobre uma banda de Merseyside chamada The Beatles. As fotos deles estavam por toda parte, junto das de outros grupos musicais até então desconhecidos. As atendentes do bar, Bettina, Goldie, Rosie e as demais, obviamente os adoravam." Dado que os

Beatles, àquela altura, já eram considerados a melhor banda do pedaço, Frank e os outros caras estavam intrigados e interessadíssimos em conhecer a concorrência. Ao retornarem a Hamburgo em 30 de dezembro daquele ano, estavam mais do que ansiosos para vê-los.

"Na Inglaterra", relembra Frank, "eles conseguiram uma discreta entrada nas paradas com 'Love Me Do': não foi das estreias de disco mais impressionantes. Enfim, dizia-se que o empresário deles, Brian Epstein, tinha comprado um grande número de cópias, para facilitar a entrada nas paradas. Era uma prática escandalosa, mas muito comum. No fim das contas, o disco estacionou na décima sétima posição dos mais vendidos do Reino Unido.

"Aquele ano teve o pior inverno de todos. A nevasca fechou o aeroporto Heathrow pela maior parte do dia. Estávamos agendados para tocar no Star-Club na mesma noite em que chegaríamos lá. Considerando o clima, não parecia que íamos conseguir chegar. No fim das contas, porém, o aeroporto abriu por algum tempo aquela noite. Chegamos atrasados, e Horst nos pegou e nos levou direto para o clube. Não havia a menor chance de tocarmos, mas ao menos poderíamos conferir os outros aspirantes.

"Cliff Bennett, um homem que tinha a voz mais notável do R&B e que não era de rasgar elogios à toa, observou os Beatles atentamente. Ele ficou impressionadíssimo. Eu também fiquei admirado, embora deva admitir que não me empolguei tanto assim. Não exatamente sofisticados, eles eram grosseiros, tanto nos modos quanto na apresentação. Acho que estavam na fase da gola rolê preta. Mas havia algo neles. Um jeito de ser que fazia com que sobressaíssem. Foi bastante mágico o modo como assumiram o comando de todo o evento. Eles eram muito impressionantes."

Frank e a banda assistiram aos shows dos Beatles novamente no dia de Ano-Novo de 1963. Por sua vez, os Beatles tiveram a oportunidade de conferir os aclamados Rebel Rousers.

"No dia seguinte, os Beatles deveriam voltar para a Inglaterra. Deve ter sido um voo noturno, porque dei de cara com John Lennon saindo do camarim bem na hora em que eu estava entrando, pouco depois do meio-dia. Ali estávamos nós, cara a cara. Eu me apresentei, disse o quanto tinha curtido o show deles, e mencionei ter ouvido falar que eles estavam para lançar um novo disco. Desejei a ele e à banda todo o sucesso com o lançamento. John me olhou atento, não exatamente desconfiado, mas mais como uma cobra que avalia um roedor indefeso antes de matá-lo e devorá-lo inteiro. Foi absurdamente intimidador. Eu era um cara bem nervoso naquela época e, em muitos aspectos, ainda sou.

"'Ah, sim, você é o Frank, não é?', John perguntou. 'É, eu também curti seu show. Andei falando com o pessoal do clube e parece que, junto do Cliff, você é o integrante mais popular da banda.' Ele fez uma pausa antes de partir para o ataque. 'Não consigo entender por quê', zombou. 'Suas harmonias são ridículas pra caralho.'"

Frank foi surpreendido.

"Eu não sabia se era um insulto ou alguma brincadeira amistosa, embora excêntrica, típica de Liverpool", disse ele. "Não fazia ideia de como responder. Tudo que consegui foi soltar meio que um 'Bem, boa sorte com o novo disco, prazer em conhecer'. E John respondeu: 'É, prazer em conhecer você também, Frank. A gente se vê.'

"Os Beatles partiram para o aeroporto, e vários de nós ficamos no palco ouvindo umas fitas bem rudimentares que o Kingsize Taylor tinha gravado no último show deles na noite anterior. Com a ajuda de Adrian Barber, ex-membro de outro incrível grupo de Merseybeat, The Big Tree, que largou a música para se tornar engenheiro de som do Star-Club, eles conseguiram manter para a posteridade um momento significativo da história do pop — embora na época ninguém tivesse noção do *quanto* seria significativo.[11]

"Horst Fascher, então, mostrou um pequeno disco de acetato que John tinha lhe dado, com a gravação do novo single dos Beatles. Adrian colocou para tocar no sistema de som do clube. Foi absolutamente alucinante, desde o brilhante e cativante instrumental de abertura até o fim. Não restava dúvida. 'Please Please Me' os levaria aonde 'Love Me Do' não havia levado."

Os dois jovens músicos se viram muitas vezes depois disso. Eles jamais fizeram menção ao primeiro encontro. "Todas as vezes em que o vi depois correram sem nenhum tipo de desconforto", disse Frank. "Ele podia ser muito bacana ou bastante maldoso, e passar de um estado para outro num piscar de olhos. Nunca dava para saber o que esperar, e a gente aprendia a não se deixar incomodar.

"Muitos anos depois, tocamos no Cutting Room, uma casa noturna em Nova York. May Pang, companheira de Lennon no infame Fim de Semana Perdido dos anos 1970, estava na plateia. Ela veio bater papo depois do show. Eu lhe contei minha história de Hamburgo, acrescentando a teoria de que, apesar de sua aparente confiança e ousadia, John tinha tantas inseguranças quanto qualquer um de nós. Seu jeito de lidar com elas, afirmei, era já chegar com quatro pedras na mão. 'Acertou na mosca!', ela exclamou. 'Esse era John.'"

CAPÍTULO 7

# SVENGALI

Certa vez, Brian Epstein observou que, aos 21 anos, sentia-se um velho. De botas, terno, vocabulário impecável e um emprego respeitável desde os dezesseis, e ainda na casa dos vinte quando despertou para os Beatles, é possível que o ex-estudante da RADA, a Royal Academy of Dramatic Art,[1] tenha detectado neles um veículo para suas próprias ambições não alcançadas. O ator frustrado, de ascendência russa e judaica, era um homossexual não assumido numa época em que declarar a própria orientação sexual representaria risco de encarceramento.[2] Uma educação de ensino público malsucedida o compensou com o prêmio de consolação de um emprego no sério e entediante, ainda que próspero, negócio da família. Brian foi privado de sua adolescência e parece ter passado da puberdade direto para a meia-idade. Os Beatles eram a personificação de tudo que havia perdido. Ele sentiu-se atraído por uma empolgação indireta.

Brian ouviu falar do grupo pela primeira vez quando gerenciava a nova loja de música NEMS, que fazia parte do império do clã Epstein. Ele leu sobre os rapazes na *Mersey Beat*, revista musical de Bill Harry na qual Brian comprou um espaço para propaganda, da qual tinha um estoque na loja e para a qual, em agosto de 1961, começou a contribuir com sua própria coluna. John logo começaria a escrever para a revista também. Os pedidos de clientes por um disco da Alemanha chamado "My Bonnie" despertaram o interesse de Brian. Quando descobriu que estrelava os Beatles, garotos locais que já haviam visitado sua loja diversas vezes, resolveu conferir. Familiarizado com o Cavern, que costumava visitar ocasionalmente, Brian ficou sabendo de uma de suas sessões de meio-dia, marcada para o dia 9 de novembro. Ele e seu assistente pessoal, Alistair Taylor, foram até lá e se viram socializando com garotas colegiais e funcionários de escritório em horário de almoço.

"Logo de cara, fiquei impressionado com a música, a batida e o senso de humor deles no palco — e, mesmo depois, quando os conheci, fiquei mais uma vez impressionado com o charme pessoal dos rapazes", disse ele em uma entrevista televisiva incluída no *Anthology*. "E foi ali, de verdade, que tudo começou."

Apesar da química notável, do humor contagiante e da habilidade musical surpreendentemente aprimorada, esse bando de roqueiros grosseiros tinha uma imagem desagradável. Malvestidos, com jeans e jaquetas de couro, eles eram ultrapassados, brutos, de aparência levemente ameaçadora e indiferentes à cenografia. Eles fumavam, bebiam, caçoavam, xingavam, batiam papo e brincavam durante as apresentações como se o público não existisse, ou como se fosse um inconveniente. Aqui, Brian talvez tenha dado um passo maior do que a perna. Ainda assim, encantou-se com a banda. Voltou para vê-los várias vezes. Ele os queria. Ficou acertado que, no mês seguinte, ele se tornaria empresário do grupo, embora não tivesse nenhum envolvimento prévio na área.

"É a coisa mais fácil do mundo dar pitaco e criticar figuras históricas quando olhamos em retrospecto", reflete Ed Bicknell. Com 26 anos de experiência como empresário do Dire Straits, bem como períodos significativos no comando da carreira de nomes como Scott Walker, Gerry Rafferty e Bryan Ferry, o sincero Ed, natural de Yorkshire, não mede suas palavras. "Em termos de música pop, apenas um empresário digno de nota veio antes de Brian: o Coronel Tom Parker, empresário de Elvis Presley. Em 1961, pouco se sabia sobre Parker. Menos ainda sobre o que fez. Ele tinha um histórico em feiras e eventos de entretenimento: certamente não era um "coronel". Nós não tínhamos essas feiras na Grã-Bretanha; o parque de diversões à beira-mar era o mais próximo a que chegávamos.[3]

"Diferente de hoje em dia, ainda não havia livros, documentários, biografias, cursos acadêmicos e, definitivamente, ninguém para perguntar. Então, a proposta de Brian de 'empresariar' os Beatles não tinha muito significado para ambas as partes. Seria o caso de ir descobrindo ao longo do caminho.

"Naquela época, a 'música pop' era vista como uma fase passageira. As carreiras talvez durassem dois anos, e então, quem não evoluía para se tornar um artista mais versátil voltava à estaca zero. O 'padrão' do meio artístico consistia exclusivamente em homens de meia-idade com experiência em 'Variedades'. Homens com nomes do tipo 'Lew', 'Leslie' e 'Bernard'."[4]

A música pop era uma diversão banal, explica Bicknell. Seu público era tratado com condescendência. Cliff Richard and The Shadows logo se viram em espetáculos de pantomima, atrações da temporada de verão e em todos os programas possíveis de música genérica na TV: quase como uma performance "para crianças". Era basicamente assim que a TV e o rádio viam "aquela terrível barulheira americana". A princípio, pelo menos. Pouco depois vieram os filmes. O rock'n'roll foi rapidamente diluído e substituído por "entretenimento familiar". A angústia adolescente foi reduzida a "The Young Ones" e "Summer Holiday".

"Em seu devido tempo", diz Ed, "os Beatles se viram no mesmo barco, produzindo aquilo que eram efetivamente vídeos estendidos para vender álbuns e singles, sem nenhum sinal de perigo à vista.

"Essa era a mentalidade da época. A música era chamada de 'pop' porque era popular. A ideia de que poderia ser 'arte' era ainda muito distante. Com certeza, nem os próprios Beatles estavam em busca de um lugar na história cultural. Eram jovens e estavam se divertindo. Não pensavam no futuro nem sonhavam em se tornar os 'Fab'. Tudo isso fazia parte de um horizonte distante.

"Mas Epstein tinha a característica que *todos* os empresários devem ter: ele acreditava. Acreditava demais. Para que essa crença funcione, precisa se transformar em uma espécie de teimosia. A tal ponto que a palavra 'não' passe a significar, na verdade, um 'bem, talvez'. Assim, você segue em frente apesar de todas as rejeições, até ouvir um 'sim'. George

Martin me disse que o principal motivo pelo qual quis assinar com os Beatles — além do fato de que não custaria nada — foi a persistência e a crença implacáveis de Brian nos 'garotos'."

Um contrato de cinco anos foi devidamente elaborado e assinado na casa de Mona Best, em 24 de janeiro de 1962. Como Paul, George e Pete ainda não tinham 21 anos, Epstein solicitou consentimento dos responsáveis. Como John já era maior de idade, os protestos de Mimi foram alegremente ignorados. Embora sempre criticasse e reprovasse quase tudo que ele fazia, diminuindo-o e destruindo sua autoconfiança, não havia a menor possibilidade de ela ter a chance de arruinar isso.

Mas era "isso" que John queria? O molde no qual Brian tentou encaixar os Beatles para embalá-los, anunciá-los, comercializá-los e, sim, explorá-los, não poderia ser mais conflitante com a maneira como John se via. Ele já havia deixado claro ser totalmente contra o visual de ternos e gravatas combinando. Depois, surpreendeu-se vestindo os trajes e aceitando-os mesmo assim. Como na frase amplamente citada e atribuída a ele: "Eu visto um terno; eu visto um maldito balão se alguém me pagar." Assim, ele abriu mão. Ele se vendeu. Abdicou do controle de sua individualidade, da essência de John Lennon, dos elementos que o tornavam único. *Por quê?* Para atingir Mimi? Para puni-la? Para mostrar-lhe que não era igual aos pais, um fracassado inútil, como ela o considerava, esfregando na sua cara como era imprestável sempre que tinha a oportunidade? O fato de ele retocar sua verdadeira natureza a ponto de eliminá-la e se enfiar nos moldes de outra pessoa em busca de fama e fortuna parece ser um passo longe demais para um homem como John. Até pararmos para analisar. Pequenos atos de rebeldia, como errar o nó na gravata e deixar o botão de cima da camisa aberto, eram pistas sutis. Ele claramente não gostava do que estava acontecendo ali. Mas entendia o propósito, e obviamente sentiu que não tinha escolha. Embora tenha sido John que se opôs à imagem dos quatro embalados em ternos fofinhos e coordenados e encorajados a exibir cortes de cabelo quase idênticos, ele aceitou a situação porque era assim que se fazia na época. O artista se curvava ao empresário. O maior dos antecessores, Cliff Richard and The Shadows, vestia smoking e gravata-borboleta e ganhava rios de dinheiro. Funcionou para eles… Então, foda-se. Ele expressou sua opinião, depois balançou os cabelos, como qualquer um. Mas o que foi isso senão seu primeiro ato de autossabotagem? A primeira morte de John?

\*

Quando o aprendizado acontece ao longo do caminho, é claro que alguns erros são cometidos. Mas erros só são erros quando olhamos para trás. É pouco provável que a atual safra de empresários do rock e do pop, aqueles que devoraram todos os livros, frequentaram cursos e conquistaram qualificações (e bagagem), teria agido de modo muito diferente se estivesse tentando ganhar seu espaço em Liverpool no ano de 1963.

"Brian cometeu erros? Claro", diz Ed Bicknell. "*Todo mundo* erra. E os empresários gostam de pensar que têm um impacto muito maior do que de fato têm. Mas são o talento e o ímpeto do artista que arrastam tudo consigo. Brian foi amplamente criticado ao longo das décadas — sempre com o benefício de quem olha em retrospecto — pela notória negociação de licenciamento de produtos da banda, efetivamente cedendo o controle e os lucros de quase tudo. Certamente foi desastroso, mas que informações ele tinha para se guiar? Nosso velho amigo, o Coronel, tinha dado início a esse mercado quase que por conta própria com Presley. Mas não havia regras, não havia precedente, não havia histórico que decretasse que, bem, você deveria receber x% ou y%. No caso do Coronel, ele ficava com uma porcentagem tão grande antes de Elvis receber sua parcela que o acordo de Brian Epstein não parece tão ruim em comparação.

"Quando se é um empresário, sua responsabilidade é dividida. Primeiro, você negocia — e, naquela época, as gravadoras e editoras de música tinham contratos 'padrão'. O mantra era 'pegar ou largar'. Os promotores não eram diferentes. Então, até a pessoa conquistar o melhor dom de um empresário — a influência —, ela ficava encurralada, como Brian estava. De muitas maneiras, a tecnologia fez o ciclo ficar completo. E uma coisa é certa: as corporações sempre vão escolher o caminho mais curto. Em outras palavras, o caminho mais barato.

"Em segundo lugar, você 'gerencia' o artista. No caso de Brian, isso significava os quatro Beatles — e, não se esqueça, em pouco tempo, ele assinou com muitos outros artistas, quase todos de Liverpool. Esse é o aspecto difícil. É parte psicologia, parte manipulação, parte política, parte ditadura.

"Em todas as bandas, tem sempre aquele que quer ser o líder. Ele costuma chegar lá graças a uma combinação de personalidade forte e o fato de ser o mais irritado, o menos disposto a ceder e, normalmente, o mais fodão. Às vezes, o talento tem um papel importante, mas nem sempre é óbvio. Em uma banda, a democracia nunca funciona, e é por isso que, no fim das contas, elas acabam ruindo — sendo o fodão inevitavelmente o primeiro a sair. Porque parte de ser o fodão significa ter um ego do tamanho de um pequeno planeta, com uma auto-obsessão à altura. Está incluído no pacote."

George Martin disse a Bicknell que John podia ser terrivelmente intimidador: "Em especial em relação a George Harrison, cujas primeiras tentativas de composição foram tratadas com completo desdém na melhor das hipóteses, e com uma rejeição que beirava o desprezo na pior. Lennon só foi reconhecer, a contragosto, que 'Something' era de longe a melhor música do *Abbey Road* depois de muitos anos."[5]

\*

Então, Brian ensinou bons modos aos Beatles, instruiu-os na arte da reverência sincronizada no fim de cada número e os aprumou. Há registros de que ele os levou até Wirral para encontrar seu amigo, o grande alfaiate Beno Dorn, que produziu os primeiros ternos coordenados da banda. Epstein consultou o londrino Jeff Dexter, dançarino, cantor e DJ profissional influente na cena local, além de figurinha carimbada do Lyceum Ballroom e do Strand, em relação à imagem em formação do grupo.

"Sim, fui eu que os levei ao Dougie Millings, que fez o clássico terno sem gola dos Beatles", confirma Dexter. "Ele era o alfaiate do rock'n'roll do momento.

"Eles também adotaram minhas botas *après-ski*, da loja de calçados de dança Anello & Davide — fáceis de calçar e tirar. Nós as chamávamos de 'après-ski' porque os dançarinos chamavam a pista de dança de 'pista de esqui'. Na verdade, acho que os Beatles compraram primeiro a *Baba boot*, da Anello. Também os levei à Star Shirtmakers, na Wardour Street, direto do ateliê de Dougie."[6]

O passo seguinte de Epstein foi estabelecer um contrato de gravação para eles. Embora tenha sido de certa forma um processo enrolado e não tão simples quanto o previsto, suas ligações profissionais da NEMS com as principais gravadoras permitiram que ele fechasse um acordo com o selo Parlophone da EMI, em que o produtor da banda seria George Martin.

O outro ponto importante era a exposição. Graças à persistência de Mona Best, os Beatles já estavam no radar da Granada Television. Como importante emissora de TV do noroeste da Inglaterra, com um grande alcance na época — do Lake District, no norte, aos Potteries, no sul; do norte de Gales até a costa de Yorkshire —, uma aparição em um programa da Granada significava uma poderosa propaganda para qualquer artista selecionado para participar. O produtor Johnnie Hamp, com 87 anos quando o entrevistei, teve papel fundamental na evolução dos Beatles, e mais tarde criaria um grande especial televisivo sobre a música de Lennon e McCartney. No *Anthology* dos Beatles, Paul confessou que eles não queriam participar, mas acabaram topando por lealdade ao camarada Johnnie. Ele viajava regularmente para a Alemanha para assistir aos artistas norte-americanos nas grandes bases militares, e viu uma apresentação dos Beatles na Grosse Freiheit em 1962.

"Fiquei muito impressionado com a banda", disse-me Johnnie. "Eles eram muito melhores, musicalmente falando, do que os outros artistas que tocavam na época. Não conhecia Brian Epstein muito bem naqueles dias. Ele era empresário dos Beatles, e só. Os Beatles estavam com ele havia um bom tempo, numa época em que as pessoas viviam trocando de empresário. Mais para a frente, nós dois começamos a nos encontrar com frequência para jantar: no Caprice, em Londres, um de seus favoritos, e em um hotel pequeno e agradável com um restaurante muito bom, atrás do Empire, em Liverpool. Ele sempre parecia ter um pouco de medo dos Beatles, a quem se referia como 'os garotos'. De John, em particular. Só mais tarde me ocorreu a ideia de que talvez Brian fosse apaixonado por ele. Mas Brian nunca se abriu comigo a respeito de seus sentimentos por John. Estava tentando ser um bom homem de negócios.

"Havia um grupo de pesquisadores da Granada fazendo um programa sobre artistas do norte da Inglaterra. Leslie Woodhead era nosso pesquisador e diretor iniciante na época e, em 1961-62, dirigiu o primeiro filme dos Beatles no Cavern Club, pouco antes de gravarem seu primeiro disco. No fim das contas, o clipe não foi exibido, porque não estava no padrão da emissora. Mas, hoje em dia, é uma peça histórica maravilhosa. Brian Epstein me ligou algumas vezes para perguntar por que não tinha ido ao ar. Eu não podia dizer. Mas a emissora convidou a banda para tocar 'Love Me Do', como uma espécie de compensação."

Depois que a Granada pediu que Johnnie repaginasse o programa *People and Places*, os Beatles foram chamados para tocar "Please Please Me".

"Para mim, John sempre se destacou", relembra Johnnie. "Os Beatles foram uma das primeiras bandas a não ter um líder 'oficial', mas, a meu ver, John era exatamente isso. Era para ele que meu olhar sempre se dirigia, era com ele que eu sempre conversava. Para mim, John parecia um príncipe. Sua aparência era quase majestosa. Havia nele um quê de dignidade, um quê de elegância, até mesmo vestido de couro preto, enquanto os outros, na época, pareciam crianças."

Desde o primeiro momento, o produtor teve total consciência do lado sombrio de John.

"Era inevitável", afirma. "Estava bem ali, diante dos seus olhos. Ele era uma pessoa raivosa, impertinente e censurável na maior parte do tempo. Ficava bastante irritado comigo, especialmente quando as 'câmeras secretas' os seguiam pelos estúdios — nos camarins, durante a maquiagem, no departamento de adereços. Mesmo na época, sabíamos que o material que estávamos gravando seria histórico. Quando viu potencial na coisa, John logo mudou de ideia. Ele posava e andava por aí como um deficiente físico. Como o Corcunda de Notre-Dame.

"O que sabemos hoje é que John era várias pessoas diferentes. O segredo para lidar com ele e obter o máximo dele era reconhecer diante de qual John você estava em determinado dia, e então interagir de acordo com aquela versão. Se me permite dizer, eu tinha o dom de reconhecer os traços de um astro, o chamado 'fator X', e tratar um talento com respeito. O efeito que um verdadeiro talento causava em mim era me levar às lágrimas. Era assim que eu sabia que estava presenciando algo especial, algo maravilhoso. John reconheceu isso em mim, e nos aproximamos por causa disso. Eu o entendia, ele me entendia. Encontramos um meio-termo."

Houve algum momento específico?

"Foi quando ele berrou 'Twist and Shout'.

"Muitos falam sobre 'o som de Mersey' [também conhecido como *Merseybeat*]", avalia Johnnie, "mas eu não acho que isso realmente tenha existido. O primeiro sucesso de Cilla Black foi com um número de Burt Bacharach ['Anyone Who Had a Heart', com letra de Hal David]. Gerry and The Pacemakers ['How Do You Do It?', de Mitch Murray, originalmente oferecido a Adam Faith e então assinalado como estreia para os Beatles] e Billy J. Kramer and The Dakotas com 'Little Children' [por John Leslie McFarland e Mort Schuman]: seus sucessos não eram de composição própria. O suposto 'som de Mersey' foi algo que surgiu em retrospecto. Se esse conceito significou alguma coisa, para mim se resumia aos Beatles. Assim, era muito fácil entender, na minha opinião, por que os Beatles se tornaram um sucesso mundial. Foi graças às suas músicas, em primeiro lugar, somadas às suas personalidades e à química que existia entre os quatro. Eles eram únicos."

Ao longo dos anos, Johnnie e John desenvolveram uma espécie de amizade, mas eles não socializavam sempre. Hamp lembra que os Beatles passavam um tempinho com ele depois de entrarem para fazer um show, e não costumavam correr para Londres ou Liverpool de imediato. Eles saíam para beber alguma coisa. John estava particularmente interessado no especial de blues e gospel que Johnnie produziu, *I Hear the Blues*, com participações de Muddy Waters, Sonny Boy Williamson, Willie Dixon, Memphis Slim e Alonzo "Lonnie" Johnson, de onde Lonnie Donegan tirou seu nome.

"John queria falar comigo sobre todos aqueles grandes artistas. Ele também amou meu especial do Little Richard em 1963 e meu programa sobre Jerry Lee Lewis, em 1964. E o *Blues and Gospel Train* que fiz com Sister Rosetta Tharpe, a avó do rock'n'roll (confira 'Didn't It Rain?'). Nossos papos eram principalmente sobre música. Aqueles eram os tipos de artista que ele mesmo desejava ser, é claro. Que, bem lá no fundo, sentia que era. Eis a questão. Eu ficava comovido. Eu o amava por isso. 'Sou um *daqueles* caras. Também sou um músico de verdade, Johnnie', era o que parecia querer me dizer. Não foi preciso desenhar. Também não precisei ser convencido. Eu já estava ciente de que ele era muito mais do que um Beatle; que, mais cedo ou mais tarde, isso viria à tona. É, eu sabia."[7]

*

Ainda havia Cyn. Que afirmaria ter ido a "todos" os shows, mas isso não seria possível. Em especial aqueles depois dos quais John e seu velho cúmplice, Pete Shotton, à época um ex-policial, saíam de fininho acompanhados de garotas para curtir preguiça na cama, todos juntos, a tarde inteira. Como a mãe de Cyn havia se mudado para o Canadá para cuidar do bebê de uma prima, ela transferiu-se para a casa de Mimi como um de seus hóspedes pagantes. Como a tia de John não tinha tempo para a namorada dele, e Cyn, por sua vez, basicamente desprezava Mimi, a única pessoa que de fato se beneficiou desse arranjo excêntrico foi John — que havia deixado o apartamento de Stuart para morar ali também. Mendips não é tão espaçosa nem tão grandiosa quanto às vezes se descreve. A propriedade tem menos cômodos do que por vezes se contabiliza. Eu estive lá e os vi. Com dois inquilinos, além de Cyn, também instalados — ou seja, cinco adultos, com apenas um lavabo e um banheiro simples separado —, a modesta casa geminada ficaria apertada, para dizer o mínimo.

John saiu com Paul para comemorar seu aniversário de 21 anos em Paris, na primeira semana de outubro de 1961, com as cem libras que sua tia Mater lhe dera de presente. Não teria sido mais apropriado escolher Cyn como parceira de viagem? A professora de arte em formação estava ocupada com as provas finais e com a experiência prática em sala de aula que deveria acumular. Assim, foi com seu parceiro de composições e companheiro de banda que John encontrou Jürgen Vollmer nas ruas da capital francesa. Vollmer acompanhou os velhos amigos de Hamburgo até o hotel em que estava hospedado para cortar seus cabelos no distinto estilo "Exi".

*

A audição dos Beatles na Decca, em Londres, em primeiro de janeiro de 1962, foi acompanhada de recriminação e constrangimento. Foi um lendário "obrigado, mas não, obrigado".

"Mas o gerente de A&R da Decca, Dick Rowe, nunca rejeitou os Beatles, como se afirmou por anos", insiste Simon Napier-Bell. "Isso é uma grande besteira. Eles gravaram dois grupos no mesmo dia: os Beatles e Brian Poole and The Tremeloes. Rowe pediu que Mike Smith, o produtor, escolhesse um dos dois para contratar. Smith já tinha assistido a uma apresentação dos Beatles no Cavern e ficou empolgado com eles. Mais tarde, houve boatos de que ele achava que os Beatles não eram nem de longe tão bons quando não estavam tocando para uma plateia. Isso também não é verdade. Mike simplesmente não queria se despencar até Liverpool toda vez que precisasse se encontrar ou trabalhar com eles. Assim, escolheu os Tremeloes, mais locais, que fizeram sucesso com covers de 'Twist and Shout', depois de ter sido lançada pelos Beatles em *Please Please Me*, e 'Do You Love Me'."

*

Em abril daquele ano, os Beatles se arrastaram de volta a Hamburgo, com a terrível notícia da morte de Stuart Sutcliffe. Cyn fez as malas e saiu da casa de Mimi, exausta de suas críticas e seu desdém, e foi se hospedar com uma tia enquanto procurava um quitinete no centro. Dois dias após o retorno dos rapazes a Liverpool, Neil Aspinall os levou até Londres para a audição com George Martin na EMI. O resultado, um ou dois meses depois, foi uma oferta irrecusável. Os Beatles estavam a caminho. Tudo o que John sempre quis? Tinha mais uma coisa. Sua namorada estava grávida.

As mulheres têm opções hoje em dia porque mulheres como Cynthia não tiveram. Nos anos 1950 e no início dos anos 1960, garotas comportadas se abstinham de fazer sexo antes do casamento. A promiscuidade era malvista, principalmente por conta do risco de gravidez. Embora a pílula anticoncepcional tenha sido introduzida no Reino Unido em 1961, o NHS (Sistema Nacional de Saúde) a prescrevia sobretudo para mulheres mais velhas, que já haviam constituído família. A pílula só seria liberada para consumo geral em 1967, quando as mulheres efetivamente conquistaram o controle do próprio corpo, e a dinâmica dos relacionamentos passaria por mudanças. Até então, esperava-se que elas se casassem e criassem uma família. Muitas o faziam em idade precoce, ficavam em casa para cuidar dos filhos, cozinhavam e limpavam tudo, enquanto os maridos iam trabalhar: um estilo de vida idealizado como a "família perfeita". Na realidade, era uma forma de prisão para a mulher, que abria mão do direito a qualquer tipo de poder pessoal e independência — eram poucas as que tinham até mesmo uma conta bancária naqueles tempos — para se tornar serva do "chefe da família" e escrava do fogão. No entanto, era essa a vida que a Senhorita Certinha ansiava ter com o homem que amava. Mas, graças ao fato de que o namorado estava agora a um passo da fama global, não foi o que conseguiu.

Brian Epstein já havia deixado claro aos seus garotos que relacionamentos sérios seriam prejudiciais para a popularidade com suas hordas de fãs do sexo feminino, e deveriam ser negados e mantidos em sigilo. Cyn entendeu quando John lhe disse que ela teria que ser um segredo, e conseguiu passar despercebida quando saía e assistia aos shows dos Beatles na plateia. Ela não fazia ideia de como lhe dizer que estava esperando um filho.

"Acho que tive mais medo de contar a John do que a minha mãe", admitiu.

"Minha mãe estava vindo do Canadá para me visitar, e não existia a menor chance de conseguir esconder a gravidez dela. Bastaria olhar para mim, e ela logo saberia de qualquer maneira, eu tinha certeza. Quanto a John, me apavorava pensar em como ele ia reagir. Tinha medo de que fôssemos ter uma grande briga sobre isso, como se de algum modo fosse culpa minha. Chorei muito, completamente sozinha e, no fim das contas, tomei uma decisão. Era quase certo que John ia terminar comigo. As coisas estavam realmente começando a dar certo para o grupo, e algo desse tipo não poderia contê-lo. O aborto estava fora de cogitação. Ainda era ilegal. As mulheres podiam e de fato recorriam a abortos clandestinos naquela época, mas arriscavam a própria vida caso optassem por fazê-lo. É claro que, hoje em dia, as garotas ainda sofrem com a escolha de manter ou não seus bebês, mas ao menos a decisão é delas."

Só havia uma coisa a fazer.

"Eu ia ter que criá-lo sozinha", disse Cyn. "Sabia que me fariam sentir envergonhada, que seria estigmatizada, mas a outra alternativa era insuportável. Ainda precisava contar a John. Ele tinha o direito de saber. Demorei dias para conseguir criar forças, mas no fim das contas respirei fundo e segui em frente. Ainda me lembro daquele dia como se fosse ontem. Vi o sangue evaporar de seu rosto, e me contorci de vergonha. Talvez tenha me convencido de que ia apanhar. Mas então, quando ele disse: 'Vamos ter que nos casar', senti como se todos os Natais tivessem chegado de uma só vez. Mal podia acreditar. Eu lhe disse que não era necessário, que entenderia caso não quisesse entrar nessa. Não, insistiu, ele me amava e fim de papo. 'Um bebê se faz com duas pessoas', disse, 'e será criado por duas pessoas. Não vou deixar que você passe por isso sozinha'. Chorei bastante, de alegria, gratidão e alívio. Nós seríamos uma família de verdade." Ele a amava, *yeah, yeah, yeah*.[8]

Brian Epstein, como sempre, tentou persuadir John a não se casar. Mas, quando se convenceu de que o garoto falava sério, fez tudo que estava ao seu alcance para ajudar. Foi o polido e formal Brian que obteve a certidão de casamento, que agendou um horário no cartório de Mount

Pleasant para o dia 23 de agosto, que acompanhou a noiva em meio a um dilúvio em seu próprio carro com chofer, que arcou com as despesas do modesto café da manhã de casamento em um café local chamado Reece's, e que forneceu ao casal seu primeiro lar conjugal: uma estadia temporária em seu próprio apartamento no Georgian Quarter de Liverpool, o qual mantinha para ligações perigosas. Não houve flores, nem vestido de noiva, nem fotos, nem vinho, nem discursos, nem nenhum tipo de espetáculo. Mas teve Beatles, brincadeiras, alegria genuína e um show naquela mesma noite. O Sr. Lennon beijou a noiva e saiu para o trabalho. A Sra. Lennon ficou em casa.[9]

Mimi, é claro, ficou furiosa. Ela se recusou a dar seu aval a John, e chamou sua namorada de tudo que era nome. Embora a raiva fosse, de certa forma, esperada, Cyn me disse que a explosão de Mimi magoou John mais do que qualquer outra coisa que ela já tenha dito ou feito antes. Ela tinha sido quase uma mãe para ele. Apesar de todos os anos de críticas e acusações, John ainda desejava sua aprovação quando se tratava de marcos tão importantes quanto casamento e paternidade. Ele queria Mimi presente, cheia de orgulho e demonstrando seu apoio. Ela não só não compareceu, como o restante da família só iria por cima de seu cadáver. Foi um insulto. Por isso, Cyn precisou de coragem para sugerir que fossem visitá-la com alguns meses de gravidez, depois de quase ter perdido a criança. Mimi estava mais mansa graças ao sucesso crescente dos Beatles e, por incrível que pareça, disposta a ajudar o jovem casal que esperava um bebê. Percebendo que o arranjo de morar no apartamento de Brian era temporário e não muito ideal, e que John e a banda estavam prestes a retornar a Hamburgo, Mimi os convidou a voltar para Mendips. Eles poderiam alugar o térreo, enquanto ela ocuparia o andar de cima, uma vez que os últimos inquilinos restantes haviam se mudado. Dadas as circunstâncias, parecia ideal. Até que se leve em conta o temperamento de Mimi, seu constante desrespeito por Cyn e o fato de que John estaria ausente a maior parte do tempo.

*

Na virada para 1963, os Beatles eram os queridinhos de Liverpool, mas ainda não haviam seduzido o Reino Unido. Uma turnê em fevereiro como banda de apoio de Helen Shapiro ajudou o novo single do grupo, "Please Please Me", a chegar ao segundo lugar (primeiro nas paradas da NME e da Melody Maker). Eles estavam a caminho. Faltando poucas semanas para o nascimento do filho, John arrumou um tempinho em casa para fazer companhia à esposa, e ficou horrorizado ao descobrir que ela havia cortado suas esvoaçantes madeixas loiras. Sua reação de raiva e rancor foi totalmente desproporcional, fazendo com que até o temperamento de Mimi parecesse brando. Cyn ficou chocada e magoada. Quando conversamos sobre o assunto, ela já o havia perdoado.

"Pobre John, era demais para ele", disse. "Embora o sucesso dos Beatles fosse animador e a resposta a todas as nossas preces, algo na forma como as coisas estavam se desenrolando não parecia certo para John. Ele não falava sobre o assunto, e só consegui juntar as peças com o tempo, a partir de pequenas coisas que eram ditas. Eles estavam gravando suas próprias músicas e conquistando alguns hits, algo que queriam demais. Mas Brian insistiu em impor uma nova imagem que John tinha muita dificuldade em aceitar. Era todo um 'visual' e uma 'postura' que simplesmente não tinham nada a ver com John. Ele teve que andar na linha e se comportar agora que estavam nos holofotes. Esconder e reprimir seu verdadeiro eu era um esforço grande demais, e ele acabava reagindo contra a situação de vez em quando. Quando também resolvi alterar minha 'imagem', foi a gota d'água. Ele não soube lidar. Queria a antiga Cyn, aquela por quem tinha se apaixonado. Só queria que eu continuasse a mesma. Eu era jovem e preocupada demais comigo mesma para me dar conta disso na época. Devo ter pensado que me tornaria desleixada e pouco atraente assim que o bebê nascesse, então só quis dar um jeitinho no visual. Seja lá o que tenha acontecido, foi um erro. Se eu pudesse, teria feito de tudo para que as coisas voltassem ao que eram."

*

Eles gravaram seu disco de estreia, *Please Please Me*, em Londres, e logo voltaram às turnês. Cyn foi obrigada a suportar sozinha o longo e terrível trabalho de parto no hospital. A jovem assustada de 23 anos deu à luz antes do café da manhã, no dia 8 de abril, sem a presença nem mesmo de Mimi para segurar sua mão. Quando a rabugenta tia se dignou a dar as caras para inspecionar o recém-nascido, já havia ligado para o sobrinho para informá-lo de que era pai. John Winston Lennon demorou três dias para conhecer John Charles Julian. Três semanas depois, deixou a mãe exausta amamentando seu pequeno filho em casa para tirar férias de trabalho com Brian Eppy.

CAPÍTULO 8

# QUINTUS

Não que John já tenha sido fiel a Cyn. Nunca, jamais, talvez nem mesmo em seus sonhos mais suaves. Desde dar em cima de outras alunas bem debaixo do seu nariz nas festas da faculdade, até se comportar feito um rato de esgoto longe dela em Hamburgo — onde tudo era liberado, onde as jovens eram do tipo que andavam com pistolas e onde dificilmente uma noite não terminava em orgia —, segurar a onda nunca foi a cara de John.

Como Pete Best lembrou, até mesmo o próprio John se descrevia como um "tarado": "Era John quem determinava o ritmo alucinante em que vivíamos", disse ele sobre o início em Hamburgo. "Talvez se sentisse menos inibido do que o restante de nós; ele não tinha nenhum vínculo parental e estava bem longe das broncas que dizia receber de tia Mimi. Podia agir da maneira que quisesse e ser tão escandaloso quanto lhe desse na telha. Naqueles tempos agitados, todos nós tínhamos um apetite sexual saudável, mas o de Lennon era mais intenso que o da maioria. […] Mesmo assim, John encontrava energia o suficiente para se masturbar também, e nunca tentava manter em segredo. Ele se isolava por cinco minutos com algum ensaio provocante de *pin-ups* e depois se juntava aos outros Beatles com um sorrisinho de satisfação."

John também amava entreter os outros com histórias de deixar o cabelo em pé sobre suas atividades mais insanas, muitas das quais envolviam múltiplas parceiras e malabarismos que desafiavam a gravidade. "Quanto mais, melhor!", dizia ele com uma risada.[1]

Façamos uma pausa… para refletir sobre o fato de que, hoje em dia, somos menos críticos e mais tolerantes. Não somos? Os Beatles são tão santificados que algumas facções de fãs, normalmente jovens demais para terem vivenciado a banda em primeira mão, parecem pensar que eles andavam sobre as águas. Esses devotos podem se tornar raivosos, mordazes e abusivos dentro e fora das redes sociais toda vez que surge um assunto levemente desfavorável sobre seus rapazes. Os ídolos nos quais essas pessoas acreditam, e aos quais alguns atribuem uma inocência digna de filmes da Disney, um talento sobrenatural e poderes quase mágicos, são caricaturas mais limpinhas. São uma fantasia. Aqueles Beatles graciosos, brincalhões, bem-apessoados, certinhos, do tipo que se levaria para conhecer sua mãe, jamais existiram. Era uma *encenação*. Alguns artistas são mais humanos do que outros. Os Beatles eram mais humanos, mais barra-pesada, mais falíveis, mais suscetíveis e faziam muito mais sexo do que a maioria. Até mesmo Paul? Pode apostar.

Portanto, o problema, se é que podemos classificar assim, não é se John teve ou não experiências sexuais com outros homens, nem se jogava ou não nos dois times — que seja —, mas a infidelidade. Segundo todos os relatos e lembranças acessíveis, John só fazia o papel de marido e pai dentro de casa e, mesmo assim, com indiferença, ressentimento e falta de atenção. Cyn admitiu para mim, e confirmou em seu segundo livro de memórias, *John*, que ele confessou ter relações extraconjugais e que ela lhe garantiu não se importar. Não que ela soubesse de metade do que se passava. Será que a vista grossa e a tolerância às traições com *groupies* (das quais devem ter havido centenas, se não milhares ao longo dos anos) eram um indicativo de que Cyn estava disposta a fazer de tudo para segurá-lo? Que tormento deve ter afligido seu coração e sua alma. Apavorada com a ideia de divórcio, que naquele tempo ainda era um palavrão e um status vergonhoso, ela estava preparada para aguentar quase tudo. *Quase*. O limite foram as insinuações "perversas" de que Brian Epstein e John tinham um relacionamento sexual. Ela teria sido exposta a rumores e fofocas na época, porque "todo mundo" só falava disso. Mas o que era chocante naquele tempo não é chocante agora. Talvez nós, que vivemos em uma era mais esclarecida — em boa parte dos países desenvolvidos, pelo menos —, tenhamos dificuldade de entender o escândalo que foi isso. A atividade homossexual consensual entre adultos ainda não era legalizada. Os rumores se espalharam ao longo das décadas, para além das mortes dos dois homens supostamente envolvidos. Eles eram, não importa o que se diz, as únicas pessoas presentes no momento. Os únicos que poderiam nos contar se aconteceu ou não. Cyn permaneceu irredutível na afirmação de que não aconteceu.

"Nada poderia estar mais longe da verdade", insistiu em seu livro de memórias. "John era cem por cento heterossexual e, como a maioria dos rapazes naquela época, horrorizado com a ideia da homossexualidade."

Paul salientou, de modo perfeitamente razoável, que ele e John passaram tantos anos vivendo amontoados um em cima do outro que John com certeza teria dado em cima dele pelo menos uma vez, se assim desejasse. Ele nunca tentou. Paul também revisitou o episódio no *Anthology*, reiterando que John viu naquelas curtas férias uma oportunidade de estabelecer com Epstein quem exatamente mandava ali. O que era irônico, dado que John recuava, ficava de bico calado e deixava que Brian tomasse as decisões até então.

Mas John tinha plena noção de que Epstein era gay. Por que, então, aceitar um convite do empresário para acompanhá-lo em uma viagem de férias de quase duas semanas na Espanha, somente os dois, em vez de correr para as Ilhas Canárias para quinze dias de ócio com Paul, George e Ringo? Klaus Voormann viu de longe a nuvem negra que se formava.

"Era como um casamento", disse. "Teve a fase da lua de mel, depois, pouco a pouco, graças à incompatibilidade dos parceiros, os atritos davam as caras. Diferentemente dos Rolling Stones, em que Mick lidera e os outros o seguem felizes — e é por isso que conseguiram se manter em atividade durante todos esses anos —, com os Beatles, havia três líderes e apenas um seguidor: Ringo. Então, a longo prazo, não tinha como dar certo.

"Embora Paul fosse o mais amigável, dentro da configuração da banda, estava sempre meio separado dos outros, sozinho. O amor de

Brian por John foi o fator desencadeante, fazia com que Paul se sentisse isolado. Mesmo depois da morte de Brian, era algo que ele sempre sentia.

"Lembro que, depois de terem conquistado o primeiro lugar com 'She Loves You', em 1963, eles vieram ficar comigo na casa do meu pai em Tenerife. Paul, George e Ringo. Mas nada de John: ele tinha saído de férias com Brian. Enquanto George se ocupava tentando fazer amizade com a garota da loja no fim da rua, mostrando a ela a capa do single, e Ringo passava os dias ocioso, Paul se ressentia da ausência de John. Era visível."

Ele via de longe o fim dos Beatles, afirma Klaus.

"As discussões se tornaram cada vez mais agressivas e mais frequentes. Algumas brigas eram físicas, e a tensão entre eles só piorava. Era como um casamento dando errado. O divórcio era inevitável."

Em 1980, ao relembrar o relacionamento com Epstein, John disse:

"Bem, era quase como um caso de amor, mas não exatamente. A relação nunca foi consumada. Mas era um relacionamento bem intenso. Foi minha primeira experiência com um homossexual que eu sabia que *era* um homossexual. Ele admitiu para mim [...] Costumávamos sentar em um café em Torremolinos, olhávamos para todos os rapazes, e então eu dizia: 'Você gosta desse, você gosta daquele?' Eu estava curtindo a experiência, e pensava como um escritor o tempo inteiro: *Estou vivenciando isso*, sabe?"[2]

Ele também disse (misturando as datas e esquecendo que sua esposa já havia dado à luz antes da viagem): "Cyn ia ter o bebê, e as férias estavam planejadas, mas eu não ia cancelar meus planos por causa de um bebê, e isso mostra como eu era um *canalha*. Então, simplesmente saí de férias. Vi Brian pegando rapazes. Eu gostava de me fingir de gay e tudo o mais. Foi agradável, mas houve grandes boatos em Liverpool, foi terrível. Bem constrangedor."[3]

Brian Epstein nunca comentou o assunto, por motivos óbvios. Brian Bennett, da banda The Shadows, condecorado com o título de oficial da Ordem do Império Britânico (OBE), também não havia comentado. Até agora.

Primeira banda de apoio a alcançar o estrelato por mérito próprio, os Shadows ainda são reverenciados como um dos artistas mais vendidos do Reino Unido. Brian se juntou à formação em outubro de 1961. Os Beatles os amavam.

"Tive três encontros memoráveis com John Lennon", relembra Brian.

"O primeiro foi em Sitges, a chamada 'Saint-Tropez da Espanha', onde estávamos dando uma pausa e trabalhando em um álbum espanhol. John tinha ido à Espanha com Brian Epstein, e estavam hospedados no mesmo hotel que o nosso, na praia. Tudo que John fazia o dia inteiro era sentar-se ao mar vestido vários pares de jeans, para encolhê-los e desbotá-los. Para ser sincero, não me liguei que os dois estavam ali juntos, sem os outros.[4]

"O segundo aconteceu quando eu estava trabalhando no Estúdio 2 da EMI, e ele estava no Estúdio 3. Nós nos esbarramos. 'Oi, John', falei, 'o que está pegando?' 'Tentando gravar um maldito disco!', foi tudo que disse antes de desaparecer, presumo que para dar seguimento ao tal disco. Isso me fez pensar em uma suposta frase dele: 'Eu não sairia para ver os Shadows nem que eles fossem tocar no meu quintal!' Se ele disse isso mesmo ou não, jamais vou saber. Mas é o tipo de frase cáustica típica de Lennon que simplesmente dá para ouvi-lo dizer.

"O terceiro encontro foi de fato *em* um quintal: o terreno pertencia a Gin, tia de Paul McCartney.[5]

"A ocasião foi a festa de 21 anos de Paul em Liverpool, no dia 18 de junho de 1963", diz Brian. "Nós estávamos tocando em Blackpool. Paul e Jane Asher, sua namorada na época, nos buscaram na estação Lime Street em seu Range Rover. Dirigimos até a casa da tia dele, e, quando chegamos, a festa já estava a todo vapor. Eles tinham uma tenda, mas a casa era pequena, então ficamos meio apertados. Um grupo chamado The Fourmost foi a atração da noite. Vimos alguns conhecidos por lá, incluindo Billy J. Kramer, e bati um bom papo com o pai de Paul, Jim.

"Cynthia estava conversando com minha esposa, Margaret, e lhe perguntando como conseguia ficar sozinha em casa enquanto os Shadows saíam em turnê. Mais para o fim da festa, teve início uma briga. Houve muito consumo de álcool, e as coisas começaram a ficar realmente barulhentas. Quando divergências de opinião se misturam com bebida, quase sempre a coisa termina mal. Naquela época, se você chamasse alguém de 'viado' ou de 'bicha', normalmente estava atrás de confusão. Acho que alguém chamou John de 'bicha', e foi o fim da linha. Seja lá quem tenha sido, apanhou feio e foi levado embora."

A história afirma que John foi o agressor e que a vítima foi Bob Wooler, DJ do Cavern Club e defensor dos Beatles: conhecido por todos como um cara tranquilo, que sempre se esforçava para apoiar e promover a banda. Ele perguntou, em tom de brincadeira, sobre a recente "lua de mel" de John e Brian Epstein. Bob estava longe de ser o único a fazer esse tipo de pergunta, mas para John foi a famosa gota d'água. Ele perdeu o controle, voou para cima do acusador e o agrediu com tanta violência que Wooler teve que ser levado às pressas para o hospital. Infelizmente para John, o ocorrido foi parar nos jornalecos locais, e chegou até a Fleet Street no dia seguinte. Seu telegrama arrependido para o DJ não fez muito para curar as feridas. Oito anos depois, em 1971, ele tratou do assunto em uma entrevista:

"Obviamente, devo ter ficado com medo do gay que há em mim para me irritar tanto. Sabe como é, aos 21 anos, a gente quer ser um homem, e coisa e tal. Se alguém dissesse isso hoje, não ligaria a mínima. Então, eu estava descendo a porrada nele, e batendo com um pedação de pau também, e pela primeira vez pensei: 'Sou capaz de matar esse cara.' Visualizei a cena, como se fosse numa tela de cinema: se lhe desse mais um soco, seria o fim."[6]

O amigo de John, Pete Shotton, como de costume, foi direto às lembranças de seus pecados. De acordo com Pete, ele visitou o amigo em Mendips depois das férias, provocou-o um pouco — está bem, muito — e em resposta ouviu a verdade nua e crua. Porque John sempre contava as coisas do jeito que elas eram para Pete. Brian tinha se oferecido para ele, confessou John. A persistência do gracioso empresário deu nos nervos de John. No fim das contas, ele percebeu o blefe, despiu-se e chamou Brian para fazer o que tinha que fazer. Nesse momento, Eppy recuou, balbuciando que "não fazia esse tipo de coisa". John ficou perplexo... e intrigado o suficiente para perguntar do que Brian *de fato* gostava.

"Então eu o deixei bater uma para mim." John deu de ombros.

"Bem, e daí?", respondeu Pete. "Qual é a merda do problema, então?"[7]

A dupla concordou que Brian já estava sofrendo o suficiente do jeito que as coisas estavam, devido às agressões rotineiras que recebia dos estivadores de Liverpool — exatamente o tipo de relaxamento que Brian procurava no tempo livre. Porque o gosto sexual do culto e refinado Epstein era, como se diz, um pouco rústico. John havia feito a vontade dele naquela única ocasião por sentir pena. Pete entendeu e se compadeceu. E ficou por isso.

*Única* ocasião? Paul Gambaccini ofereceu mais informações durante nossas conversas sobre John.

"Qual é sua opinião sobre as férias de John com Brian Epstein?", perguntou o célebre apresentador da BBC e "Professor do Pop".

"Eles obviamente tiveram um relacionamento", respondi.

"Você acha? Tem alguma citação sobre o assunto?"

"Não de John."

"Bem, posso dizer a você que John Reid [ex-empresário de Elton John] foi a pessoa com quem John falou sobre isso. John Reid me contou pessoalmente o que John Lennon disse sobre o caso. Vou lhe contar o que ele disse, mas não quero que você inclua no livro, a menos que John Reid lhe dê permissão."

"Vou pedir a ele", falei.

"Certo: John Reid disse que, quando estávamos em Boston com Elton e John em 1974, não se conteve e lhe perguntou se os rumores sobre ele e Epstein eram verdadeiros. O questionamento veio em resposta ao que John tinha dito a Reid: 'Você é o homem mais intimidador que já conheci desde Brian Epstein.' Assim, John Reid, que nunca foi de perder uma oportunidade, disse: 'Você já transou com Brian?', ao que John respondeu: 'Duas vezes. Uma para ver como era, outra para ter certeza de que não gostava.'

"Todos esses anos, a propósito, eu não queria ser o cara que declarou: 'John Lennon e Brian Epstein transaram.' Você entende como me sinto sobre isso. Queremos que o registro histórico seja preciso, ou será que John tem direito à privacidade? E será que Cynthia [hoje falecida] ou

Julian ficariam chateados? Não me preocupo com Yoko; ela provavelmente pensaria que era uma ótima ideia. Bissexualidade, *uhul*."

"Simon Napier-Bell disse que tanto Epstein quanto John lhe contaram que transaram na Espanha", comentei.

"Ah, eu não sou o único. Que bom", respondeu Paul.

Mas havia também o envolvimento de John com David Bowie — o próprio David me contou. Segundo ele, aconteceu em diversas ocasiões. Ele não entrou em detalhes, e eu não o pressionei, mas foi muito aberto sobre o assunto. Sobre Mick Jagger também, contei a Paul.[8]

"Hum. Estou me sentindo meio excluído", disse Paul.

Eu também. Sim, John Reid me deu permissão.

\*

"Não tinha por que Brian Epstein mentir", observa Simon Napier-Bell. "Faz sentido: se John *era* gay, precisava ir em frente e testar. No fim das contas, ele não era. John gostava de experimentar. Ele não se esquivava de experiências. Qualquer coisa, não importa o que fosse: uma nova droga, uma nova ideia religiosa. John era o líder em tudo que eles faziam de novo e experimental. Se Brian era apaixonado por John? Não sei. O que sei é que Brian era *obcecado* com o entusiasmo dos Beatles. Ele adorava aquela camaradagem da qual nunca fizera parte: todo o conceito de ser incluído. Foi por isso que Brian se apaixonou. Ele entendeu a ideia, vendeu-a para o público e a anunciou de modo brilhante. O sucesso dos Beatles tinha tudo a ver com isso.

"Quase não existe um homem no planeta que não tenha experimentado outro homem em uma ou outra ocasião. Especialmente aqueles que insistem em negar. John Lennon não estudou em escola pública, onde todo mundo mandava ver, então essa foi sua forma de testar algo que nunca havia testado antes. Ele obviamente respeitava Brian, e Brian amava o que os Beatles eram. Então, havia admiração mútua, o que pode com muita facilidade se transformar em desejo entre dois homens, especialmente aqueles da indústria do entretenimento, que saíam, tomavam alguns drinques e de repente se viam a sós. O que não entendo é por que as pessoas fizeram tanto alarde sobre o assunto durante todos esses anos. Não é diferente de experimentar comida japonesa. Experimente, talvez você goste. Curioso, este era John. Por que ele *não* provaria?"

*

Houve muitos candidatos ao título não oficial de "Quinto Beatle". As referências da mídia a respeito de tal personagem tiveram início em 1963, antes da fama global, e não cansavam de irritar John. Quando interrogado sobre o assunto pelo editor da *Rolling Stone*, não restou ao entrevistador a menor dúvida de que ele não só era contrário à ideia, mas também se enfurecia com aqueles que se metiam a assumir o crédito pela existência e pelas conquistas dos Beatles.

"Eu não sou os Beatles", insistiu John, "eu sou eu. Paul não é os Beatles. Brian Epstein não era os Beatles, nem Dick James. Os Beatles são os Beatles."[9] Para a surpresa de todos, ele também minimizou a contribuição do produtor, George Martin. Paul, no entanto, destacou o produtor da banda para o privilégio do título, bem como o empresário. George Harrison discordou, insistindo que, se alguém tinha o direito de se autoproclamar "o Quinto Beatle", seria uma disputa entre Derek Taylor — o ex-jornalista da Fleet Street, colunista, relações-públicas, produtor e autor que se tornou chefe de publicidade da Apple Corps — e o ex-motorista/*road manager*/assessor de imprensa e futuro diretor-executivo da Apple, Neil Aspinall.

Quanto aos músicos, o baixista original, Stuart Sutcliffe, foi tecnicamente o "quarto" Beatle, já que fazia parte da formação antes do baterista Pete Best, que era tecnicamente o "quinto" — fazendo de Ringo (ainda mais tecnicamente) o "sexto". Em termos de contribuições importantes, Stu teve um grande envolvimento no nome definitivo do grupo, e foi o primeiro a adotar o corte de cabelo *moptop*.

Embora a rigor não seja músico, o amigo de infância de John, Pete Shotton, que gerenciou a Apple Boutique e tornou-se o primeiro diretor-geral da Apple Corps, tocou tábua de lavar roupa nos Quarry Men, contribuiu com percussão em diversas gravações de estúdio e teve ideias que aprimoraram as letras de "I Am the Walrus" e "Eleanor Rigby".

Mas foi mesmo George Martin, não foi? O mais óbvio que qualquer "Quinto Beatle" poderia ser. Ele não só produziu a maioria das músicas, como também criou arranjos orquestrais, instrumentais e vocais para muitas delas, além de ter tocado piano em várias faixas, incluindo "Misery" e "In My Life".

George Henry Martin nasceu em Holloway, norte de Londres, em 3 de janeiro de 1926, filho de Henry e Bertha, pais "sem dinheiro no bolso nem talento para a música". Seu pai carpinteiro vivia sem emprego, vendendo jornais na rua para alimentar a família. Quando os Martin adquiriram um piano de armário caindo aos pedaços, sua irmã mais velha pôde ter aulas. George a copiou e arrumou algumas lições para si, mas basicamente aprendeu a tocar por conta própria. Aos quinze anos, liderava uma *dance band*. Estudou em diversas escolas, incluindo a St. Joseph's Elementary, em Highgate, e a St. Ignatius College, em Stamford Hill, antes da família se mudar para o subúrbio e George chegar à Bromley Grammar.

Ele trabalhou como orçamentista de obras e como funcionário do Departamento de Guerra antes de se juntar à Fleet Air Arm da Marinha Real Britânica em 1943. Recebeu treinamento de piloto, mas nunca entrou em atividade. Desmobilizado em 1947, retomou os estudos na Guildhall School of Music & Drama, onde teve aulas de piano e oboé.

"Eu não sabia ler nem escrever música", confessou, "mas mesmo assim me deixaram entrar. Entrei de cabeça nos estudos de composição por três anos inteiros."

Sua professora de oboé foi Margaret Eliot, cuja filha, a atriz Jane Asher, viria a ser namorada de Paul McCartney. O irmão de Jane, Peter Asher, integrante da dupla pop Peter and Gordon, se tornaria chefe de A&R da Apple Records, e descobriu, produziu e empresariou James Taylor. Em 1948, ao completar 22 anos, George casou-se com Jean "Sheena" Chisholm, que conheceu na Escócia, terra natal da noiva, quando estava servindo no local. Sua mãe, à época com 53 anos, ficou fora de si de tanta tristeza. Ela morreu de hemorragia cerebral três semanas após o casamento, e George nunca se perdoou. Sheena e George tiveram dois filhos, Alexis e Gregory.

Tendo trabalhado por um breve período no departamento de música clássica da BBC, George chegou à EMI em 1950, como assistente do responsável pelo pequeno selo Parlophone. Cinco anos depois, herdou o cargo de seu chefe, Oscar Preuss, e fez seu nome como produtor de comédia e paródias,[10] trabalhando com Flanders and Swann, Peter Sellers, Spike Milligan e Rolf Harris. Em 1962, Brian Epstein o apresentou aos Beatles. Foi a derradeira tentativa do obstinado empresário, que já havia sido rejeitado por praticamente todas as gravadoras. A química foi óbvia. O senso de humor em comum foi o responsável. George passaria o resto da vida recusando o crédito de ter "criado" o grupo, e sempre dispensaria a noção de um dia já ter sido o "Svengali" dos Beatles.

"Já disseram e escreveram um monte de baboseiras", comentou George, certa vez. "A ideia de que eram moleques de rua sem instrução e que eu fui o figurão que deu um jeito neles é um mito. Na verdade, os Beatles e eu temos origens parecidas. Estudei no mesmo tipo de escola. Em termos de música, todos nós éramos essencialmente autodidatas. Quanto ao sotaque, o meu era tão 'classe trabalhadora' quanto o deles antes de me tornar oficial da Marinha Real Britânica. Não dá para conviver com aquelas pessoas sem absorver um pouco da elegância. Também fiz parte de uma companhia de teatro, o que ajudou. Quanto à música, eu me virei. Experimentei e aprendi no trabalho."

Sua química com os Beatles nasceu do fato de que eram muito fãs dos Goons, segundo ele.

"Eles veneravam Peter Sellers e sabiam que eu o tinha gravado. Não eram excepcionais no início. A magia não foi instantânea, precisou emergir. Mas, quando tiraram a sorte grande, foi puro caos."

Com uma agenda apertadíssima e pouco tempo para ir para casa e dormir — George também estava gravando Cilla Black, Billy J. Kramer and The Dakotas, Gerry and The Pacemakers, Bernard Cribbins e Matt Monro —, algo tinha que ceder. Agora que estava envolvido em um caso com a secretária da Parlophone, Judy Lockhart Smith, seu casamento foi afetado. Ele divorciou-se de Sheena e casou-se com Judy em 1966. Juntos, tiveram um filho e uma filha, Giles e Lucy.

Também naquele ano, os Beatles desistiram de fazer turnês e se recolheram ao estúdio. *Sgt. Pepper's Lonely Hearts Club Band*, amplamente celebrado como o melhor álbum de todos os tempos, surgiria em 1967. Brian Epstein morreria pouco depois. Mais do que nunca, os Beatles precisavam de George Martin. Mas eles o rejeitaram em *Let It Be*, que foi produzido por Phil Spector, e voltaram timidamente para ele para a gravação de *Abbey Road*, o canto do cisne dos Beatles. George, que havia batido de frente com a EMI a respeito da injustiça de os produtores não receberem royalties, produziu as últimas gravações dos Beatles como freelancer. Junto de seu parceiro de negócios, John Burgess, e dois outros produtores, ele lançou a Associated Independent Recordings: AIR. Na carreira pós-Beatles, George trabalhou com uma grande variedade de artistas, incluindo Jeff Beck, Neil Sedaka e a banda UFO. Ele comparou a experiência a "ter sido casado durante décadas e de repente se ver livre para ter casos". Ele e Paul retomaram o relacionamento em 1982, quando George produziu o álbum *Tug of War*, de McCartney. Quando o contrato de aluguel no Oxford Circus chegou ao fim, George inaugurou instalações alternativas de primeira linha, Lyndhurst, em uma igreja dessacralizada em Belsize Park. Justo no momento em que estava mais satisfeito com o trabalho, a vida lhe deu um golpe cruel. George foi diagnosticado com uma perda auditiva progressiva, condição da qual nunca se recuperaria.

"O estrago foi feito nos anos 1960", disse ele, "quando eu trabalhava com os Beatles. Durante doze a quatorze horas seguidas, ouvia altos níveis sonoros. Ninguém me disse que eu estava danificando meus ouvidos. Mais tarde, passei a dizer a todos os meus engenheiros de som: 'Não faça isso! Coloque tampões de ouvido!' Só fui me dar conta no final dos anos 1990. A essa altura, é claro, já era tarde demais." O título de sua autobiografia de 1979, *All You Need is Ears, ou Tudo de que você precisa são ouvidos*, acabou se tornando uma terrível ironia. A surdez apressou sua aposentadoria do estúdio. Ele deixou de gravar, mas não parou por completo: seu filho Giles interveio para atuar como "seus ouvidos". Ele conduziu concertos orquestrais de músicas dos Beatles ao redor do mundo, escreveu sobre gravações clássicas e deu palestras sobre a produção de *Sgt. Pepper*. Condecorado em 1996, George ajudou a organizar o concerto ao vivo que marcaria o Jubileu da Rainha em 2002 e acompanhou Sua Majestade até o palco.

Em 1998, os Martin lançaram *In My Life*, um compilado de músicas dos Beatles interpretadas pelos astros favoritos de George, incluindo Goldie Hawn, Robin Williams e Sean Connery. Em 2006, pai e filho orquestraram um show com o Cirque du Soleil, que se tornou o álbum comemorativo *Love*, "uma mistura de todas as fases da vida musical dos Beatles".

Quando conheci o "Quinto Beatle", em 1980, ele era o produtor mais célebre do mundo e eu, uma faz-tudo de escritório. Ele me parou no saguão da Chrysalis Records, na Oxford Street, onde eu trabalhava no departamento de arte. George comandava o AIR Studios dali. A empresa que havia cofundado era dona de uma enorme instalação com vista para o Oxford Circus, e tinha sido adquirida pela Chrysalis por uma fortuna. Minha minissaia de couro, camiseta e botas surradas não estavam à altura de seu traje garboso. George, na casa dos cinquenta e ainda esguio em seu 1,82 metro, estava bem-vestido com camisa listrada e gravata azul-marinho. Cabelos grisalhos contornavam o colarinho, e seus olhos azuis enrugados brilhavam.

"Venha no meu escritório para ver um conhecido seu", disse ele, sorridente.

John Burgess, diretor-geral da AIR e ex-produtor das bandas Freddie and The Dreamers e Manfred Mann, jogou com meu falecido pai, Ken Jones, jogador de futebol profissional aposentado, no time de futebol de caridade, Showbiz XI. A equipe contava com ex-atletas, artistas, agentes e empresários. Sean Connery, Jimmy Tarbuck, Des O'Connor e David Frost participaram nos anos 1960, quando o público costumava passar de trinta mil pessoas. John se juntou ao departamento de imprensa e publicidade da EMI em 1951. Depois que a empresa adquiriu a Capitol Records, ele tornou-se responsável por Frank Sinatra, Dean Martin e Peggy Lee. Mas o que queria mesmo era fazer música, e por fim tornou-

-se assistente de produção. George e John foram colegas por anos, tendo se conhecido nos estúdios da Abbey Road como funcionários da EMI. Eu não via John, que faleceu em 2014, desde que eu era criança.

Eles me levaram para almoçar. George era como eu o imaginava: engraçado de um jeito discreto, adoravelmente tímido. John era o mais popular. Formavam uma dupla e tanto. Durante a refeição, descobrimos que George e eu havíamos estudado na mesma escola, a Bromley Grammar, em Kent. Os roqueiros Peter Frampton e Billy Idol também estudaram lá. George relembrou o lema da instituição: "Dum Cresco Spero": "Tenho esperança quando crescer."

Em dezembro daquele ano, John Lennon foi assassinado em Manhattan. George resistiu com dignidade silenciosa aos comentários mordazes do ex-Beatle nos anos 1970. John rejeitou e menosprezou a "influência" e a contribuição de seu produtor, enquanto Paul, George e Ringo "sempre foram gentis". De uma lealdade implacável, George certamente ficou abalado com a notícia do assassinato. Não houve sequer um funeral para que pudesse prestar condolências. George foi até Montserrat, onde havia aberto seu estúdio de gravação dos sonhos no ano anterior. Sentou-se de frente para o mar e ouviu Lennon em sua cabeça, disse ele. O complexo de estúdios, a ilha inteira, seriam devastados pelo furacão Hugo no fim da década.

Deixei a Chrysalis para ingressar na Fleet Street, e solicitei a George diversas entrevistas ao longo dos anos. Ele nunca se recusou. Eu não o encontrava havia algum tempo quando nos reunimos na BRIT School, em Croydon, sul de Londres, em setembro de 2011. George era diretor fundador do estabelecimento que formou Amy Winehouse, Adele, Katie Melua, Jessie J. e Lola Young. A inauguração de um estúdio de ponta em sua homenagem marcou o vigésimo aniversário da BRIT. Então, o alarme de incêndio disparou. Todos saíram. George e eu colocamos o papo em dia e relembramos o passado no estacionamento.

A última vez em que o vi foi no Savoy, por ocasião do Gold Badge Awards, em outubro de 2012. Debilitado, surdo, um verdadeiro senhor de 86 anos, George foi homenageado pela British Association of Songwriters, Composers and Authors (BASCA). Para o homem mundialmente famoso não só pelos Beatles, mas por trilhas sonoras, temas de James Bond, arranjos de orquestra, livros best-sellers, trinta números um nas paradas — seu último trabalho a chegar ao topo foi a regravação de 1997 de "Candle in the Wind", de Elton John, seu tributo a Diana, princesa de Gales —, inúmeros álbuns e quase meio século de estúdio com mais nomes famosos do que qualquer outro produtor na história, parecia até pouco.

"Tive uma vida e tanto", disse ele. "Sei que pareço decrépito e velho demais. Mas a parte magnífica de envelhecer é que, enquanto desmoronamos por fora, não nos sentimos nem um pouco diferentes por dentro. Não são os irlandeses que dizem que todos nós temos uma idade em que 'paramos'? Eu tive trinta anos minha vida inteira. Concordo com George Bernard Shaw: 'Não paramos de brincar porque envelhecemos; envelhecemos porque paramos de brincar.'

"Fui muito sortudo, fui mesmo", prosseguiu. "Trabalhei e desfrutei de relacionamentos com ótimas pessoas, e não apenas estrelas do pop. Nunca trabalhei por muito tempo com quem eu não gostasse. A vida é realmente curta *demais*."

O modesto George sempre recusou qualquer reivindicação ao disputadíssimo título, em geral declarando que, ao seu ver, sempre houve apenas um "Quinto Beatle", e era Brian Epstein.

Prestando homenagem ao produtor dos Beatles em um comunicado à imprensa após sua morte, Paul disse:

"Tenho muitas lembranças maravilhosas desse grande homem, que estará para sempre comigo. Ele foi um verdadeiro cavalheiro e um segundo pai para mim. Guiou a carreira dos Beatles com tanta habilidade e com tanto bom humor que se tornou um amigo de verdade para mim e para minha família. Se alguém mereceu o título de Quinto Beatle, foi George.

"Desde o dia em que entregou aos Beatles nosso primeiro contrato de gravação até a última vez em que o vi, ele foi a pessoa mais generosa, inteligente e musical que já tive o prazer de conhecer."[11]

CAPÍTULO 9

# AMERIGO

Neste jogo, durante os chamados Swinging Sixties, grupos e artistas do interior não tinham escolha a não ser migrar para o epicentro da indústria do entretenimento britânica se quisessem sobreviver. Os Beatles não foram exceção: seus horários incessantes de turnês, gravações e filmagens não permitiriam que se alojassem em outro lugar que não Londres. Residências luxuosas no sul do país foram devidamente adquiridas: as de John, George e Ringo no cinturão dos corretores da bolsa, em Surrey, mantendo o grupo próximo e interdependente. Apenas Paul diversificou, transferindo-se para a Cavendish *Avenue*, em St. John's Wood. A casa, que ele mantém até hoje, fica a uma curta caminhada dos estúdios da Abbey Road. Uma mansão tão elegante e bem-localizada quanto aquela teria agradado John muito mais do que "Kenwood", sua residência um tanto sem graça de arquitetura Tudor Revival, localizada na Cavendish *Road*, em St. George's Hill, onde a primeira alteração a ser feita foi a construção de uma piscina. Mas era preciso levar a família em consideração. Cyn deve ter tido algum poder de influência. Quanto aos rapazes, eles não mudaram. Não muito. Não para valer. Mantiveram o sotaque, pelo menos. Você podia até afastar os caras de Liverpool, mas jamais extrairia deles o sotaque *scouse*. Será mesmo que foram os primeiros artistas da classe trabalhadora a permanecerem classe trabalhadora? John supôs que sim.[1]

Keith Altham, respeitado assessor de imprensa do rock que representou The Who, The Rolling Stones, The Beach Boys, Small Faces, Van Morrison, Marc Bolan e Uncle Tom Cobley, foi também jornalista do pop e influente na cena local nos anos 1960, trabalhando na revista *Fabulous*: a precursora da *Fab 208*. Quando a publicação estrelou os Beatles na capa, em janeiro de 1964, vendeu um milhão de exemplares. Aquele periódico de um xelim passa de mão em mão hoje em dia por 75 libras o exemplar.

"Depois que convenci o editor", conta Keith, "liguei para Epstein: 'Boas notícias, Brian. A *Fab* concordou em lançar uma campanha apresentando os Beatles por um período de três meses. A sessão de fotos está marcada.' 'Ah, que bom', respondeu Eppy, 'vocês vão mandar uma limusine para buscar os garotos, então'. *O quê?* Nós não mandamos um carro nem para o Cliff Richard!

"Ele era elegante, educado e um cavalheiro à moda antiga, este era Brian. Sempre foi gentil, polido e comportado, mas podia ser um pouco ingênuo. Ele não sacava. E, ao mesmo tempo, sacava. Previu que os Beatles seriam maiores do que o Elvis e, por um tempo, foram mesmo. Ele criou *quatro* Elvis. E não só isso: eles também compunham, coisa que Presley nunca fez. Músicas que pessoas de todas as idades e de todas as vivências podiam apreciar. As canções dos Beatles realmente atraíam a todos. Todo mundo cantava ou assobiava aquelas músicas. Qual era o segredo deles? A combinação bem-sucedida da doçura de Paul e da acidez de John. John era o mais desafiador, incisivo e meticuloso. Ele conseguia dar um toque de ousadia às composições mais sentimentais de Paul, embora Paul fosse o compositor mais obviamente comercial. Eles formavam um time excelente. Mesclavam-se de um jeito lindo. Tinham química. Brian entendeu como embalar isso e fazer uma fortuna. Era isso que tinha a oferecer. O que não era pouca coisa."

A supracitada sessão de fotos foi bem-vinda para "K.A.":
"Tive uma tarde inteira com os Beatles na Fleetway Publications (que passou a ser IPC Magazines). E eu *realmente* os busquei no Westbury Hotel, em Mayfair, de limusine! Naquele dia, descobri que John seria o

Beatle que mais dominaria minha mente. Aquele sobre quem eu pensaria e refletiria durante muitos anos da minha vida.

"John tinha acabado de acordar naquele dia, e estava meio perdido, mas isso não o amoleceu. Ele me chamou de '*Você*, Fabs Keith'. Percebi de cara que estava me testando. Ele fazia algum comentário desdenhoso para ver qual seria a reação. Depois do confronto inicial, avaliava você, e então relaxava. Devo dizer que gostei muito desse primeiro John. Mas, mesmo naquela época, normalmente havia dois Johns. Ele tinha um lado bom e um lado mau. Depois de alguns drinques, tendia a ser desagradável. Parecia quase algo incontrolável. Eu o encontrava em clubes como o Speakeasy, e das duas uma: ou me ignorava ou fazia algum comentário maldoso."

John era o autoproclamado líder dos Beatles, como observa Keith:

"Ele não deixava ninguém ter dúvida de que a banda era *dele*. Sua infância o prejudicou e o perturbou imensamente, e fez dele alguém sensível demais para seu próprio gosto. Acho que estava sempre em busca de moinhos de vento para enfrentar.[2] Quando ridicularizava paralíticos e por aí vai, algo que chegou a fazer até mesmo no palco — imagine *isso* acontecendo hoje em dia —, estava testando as pessoas. Queria ver se era capaz de irritá-las. Assistir às filmagens hoje em dia é excruciante. Ele se divertia com isso. Porque, quando John não era capaz de lidar com alguma coisa, zombava dela. Ele não estava rindo de verdade dos deficientes. Tinha pavor de ser visto como alguém sensível, ou de acabar daquele jeito. Às vezes, isso fazia dele uma péssima companhia. O palhaço espertalhão e de língua afiada que não media palavras não poderia estar mais distante do John na vida privada. Poucas pessoas tiveram a chance de vê-lo. Eu tive, e percebi que o garotinho abandonado sempre esteve ali. Seu sarcasmo era uma fraqueza. John provavelmente precisava de ajuda psiquiátrica quando era bem novinho, mas, é claro, nunca aconteceu. Quando decidiu fazer terapia primal com Arthur Janov nos anos 1970, era tarde demais."

\*

Já famosos no país inteiro e por toda a Europa, foram assistidos por mais de quinze milhões de telespectadores na performance dos Beatles no programa *Sunday Night at the London Palladium*, de Val Parnell. Os shows lotaram. Legiões de adolescentes desmaiaram. Foi um divisor de águas. Mas eles ainda precisavam conquistar reconhecimento "onde importava".

"Os Estados Unidos importavam porque, pura e simplesmente, eram o maior mercado fonográfico do mundo", afirmou George Martin. "Em janeiro de 1964, quando 'I Want to Hold Your Hand' chegou ao topo das paradas norte-americanas, aquele mercado se abriu para nós."

Se a exuberância dos rapazes mais tarde viria a parecer exagerada, George não se arrependeu.

"É importante lembrar que nenhum artista britânico havia chegado perto de entrar naquele mercado da mesma maneira", disse George. "Os Estados Unidos sempre foram o Eldorado do mundo do entretenimento. Nos dias de glória de Hollywood, costumávamos venerar as estrelas britânicas que chegavam lá e conseguiam fazer sucesso […]" Ele citou ídolos do cinema há muito esquecidos antes de mencionar: "[…] Cary Grant, Ray Milland e, é claro, Charlie Chaplin. Para estourar no mundo, era preciso estourar nos Estados Unidos.

"Na Inglaterra", prosseguiu, "os discos importados dos Estados Unidos dominavam o mercado, e éramos incapazes de quebrar esse monopólio. Os discos norte-americanos costumavam vender cinco vezes mais que os nacionais. Não era de surpreender […] a lista ia de Sinatra, Presley e Crosby até Mitch Miller, Guy Mitchell e Doris Day. Havia uma infinidade de grandes nomes e, é claro, a maioria dos jazzistas — Ellington, Armstrong, Basie e os demais. Em comparação a esse *background* tradicional, qualquer ideia de reverter a tendência teria sido praticamente impensável.

"O que os Beatles estavam prestes a fazer foi inédito e, para nós, quase que inacreditável. Estar presente e testemunhar todas aquelas famosas estrelas americanas fazendo fila para ver os Beatles e honrá-los foi uma experiência extraordinária."[3]

Os dois primeiros lançamentos norte-americanos, "Please Please Me" e "From Me to You", não emplacaram nas paradas. A Capitol, divisão da EMI nos Estados Unidos, não se impressionou com eles. Mas as coisas mudaram quando o apresentador de TV Ed Sullivan, que estava fazendo uma conexão no aeroporto Heathrow, se viu diante de milhares de adolescentes ensandecidas. Ele ficou curioso. O que era aquilo? Algum grupo pop voltando da Suécia para casa? Ed nunca tinha ouvido falar deles. Ainda assim, algo lhe dizia que não podia ignorar isso. Ah, sim, ele concordou com Eppy, esses caras realmente *podiam* ser maiores do que Elvis. Em um piscar de olhos, marcou uma apresentação deles em seu programa. Foi a sacudida de que a Capitol precisava, já que o selo andava fazendo corpo mole e abrindo mão de outros lançamentos da banda. Quando Walter Cronkite, apresentador da CBS News TV, começou a abordar a "Beatlemania" e a se referir à "Invasão Britânica", e quando a garotada começou a escrever para as estações locais implorando para ouvir esses Beatles no rádio, a Capitol mudou de ideia. O final de dezembro de 1963 foi marcado pelo lançamento às pressas de "I Want to Hold Your Hand". Em poucos dias, vendeu um milhão de cópias. Bem que eu falei.

*

Como e onde o apresentador da BBC Paul Gambaccini, nascido no Bronx, à época com apenas quatorze anos, ouviu os Beatles pela primeira vez?

"Na WINS, estação de rádio de Nova York. Eu estava na varanda da casa de nossa família em Connecticut, ligado na transmissão. E o DJ disse, mais ou menos às 13h40: 'Agora vou tocar uma canção dedicada aos estivadores britânicos no West Side de Manhattan. Eles estão na cidade, e gostariam de ouvir o disco número um de seu país, 'I Want to Hold Your Hand', dos Beatles.' Ele tocou o disco, e fui atraído imediatamente. É tudo que posso dizer: fui atraído.

"Agora, entenda: o presidente Kennedy tinha sido assassinado em 22 de novembro, pouco mais de dois meses antes. Nós passamos por um luto nacional profundo, o maior luto da minha vida. Durante vários dias após o ocorrido, a nação parou. E, embora ela já estivesse subindo nas paradas antes do assassinato, 'Dominique', da Irmã Sorriso, de repente chegou ao primeiro lugar. Como se fosse uma penitência nacional.[4]

"E então veio Bobby Vinton, com um relançamento de 'There! I've Said It Again', música de Vaughn Monroe dos anos 1940. Esta também chegou ao primeiro lugar." E, no fim das contas, foi a última música no topo da Hot 100 norte-americana antes dos Beatles.

"Assim", lembra Paul, "foi como se *todo mundo* estivesse de luto, incluindo as paradas do pop. De repente, cinco semanas se passaram, e do nada ouvimos um som totalmente novo, apagando tudo que havia ocorrido antes. Aconteceu muito depressa, foi como as redes sociais hoje em dia. Minha geração, que ouvia estações de rádio parecidas com a WINS por todo o país, escutou 'I Wanna Hold Your Hand' e queria mais daquilo, imediatamente.

"Certa vez, eu disse a Paul McCartney: 'Os psicólogos dizem que uma grande tristeza só pode ser substituída por uma grande alegria. A intensidade do sucesso dos Beatles nos Estados Unidos naqueles quatro primeiros meses foi um escape do luto pelo presidente Kennedy.' 'Eu nunca tinha pensado nisso!', ele respondeu. Ele nunca tinha sequer levado em consideração! Sério, a ideia simplesmente nunca lhe havia ocorrido. Como estava vivenciando aquilo e tudo lhe acontecia dia após dia, ele nunca parou para pensar no presidente Kennedy."

Como "Gambo" descreve, os Beatles "colheram os frutos do fracasso": "Porque os sucessos britânicos não emplacavam nos Estados Unidos. E a Capitol havia licenciado as faixas anteriores para outros selos. Uma vez decidido que 'I Want to Hold Your Hand' seria a música para a qual dariam mais destaque, todas as outras foram relançadas, por esses outros selos, *ao mesmo tempo*. Todo mundo queria uma fatia do bolo. Ninguém ia *esperar*. Assim, tivemos 'Love Me Do' pela Tollie Records, 'Please Please Me' pela Vee-Jay, 'She Loves You' pela Swan; e houve também aquela famosa semana da parada de 4 de abril de 1964, quando os Beatles dominaram o Top 5 dos Estados Unidos: 'Can't Buy Me Love', 'Twist and Shout', 'She Loves You', 'I Want to Hold Your Hand' e 'Please Please Me'. Ninguém havia conseguido essa façanha antes, e ninguém viria a conseguir depois. Incluindo os serviços de streaming. E, é claro, naqueles dias, era preciso ter um single físico. Então, aquelas belezinhas eram *vendidas aos montes*. E *eles* dominaram o Top 5. E os Beatles tiveram 25 hits Hot 100 naquele ano. Nós literalmente não nos dávamos por satisfeitos."

O que exatamente eles tinham para despertar o interesse dos Estados Unidos?

"De início, era apenas a mensagem estritamente positiva: 'Eu *quero* fazer uma coisa.' E que coisa era essa? 'Segurar sua mão.' 'Ela ama você, *yeah yeah yeah.*' Eles não diziam: '*Não não não.*' E foi uma experiência tão edificante, depois daquela terrível tragédia, que fez com que o assassinato de Kennedy logo virasse coisa do passado. Havíamos entrado em uma fase nova e alegre. A comprovação disso certamente se deu com a aparição dos Beatles no *Ed Sullivan Show*, com a maior audiência de *todas*. Imagine, nos dias de hoje, 73 milhões de pessoas assistindo ao mesmo programa simultaneamente. Este foi o motivo pelo qual tantos astros do rock afirmaram que ter assistido àquela apresentação foi um chamado para eles. Bruce Springsteen, Billy Joel, Tom Petty e outros, todos dizem que ver os Beatles no *Ed Sullivan* os fez pensar: 'Ah, eu preciso entrar nessa!'"

Mas espere um momento. Outros grupos britânicos já haviam tentado, sem sucesso. O fracasso dos antecessores foi um alerta para os Beatles. Eles sabiam que tinham uma brecha. Portanto, impuseram uma apólice de seguro, recusando-se a embarcar no Boeing 707-331, o Jet Clipper Defiance, e desbravar os Estados Unidos até conseguirem o primeiro lugar no país. Então aconteceu, e os Beatles seguiram viagem. Com seus rostinhos-não-apenas-bonitos estampados na *Time*, na *Life* e na *Newsweek*, foi puro pânico e pandemônio às 13h20, horário local, numa sexta-feira, 7 de fevereiro de 1964, quando o voo 101 da Pan American World Airways os desembarcou no JFK. Os Beatles foram recebidos por quatro mil fãs histéricas e mais de duzentos jornalistas que mal conseguiam se conter. Eles começaram com tudo. "I Want to Hold Your Hand" ficou no topo por sete semanas, dando lugar a "She

Loves You", seguida em abril de "Can't Buy Me Love". Os singles dos Beatles reinaram por mais de três meses, e em maio foram desbancados por "Hello Dolly". Olhando em retrospecto, Beatles e Louis Armstrong são uma justaposição inebriante. Resolutos, os rapazes deram o troco com "Love Me Do". Lançaram "A Hard Day's Night" em julho daquele ano. Emplacaram nas versões americana e inglesa do single, e "I Feel Fine" veio em seguida. Seis números um nos Estados Unidos em um único ano derrubaram o recorde de Elvis no fim da década de 1950. Eles eram inalcançáveis. A carreira de muitos ídolos norte-americanos dos anos 1950, Neil Sedaka entre eles, parecia arruinada. Ao lado dos Beatles, tudo que os precedia caiu na mesmice. A atitude despreocupada, o humor cara de pau e o atrevimento, o jeito como caíam de rir de suas próprias piadas, os cigarros casuais e as brincadeiras durante coletivas de imprensa, e a incapacidade dos Beatles de levarem qualquer coisa a sério, até a si mesmos, chocaram os Estados Unidos.

Em um domingo, 9 de fevereiro, eles chegaram de limusine ao Studio 50 da CBS, onde até a passagem de som foi filmada. Logo após as oito da noite, ouviu-se: "Senhoras e senhores… os Beatles!" Eles aqueceram com "All My Loving" e "Till There Was You" antes de mandar ver com "She Loves You". O segundo set levou "I Saw Her Standing There" e "I Want to Hold Your Hand" a níveis orgásmicos. Eles mal conseguiam se ouvir. E assim começou. Os índices de audiência foram às alturas: 73 milhões de telespectadores, quase 40% da população norte-americana.

"Então, 73 milhões de pessoas ligam a TV e só dá Beatles, Beatles, Beatles", recorda Gambaccini.

Você assistiu?

"É claro! Desde então, pensei: se alguém perguntar a qualquer pessoa da minha geração qual foi a origem da frase 'Lamento, meninas, ele é casado', foi naquela noite. Era o John. E foi incrível. Todos eles causaram um impacto fenomenal, mas John sobressaiu. Todo mundo viu, todo mundo lembra. A memória que ficou daquela apresentação é a de uma representação visual e concreta da nossa geração.

"Existem quatro deles. Um diferente do outro. Assim, temos todos os aspectos dos jovens homens adultos representados. Então, como rapidamente descobrimos, já que não nos cansávamos deles e todos queriam saber cada vez mais e *mais*, Ringo era a porta de entrada. Porque Paul, John e George já pareciam deuses. Eram intocáveis. Como fazia para ser como eles? Não dava. Mas Ringo era o que se poderia chamar de 'um cara comum'. Portanto, era nosso representante dos Beatles. Veja, isso sou eu falando do ponto de vista masculino. A perspectiva das mulheres, é claro, era completamente diferente. Eu me lembro de Bill Wyman falando, em alusão a todos aqueles shows dos Rolling Stones daquela mesma época, sobre o cheiro de urina. As mulheres literalmente se mijavam nas calças. Bill disse que o fedor era insuportável. Isso é resultado de uma completa perda de controle muscular causada pela histeria. Basta olhar aqueles primeiros shows televisivos. As garotas iam à loucura. Os garotos assistiam, e dava para ver que gostavam, mas não se esgoelavam nem desmaiavam. Não erguiam as mãos. Ficavam relativamente calmos, se levarmos em conta o que acontecia ao redor."

Parte da imprensa resmungava inutilmente, dizendo saber o que acontece com "modas". O mundo, falavam aos bocejos, já viu isso acontecer antes: Franz Liszt, Frank Sinatra, Elvis Presley. *Próximo*. Em 1975, Ken Russell escalaria o líder do The Who, Roger Daltrey, para interpretar o compositor e pianista húngaro do século XIX em seu picante filme *Lisztomania*, dirigindo, assim, um dos maiores rock stars do mundo no papel do *primeiro* rock star da história. A obra conta com trilha sonora de Rick Wakeman e participação de Ringo Starr. A Febre de Liszt era considerada uma doença, e seu reconhecimento se deu em uma temporada de concertos em Paris, quando as mulheres se tornaram histéricas a ponto de se atacarem. Declarou-se que tal comportamento era contagioso. Cem anos depois, nos anos 1940, as tietes de Frank Sinatra enlouqueciam de modo muito similar. Depois veio Presley nos anos 1950, e os Beatles nos 1960, e estes passariam o bastão para Bolan na década seguinte. Seu grupo fervoroso de fãs seria chamado de "T. Rextasy".

"Mas em nenhuma dessas eras anteriores houve relatos de micção!", diz Gambaccini.

"Garotas chegando àquele nível de descontrole, algo que na minha experiência de vida tem relação com Elvis e os Beatles — é impossível imaginar esse tipo de coisa hoje em dia. Não era de admirar que as pessoas pensassem: 'Isso só vai durar meia dúzia de anos. Porque, afinal de contas, essas meninas vão crescer. Não vão gritar para sempre. E não dá para dominar os hits do Top 5 toda semana, então essa onda vai ter que enfraquecer, ou acabar.

"Mas a gente ouve os Beatles, durante aquele primeiro ano de fama extraordinária, levando a sério e tentando responder seriamente à pergunta: 'O que vocês vão fazer quando isso tudo acabar?' Presumia-se que *ia* acabar. Claro, é o mesmo que perguntar para Beethoven ou Mozart: 'Quais são seus planos quando isso passar?' Isso *não acaba*. Nem para os maiores compositores clássicos e nem para os Beatles."

Paul me faz lembrar de algo que ele diz há vinte anos: houve dois períodos na história da música em que ou você fez parte ou perdeu. O primeiro foi Viena no século XVIII, quando Ludwig van Beethoven, Wolfgang Amadeus Mozart e Franz Schubert estavam vivos. Imagine a animação de ser um dos poucos privilegiados, em sua maioria aristocratas, que assistiram às suas primeiras apresentações e tiveram a chance de socializar com eles nos salões. Por mais que não estivéssemos lá, temos a sorte de poder apreciar a música. Mas a emoção de participar daquilo deve ter sido incrível. Então, de repente, diz Paul, estamos nos anos 1960, em plena Beatlemania, e ou você fez parte ou não fez.

"E foi *tão* empolgante", diz ele entusiasmado, quase que de volta à adolescência. "Os Beatles eram o Controle de Missão cultural. As pessoas deixaram o cabelo crescer porque os Beatles deixaram. Depois, pararam de usar terno e gravata porque os Beatles pararam. E então entraram na onda psicodélica porque os Beatles ficaram psicodélicos. Foi tipo uma prévia do que aconteceria em menor escala com David Bowie, quando os fãs passariam a aparecer nos shows vestidos e maquiados de acordo com sua imagem mais recente.

"Ainda acho incrível que ambos tenham representado e liderado sua geração. Isso nunca tinha acontecido antes, e abriu um precedente. Porque, lembre-se, os Beatles escreviam suas próprias músicas. Sinatra e Presley não compunham. Uma coisa em que os Beatles eram ótimos, e que lhes permitiu criar tanto material, era escrever o que se passava em suas cabeças *enquanto* ainda estava ali. Eles não se censuravam. Foi um processo completamente natural. E mudou tudo."

Em retrospecto, Paul descreve toda sua carreira como uma reação aos Beatles.

"Sempre achei que, para estar vivo em sua época, é preciso estar envolvido com o que existe em sua época. Lá estava eu, ingressando na universidade enquanto os Beatles dominavam a música e o entretenimento popular, então precisava me envolver de alguma maneira. A transmissão de música pelo rádio e pela imprensa, e com isso quero dizer a revista *Rolling Stone*, foi meu próximo passo mais óbvio."

\*

Dois dias depois do *Ed Sullivan*, os três Intocáveis e Ringo partiram em direção a Washington, DC, para seu primeiro show norte-americano ao vivo no Coliseum. Aonde quer que fossem, a loucura os acompanhava — mesmo em uma recepção em homenagem aos rapazes após o show, na Embaixada Britânica, na qual uma convidada que devia ter mais noção cortou a parte de trás do cabelo de Ringo e escapou com uma mecha de suvenir. Starr deu o fora dali, enojado. A fã não precisava ter se dado ao trabalho: havia mercadorias baratas dos Beatles por toda parte. Não vamos nos demorar nos acordos desastrosos de Eppy, nem no quanto eles foram explorados. Após algumas aparições em Nova York no Carnegie Hall ("Como se chega lá?" "Ensaiando!"), foram levados a Miami para tocar novamente no *Ed Sullivan*. Os produtores souberam tirar proveito da situação: em 16 de fevereiro, cerca de 70 milhões de telespectadores ligaram a TV pela segunda vez. Depois, aproveitaram os dias ensolarados, com uma interrupção: o famoso ensaio fotográfico com Cassius Clay, dias antes de derrotar Sonny Liston na controversa luta considerada o quarto maior momento esportivo do século XX. Lendas, conheçam a lenda: o futuro, o Grande, Muhammad Ali.

Dias depois, estavam de volta a Londres. Foram recebidos como heróis. Dez mil colegiais, estudantes, secretárias e vendedoras desesperadas para ver seus ídolos os esperavam ansiosamente na ponta dos pés durante o amanhecer.

CAPÍTULO 10

# ALMA

"A coisa mais surpreendente que vim a saber sobre John", disse Keith Altham, "era que ele estava desesperadamente à procura do amor. Ele era casado quando o conheci, lembre-se, então não deveria estar à procura de forma alguma. Mas *procurava*. O problema de John era que, sempre que o encontrava, morria de medo de perdê-lo. Assim, reagia ao amor e o afastava. Como se quisesse dizer: 'Estou me livrando de você antes que você se livre de mim.'"

Ele nunca teve a chance de se livrar de seu primeiro amor.

Cynthia Lennon me disse que John acreditava que Alma Cogan era a "Pessoa Certa": uma cantora popular, mas em declínio, oito anos mais velha. Bizarramente, ele também estava convencido de que Alma era a reencarnação de sua querida mãe Julia — embora as duas mulheres tenham coexistido. Suas vidas se coincidiram por cerca de 26 anos. Cynthia insistiu que a morte de Cogan e a grande necessidade de encontrar uma figura materna substituta atiraram John nos braços de Yoko Ono.

"John achava que eu não sabia de nada sobre ele e Alma, e nunca deixei transparecer", confidenciou Cyn. "Agora que penso a respeito, esvaziada de toda emoção, com certeza, sou capaz de entender a atração. Alma era mais velha que John, e era como a figura de uma tia."

John obviamente tinha um fraco por mulheres mais velhas.

"Não se esqueça de que Yoko também era cerca de sete anos mais velha do que ele. Assim como Yoko, Alma era, de várias maneiras, uma mulher muito cativante. Ambas eram movidas pela autoestima. Não se pode dizer que eram bonitas, pode? Não no sentido convencional. Mas era como se realmente acreditassem ser especiais. Se você consegue se convencer disso, outras pessoas tendem a acreditar também. Elas eram muito parecidas nesse sentido. Não, a ideia de John e Alma juntos não me surpreende nem um pouco. Ela era sexy, vivaz e divertida. Uma mulher do mundo. Por que John *não* se sentiria atraído?"

Quando Alma morreu de câncer de ovário em 1966, com apenas 34 anos, John ficou "inconsolável", disse Cynthia. "Foi trágico, e fiquei triste por todos eles: Alma, sua mãe e sua irmã, e sim, até mesmo por John. Ao mesmo tempo, de um ponto de vista egoísta, não pude deixar de sentir alívio. Meu marido havia perdido a mulher que talvez viesse a substituir sua querida Mimi em suas afeições. Meu casamento não estava mais sob ameaça."

Alma, "a garota com o riso na voz" e primeira pop star do Reino Unido, foi a mulher britânica mais bem-paga do entretenimento nos anos 1950. Com o advento da televisão, tornou-se popular. Alma Angela Cohen, nascida em Whitechapel no dia 19 de maio de 1932, em uma família judaica de ascendência russo-romena, começou a competir em concursos de talento ainda na infância. Passou a cantar em chás-dançantes para garantir seu sustento enquanto estudava design de moda, e se apresentava em musicais e shows de variedade. Foi então nomeada cantora residente no Cumberland Hotel, em Londres. Arrebatada pelo selo HMV, seu primeiro single, gravado em seu vigésimo aniversário, lançou-a na rádio BBC. Ela conquistou seu primeiro hit Top 5, "Bell Bottom Blues", em abril de 1954, quatro anos antes da morte da mãe de John. Com a chegada da década de 1960 e da era televisiva, passou a apresentar seu próprio programa. Sua imagem era a essência dos salões de baile dos anos 1950: várias camadas de anágua de tule e renda, todas esvoaçantes e com plumas de marabu; olhos com maquiagem tipo esfinge, emoldurados por longos cílios postiços; cabelos bufantes e carregados de laquê, lábios vermelhos e muito strass. Enquanto sua voz falada oscilava entre criança bicuda e um rouco sedutor, ela cantava com voz cristalina e uma piscadela astuta.

"Ela era uma típica judia glamorosa do East End com um coração de ouro, um penteado colmeia e vestidos rodados incríveis", lembrou Cynthia. "Era o tipo de coisa que eu jamais usaria na vida. Ela era um pouco ultrapassada. Suas músicas eram todas trivialidades no estilo norte-americano dos anos 1950, como 'Dreamboat' e 'Sugartime'. Quando John e eu estávamos na faculdade, Alma Cogan era uma grande estrela. Ele não a suportava, tirava sarro dela o tempo inteiro. A imitação maldosa de John cantando 'Sugar in the Morning, Sugar in the Evening, Sugar at Suppertime' nos fazia rolar de rir. Na época, eu jamais imaginaria, nem em um milhão de anos, que ele poderia se apaixonar por uma mulher tão mais velha, cuja música não suportava e a quem ridicularizava sem dó nem piedade. Porque John tinha um lado incrivelmente cruel. Era incontrolável."

Os Beatles conheceram Alma no dia 12 de janeiro de 1964, dividindo com ela a programação no *Sunday Night at the London Palladium*, um programa de variedades amplamente popular da ATV. Os rapazes haviam feito sua estreia no programa no último mês de outubro.

"John era louco por ela", disse George Harrison posteriormente. "Ele a achava muito sexy, e ficou arrasado quando ela morreu."

Talvez fosse inevitável eles acabarem sendo convidados para as festas noturnas lendárias no número 44 do Stafford Court, no pequeno apartamento que Alma dividia com a mãe viúva, Fay, e a irmã, Sandra, na Kensington High Street, em um prédio que hoje exibe uma placa azul indicando ser um local histórico. Era lá que Alma recebia alguns dos maiores nomes da indústria do entretenimento: Sir Noël Coward, Sammy Davis Jr., Audrey Hepburn, Cary Grant. Ela era próxima de Brian Epstein. Ele era um de seus "acompanhantes" regulares junto do compositor e criador de *Oliver!*, Lionel Bart, que a escalou em seu musical como "Nancy". Segundo boatos de fontes internas, Brian planejava pedir sua glamorosa amiga em casamento. Ele a levou a Liverpool para conhecer seus pais, e dizem que eles a adoraram. A mosca na sopa foi Bart, que também expressou o desejo de casar-se com ela, apesar de sua óbvia queda por Judy Garland. O fato de os dois serem homossexuais não ajudou. À época com trinta e poucos anos, Alma estava fadada a nunca se casar. Havia até rumores de que era lésbica e que tinha ligação com Myra Hindley, a assassina do pântano.

"Nunca fui convidada para as festas de Alma, eu era mantida em segredo", disse Cynthia.

"John era um pop star famoso, e fazíamos isso para manter a legião de fãs felizes. Não era bom para a imagem dele ter uma esposa e um bebê a tiracolo. Brian insistiu no assunto. John tinha que passar uma imagem de cara solteiro, e cabia a mim aceitar. Várias celebridades costumavam ir àquelas festas: Roger Moore, Ethel Merman, Michael Caine, até mesmo a princesa Margaret. Eu nunca fui", disse-me ela. Mas Cynthia contradisse essa afirmação em seu livro de memórias, publicado cerca de quinze anos após nossa entrevista.

"Éramos convidados para as festas em seu luxuoso apartamento na Kensington High Street o tempo inteiro", afirmou Cyn, descrevendo a decoração da casa de Alma como "uma elegante boate com tecidos escuros de seda e brocados ricamente coloridos por toda parte". Ela escreveu sobre o "luxo hedonista" do local, sobre como a entupiam de champanhe, como se sentia "extremamente insegura com suas imperfeições" naquele ambiente, entre pessoas tão glamorosas, e que se sentia "inadequada". O tempo fez maravilhas à sua memória.[1]

"Só anos mais tarde soube que John e Paul costumavam passar muito tempo na casa de Alma", disse-me ela. "O apelido de John para a mãe dela era 'Ma McCogie', e ele chamava a irmã de 'Sara Sequin'. Foi no piano de Alma, com a irmã Sandra sentada ao lado, que Paul compôs 'Yesterday'. Parece que Paul tinha um casinho com Sandra também, mas não sei se é verdade. O título provisório da música era 'Scrambled Eggs', porque Fay tinha acabado de preparar ovos mexidos para o chá. 'Scrambled eggs, oh my baby how I love your legs [...]'* Alma se tornaria a primeira mulher a gravar "Yesterday".

Ela e John logo desfrutariam de um caso firme, conduzido em quartos de hotel de Londres. Eles chegavam disfarçados e assinavam o registro como "Sr. e Sra. Winston". A pista foi o nome do meio de John.

---

* "Ovos mexidos, ah, meu amor, como eu amo suas pernas." (N. da T.)

Com os Beatles sempre em turnê, seus encontros tornaram-se menos frequentes. A fama de Alma começou a decair, graças à ascensão de vozes mais jovens e atraentes, como Dusty Springfield, Sandie Shaw e Lulu. Ela fez de tudo para segurar seu público, até mesmo gravar sucessos dos Beatles, como "Help!" e "I Feel Fine", além de "Yesterday" e uma versão orquestrada e melancólica de "Eight Days a Week", com um desfecho grandioso, intenso, repleto de instrumentos de sopro que desafiavam o estilo da canção. Embora fossem interpretações honestas e respeitáveis, não foram o suficiente para evitar o declínio de seu sucesso.

Alma passou por uma drástica perda de peso, que seus amigos justificaram como resultado das injeções de emagrecimento nas quais estava viciada — talvez em uma tentativa de alimentar a paixão de seu jovem amante mundialmente famoso. O diagnóstico de câncer de ovário veio em 1966, mas é possível que ela nunca tenha tido conhecimento. Ciente ou não, Alma recusou-se a parar de trabalhar para se concentrar na própria saúde. Começou a escrever material para um novo álbum, e continuou a viajar e a fazer shows. Foi durante sua turnê pela Suécia que ela desabou. Logo descobriu-se a gravidade da doença. Ela foi levada direto para o Hospital Middlesex, em Londres, onde morreu em 26 de outubro, aos 34 anos. Alma e John não tiveram a chance de se despedir. Ele estava na Espanha com Cynthia no momento da morte, onde participava das gravações de *Como eu ganhei a guerra*, de Richard Lester. Também comemorou seu aniversário de 26 anos no país, pouco mais de duas semanas antes.

Talvez existisse uma maneira mais delicada de anunciar sua morte no rádio do que tocar seu cover soturno de "Heaven, I'm in Heaven",* de Irving Berlin. Fazer o quê. O funeral foi um festival de celebridades — só nomes grandes. O gerente do clube Ad Lib, Brian Morris, que, segundo rumores, era perdidamente apaixonado por Alma, entrou em pânico e tentou se atirar dentro da cova. Ela foi enterrada no cemitério judaico em Bushey, Hertfordshire.

---

* "Céu, estou no céu." (N. da T.)

Cynthia estava convencida de que, se Alma não tivesse morrido, John jamais abandonaria esposa e filho por ela. Aquele caso, segundo Cyn, acabaria naturalmente — como "todas as outras escapulidas", afirmou com tristeza —, e John voltaria para casa com o rabinho entre as pernas, "como sempre fazia".

Será que Cynthia realmente acreditava que Alma foi o verdadeiro amor de John?

"Nós podemos nos convencer de quase tudo em momentos de dor", disse baixinho.

"Como Alma estava morta, era seguro para John se convencer disso. Não era uma ameaça para mais nada. Certamente não era uma ameaça para nós."

Ela ainda estava por vir.

CAPÍTULO 11

# ANOS DE VIDA

Sempre deixe a porta e o coração abertos, não importa o que aconteça. Não guarde rancor. Pergunte "O que houve?" e "Onde você estava?" e prepare-se para uma verdade alternativa. Esse é o tipo de abordagem que um John mais maduro, mais receptivo e mais analítico talvez tivesse seguido nos anos seguintes, ao deparar com o fantasma de sua infância. Em seus frágeis e insolentes vinte e poucos anos, ele não estava nem um pouco disposto a agir dessa maneira. Até onde sabia, seu pai o havia abandonado junto de sua mãe para levar uma vida sossegada nas ondas do mar. John sentia raiva disso. Era direito dele. Nada, àquela altura, seria capaz de convencê-lo do contrário.

As histórias de Freddie Lennon ressurgindo das cinzas após descobrir que seu filho havia se tornado mundialmente famoso, arrumando empregos como lavador de pratos e ajudante de cozinha em pubs e hotéis a poucos metros de Kenwood, descobrindo onde John e Cyn viviam e aparecendo na porta deles, vestido como um mendigo em busca de caridade; de Cyn cortando seu cabelo e preparando-lhe como aperitivo um pouco de *Welsh rarebit*, enquanto esperavam John chegar em casa, o que, aliás, não aconteceu; de ele invadindo o escritório da NEMS em abril de 1964, munido de um jornalista sedento, exigindo ver seu filho há muito perdido, a invasão suscitando um ataque de pânico em Epstein e uma reação furiosa de John, talvez tenham sido floreadas cada vez que alguém as recontava. John compareceu quando foi convocado para um confronto no escritório? Será que realmente grunhiu para o pai: "Onde você esteve nos últimos vinte anos?" Alguém diria isso, a não ser em um roteiro? Mas, por outro lado, o que ele deveria dizer? Como você reagiria? Tentei imaginar o momento em que Lennon pai e Lennon filho ficaram frente a frente pelo que talvez tenha sido apenas a terceira vez em suas vidas; um a cara do outro, com a diferença das rugas, dos queixos e dos cabelos grisalhos oleosos; o mais velho encarando, maravilhado, sua clara versão jovial, enquanto o mais novo encarava o vislumbre de um futuro decadente. Em momentos assim, os rostos se tornam espelhos. A viagem no tempo existe.

Freddie tinha apenas 53 anos, mas, meu Deus... a vida não o favorecera. Talvez parecesse mais em casa em um saco de dormir esfarrapado sob os arcos da Waterloo, agarrado a uma garrafa de Bell's em papel pardo. Ele declarou que foi *Julia* quem o deixou, e não o contrário; que sua própria família e amigos lhe deram as costas, que sua sorte, frágil o suficiente para início de conversa, havia se esgotado, e que estava, é claro, sem um tostão. Ao que parece, John teve piedade, deu-lhe dinheiro e mandou seu pai, até então distante, para o lugar de onde tinha vindo. Mas o simples e ingênuo Freddie estava pronto para ser explorado. Aqueles que aproveitaram a oportunidade para enfiá-lo em um estúdio para gravar "That's My Life (My Love and My Home)", música escrita pelo empresário Tony Cartwright, que na época cuidava da carreira de Tom Jones, deveriam ter vergonha. O single foi lançado pelo selo Pye em 31 de dezembro de 1965.

"Freddie era um artista nato e tinha uma voz rica e tocante com a qual entretinha o pub inteiro", contou Tony Cartwright sobre seu "camarada" ao *Daily Mail*, em 2012. "Ele não queria pegar carona na popularidade dos Beatles, mas senti que poderia ser um astro por si só. A notícia se espalhou e, no dia seguinte, Brian Epstein, empresário dos Beatles, me ligou. 'Me diz que não é verdade, Tony', implorou. 'O pai de John é realmente um ajudante de cozinha? O que os jornais vão pensar *disso*?'"

O single gerou publicidade. Que o baterista e o baixista da gravação tenham sido ninguém menos que Mitch Mitchell e Noel Redding foi irrelevante na época. Só mais tarde veio à tona que o single do pai de

Lennon foi por acaso a primeira gravação de que se tem conhecimento dos futuros membros reverenciados da Jimi Hendrix Experience.

O disco de Freddie poderia ter sido uma surpresa nas paradas. Parecia no caminho certo para isso. Por que não seria tocada nas rádios, dada sua ligação com os Beatles? Eles gravaram para a TV holandesa em Amsterdã. Morris Levy, da Roulette Records, ligou dos Estados Unidos para Tony, dizendo entusiasmado: "Você precisa trazer o Papa Lennon até aqui. Ele vendeu 180 mil singles e é um sucesso em nove estados!" O sucesso foi previsto, mas então o single desapareceu. Mais tarde, John e Brian seriam acusados de sabotagem. Será verdade? Certamente houve suspeitas de maracutaia, fazendo com que Freddy e Tony corressem até Kenwood para confrontar John, perguntando-lhe por que ele faria uma coisa dessas, e implorando-lhe que desse um desconto para Freddie. Supostamente, John não teve nada a dizer. Ele se recusou a convidá-los para entrar, e bateu a porta na cara dos dois. Será? Se foi o que aconteceu, cabe o questionamento: como conseguiram passar pelos portões e pelas garotas para início de conversa? John ou Cyn devem tê-los visto se aproximar.

"Freddie ficou arrasado e desistiu do ramo da música imediatamente", insistiu Tony. "'Só me trouxe tristeza'", é o que disse seu cliente, segundo ele. "'Prefiro voltar a lavar panela.' E foi o que fez."

Mas o relato convenientemente ignora todo o alarde que se fez por Londres inteira sobre Freddie Lennon ser a celebridade mais importante dos últimos tempos. Naquela época, isso acontecia muito. Em 6 de janeiro de 1966, por exemplo, Freddie foi um grande destaque na festa de lançamento do single de estreia de David Bowie com The Lower Third pela Pye Records, "Can't Help Thinking About Me", no Gaiety Bar, em Bayswater, onde todos lembram que ele estava alterado e fazendo de tudo para impressionar os convidados com sua ilustre identidade. Cartwright também deixou de mencionar em seu relato os outros três singles de Freddie Lennon, gravados com um grupo chamado Loving Kind. Não que qualquer um desses lançamentos tenha causado algum impacto, embora hoje em dia valham uma nota para um colecionador.

Não fosse por aquele infeliz primeiro disco, que serviu apenas para humilhar e enfurecer John e afastá-lo ainda mais de Freddie, será que as coisas poderiam ter sido diferentes? Será que o passado ficaria para trás e um relacionamento poderia ser construído? Não importa o que mais tenha evaporado, ainda havia o DNA. Mas o amor é mais forte do que os laços de sangue, com certeza. Não há muito que se possa fazer a respeito disso. A traição sempre foi a assassina.

*

John chegou a ceder. Freddie encontrou outra mulher em 1966, ou será que deveríamos dizer "garota"? Ele conheceu a adolescente Pauline Jones, estudante da Universidade de Exeter e 35 anos mais jovem, durante as festas de fim de ano de 1966-67, quando ambos trabalhavam na cozinha do Toby Jug Hotel.[1] Pauline implorou à mãe permissão para se casar com aquele homem. Jean Jones se recusou. Freddie continuou a figurar nas páginas dos jornais, para o crescente incômodo de John. No verão de 1967, o tio paterno de John, Charlie, escreveu a ele, implorando para que ignorasse os tabloides e suplicando para que fosse ver o pai. Sensibilizado pelos ensinamentos do guru da Meditação Transcendental (MT), Maharishi Mahesh Yogi, John concordou. Talvez fosse conveniente ter um pai para chamar de seu pela área, para diluir a influência cáustica da mãe de Cyn, Lillian — que nunca escondeu seu desdém por John, por mais satisfeita que estivesse em gastar o dinheiro dele. John convidou seu pai para morar com ele e Cyn. A novidade logo passou: John raramente estava por perto, e Freddie sentiu-se solitário. Ele pediu a John que lhe encontrasse uma acomodação nas redondezas. O filho providenciou um apartamento em Kew e uma mesada. Freddie e Pauline foram convidados para a festa à fantasia de lançamento do filme *Magical Mystery Tour* em Londres, no Royal Lancaster Hotel, em 21 de dezembro de 1967 — onde John, vestido de roqueiro dos anos 1950 e mais pra lá do que pra cá, flertou na cara dura com a esposa de George Harrison, Pattie. Freddie e Pauline passaram o Natal em Kenwood. Cyn, então, contratou Pauline como babá/secretária de fã-clube residente, acomodando-a no antigo sótão de Freddie. Pauline logo saiu para morar com Freddie, e engravidou antes de completar vinte anos. Sua mãe tentou manter a filha sob custódia da justiça. John arcou com as despesas judiciais para enfrentá-la. Pauline, sob muito estresse, acabou perdendo a criança. O juiz permitiu o relacionamento, mas os proibiu de se casarem antes de Pauline completar 21 anos. Em junho de 1968, a jovem engravidou novamente. John os ajudou a fugirem para a Escócia, onde poderiam se casar legalmente. A união aconteceu em Gretna Green, no que pode ter sido o vigésimo aniversário de Pauline. John providenciou um apartamento de um quarto em Brighton. Mais tarde, comprou-lhes uma casa no local, mantendo a escritura. Depois que David Henry, o primeiro de dois meios-irmãos de John, nasceu, em fevereiro de 1969 (Robin Francis chegou em outubro de 1973), John cortou o contato. Eles só se veriam de novo quase dois anos depois.

John e Freddie se encontrariam novamente, apenas uma vez, pouco antes de John deixar a Inglaterra rumo a Nova York, para nunca mais voltar. John e Cyn haviam se divorciado. John estava casado com Yoko. O casal havia se mudado para Tittenhurst Park, sua mansão georgiana perto de Ascot, e acabado de voltar de uma viagem revolucionária a Los Angeles, durante a qual se submeteram à transformadora terapia primal, nas mãos do psicoterapeuta Dr. Arthur Janov. O doutor ajudava os pacientes a revivenciar e processar as dores da infância colocando-as para fora através do grito. Ele também os instruía a confrontar aqueles considerados os responsáveis por infligir a dor para erradicá-la. Assim, John convidou o pai a Kenwood na ocasião de seu trigésimo aniversário, dia 9 de outubro de 1970. Prevendo uma comemoração, Freddie chegou bem-arrumado com uma Pauline de vestido, o filhinho David e um presente de aniversário. Mas, em vez de recebê-los em uma festança regada a champanhe, John deu um banho de água fria no pai dizendo que o convidara para informá-lo que cortaria relações com ele.

"Saí da terapia e disse a ele que desse o fora, e ele deu o fora mesmo, e gostaria de não ter dito isso porque todo mundo tem seus problemas — incluindo pais erráticos", admitiu John em 1976, durante uma entrevista revisitada no *Anthology*. "Agora estou um pouco mais velho e entendo a pressão de ter filhos ou divórcios e os motivos pelos quais as pessoas não conseguem lidar com as próprias responsabilidades."

John não só ia tirar a casa deles, mas também deixaria de pagar a mesada de Freddie e Pauline. Esta era sua vingança. É possível entender a motivação. Mas, por mais raiva que sentisse do pai, por mais profundo que fosse seu desejo de puni-lo por tê-lo abandonado, John foi longe demais. Ele explodiu em uma fúria tão corrosiva que a paranoia quimicamente induzida deve ter entrado na jogada. Claramente convencido de que Freddie era a causa de cada um de seus complexos e disfunções, ele chegou até a ameaçar matá-lo caso o pai escrevesse um livro de fofocas sobre o filho. Freddie jamais superaria o ataque brutal. Ele e John nunca mais se viram.

"Janov tinha muito a que responder", comenta o psiquiatra Dr. Cosmo Hallstöm com um suspiro.

"Muitas pessoas sentem que precisam de algo mais. Todos nós buscamos algum tipo de explicação. É natural e humano desejá-la. Alguns, como John, têm um percurso para trabalhar isso, outros são menos obcecados, e muitos estão ocupados demais simplesmente existindo. Então surgem esses doidos varridos com 'respostas' — lembre-se, aqueles eram os tempos do ácido e do Explore Seu Eu Interior —, que oferecem uma fórmula a se seguir. Para tirarem proveito e garantirem o próprio sustento.

"Arthur Janov? Baboseira. As pessoas pareciam gostar desse tipo de terapia na época, mas ela não resistiu ao teste do tempo. Não acho que alguém acreditasse naquilo a sério. Dito isso, o que Lennon fez com Janov pode ter surtido algum efeito nele. Nos anos 1940, 50 e 60, a visão psiquiátrica predominante era de que mentes perturbadas eram resultantes de 'conflito interno'. A ideia de que alguém precisasse de cinco anos de terapia, cinco dias por semana, para deixar seu conflito emergir e suas ideias se reformularem era muito freudiana. Então, o LSD deu as caras, oferecendo uma explosão de emoções não canalizadas. Era um atalho para a compreensão."

O próprio Dr. Hallström, que por acaso estudou medicina em Liverpool, experimentou.

"Eu não nego. Não é nenhum segredo. O LSD altera o modo como você enxerga as coisas, e lhe dá uma percepção diferente. Quando somos jovens e curiosos, gostamos de explorar diferentes modos de ver as coisas. Era psicodélico, cores diferentes, estilos diferentes. E, se você conseguisse aguentar, tudo bem. Mas, é claro, muitas pessoas ficavam pelo caminho por causa da droga. Ela teve muito mais efeito em John do que a terapia primal. Especialmente com seu tipo de mente. É uma droga muito poderosa. Dá um nó no cérebro. Muitas pessoas a usaram e tiveram viagens. Viagens perturbadoras. Viagens divertidas. Algumas delas foram uma ótima experiência. A maioria, não. É importante lembrar que, naquela época, usá-la era algo espiritual. Tinha a ver com abrir um novo caminho. Eles achavam que converter outras pessoas era parte da missão — por isso John acabou oferecendo-a a sua esposa e por aí vai. E, é claro, o LSD foi, sem dúvida, o fator mais significativo a mudar as composições dos Beatles."

*

Freddie chegou a escrever uma autobiografia, embora não tivesse a intenção de publicá-la. Ele a escreveu para John, para fins de registro, contando-lhe seu lado da história a respeito do abandono de John; para que o filho soubesse de uma vez por todas que foi Julia, não ele, que havia arruinado o casamento e feito de John vítima de um lar desfeito. Em uma estranha premonição do estilo de vida que John adotaria em Nova York em meados dos anos 1970, Freddie tornou-se dono de casa e passou a tomar conta dos bebês. Ele encheu seus filhos pequenos do tempo e da atenção que não havia conseguido dar a John, enquanto sua esposa, assim como Yoko, saía para trabalhar.

Cinco anos depois de John tê-lo excomungado, Freddie foi acometido por um câncer de estômago. Aconteceu em 1976. Pauline não tinha como entrar em contato com John e Yoko em Nova York, a não ser através dos escritórios da Apple Corps. Ela fez a gentileza de informar a John que seu pai estava morrendo. O que John fez? Enviou flores. Ligou para o hospital e pediu para falar com o pai. Falou pelos cotovelos e pediu desculpas. Só nos resta torcer para que seu remorso tenha sido sincero, e para que a reconciliação telefônica tenha lhes trazido paz.²

John confessou para o pai que se arrependeu da terapia primal. Ele assumiu a culpa pelas consequências. Disse que estava ansioso para que seu filhinho Sean, nascido cinco meses antes, conhecesse o avô. Não aconteceu. Foi como se Freddie permitisse que sua doença risse por último. No Dia da Mentira de 1976, aos 63 anos, ele se foi. John disse à madrasta que pagaria pelo funeral. A viúva recusou, e John foi condenado a viver seu luto a distância. *All the lonely people*. Somente ela e o velho parceiro de Freddie, Tony Cartwright, que havia escrito o primeiro single de Freddie, apareceram.³

CAPÍTULO 12

# REDENTOR

À s vezes, é mais fácil compreender algo quando examinamos o que não foi ou não é, em vez de pensarmos no que era ou é. Sabemos que os Beatles "mudaram o mundo", que deram início a um cataclismo cultural, que foram os progenitores da indústria da música moderna. Isso não foi, para eles pessoalmente, a realização de um sonho. Aquilo que a história registrou como uma narrativa de sucesso além da imaginação mais ousada foi, nos bastidores, um cenário diferente. Ela os privou de liberdade, causou estragos em suas personalidades, desafiou sua sanidade e chegou perto de sugar suas almas. Deve ter sido como ganhar na loteria. Que sorte a deles, vai mudar suas vidas, o que não faríamos com toda aquela grana? Mas então nos lembramos de quantas vezes tal fortuna representa o fim: de casamentos, famílias, amizades, até mesmo do propósito e da autoestima. Quando o dinheiro se torna o foco, as pessoas podem perder de vista o que importa. Sim, o sucesso dos Beatles pode ter trazido inúmeros tesouros incalculáveis, e isso foi muito bom. A privação e o trabalho árduo sem fim foram recompensados. As dezenas de milhares de horas de ralação valeram a pena, resultando em fama e fortuna aos montes para esses garotos simples e pouco instruídos que, de outro modo, poderiam ter acabado... onde? Eles "se deram bem". Quanto mais trabalhavam, melhor se saíam.[1] Ainda assim, era óbvio para aqueles que estavam do lado de dentro que o sucesso era uma cilada; que a debilitante rotina de single-álbum-turnê rapidamente se tornara uma farsa; que haviam se transformado em escravos da obrigação: aparições ao vivo, coletivas de imprensa, rádio, televisão, entrevistas atrás de entrevistas. "Cuidado com o que deseja" é a máxima. A certa altura, eles não estavam com a menor vontade de tomar cuidado. Cada um deles, porém — com a possível exceção de Paul —, logo experimentaria um pensamento constante de que ser um Beatle não era tudo aquilo que se dizia; que o preço era muito alto e estavam pagando caro por isso. Estavam cansados dos gritos, do esforço em vão para serem ouvidos, do sexo generalizado — ah, sim, eles se fartavam; dos cegos e deficientes que iam até eles para serem tocados, como se os místicos Beatles caminhassem sobre as águas e fossem dotados de poderes curativos; e, como aconteceria com qualquer um de nós, cansados do confinamento em quartos de hotel, efetivamente aprisionados, vendo pouco mais do que o aeroporto, o local do show e as acomodações nos muitos países em que pousaram. A independência havia desaparecido na névoa. Eles não podiam nem mesmo comer fora, porque os restaurantes seriam sitiados. As refeições se resumiram a serviço de quarto em uma bandeja. Qual era o sentido? "Now give me money (that's what I want)",* dizia a canção. Chega um momento em que o extrato bancário perde a graça, e quem ri por último é o *taxman*, o cobrador de impostos — como dizia a música homônima de George para o novo álbum *Revolver*, na qual detona o governo de Harold Wilson pela tributação de 95%.

Algo tinha que ceder. O quê? Você está em um carrossel, ele gira tão depressa que fica fora de controle, e de repente é perigoso demais pular...

Em um domingo, 15 de agosto de 1965, eles fizeram o show de abertura de sua segunda turnê norte-americana. Foram deixados de helicóptero no local da Feira Mundial, no Flushing Meadows-Corona Park (que se tornaria lar do torneio de tênis US Open), e levados em um caminhão da Wells-Fargo ao Shea Stadium, nova sede do New York Mets. Este não só foi o maior show dos Beatles até então, mas o pri-

---

* "Agora me dê dinheiro (é isso que eu quero)." (N. da T.)

meiro show de rock em estádio da história. O público lotado, de 55.600 espectadores, foi algo sem precedentes.² Os shows de abertura incluíram Brenda Holloway e Sounds Incorporated. Mick Jagger, Keith Richards e Marvin Gaye estavam lá — assim como Barbara Bach, de dezessete anos, e Linda Eastman, de 24, ambas nascidas em Nova York e futuras esposas dos Beatles. "Foi John que despertou meu interesse no início", disse Linda. "Ele era meu herói dos Beatles. Mas, quando o conheci, o fascínio logo foi embora, e descobri que era de Paul que eu gostava."³

As filmagens desse show são assustadoras. Se ainda não viu, peço que veja. Os gritos e rugidos os ensurdeciam, enquanto eles corriam do vestiário até o campo, onde foram cegados pelo que parecia ser um milhão de lâmpadas. Ed Sullivan os apresentou: "Honrados por seu país, condecorados por sua Rainha, e amados aqui nos Estados Unidos […]" A visão de tantas mulheres e garotas transtornadas, descontroladas, desmaiando e sendo carregadas é angustiante. Até mesmo os policiais e seguranças colaram as mãos na cabeça e enfiaram os dedos nos ouvidos quando os rapazes apareceram. A plateia era tão escandalosa que não havia a menor esperança de se ouvir a música. A banda não conseguia se ouvir. Abrindo com "Twist and Shout", eles gritaram o melhor que podiam, tocaram seus instrumentos com o maior entusiasmo possível, deram tudo de si em uma dezena de músicas indispensáveis por apenas cerca de meia hora — imagine se safar com isso hoje em dia — e se retiraram. O ensurdecido Ringo, incapaz de ouvir os outros, algo necessário para se manter no andamento correto, mais tarde admitiria que precisava recorrer a examinar os traseiros dançantes dos três guitarristas para acertar o ritmo.

Paul, George e Ringo comentariam nos anos seguintes que sentiram que John pirou na apresentação do Shea. No mínimo tentando segurar o riso, o Beatle mais excêntrico se rendeu ao ar impregnado de surrealidade. Vale a pena assistir às filmagens para vê-lo gargalhar feito um inventor maluco, enquanto os outros se entreolhavam como se quisessem dizer: "Que merda é essa?", ao mesmo tempo que lançavam olhares nervosos para a plateia. O que pensar de John jogando os braços em direção ao céu e cantando para as nuvens, como se estivesse sob o controle de uma deidade invisível? E de seus horríveis gestos espasmódicos e batidas fora de ritmo? Uma coisa era agir de modo tão grosseiro com um público local complacente; outra coisa totalmente diferente era exibir comportamento tão chocante diante de uma plateia norte-americana já conhecida, mas não cativada por completo, como infames acontecimentos no ano seguinte atestariam. Enquanto Paul dá início à última música, "I'm Down", John se entrega à loucura. Ele se dirige ao órgão eletrônico e começa a tocar com o cotovelo, rindo de forma insana. É contagiante. Paul gira pelo palco, como se estivesse prestes a decolar, enquanto George desfaz sua característica expressão impassível e se dissolve em um vendaval incontrolável.

Depois de todas as provações, havia uma sensação palpável de que os Beatles tinham chegado ao auge. Quando um jornalista lhes perguntou se era incômodo não conseguir ouvir uma nota sequer do que a banda tocava ou cantava, John respondeu, inexpressivo: "Não, a gente não se importa. Nós temos os discos em casa."

Mais tarde, ele comentaria com Sid Bernstein, o promotor de shows que os agendou no Carnegie Hall em 1964 sem nem ao menos tê-los ouvido: "No Shea Stadium, eu vi o topo da montanha."

A aparente conclusão era de que não podia ficar melhor do que aquilo. Seria verdade? Ou a reflexão teria sido feita em tom de brincadeira? Conhecendo John…

"Getting better all the time"?[*] Ou seja, não pode ficar pior?[4]

*

Foi outra história quando eles voltaram ao Flushing Meadows um ano depois, na quarta visita e última turnê norte-americana. Não que eles fossem se lembrar, nas décadas seguintes, de terem tocado no Shea uma segunda vez. A imprecisão pode ser perdoada, já que atravessaram muitos quilômetros naquele ínterim. Haviam ingerido muitas substâncias. Que eles estivessem levando uma vida dupla também não ajudava. Lá

---

[*] "Ficando melhor o tempo todo." (N. da T.)

fora, na cena global, eles eram os Beatles de todos, os queridinhos do mundo. Em casa, era puro malabarismo, satisfazendo (ou não) as expectativas de companheiras, amigos, filhos e aproveitadores, e tentando, sem esperança, andar na linha doméstica. Paul ainda estava com sua querida ruivinha, a atriz Jane Asher, embora seus horários e as puladas de cerca de Paul os afastassem. Por fim, ele a pediu em casamento, e o noivado foi anunciado no Natal de 1967. Mas Paul continuaria a traí-la. Em julho de 1968, Jane confirmaria com pesar a Simon Dee, apresentador da BBC, que tudo estava acabado. Apenas nove meses depois, ele se casaria com a mãe solteira Linda Eastman, e o casal teria mais três crianças. Ringo casou-se com a cabeleireira Maureen, também conhecida como Mo (nascida Mary Cox, a qual conheceu em um show no Cavern Club), em fevereiro de 1965. O primeiro de seus três filhos nasceu em setembro. Seu estilo incansavelmente mulherengo, beberrão, agressor de esposa e sua ausência como pai (que ele mesmo admitiu sem rodeios), resultaria no divórcio do casal dez anos depois. Em janeiro de 1966, George juntou os trapos com Pattie Boyd, a linda modelo com quem os Beatles haviam trabalhado nas filmagens de *Os reis do iê-iê-iê*, de 1964 (ela teve uma fala de uma palavra). Mas eles não foram abençoados com filhos. George, o adúltero entusiasmado, passaria sua esposa adiante ao amigo Eric Clapton, divorciando-se dela em 1977 e casando-se com Olivia Arias, funcionária de uma gravadora, em 1978. Eles teriam um filho, nascido no mesmo ano. Enquanto isso, John ainda estava imerso na miséria conjugal com Cynthia, e fracassando espetacularmente em ser um pai para o pequeno e confuso Julian.[5]

Porque quais eram as chances de um homem infantil e disfuncional em conflito com a vida, que ficou ainda mais perturbado pela loucura dos anos dos Beatles, ser um bom pai e marido? Bem pequenas, na melhor das hipóteses. Quer dizer, nenhuma. Essa era, como qualquer um podia ver, uma expectativa ousada demais para um cara imaturo e desajustado, cuja adoração de milhões de fãs lhe subira à cabeça, e que não entendia muito bem, para início de conversa, quem realmente era.

John tinha 25 anos quando convidou a amiga jornalista Maureen Cleave para conhecer sua grande "casa de João e Maria", com painéis de madeira ("Vou ter minha casa de verdade quando souber o que quero") na arborizada Weybridge, com um bando de fãs no local para cumprimentá-la nos portões e apresentá-la ao castelo de carpetes felpudos de John. Ele a impressionou com sua sala de jantar roxa, seus livros — clássicos em capa de couro, a série literária *Just William*, prateleiras e mais prateleiras de títulos obscuros —, adega, carros de luxo, itens inusitados — uma fantasia de gorila e armaduras —, uma Bíblia gigante, um grande crucifixo com a inscrição "IHS" (um Cristograma para "Jesus Cristo") e uma gata chamada Mimi, adivinhe em homenagem a quem? Ele lhe ofereceu um raro vislumbre de sua invejável (leia-se: "em suspenso") vida particular. A astuta entrevistadora observou em seu impressionante artigo que os vários bens pessoais de John agora pareciam ser donos *dele*. O que ele andava fazendo naqueles dias, desde que a turnê mais recente havia acabado? Assistia à televisão, lia — livros sobre as religiões do mundo, incluindo, mas não se restringindo, ao estudo sobre alucinógenos de Timothy Leary (baseado no *Tibetan Book of the Dead*), e o best-seller *The Passover Plot*, de Hugh J. Schonfield, com sua controversa premissa de que Jesus Cristo foi um mero mortal que usava seus discípulos para ajudá-lo a forjar milagres — e tocava discos e mais discos. Ouvia a querida música indiana de George, que evidentemente exercia um efeito profundo sobre ele. Dormia. Consumia alucinógenos (esta parte ele não disse); e dava pouca atenção ao filho de três anos. Ele e seu motorista levaram Maureen de volta a Londres, deram uma passada na casa de Epstein, fizeram mais compras — afinal, o que mais uma celebridade multimilionária faz quando está de folga, entediada e a poucos metros da Bond Street? — e bateram um papo rápido sobre felicidade doméstica e a segunda vinda de seu pai, Freddie Lennon, John revelando opiniões levemente controversas sobre isso, aquilo e nada em particular, apenas para jogar conversa fora.

No contexto de um bate-papo casual entre dois jovens influentes que, segundo boatos, também estavam tendo ou tiveram um caso — é *claro* que sim; uma jovem jornalista não poderia ter arrumado uma entrevista tão exclusiva só porque era boa em seu trabalho —, não havia nada com que se preocupar em relação aos comentários de John. A entrevista de

Cleave foi publicada no *Evening Standard* em 4 de março de 1966, sob a manchete "Como vive um Beatle? John Lennon vive assim", e subtítulo "Em uma colina em Surrey… Um homem jovem, famoso, rico e à espera de alguma coisa". O subtítulo acertou na mosca.

Não houve nenhuma reação de surpresa ou reprovação. Nenhuma reclamação foi endereçada ao editor. Apenas quando uma inócua passagem de sete linhas foi extraída do jornal e citada fora de contexto na edição de 29 de julho da *DATEbook* — uma revista norte-americana radical e abrangente, já familiar aos Beatles e sua equipe de assessoria, que não costumava sobrepor histórias sociopolíticas com matérias do showbiz — é que as coisas começaram a dar errado; foi quando a região majoritariamente protestante dos Estados Unidos, conhecida como Cinturão Bíblico, ficou furiosa, acusando John de blasfêmia e efetivamente pedindo sua cabeça. Isso aconteceu a poucos dias do início de uma grande turnê dos Beatles pelo país. Imagine o caos: dezenas de estações de rádio em um trecho de mais de três mil quilômetros, de Nova York a Utah, banindo seus discos. Fogueiras públicas de seus vinis, livros e mercadorias, nas quais algumas lojas despejaram todo o estoque de produtos dos Beatles. DJs e outros influenciadores de jovens e de pessoas de mente estreita, manipulável, incitando a revolta contra esses fracassados, decadentes, que claramente não eram o que aparentavam ser. Construíram seu sucesso para depois derrubá-lo. A repercussão parecia extensa, furiosa e fora de proporção em relação ao "crime": Expulsem os Beatles! Beatles, vão embora! Jesus morreu por você, John Lennon! — as agressões direcionadas a eles e "ao que representavam" se elevaram a níveis doentios. O Ku Klux Klan, composto de supremacistas brancos cheios de ódio, entrou na onda com suas ameaças corriqueiras de violência e morte. Até Cyn passou a ser intimidada por centenas de cartas que chegavam a sua casa. Quem não temeria pela própria vida diante de tanta hostilidade e repugnância?

O comentário ofensivo que se espalhou por toda parte?

"O cristianismo vai passar. Vai encolher e sumir. Não preciso de argumentos; estou certo e vou me provar certo. Somos mais populares que Jesus agora. Não sei qual dos dois vai acabar primeiro, o rock'n'roll ou o cristianismo. Jesus era bom, mas seus discípulos eram estúpidos e banais. Foram as distorções deles que arruinaram a coisa para mim."

No Reino Unido, nada de mais. O *Standard* não considerou a fala alarmante o suficiente para transformar as palavras de John em uma citação de destaque. O restante da Fleet Street ignorou o comentário. Entrou por um ouvido e saiu pelo outro. Não foi, por si só, uma observação absurda. Embora os cidadãos britânicos, na maioria, ainda se casassem e fossem sepultados em igrejas anglicanas, e embora muitos declarassem que sua religião era a "C of E" (Church of England, ou Igreja da Inglaterra) ao preencherem formulários, a Grã-Bretanha não era, naquela época, uma nação de religiosos fervorosos. Muitas figuras de destaque tiravam sarro do clero, incluindo Peter Sellers, que John admirava. A igreja parecia, na melhor das hipóteses, um anacronismo, sem nada a oferecer à geração mais jovem.

Nos Estados Unidos, porém, era outra história. John ficou genuinamente perplexo com a reação por lá. Embora se mostrasse insolente diante das acusações, ele estava apavorado com a ideia de que alguém fosse lhe "descer o sarrafo" assim que os Beatles pisassem novamente nos Estados Unidos. Mesmo assim, recusou-se a se render aos comandos de redução de danos de Brian Epstein — tomado por uma gripe — para se desculpar profusamente, em uma tentativa de acalmar os ânimos. Coube ao debilitado empresário organizar uma coletiva de imprensa no American Hotel, em Nova York, para a qual convidou a imprensa internacional e leu em voz alta uma declaração aprovada a contragosto por John.

A partir do momento em que os Beatles aterrissaram, pessoas próximas observaram que ele emanava uma raiva assustada que claramente estava lutando para conter. Isso fez com que suas respostas às perguntas sobre O Assunto parecessem carregadas de falsidade e má vontade. Em Chicago, por exemplo, cidade programada para abrir a turnê em 12 de agosto com dois shows no antigo International Amphitheatre, John respondeu inquieto: "Minhas opiniões são formadas apenas a partir daquilo que leio e observo sobre o cristianismo, o que ele foi e o que tem sido, ou o que poderia ser. Só me parece que ele está encolhendo. Não estou criticando ou dizendo que é ruim. Estou apenas dizendo que ele parece estar encolhendo e ficando para trás."

Eles não iam deixar que John se safasse dessa. Não importava para onde as perguntas pudessem seguir, sempre havia um repórter indesejado pronto para entrar em cena e levar o assunto de volta ao escândalo. Os mais agressivos o interrogavam sobre a questão repetidas vezes, como se quisessem pegá-lo na mentira, fazê-lo dizer algo infame para abrir a ferida. Caça ao Lennon, que esporte! Para crédito de John, ele se agarrou ao seu temperamento. Ainda assim, a tempestade em copo d'água (como Epstein se referiu ao episódio na *NME*) prosseguiu. Porque, apesar de uma minoria ter sido responsável pelo protesto, a cobertura irresponsável da mídia o ampliou a ponto de se tornar uma afronta à maioria e fazer com que a situação parecesse muito pior do que era. Enquanto isso, a população madura dos Estados Unidos olhava para "as crianças" com ar de superioridade, dizendo "tsc, tsc, nós bem que avisamos". E, no fim das contas, John chegou a pedir desculpas. Ele pronunciou as palavras. As águas se partiram. A raiva enfraqueceu. O show continuaria.

Apesar dos relatos de que o retorno dos Beatles ao Shea Stadium em 23 de agosto de 1966 foi um "fracasso" e que onze mil assentos ficaram vazios, eles ainda venderam mais de 45 mil ingressos. Que grande decepção. Além de alguns outros grupos já esquecidos, eles foram acompanhados pelas Ronettes. John sempre quis que Ronnie,[6] a atraente vocalista principal, fosse seu amor, como na canção do trio, e, como ela mais tarde confessou, sentiu-se muito tentada. Não que Cyn fizesse alguma ideia. Eles tocaram onze músicas, incluindo "Day Tripper", "I Feel Fine", "Nowhere Man", "Paperback Writer" e "Long Tall Sally". Os rapazes pulavam, pareciam animados o suficiente, cantavam e suspiravam, impressionavam com as canções, encantavam as choronas e seguiam todo o roteiro. Ou melhor, se arrastavam por ele. Porque o estrago estava feito. Daquele momento em diante, seus dias de turnê estavam abertamente contados. Todos os envolvidos sabiam que as coisas jamais seriam as mesmas.

A questão é que John estava certo. Como observou após o fim da arriscada turnê, quando teve condições de fazer um balanço do senso comum com a sabedoria de quem olha em retrospecto: "Eu disse que éramos mais populares que Jesus, o que é um fato. Acredito que Jesus estava certo, que Buda estava certo, que todos esses caras estavam certos. Todos eles dizem a mesma coisa, e eu acredito. Acredito no que Jesus de fato disse — as coisas básicas que estabeleceu sobre o amor e a bondade —, e não no que as pessoas *afirmam* que ele disse."

"Provavelmente eu era jovem demais para ter noção do impacto da declaração 'Beatles mais populares que Jesus' na época", diz a reverenda cônega Dra. Alison Joyce, reitora da St. Bride's Church, a igreja dos jornalistas na Fleet Street, em Londres.

"Agora que penso a respeito, os Beatles de fato tinham um alcance global sem precedentes, e ele descreveu aquilo em termos deliberadamente provocativos (eis a audácia da juventude!), mas como os cristãos podem ter se ofendido com uma afirmação dessas? A fé cristã é muito mais sólida do que qualquer comentário depreciativo que possamos fazer sobre ela — e quanto a ser uma blasfêmia? O homem pregou Deus em uma árvore para morrer como um criminoso. Não há nada mais ofensivo do que isso. Meras palavras e opiniões são totalmente irrelevantes em comparação.

"Eu não acredito, e nunca acreditei, que John Lennon estivesse tentando competir com Deus. Assim como a maioria das pessoas, ele buscava um sentido para sua existência. Como era famoso, precisava fazer essa busca em público. Milhões de pessoas no mundo inteiro veneravam John como uma espécie de deus, talvez presumindo, a partir de suas composições, que ele tinha todas as respostas. Mas a verdade era o contrário. Ele estava à procura delas como qualquer um."

CAPÍTULO 13

# YOKO

Os cientistas chamam de "cavitação": quando uma bolha se rompe e libera uma onda de choque. Esta explosão de energia repentina produz um barulho. No fundo do mar, as milhões de bolhas minúsculas que se acumulam ao redor da hélice de um navio fazem uma batida ensurdecedora quando implodem. Um estouro após o outro, ao longo do tempo, acabam por paralisar a hélice. Talvez nunca tenhamos ouvido algo assim, mas estamos acostumados com a acústica das bolhas: o estrondo de um balão que estoura, o chiado da Coca-Cola em um copo cheio de gelo, o estouro do champanhe. Reconhecemos a ressonância. Mas, quando uma criança assopra detergente através de uma argola para soltar globos iridescentes no ar, o que ouvimos quando essas bolhas se rompem?

Nunca se ouviu o grito do homem que se afoga. Não existe grito. Existe um colapso silencioso, um lento e inaudível cair no esquecimento. Uma rendição. Um esgotamento. O som do silêncio.

Ringo, em geral o mais equilibrado dos quatro, ia na onda, aonde quer que ela os levasse. Já tivera suas hesitações, suas crises de confiança. Logo cairia fora, dizendo aos outros que tinha "saído". Ele voltaria. Paul teria ficado na estrada para sempre — o que, se analisarmos as décadas desde então, foi basicamente o que fez. George foi transparente: já vivera tudo que tinha para viver, mas estava à espera do fim. Mas o fenômeno dos Beatles estava acabando com John. Era um parasita. Arrastava-se por sua epiderme e entrava em seus miócitos. Estava invadindo seu coração.

A última apresentação ao vivo, em 29 de agosto de 1966, no Candlestick Park, à época sede do San Francisco Giants, não foi anunciada como o derradeiro show dos Beatles.[1] Apenas acabou sendo o último. Conforme sua caravana atravessava os Estados Unidos, parecia haver problemas e desafios, bombas e conflitos aonde quer que fossem. A energia deles enfraquecia à medida que o entusiasmo diminuía. Em alguns destinos, temiam pela própria vida. Não era mais "a mesma coisa". Como poderia ser? No lendário centro da corrida do ouro, a cidade junto à baía, não tiveram uma recepção deslumbrante. Embora o estádio comportasse 42.500 pessoas, o público chegou a pouco mais da metade. O elenco de apoio novamente contou com a efervescente Ronnie e suas "ettes". O vento bateu, a neblina baixou, e um frio sinistro pairou no ar. Os rapazes festejaram nos bastidores com artistas velhos e novos e com Joan Baez, como se estivessem relutantes em sair dali e levar o show adiante. Eles saíram para apresentar a saideira quase às 21h30 daquela noite. Resignados e aliviados por ser a última vez, pegaram a câmera para capturá-los com a plateia ao fundo, para a posteridade. A bolha estourou, não com um estrondo, mas com um suspiro.[2] Dez anos. Era o suficiente. Homem ao mar! John pegou o colete salva-vidas. Sufocou até chegar à superfície. Remou até a praia.

"Os Beatles" haviam consumido aquilo que o querido e dissimulado Paul sempre amou chamar de "boa e velha bandinha de rock'n'roll", enquanto se vangloriava em silêncio de toda a glória (pois pode muito bem fazê-lo). Porque "os Beatles" não eram quatro pessoas separadas. Eram um conceito, uma criação, um ideal. Como nunca foram do mundo real, não teriam futuro como uma entidade em turnê. Eram incapazes de se tornarem os Rolling Stones, que ainda rodam o mundo feito tanques enferrujados sem uma guerra para ir, mandando ver nas mesmas músicas de sempre (porque ninguém quer ouvir as novas).

Pulando, agitando, provocando, brilhando, essas criaturas septuagenárias cujos rostos parecem ter saído do micro-ondas, mas que ainda exibem a energia de eternos jovens de trinta anos, têm apenas um papel: alimentar o público mais velho viciado em reviver a juventude com a nostalgia de suas canções clássicas. Os Beatles representavam o novo, o moderno, as reinvenções sem fim. O sentimentalismo teve seu lugar, como fica evidente em muitas de suas canções mais queridas. Mas somente em um contexto de evolução constante e como um complemento à criatividade incansável e de tirar o fôlego. Eles eram sinônimo de ultrapassar limites e se superar. Nunca permanecer igual. Como resultado, veio a desintegração. Aposentar-se das turnês ao vivo foi vital para a sobrevivência do grupo, tanto como músicos quanto como indivíduos. Para John, foi crucial, uma questão de vida ou morte. Assim como o grupo consumiu a rebeldia roqueira de Lennon, a Beatlemania sufocou o Beatle. O último que sair apague a luz. Não se esqueça de trancar a porta.

E agora?

O que mais? De volta ao estúdio para focar nas composições. Para ser mais específico, o tipo de música que se poderia sentar e ouvir, absorver, maravilhar-se, sentir-se iluminado. Naquele tempo, isso não poderia ser reproduzido ao vivo com facilidade.

*

O psiquiatra Cosmo Hallström, que vivenciou o fenômeno dos Beatles como um jovem estudante de medicina em Liverpool, pensa sobre John nessa encruzilhada significativa.

"Aí está ele, esgotado, irritado, confuso. Ele é também uma pessoa bastante importante, ainda dentro de uma bolha, apesar de a bolha parecer já ter estourado, e ninguém faz frente a ele. Então, surge uma pessoa que é imune à sua arrogância. Que tem ideias diferentes. Que vem de outra cultura e, portanto, vê o mundo de modo diferente. E é por *ela* que ele se apaixona. Ela é a única pessoa que sobressai, com quem ele se identifica. Ela é quase o exato oposto de sua esposa, Cynthia, e é uma mulher de seu tempo.

"A conexão entre John e Yoko foi imediata, e a mensagem do casal era muito simples. Era o conceito hippie de *amor*. Paz, amor, agradável, bidimensional. Cores bonitas, beleza, felicidade — ao contrário dos relacionamentos intensos, confusos e debilitantes que ele tivera com outras pessoas, sobre os quais escrevia canções, mas não conseguia compreender.

"Suspeito que eles realmente tiveram uma conexão profunda, poderosa e arrebatadora, que duraria para sempre", avalia o Dr. Hallström. "Não era simplesmente desejo ou paixão. O conceito de amor — entrelaçar-se a outra pessoa para sempre, que é o alicerce de tantas formas de música, arte e literatura — é biologicamente programado. É característico dos seres humanos buscar um companheiro. Os cisnes arrumam um parceiro para a vida inteira, e de repente isso se torna um poder superior, algo místico. Como não é o que acontece com a maioria dos animais, valorizamos aqueles que se comportam como tal. Sentir-se atraído por um companheiro de longo prazo é uma necessidade inata do ser humano."

De todos os mistérios da vida, Cosmo é franco: o amor e a atração são os "Grandes".

"A sociedade também gosta de conformidade", aponta ele. "Existe uma pressão cultural para encontrar um par, assim como toda aquela história dos olhares que se cruzam em um ambiente: o encontro da Pessoa Certa. John Lennon era um homem altamente sexual que, graças à sua posição, tinha a habilidade de arrumar garotas no mundo inteiro. 'Aproveite enquanto pode' é o que move os homens — mesmo que sua esposa esteja na festa. As pessoas aprontam todo tipo de absurdo, testando os limites dos relacionamentos. Lennon era um homem egoísta e egocêntrico que encontrou seu par ideal. Quando isso lhe aconteceu, foi como a explosão de uma bomba. Seu mundo saiu do eixo. Tudo mudou."

\*

Os jornais diziam que ela fez sua cabeça. Fãs e estudiosos discutiriam por décadas e mais décadas, em todas as épocas e localidades, se ela era indiferente ao fato de ele ser um Beatle ou se o mirou por causa disso. Ela realmente o convidou a pagar pelo privilégio de pregar um prego, por assim dizer, em uma exposição com suas próprias obras e instalações na Galeria Indica, em Londres, dia 9 de novembro de 1966? E será que ele respondeu que pregaria um prego imaginário sem ter que coçar o bolso (viu o que ela fez aqui?)? Detalhes. Isso já aconteceu antes, milhões de vezes: duas pessoas casadas, casadas com outras pessoas, que ficam frente a frente e se apaixonam. Linha e anzol. Em uma fração de segundo, a suspeita de que está tudo acabado. Agora está. Hoje em dia, talvez eles se encontrassem, fossem atingidos pelo raio, passassem os olhos pelo recinto toda vez que o outro sumisse, disparassem tuítes ou mensagens de texto sugestivos a caminho de casa: "Só queria que soubesse que não penso em você há muitos segundos." Isso vazaria nos jornalecos, seria usado no tribunal como evidência, e talvez levasse até a recriminação e divórcio. O que, com exceção da tecnologia (eles escreviam cartas e se telefonavam naquela época), foi meio que o que aconteceu.

*Oh, Yoko. No meio de um sonho.* Exceto que o de John foi um pesadelo. Leia-se: casamento sem amor, desapego irremediável, pressão demais, gente demais, jatos, loiras, morenas, arrependimentos, tiques nervosos, ameaças de morte. Você sabe, *ele precisa de alguém. Help!* Vida doméstica? *Que* vida doméstica? Não estava funcionando. Ele estava afundando. Veja só, o homem se afogando de novo. Yoko mergulhou para salvá-lo.

A mãe que havia se casado duas vezes não era, como a representam, uma desconhecida em busca de um ganha-pão. Nascida no Japão, graduada em Nova York, com duras lembranças da Segunda Guerra Mundial e da dizimação de Tóquio, seus olhos se arregalavam tanto de horror quanto de esperança. Ela era uma artista conceitual de vanguarda, antenada e respeitada, com reputação e seguidores: se não estava à altura dos Beatles, em termos financeiros, estava ao menos a um nível impressionante o suficiente em sua própria esfera profissional. Ela era participante ativa do Fluxus, um movimento internacional dos anos 1960 que acolhia artistas de todas as partes e de todas as disciplinas. Ela era notável, exótica, culta, original. Tinha inclinações pacifistas radicais e era uma feminista politizada. Falava com calma e inteligência. Mesmo arrastando-se pelo recinto, irradiava uma aura mística. Em todos os aspectos, para uma mulher como Cynthia, ela era uma ameaça. O ponto de vista de Cyn era fatalmente míope:

"John encontrou Yoko quando precisava, apenas duas semanas após o início de seu período de luto por Alma Cogan. Ela era uma fã obsessiva que aparecia e o seguia para lá e para cá. No início, ela irritava John absurdamente. Mas Alma morreu, e algo estranho aconteceu com ele. As coisas mudaram. Yoko deve ter visto uma oportunidade e aproveitou a chance. Era ela quem mandava no pedaço, e passaria a controlar e dominar John pelo resto de sua vida.

"Assim, Yoko se tornou a nova tia Mimi de John", disse-me Cyn. "Ela sacou o que John precisava em uma mulher, bem debaixo do meu nariz, e se reinventou."

A respeito disso...

Yoko tinha 33 anos, e John, 26. Não é como se Yoko estivesse com uma *geta* na cova.³ Mas, naquela época, mesmo uma mulher até um ou dois anos mais velha que seu companheiro já era motivo para julgamentos. John, inabalável, ficou intrigado. Seu apetite foi aguçado. Um cara que poderia ter qualquer mulher que desejasse foi querer essa daí? *Putz*. Para ser justa, Keith Altham tinha razão: poucas fotografias fizeram jus a ela. Mas algumas das filmagens são surpreendentes. A silenciosa Yoko exala um charme tímido e hipnotizante. Os closes, através de sua cortina de cabelos grossos e pretos, revelam sua pele límpida, seus traços perfeitos e um sorriso tímido. Seu estilo é preciso e minimalista. Ela só tem olhos — profundos — para John. Ao público, foi vendida como uma bruxa, uma vagabunda que perseguiu o Beatle, arruinou seu casamento, partiu o coração de Cyn, privou Julian de seu pai e destruiu o melhor grupo do mundo. Mas, adivinhe só, os Beatles já estavam destruídos. Como Ringo refletiu na série *Anthology*, um casamento nunca termina de uma hora para a outra. São muitos anos de sofrimento para que as coisas cheguem ao estopim. Ele se referia à banda.

Quando criança, Yoko escrevia desejos em pedaços de papel, ia até o templo e os amarrava em galhos de árvores. Muitas pessoas faziam o mesmo no Festival das Estrelas, evento anual no Japão. As árvores dos pátios dos templos se enchiam de pedidos, que a distância pareciam um grande nascer de flores brancas. A antiga tradição xintoísta seria recorrente e influente em sua arte ao longo de sua vida. Como ela diria um dia: "Todos os meus trabalhos são uma forma de desejo."

Será que ela compartilhou com John suas lembranças da herdeira norte-americana Peggy Guggenheim, a "amante da arte moderna"? Embora se saiba que Yoko conheceu Marguerite Guggenheim, a socialite boêmia, multimilionária, sexualmente voraz e 35 anos mais velha "durante os anos 1960", e que continuaram amigas até a morte de Peggy, em 1979, eu me pergunto se Yoko chegou a abrir o jogo sobre a noite em que sua filha Kyoko foi concebida.

Guggenheim, que fez amizade e financiou Pablo Picasso, Man Ray e Salvador Dalí, além de ter descoberto Jackson Pollock, viajou para o Japão com seu amigo, o compositor de vanguarda e teórico musical John Cage, em 1956.

"Ele [Cage] foi convidado pelo Master of Flowers para se apresentar em diferentes cidades", relembrou Peggy em sua autobiografia, *Out of This Century: Confessions of an Art Addict*. "Eu o segui por toda parte. Não posso dizer que gosto de sua música, mas fui a todas as apresentações. Yoko Ono (à época com 23 anos) foi nossa guia turística e tradutora, e também participou de uma das performances. Ela era extremamente gentil e eficiente, e nos tornamos ótimas amigas. Era seguida para cima e para baixo por um rapaz americano chamado Tony Cox, que havia ido ao Japão para encontrá-la, mesmo sem conhecê-la. Ele vinha em todas as nossas viagens, embora o marido dela, um ótimo compositor, também estivesse conosco."

O marido era Toshi Ichiyanagi, que havia estudado com John Cage. Então, onde ele estava?

"Éramos um grupo grande, e tínhamos nosso próprio fotógrafo particular", disse Peggy. "Deixei que o tal de Tony dormisse no quarto que eu dividia com Yoko. O resultado foi uma linda bebê meio japonesa, meio americana, que Tony mais tarde roubaria [...]."

*

A vida é curta, a arte é longa. Nove anos depois, foi John Lennon, não Peggy Guggenheim, que se tornou patrocinador de Yoko Ono, quando aceitou financiar sua nova exposição individual na Lisson Gallery, em Londres. Será que Cynthia questionou as intromissões dessa curiosa intrusa? Certamente. Será que John alegaria não saber de nada e inventaria a desculpa de que era uma "esquisitona" atrás de dinheiro? Sim. O que Cynthia poderia fazer? Seu sexto sentido a importunou, mas não o bastante.

*

Por vezes, já pensei em Yoko como a guru que deu certo. Em uma eterna busca por respostas e sempre carente de um salvador, John valorizava um guru acima de tudo. Ele sentia-se atraído pela próxima moda, pela mais nova causa, por qualquer mortal que apresentasse habilidade e confiança insuperáveis. Para um homem que se via como um cético experiente, ele podia ser incrivelmente ingênuo. Observe o modo como caiu no papo de "Magic Alex" Mardas, o jovem grego, mago da tecnologia, que o seduziu com equipamentos luminosos e prometeu construir um estúdio de gravações futurista para os Beatles, mas falhou espetacularmente. O terapeuta primal Arthur Janov logo o veria se aproximar, e lhe faria mais mal do que bem. No caso do Maharishi Mahesh Yogi, líder do Movimento de Regeneração Espiritual, sua ponte para os Beatles foi a inocente esposa de George, Pattie. Depois do show em Candlestick Park, os Harrison se refugiaram em Mumbai por seis semanas, hóspedes do ícone indiano da cítara, Ravi Shankar, que ensinou George a tocá-

-la. Eles flutuaram até a Caxemira, fazendo mudanças radicais em sua rotina alimentar e de exercícios, tornando-se vegetarianos e devotos da yoga. De volta a Londres, Pattie tentou aprender a meditar sozinha, mas não conseguiu, e juntou-se ao movimento do Maharishi em busca do segredo. Quando o Maharishi aterrissou em Londres para promover seu retiro de Meditação Transcendental em Bangor, no norte do País de Gales, com uma coletiva de imprensa no Hotel Hilton, Pattie e George convenceram Paul, Jane e Ringo a comparecerem... este último sem Maureen, que havia acabado de dar à luz e ainda estava no hospital. Cyn também ficou em casa, tomando conta de Julian. Ela chegou a viajar para o País de Gales, mas perdeu o trem e teve que ser levada até lá por Neil Aspinall, ocorrência que mais tarde consideraria ter sido um indício da decadência de seu casamento. Por que John a deixou lutando com as malas e embarcou no trem sem ela? Exatamente. Mick Jagger e Marianne Faithfull também foram. Foi em Bangor que os Beatles receberam uma entusiasmada imprensa para fazerem uma declaração pública de sua rejeição às drogas... apenas algumas semanas após terem feito campanha a favor da legalização da maconha.

E Brian Epstein foi o guru original, criando, a partir de um quarteto de rock'n'roll rudimentar, artistas de primeira linha que dominaram o mundo — sem que tivesse experiência prévia ou um currículo. John se submetia à autoridade e à superioridade do "Príncipe do Pop" de tal maneira que permitiu que ele apagasse todo seu estilo roqueiro. Brian esteve à frente da vida dos Beatles e de suas famílias durante seis anos. O casamento de John e Cyn, seu primeiro lar, a mudança de Liverpool para Londres; o desbravamento dos Estados Unidos, a transformação dos Beatles na maior banda do mundo, o jogo de cintura com a crise envolvendo Jesus, o cuidado para mantê-los vivos: Brian foi o diretor de tudo. Das outras três famílias dos Beatles também. Ninguém poderia tê-los servido com mais diligência nem os defendido de modo mais implacável. Ele cultivou, cuidou, protegeu, projetou, embalou e promoveu seus garotos com uma devoção que beirava a adoração. Ele os amava incondicionalmente, como se fossem seus próprios filhos, embora fosse poucos anos mais velho. No entanto, costumava evitar os estúdios de gravação. Ele tinha o hábito de deixar a música por conta dos rapazes e do produtor, George Martin, com plena noção de que nada tinha a oferecer nesse quesito. Agora que os Beatles tiraram o pé da estrada, agora que deixaram de ser uma banda em turnê para se dedicar "apenas" aos discos, para que ele serviria?

CAPÍTULO 14

# AREIA MOVEDIÇA

Goethe disse: "É um grande erro acreditar em alguém mais do que se é, ou menos do que vale."[1]

John era culpado de ambos. Se por um lado tinha plena certeza de sua superioridade criativa, por outro, temia ser uma fraude que seria desmascarada. Aquela maldita síndrome do impostor, ela aflige até os melhores. Uma força dominante no palco, a voz de John dava bastante trabalho no estúdio, embora muitas vezes ele reclamasse que odiava o modo como cantava. John fazia o produtor usar a técnica de *double-tracking* naquela que já era amplamente considerada uma das melhores vozes do rock e adotar todo tipo de magia técnica possível para "fazê-la soar melhor". "Não dá pra abafá-la com um pouco de ketchup ou algo assim?", disse certa vez a George Martin. O gentil cavalheiro, que talvez tenha se sentido tentado, conseguiu se conter.[2]

Que produtor foi tão longe para capturar a magia, interpretar a genialidade e extrair brilhantismo único? Com paciência inesgotável, George cutucou por cada canto de seus talentos, trouxe à tona pedras preciosas e as poliu até atingir a perfeição sonora. Ele se deleitava em silêncio com a fertilidade e a produtividade dos rapazes. Talvez ninguém, a não ser ele, pudesse ter sido capaz de traduzir, aperfeiçoar e elevar as músicas dos Beatles a níveis sem precedentes de excelência gravada. Mais ninguém tinha a chave para o núcleo criativo do grupo. George ganhou pouco mais do que um respeito relutante e um reconhecimento indiferente de John, cujos sentimentos pós-Beatles apodreceram de ressentimento. John passaria a subestimar e então a insultar a contribuição de George. Chegaria ao ponto de arruinar uma noite agradável ao destilar veneno no jantar, como fez certa vez em Nova York, arrasando seu companheiro com o insulto de que, se as coisas fossem do jeito que ele queria, voltaria atrás e regravaria todas as últimas músicas dos Beatles. "*O quê*, até 'Strawberry Fields'?", exclamou George, instintivamente defendendo a sublime criação de John. "*Especialmente* 'Strawberry Fields'", grunhiu John. Ele não se conteve.

George deixou para lá. Como explicou, nenhum dos Beatles se preocupava muito em distribuir elogios a quem merecia.

"Então", observou em seu livro de memórias, *All You Need is Ears*, "eu nunca esperava isso deles. Eles tinham um lado independente e obstinado, não davam a mínima para ninguém, o que foi uma das coisas de que gostei neles em primeiro lugar, e um dos fatores que me fizeram decidir contratá-los."

*

Embora as primeiras canções fossem básicas e pouco sofisticadas, Paul e John aprenderam depressa. Aprenderam com o trabalho. Em 1963, sensibilidade e sofisticação já começavam a dar as caras, em particular em suas harmonias. À medida que a experiência de vida se expandia e que se tornavam mais antenados com suas emoções, eles ganharam mais confiança para refletir e expressar seus sentimentos nas composições. Martin, sempre modesto, estava convencido de que praticamente qualquer produtor teria sido capaz de extrair do material dos Beatles, naqueles primeiros dias, gravações com credibilidade e potencial de vendas. Com o lançamento do álbum *Help!*, em 1965, as coisas começaram a mudar. A composição crucial foi "Yesterday". George não se deu conta na época, mas, em retrospecto, pôde ver com clareza que, a partir dessa canção: "Comecei a deixar minha marca na música, foi aí que passou a emergir um estilo que em parte vinha da minha produção."[3]

Foi em "Yesterday", disse ele, que os Beatles experimentaram pela primeira vez. Foi quando começou a orquestrar as músicas dos Beatles, quando eles se tornaram receptivos à inclusão de outros músicos e instrumentos. Até então, somente os quatro, com o apoio do próprio George no piano quando necessário, faziam parte da rotina. "Yesterday", segundo George, poderia soar ainda mais dilacerante com o acréscimo de um melancólico quarteto de cordas. Ele levantou a sugestão, e assim foi feito. Ainda com o empecilho das técnicas de gravação elementares da época, eles mesmo assim conseguiram transformar as "regras" da música pop e produzir ideias muitas vezes instigantes e surpreendentes. Encorajados por possibilidades aparentemente infinitas, os rapazes abraçaram as habilidades de seu produtor e de seus engenheiros de som, e se permitiram ser guiados dali em diante. As ideias brilhantes eram de John e Paul. George, sábio, respeitava. Ele trabalhava para realçar o que havia de melhor nelas.

Mais tarde, George descreveria os Beatles como os Cole Porters e os George Gershwins de seu tempo. Quando um comentarista ousou compará-los a Franz Schubert, o compositor clássico austríaco com uma vasta obra em seu breve tempo de vida, os opositores ridicularizaram tamanha pretensão. George defendeu a comparação, observando que a produção prolífica dos Beatles era a síntese e a personificação de sua própria era, assim como a de Schubert havia sido. A música dos Beatles era um produto de seu tempo, ressoava com sua geração e tornou-se sua trilha sonora permanente. Sua ascensão subsequente pode tê-la tornado eterna. Será? *Tomorrow never knows...*

\*

A passos largos. *Revolver*, gravado entre abril e junho de 1966 e lançado no início de agosto, foi o último álbum dos Beatles antes de tirarem o pé da estrada. Eles exploraram ao máximo as mais modernas tecnologias e novas técnicas, incluindo o uso de microfones próximos à bateria e gravações reversas, para ostentar músicas tão diversas quanto "Eleanor Rigby", "And Your Bird Can Sing", a freneticamente drogada "Doctor

Robert", "Here, There and Everywhere" — inspirada em "God Only Knows", a qual, ironicamente, Brian Wilson foi instigado a compor enquanto ouvia o *Rubber Soul* — e a hipnótica, ameaçadora, multifacetada e estonteante "Tomorrow Never Knows". Um crítico alucinado detectou um "filtro que fez John Lennon soar como Deus cantando através de uma buzina". George estabelece suas credenciais como compositor com "Taxman", "Love You To" e "I Want to Tell You". O álbum é complexo, psicodélico, multicultural. As cítaras tomam conta. Afastando-se do amor como tema, o assunto do álbum varia. É espirituoso e movido por substâncias, notavelmente por parte de John e George, que faziam experimentações entusiasmadas com o LSD, enquanto Paul se limitou, ao menos naquele momento, à maconha e seus amigos artistas. As influências são muitas e diversas, de Bob Dylan e Ravi Shankar até os supracitados Beach Boys. O projeto igualou os dois principais compositores, mas também expôs divergências. *Revolver* foi revolucionário? *Bem, você sabe, todos nós queremos mudar o mundo.* Abalou as estruturas do pop e subverteu os métodos pelos quais os discos eram produzidos? Podemos dizer que sim. Foi o pontapé inicial do movimento de rock progressivo dos anos 1970? Isso e muito mais deve ser verdade. O velho camarada dos Beatles em Hamburgo, Klaus Voormann, desenhou a notável capa. Ele ganhou um Grammy por seu trabalho. E nunca deixou de responder perguntas sobre ela.

*

As doze ocupações consecutivas no topo das paradas foram o terreno fértil para uma até então inimaginável série de álbuns que cristalizaram para sempre a importância dos Beatles no panteão. O paradoxo é que, ao longo da criação de *Sgt. Pepper's Lonely Hearts Club Band*, da trilha sonora de *Magical Mystery Tour*, do "Álbum Branco", *Yellow Submarine*, *Abbey Road* e *Let It Be*, a banda em si estava se desintegrando. Não que houvesse algo de sinistro em relação a isso. Não era como se o mundo estivesse vindo abaixo graças à dissolução de casamentos ou relacionamentos entre membros da banda, como no caso de, digamos, Fleetwood

Mac ou ABBA. Sim, havia mulheres envolvidas, mas não no sentido de ameaça. Nenhuma mulher jamais conseguiria se infiltrar naquela estrutura invencível e convencer qualquer um deles a desistir e cair fora, a menos que o Beatle em questão *quisesse* que ela o fizesse. O mais passivo dos observadores pode ver como eles eram arrogantes, chauvinistas e orgulhosos. Eles ditavam as regras. Nem Yoko, nem mesmo Linda, poderia exercer o nível de influência necessário para detoná-los. A menos que algo do tipo fosse expressamente desejado. Muito se escreveu e se fofocou sobre o assunto na época. Muitas das inúmeras agressões direcionadas a Yoko eram gratuitamente machistas e racistas. Mas a situação era mais complicada do que uma simples história do tipo garoto conhece garota, garoto se apaixona, garoto abre caminho, enquanto garota pisoteia o castelo de areia do garoto. Não seria mais provável que John, que buscava desesperadamente uma escapatória, tenha usado Yoko como bode expiatório para se retirar da banda? Talvez ela estivesse envolvida no esquema. Talvez tenham planejado juntos. É totalmente possível que ela estivesse contente em assumir a culpa, se este fosse o preço para aliviar a saída de John. Especialmente se considerarmos que ele próprio, o maior de todos os astros do rock, seria sua recompensa. Forçação de barra? Ela não vai nos dizer. No entanto, tudo pode acontecer.

Há também o óbvio. Os rapazes cresceram. Isso teria que acontecer de qualquer maneira. Eles estavam amadurecendo por fora e naturalmente se afastando, desprezando a dependência dos amigos de infância. Eles tinham famílias, outras prioridades, conflito de interesses. Não dava para ser Clube do Bolinha e dane-se o mundo para sempre, muito embora talvez desejassem secretamente que sim. No episódio final da série *Anthology*, Paul comparou a situação dos Beatles àquela dos companheiros de exército que seguem caminhos diferentes após a desmobilização, referindo-se à velha canção "Wedding Bells": "Those wedding bells are breaking up that old gang of mine."[4*] Assistir à entrevista novamente, após todos esses anos, me fez lembrar de seu xará, o apóstolo Paulo, que refletiu, cerca de dois mil anos antes:

---

* "Esses sinos de casamento estão acabando com a minha velha turma." (N. da T.)

"Quando eu era criança, falava como criança, pensava como criança, raciocinava como criança. Desde que me tornei homem, eliminei as coisas de criança."[5]

John queria sair. Estava entediado. Ansiava por liberdade. Estava louco para trabalhar com outras pessoas. Até mesmo com Yoko — que, para o desconhecimento dos outros, trabalhava e experimentava com músicos desde antes de seus dias em Hamburgo. Em 1960, por exemplo, ela nomeou o compositor La Monte Young, o *enfant terrible* da vanguarda, como diretor musical dos concertos que apresentava em seu loft em Nova York. Young, que era fortemente influenciado pelo gagaku, a música clássica secular da Corte Imperial japonesa, e que havia composto trabalhos como textos curtos no estilo de haikus, foi diversas vezes descrito como "o mais influente compositor da atualidade". Ele e Yoko se levavam a sério. Ela não era a intrusa musicalmente ignorante que tanto os Beatles quanto a mídia agressiva presumia que fosse.

"A ruptura dos Beatles já estava em andamento antes de Yoko e Linda surgirem", afirma Klaus Voormann. "Se houve um momento decisivo, foi quando decidiram parar de tocar ao vivo. Daquele momento em diante, parecia bem pouco natural estarem juntos. Depois disso, as coisas se deterioraram muito mais depressa. A verdade é que não dá para ser uma comunidade que vive junta para sempre. Todos eles seguiram em frente. George desenvolveu um interesse pelo misticismo. Paul e John tinham vidas separadas. Yoko foi apenas a catalisadora que fez as coisas acontecerem. Ela via que John estava infeliz e cansado daquilo.

"Yoko era manipuladora? Bom, ela sabia o que John queria, e fazia com que acontecesse. Portanto, de certa forma, era. Mas, se Yoko não tivesse aparecido, teria acontecido de qualquer maneira. Talvez só levasse algumas semanas a mais.

"No fim, a situação estava bastante desagradável. Eu me lembro de estar com eles no estúdio, com Linda e Yoko também presentes, e um cochichava pelas costas do outro. Era um ambiente tóxico."

\*

A revista *Rolling Stone* classificou *Sgt. Pepper's Lonely Hearts Club Band* como "o melhor álbum de todos os tempos". Gravado entre dezembro de 1966 e abril de 1967, ele surgiu na véspera do Verão do Amor, quando cem mil hippies se dirigiram até Haight-Ashbury, em San Francisco. Alucinógenos, protestos raciais, liberdade sexual, violência, faça sua escolha. Este trabalho extraordinário foi, ao mesmo tempo, o acompanhamento e o antídoto. Seu conceito de "uma banda dentro da banda" foi a reação de Paul à fama sufocante, um recurso desenvolvido para distanciar os Beatles do fenômeno moptop. Sua mistura extravagante de música indiana, Motown, teatro de variedades, blues, pop, música clássica, rock'n'roll e algo mais impactou a concorrência — assim como *The Doors*, *Are You Experienced* de Jimi Hendrix, *The Velvet Underground and Nico* e *Their Satanic Majesties Request* dos Stones, todos lançados no mesmo ano. Paul compôs mais da metade das músicas do *Pepper*, tocou uma orquestra de câmara inteira de instrumentos e superou John como força dominante da banda. Não que a contribuição de John na obra seja insignificante. "Being for the Benefit of Mr. Kite!", inspirada em um cartaz de circo vitoriano que ele comprou em uma loja de antiguidades em Sevenoaks, Kent, enquanto a banda participava de filmagens no Knole Park, é a música que um dia escolheria como sua favorita (ou John só estava sendo do contra, uma vez que já criticara a canção antes?). "Lucy in the Sky with Diamonds", cuja ideia veio de um desenho que seu filho, Julian, trouxera da escola, é uma versão moderada de *Alice no País das Maravilhas*. "A Day in the Life" é a melhor das faixas. Por que "Strawberry Fields Forever" e "Penny Lane", ambas gravadas para o álbum, não entraram? Porque a EMI, com toda sua sabedoria, exigiu um single antecipado e conseguiu um lado A duplo. Os Beatles tinham a regra de nunca relançar em um álbum qualquer faixa que já tivesse sido vendida como single. George Martin descreveu a mancada como "seu maior arrependimento".

"Talvez seja difícil para as gerações mais jovens compreenderem a importância fenomenal do *Sgt. Pepper* quando foi lançado naquele verão", reflete Jonathan Morrish, ex-executivo da CBS e da Sony Music, assessor de Michael Jackson e, posteriormente, diretor de comunicação da Phonographic Performance Limited.⁶ "Seja lá qual for sua opinião sobre o álbum em termos de música — e ele é incrível, embora de forma alguma seja o álbum mais popular dos Beatles —, ele é, sem dúvida, o mais importante. Foi o primeiro trabalho que fizeram depois de pararem as turnês, portanto, não havia mais necessidade de montar um disco às pressas para aumentar a venda de ingressos. Foi a forma deles de dizer: 'Vamos dedicar todo nosso tempo ao álbum e voltar nossa atenção para o que é possível fazer no estúdio. Esta é a verdadeira arte, o verdadeiro ofício. E nós somos artistas de verdade.' Naquela época, as gravadoras não investiam grandes quantidades de tempo ou dinheiro na produção de álbuns. De repente, o álbum como conceito tornou-se mais importante do que o single. Isso mudou tudo e foi verdadeiramente um momento histórico. Ele também tinha uma embalagem bonita, uma capa que podíamos analisar, e foi basicamente o primeiro álbum a incluir as letras das músicas, que podíamos ler enquanto ouvíamos. Também não dava para selecionar uma faixa específica e só tocar aquela. Não havia sulcos delimitados entre as faixas do vinil. Assim, o compromisso era sentar-se por quarenta minutos e ouvi-lo de cabo a rabo. Como um disco de música clássica, era tudo uma peça única. Isso despertou a noção do pop e do rock como arte."

Os Beatles também abordavam os temas mais amplos da vida e do universo a partir de um estado de consciência mais elevado, alcançado através das drogas. Paul também passou a fazer experimentações com o LSD. Eles convidaram os fãs a uma jornada pela vida, de volta à infância em Liverpool e em meio ao cenário de seus sonhos e temores. Eles revelaram sua filosofia. Fizeram coisas que jamais haviam sido feitas. De um ponto de vista mais amplo, o álbum é um monumento que marca quando e por que a indústria da música mudou.

"A música pop passou a ser importante por si só", diz Jonathan, "e não apenas um gênero de menor importância em relação à música clássica."

O assessor Keith Altham ficou desapontado.

"O *Sgt. Pepper* foi o fim dos Beatles", lamenta. "Não eram mais eles. Foi o *Pet Sounds* deles. Tinha pouquíssimo a ver com o grupo que a gente conhecia e amava."

Patrick Humphries aponta dedos:

"Sinto que, quando Yoko surgiu, convenceu John de que tudo que ele fazia era arte, o que abarca uma infinidade de pecados", diz o autor e jornalista de música. "Ela o distraiu do emprego: mesmo com todas as brigas e os nervos à flor da pele no acampamento dos Beatles após a morte de Brian Epstein, eles eram uma *banda*, com George e Ringo felizes em ouvir Paul e John. Mas, quando Yoko entrou em cena, Lennon perdeu o interesse em fazer parte de um grupo pop. Coube a Paul carregar o fardo, o que faz de forma magnífica. Ofereço o seguinte como prova: *Sgt. Pepper* — um conceito inteiramente de Paul. *Magical Mystery Tour*, idem: um filme ruim, mas com ótimas músicas (a música-título, 'The Fool on the Hill', 'I Am the Walrus', 'Hello, Goodbye'). *Abbey Road*: Paul novamente, insistindo que voltassem a fazer um LP como costumavam fazer antes. Embora John detestasse 'Maxwell's Silver Hammer', eu sustentaria que 'I Want You (She's So Heavy)' é autoindulgência estimulada por Yoko. *Let It Be*: convicção de Paul de que, ao voltar a fazer shows, como Ricky and The Red Streaks em vez de Beatles, eles fariam dar certo. Mas Yoko destilava veneno no ouvido de John de que ele não *precisava* do grupo."

Keith concorda.

"John ficou intoxicado por Yoko", diz ele. "Sempre achei que ela não era flor que se cheirasse. Era evidente que ela tinha um tino razoavelmente bom para os negócios e um grande apetite por fama e fortuna. Sua chegada certamente aborreceu os outros três, por mais que todos tentassem amenizar a situação ao longo dos anos. Mas eu vi acontecer. John perdeu a perspectiva nos Beatles. Assim que ela entrou em cena, ele quis se desvencilhar por completo. É verdade, estava exausto de toda aquela coisa de ídolo adolescente e do fato de não terem conseguido o menor respeito como artistas ao vivo. Ele ficou ainda mais instável do que já era no início. John nunca encontrou estabilidade na vida, é claro, nem mesmo com Yoko. Ela era uma influência extremamente perturbadora. Era conspiradora e muito controladora. Não era nada fotogênica. Nas fotos, parecia uma bruxa velha. Ao vivo, era bastante atraente: seios fartos, cabelo bonito, olhos adoráveis, pele perfeita. Ela sofreu ataques terríveis da mídia, a maioria injustos. Fosse ou não tudo aquilo que se dizia a seu respeito, ela foi o grande amor da vida dele. Se era má influência, é porque John a deixou ser. Ele não era idiota. Ele *era* um chauvinista. Estamos falando de um homem que acreditava que lugar de mulher era em casa. O que nunca poderia ser dito de Yoko. Ela tinha seu espírito próprio, sua vida própria. Se foi responsável pela separação dos Beatles, não foi a pior coisa que já fez. O que foi? Apresentá-lo à heroína. Por que ela *precisava* daquela muleta? Imagino que fosse a coisa artística a se fazer na época, mas não ajudou John nem um pouco. Ele já era paranoico o suficiente por si só."

John, conclui Patrick Humphries, era um "bom, possivelmente um ótimo roqueiro. Não era um artista. Sendo justo, durante o período de estagnação do grupo, quando ele de fato se mexeu — como no '*Álbum Branco*' (em grande parte composto em Rishikesh), a velha magia estava presente. E Yoko também teve seu papel em torná-lo um ser humano mais equilibrado. Mas havia muita redenção pela frente.

"Não há como negar que ele era a força motivadora por trás dos Quarry Men e dos Beatles. Era astuto e mordaz, mas o cinismo e a falta de concentração muitas vezes faziam com que perdesse o foco. Por um longo período — de 1957 a 1965 —, era possível afirmar que ele foi a força motivadora. Dali em diante, os Beatles passaram a ser a banda de Paul, e muito da grandiosidade dos Beatles foi construída naqueles últimos anos substanciais."

\*

*Sgt. Pepper* estava longe de ser o único fenômeno dos Beatles naquele verão. Eles também foram escolhidos pela BBC para representar o Reino Unido no *Our World*, primeiro programa de TV ao vivo via satélite transmitido simultaneamente para cerca de 26 países, em 25 de junho. A banda apareceu em uma performance psicodélica da simples e comercial "All You Need Is Love", de John, no EMI Studios, Abbey Road. Eles apresentaram seu hino *flower-power* paz e amor com uma faixa de apoio pré-gravada, uma orquestra e muitos outros seguidores e artistas britânicos proeminentes no estúdio: entre eles Mick e Keith, alguns dos Small Faces, Eric Clapton, Graham Nash, Keith Moon, Pattie Boyd, Jane Asher e Marianne Faithfull. A transmissão ao vivo em preto e branco atraiu a maior audiência televisiva da história, estimada entre 350 e 400 milhões de telespectadores. Com o lançamento da música como single no mês seguinte, ela chegou à primeira posição e ali ficou por três semanas. Em agosto, era líder nas paradas nos Estados Unidos e muitos outros territórios, e tornou-se o hino do Verão do Amor — embora mais tarde fosse ser examinada e ridicularizada por sua ingenuidade.[7]

Longe de serem diminuídos por sua renúncia ao estilo moptop e às turnês ao vivo, os Beatles e sua influência musical nunca foram tão grandes. Improvisando ao longo do caminho, eles estavam perfeitamente no mesmo ritmo e na mesma sintonia, em termos musicais, culturais e sociais. Encorajados pela resposta positiva aos ideais altruístas e não materialistas que passaram a defender, eles partiram para o Egeu para arrematar uma ilha grega, determinados a estabelecer sua própria comunidade hippie. A ideia, como muitas que os envolviam, não durou muito.

*

Para Brian Epstein, "All You Need Is Love" foi o "melhor momento" dos seus garotos. Deve ter sido ainda mais importante para ele porque os altos da vida pública dos Beatles escondiam os baixos da vida particular de Brian. Em questão de semanas, tudo estava acabado. Uma série de desgostos — a morte recente do pai, grandes perdas no jogo, um período na reabilitação quando tentava desesperadamente se livrar do vício nas drogas, a imersão no sórdido submundo dos garotos de programa — fez com que Eppy se torturasse. Com álcool e barbitúricos até o pescoço, ele morreu em 27 de agosto. Suicídio foi a suspeita. Overdose acidental foi a conclusão. Ele tinha 32 anos, com muito pelo que viver. Mas dinheiro não era capaz de comprar aquilo que mais desejava, a única coisa que sempre lhe escapava. A falta de amor romântico havia levado a depressão a um nível insuportável.

Ele soube da notícia no dia, *oh boy*. Não havia muito que fosse capaz de paralisar John, mas isso o desconcertou. Será que os entes falecidos marchavam em sua mente como um só? Sua mãe, Julia. Seu tio George. A trágica perda de Stuart Sutcliffe. Agora Brian, meu Deus. Por que toda vez que ele se abria para as pessoas, elas morriam diante dele?

Mais tarde, John observaria que a morte de Brian marcou o início do fim da banda.

"Eu sabia que estávamos em apuros na época", disse ele. "[...] Pensei: 'Agora já deu para nós.'"[8]

*

Os garotos de Brian não compareceram ao funeral em Liverpool. Não porque não quisessem se dar ao trabalho, como se insinuou, mas porque a mãe de Brian, Queenie, não suportava a ideia de que uma ocasião familiar profundamente íntima fosse reduzida a um circo midiático graças à presença da banda mais famosa do mundo. Assim, eles perderam a denúncia do rabino de que Brian era "um símbolo dos males de nossa geração". Acabou sendo melhor assim. Imagine John ouvindo uma coisa dessas. Em vez disso, os Beatles e seus companheiros compareceram ao memorial, reunindo-se em outubro daquele ano ao lado dos colegas de NEMS Billy J. Kramer, Cilla Black, The Fourmost e Gerry and The Pacemakers na New London Synagogue, na Abbey Road. Na ocasião, Brian foi homenageado em paz e com amor, e lembrado com palavras mais gentis.

CAPÍTULO 15

# REVELAÇÃO

Para onde ir agora, Johnny?
Veja só: quatro Beatles jovens, famosos e sem rumo, no ponto. Maharishi Mahesh Yogi estava à disposição. Em Bangor, ele os aconselhou a pensar positivo a respeito da partida de Brian. Assegurando-lhes de que seu espírito permanecia entre eles, ele os encorajou a sentirem-se alegres com a morte do empresário para facilitar sua passagem para o próximo plano. A negatividade, alertou o Maharishi, obstruiria a jornada. Este pequeno ensinamento sagrado do hindu parecia reconfortá-los. Também os preparou para o conselho seguinte do risonho guru: deveriam viajar imediatamente para a Índia e juntar-se a ele em seu *ashram*, sua comunidade em Rishikesh, no sopé do Himalaia.[1]

Embora Epstein sem dúvida fosse aconselhar cautela com a ideia de uma expedição tão intrépida, ele não estava mais presente para pedir. Os rapazes passaram os olhos pelos textos antigos e tinham um conhecimento elementar do quarto nível de consciência: a "pura" e transcendental consciência. Eles sabiam o suficiente para reconhecer que não seriam capazes de alcançá-la sem "o mantra". O Maharishi tinha o mantra. Talvez ele também guardasse os segredos dos Budas de olhos semicerrados...

Em fevereiro de 1968, eles foram até a margem esquerda do Ganges. Suas companheiras, seus assistentes pessoais e a imprensa foram atrás. Estes últimos mantiveram distância por um arame farpado, mas alguns conseguiram subir em árvores para obter uma perspectiva privilegiada. Havia um grande contingente de aprendizes de meditação transcendental, entre eles os filhos da Jane de *Tarzan*: Prudence Farrow, vinte anos, seu irmão John e sua luminosa irmã mais velha, a atriz de 23 anos Mia Farrow, que estava passando por um doloroso divórcio de Frank Sinatra, três décadas mais velho.[2] Jenny Boyd estava com sua irmã e seu cunhado, Pattie e George, e Magic Alex. Mike Love, dos Beach Boys, também estava lá, assim como o saxofonista e flautista Paul Horn e Donovan, o cantor folk escocês. A expedição atraiu a atenção da mídia internacional, algumas positivas, outras nem tanto. As centenas de manchetes com "Guru dos Beatles" ou "O Ano do Guru" foram contrabalançadas pela chamada comicamente zombeteira da *Private Eye*: VERIRICHILOTSAMONEY YOGI BEAR, ou "Zé Colmeia Muitoricocheiodagrana".

*O sol nasceu, o céu estava azul.* A Srta. Farrow mais moça ignorava um pedido atrás do outro para que saísse e socializasse, inspirando uma das canções mais queridas de John. A irmã de nome condizente — prudência — estava resoluta. Como John disse: "Ela não queria sair da pequena cabana em que estávamos morando. […] Nós conseguimos tirá-la de casa — ela se trancou por três semanas e não queria sair. Estava tentando encontrar Deus mais depressa do que todo mundo. Essa era a competição no acampamento do Maharishi: quem se tornaria cósmico primeiro."

John, disse Prudence Farrow, era "brilhante e extremamente engraçado. Ele era muito astuto em avaliar as pessoas. Então, como poderia saber o que ele ia escrever? Eu não sabia. Ele poderia ter escrito qualquer coisa. O legal foi minha privacidade — ele a respeitou em grande medida".

O que ela pensa a respeito da música "Dear Prudence" hoje em dia?

"De várias maneiras, ela resumiu o que foram os anos 1960. A mensagem é muito bonita; muito positiva. Acredito que seja uma música importante. Eu achava que era uma das menos populares e mais obscuras. Sinto que ela captura a essência do curso, aquela parte levemente exótica de se estar na Índia, onde passamos pelo silêncio e pela meditação."

Não obstante, Prudence continuou a meditar intensamente, viria a completar o curso e a trabalhar como instrutora de Meditação Transcendental por muitos anos.³

John seguiu em frente, profundamente inspirado. Escreveu aos montes em Rishikesh, assim como Paul e George. Eles produziram uma série de músicas para aquele que se tornaria o duplo "Álbum Branco", incluindo uma das mais primorosas composições de John, "Julia". Uma evidente homenagem à falecida mãe, ele também incluiu uma discreta mensagem de amor à mulher que havia conquistado seu coração: "Ocean child calls me", "a criança do oceano me chama" — sendo "Criança do oceano" uma tradução para o nome japonês de Yoko; a outra é "Positiva".

\*

Jenny Boyd lembrou-se com ternura daqueles dias e noites em Rishikesh, quando a entrevistei com o DJ "Whispering Bob" Harris, diante de um auditório nos estúdios da Gibson Guitar, em Londres. A ex-modelo, que trocou essa "frágil" carreira pela Meditação Transcendental e um estilo de vida mais significativo, descreveu seus dois meses na Índia como "alegres, desafiadores e inspiradores". Ela falou da flora abundante e do ar cheiroso da montanha; da liberdade de vestir pouco mais do que um sári; da dieta vegetariana da Índia, que ela e sua irmã saboreavam, mas que John não suportava e Ringo não conseguia comer; das longas manhãs de descanso sob o sol do telhado de seu bangalô; das palestras, aulas e infinitas meditações; de passar tempo com Pattie e Cynthia, de ter as palmas das mãos pintadas de hena enquanto ouviam George, Paul e John dedilhando suas guitarras e criando músicas. Ela ainda ria de Ringo, que descreveu o retiro como um "resort espiritual" e que, propenso a alergias e pouco disposto a desfrutar da culinária local, havia chegado com uma mala extra recheada de latas de feijão cozido. Além do feijão, o único alimento que consumiu durante sua estadia foi ovo. Com essa dieta, os outros só podiam sentir pena de Maureen Starkey. A bela Jenny, que ainda não havia completado 21 anos, tornou-se objeto das afeições de Donovan, a ponto de aquilo que escreveu sobre ela no país ter se tornado uma música famosa. Nascida Helen Mary e apelidada de Jenny por sua irmã em homenagem a uma de suas bonecas de infância favoritas, ela seria "Jennifer Juniper" para sempre. O idílio foi arruinado quando Jenny adoeceu de disenteria, que foi erroneamente diagnosticada, por mais bizarro que pareça, como amigdalite. John também ficou doente, lembrou ela. Ele lutou para superar o *jet lag*, e foi afligido pela insônia na maioria das noites. O quanto de sua falta de sono se deveu à saudade de Yoko?[4]

Cynthia havia deixado Julian em casa com sua mãe durante todo o período. Uma estadia prevista para durar três meses era tempo demais para deixar uma criança tão pequena. Com essa idade, uma semana pode parecer uma eternidade. A ausência prolongada dos pais pode dar a sensação de que nunca mais vão voltar. O próprio John sabia disso muito bem. Talvez Julian tenha se acostumado com o sumiço do pai quando os Beatles estavam na estrada. O desaparecimento da mãe, porém, o deixaria alarmado. A viagem também significava que sua mãe e seu pai iam perder seu importantíssimo aniversário de cinco anos. Cynthia era uma boa mãe. Quando falamos disso, ela admitiu que devia estar desesperada para ter chegado ao ponto de negligenciá-lo dessa maneira. Cyn esperava que Rishikesh proporcionasse reclusão, privacidade e uma oportunidade para ela e John redescobrirem um ao outro e revitalizarem o casamento.

"Esperanças impossíveis", disse ela, com tristeza. "Pouco antes de irmos para a Índia, John me disse que queria que tivéssemos mais filhos. Bem, aquilo surgiu do nada, posso afirmar. Fiquei bastante surpresa, já que ele nunca tinha falado nada sobre o assunto. Mas, por outro lado, por que não? Eu não era contrária à ideia. Não era como se estivéssemos velhos demais para ter outros filhos. Afinal de contas, eu não tinha nem 29, enquanto John completaria 28 em outubro daquele ano. Ainda tínhamos tempo mais do que suficiente. Acho que o que me preocupava era Julian. Uma diferença de cinco ou seis anos entre irmãos é muita coisa, não? Eu amaria ter três ou quatro filhos, na verdade, e que todos tivessem idades próximas. Simplesmente não aconteceu. Mas talvez […]."

Infelizmente, duas semanas depois: "[...] Aparentemente, eu estava atrapalhando a meditação dele", disse Cyn com um suspiro. "Tudo era culpa minha, e John agia com grosseria. Ele começou a resmungar por toda parte, gritando comigo, insistindo que organizássemos nossa acomodação 'inútil' e que dormíssemos em quartos separados dali em diante, antes que ele perdesse a cabeça. Foi humilhante e doloroso. Tenho certeza de que todos os outros sabiam o que estava acontecendo, mas ninguém nunca me falou nada. Mesmo assim, eu estava convencida de que podia trazê-lo de volta para mim, se é que me entende. Como fui cega e estúpida! Hoje sei que aquele era o velho truque de John outra vez, de dizer uma coisa quando queria dizer outra. Assim como na época em que estava na estrada e me escrevia o tempo inteiro, dizendo que me amava profundamente e estava louco de saudades. Assim como costumava fazer quando estávamos na escola de arte. Mas, quando estava em casa e de fato comigo, debaixo do mesmo teto, ou ele dormia, ou me ignorava ou comprava brigas inúteis. Ele preferia olhar para uma televisão do que para mim. Preferia muito mais ler um livro do que conversar comigo. Sempre queria o que não podia ter, o John. Nunca aquilo que estava bem debaixo do nariz. Quando ele me tinha, não me queria. Deus que me perdoe, eu estava tentando de tudo. Isso me fez pensar se um dia eu já tinha sido, ou se nunca fui o suficiente para ele. Vasculhei minha alma no *ashram*, e foi a única conclusão a que pude chegar."

O que ela não sabia na época era que John usou a desculpa das acomodações separadas para que a esposa não percebesse que ele se levantava cedo todas as manhãs para caminhar até os correios do complexo, onde buscava os numerosos telegramas que Yoko enviava. O motivo por trás de seu humor era que sentia falta dela.

Conforme a união dos Lennon se arrastava até o fim, a energia de Cyn enfraquecia, enquanto a de John se elevava. Para os Beatles, este acabou sendo o período mais produtivo da carreira da banda em termos de composições. Ao todo, criaram algo entre trinta e cinquenta canções durante a estadia na Índia e logo depois. Eles escreveram a maior parte do "Álbum Branco" lá. Algumas músicas foram parar no *Abbey Road*.

Outras seriam lançadas em vários LPs solo, como "Child of Nature", que John retrabalharia como a introspectiva "Jealous Guy" para seu álbum *Imagine*. Outras mais acabariam encontrando espaço nas coletâneas do *Anthology*. "Back in the USSR", "Blackbird", "Dear Prudence", "Julia", "Revolution", "Mean Mr. Mustard" e "Polythene Pam" foram inspiradas na Índia, bem como a sublime "While My Guitar Gently Weeps", de George; em meio às suas camadas sutis, uma mensagem escancarada: Harrison já estava de luto pelos Beatles.

Aquele tal cantor folk, Donovan, mais tarde reivindicaria, de um jeito simpático, os créditos por ao menos parte da inspiração dos rapazes durante a estadia no *ashram*. Ele lembrou que John ficou fascinado com suas técnicas de palhetada, as quais John e Paul logo adotariam e que mudariam a cara de suas composições.

"Eu costumava tocar guitarra acústica o tempo inteiro. Na verdade, Ringo me dizia: 'Don, você nunca para de tocar guitarra!' Naquela prática incessante, depois de meditarmos, depois de comermos nossos alimentos saudáveis, depois de expulsarmos os macacos da mesa, nós tocávamos. E um dia, enquanto eu palhetava, John disse: 'Como você *faz* isso?'"

Donovan prometeu a John que o ensinaria, mas avisou que levaria alguns dias.

"'Eu tenho tempo aqui na selva, Don', disse John.

"Nós nos sentamos, e John aprendeu em dois dias.

"As composições mudam quando se adquire um novo estilo, e um estilo completamente novo se abriu para John. Foi muito legal de assistir. [...] Paul era muito inteligente, era um gênio, é claro. Ele aprendeu de ouvido, e sua técnica particular era totalmente diferente. A partir daí, Paul compôs 'Blackbird' e 'Mother Nature's Son'. John compôs 'Dear Prudence' e 'Julia'."

Relembrando o "notável clima acústico" do "Álbum Branco", Donovan acrescenta: "Além disso, havia os acordes que eu tinha aprendido com o flamenco, o clássico, o antigo blues e o folk de Nova Orleans. Acordes que aqueles três caras não tinham experimentado muito. Eles também entraram nas novas composições. Foi muito bacana passar as técnicas adiante, não só para o 'Álbum Branco', mas para os milhões de fãs dos Beatles que pegariam uma guitarra [...]"⁵

*

Ringo e Maureen desapareceram após apenas dez dias, atormentados por insetos, detestando a comida e sentindo falta das crianças. Paul e Jane conseguiram ficar cinco semanas antes de jogarem a *tauliyā*. John e Cynthia, George, Pattie e companhia teriam aguentado os três meses inteiros, não fosse pelo escândalo após o Maharishi ser acusado de assediar sexualmente algumas garotas, incluindo Mia Farrow. Magic Alex pode ter tido algo a ver com a acusação. A própria Mia nunca falou muito sobre o assunto, a não ser por uma breve e descomprometida menção em seu livro de memórias, *What Falls Away*, de 1997.

A ficha caiu para os Beatles. Os demais bateram em retirada em 12 de abril. Coube a John, o desbocado do grupo, informar ao guru que estavam de saída: "Se você é tão cósmico, vai saber por quê", foram suas últimas palavras.⁶

Em uma atitude típica de John, ele então escreveu às pressas uma cantiga raivosa sobre o guru, a qual foi forçado a suavizar e mudar o título de "Maharishi" para "Sexy Sadie", para que garantisse um lugar no "Álbum Branco". Deixando de lado o Maharishi e seus ensinamentos, eles voltaram a Londres, foram a público com uma declaração de que a associação dos Beatles com ele estava acabada e que tudo havia sido um erro, e voltaram-se à tarefa de assumir o controle de seu conturbado império. Eles convenientemente se esqueceram de que o Maharishi lhes fizera um imenso favor ao afastá-los do LSD. No entanto, menos de um ano depois, John faria uso de heroína.

A reputação do guru foi prejudicada pelo escândalo, sobre o qual ninguém apresentou provas. Quase trinta anos depois, George e Paul lhe pediram desculpas abertamente, e todos se reconciliaram. A meditação transcendental continuou a prosperar mundo afora, atraindo milhões de convertidos, e é praticada até hoje. Mahesh mudou-se para a Holanda, onde Paul e sua filha Stella o visitaram em 2007. No ano seguinte, aos noventa, o velho guru daria seu dia por encerrado. Magic Alex, seu suposto acusador, morreria dez anos depois.

*

De volta a Londres, os Beatles ficaram sem rumo. O assistente pessoal de Brian Epstein, Peter Brown, assumiu a gestão diária do escritório do empresário, mas os rapazes pareciam baratas tontas. Eles lançaram sua própria empresa, a Apple Corps, em janeiro daquele ano, e anunciariam a notícia ao mundo em maio. Sob a empresa, eles pretendiam seguir sua carreira de estúdio, consolidar outros interesses e desenvolver novas ideias, incluindo a Apple Films, Electronics, Publishing, Retail e mais, além de um selo próprio para gravar e promover outros artistas, bem como lançar suas próprias músicas. Tudo isso parecia uma boa ideia na época. Adquiriram novas instalações no número 3 da Savile Row, Mayfair, em junho. A elegante casa georgiana, antiga Hylton House, que lhes custou 500 mil libras, transformou-se no "Apple Building". O Apple Studio ficava no porão. Cada Beatle tinha um escritório pessoal. John lançaria sua iniciativa com Yoko pela paz mundial, a Bag Productions, do seu. Havia um segurança na porta para lidar com as fãs, conhecidas como as "Apple Scruffs". Companheiros fiéis, como Pete Shotton e Neil Aspinall, foram recompensados. Pete, amigo de infância de John, foi nomeado gerente da Apple Boutique. A loja psicodélica que vendia trajes hippies dominava a esquina da Baker Street com a Paddington Street, em Londres, no prédio que antes abrigava a Apple Music. A butique durou pouco. O fiel *road manager*, Sr. Faz-Tudo particular e confidente de confiança, o afável Neil, foi presenteado como chefe da corporação em 1970, e por fim se tornaria CEO. Ele permaneceu no cargo por quase quarenta anos.

Em teoria, tudo incrível. Mais ou menos. Foi o melhor dos tempos, foi o pior dos tempos, foi a idade da sabedoria, foi a idade da tolice...[7] Para dizer a verdade, este foi um período de resistência ao inevitável, de destruição, de marcar pontos, de intromissão e colapso; de crises pessoais, de extravagâncias difíceis de acreditar e desperdícios chocantes. A sede da Apple, com seus discos de ouro de parede a parede e carpetes de um verde forte, era um dos destinos mais palacianos e exuberantes da capital. Todo moderno, o local contava com uma equipe estranha, que tinha pouca noção do que devia fazer. Seria observado muitas vezes que Brian devia estar se revirando no túmulo. O cargo de empresário da banda ainda estava em aberto. Foi difícil evitar a indecisão, a discordância e a confusão.

A banda se reuniu no Twickenham Film Studios para dar início ao projeto idealista de Paul chamado *Get Back*, que os apresentaria sendo filmados 24 horas por dia pelo diretor norte-americano Michael Lindsay-Hogg, enquanto ensaiavam para o que deveria ser um álbum "de volta às origens" e sem artifícios, e a volta às performances ao vivo. Não se pode dizer que foi harmonioso. George foi o primeiro a cair fora, concordando em voltar apenas sob a condição de que abandonariam o gelado e hostil Twickenham em favor de seu próprio Apple Studio na Salive Row. A única expressão ao vivo desse experimento desafortunado não aconteceria no navio *QE2*, nem em um anfiteatro na Tunísia, nem no London Palladium, nem diante das pirâmides em Gizé e nem no deserto do Saara — todos eles, sem brincadeira, foram propostos —, mas no telhado de seu próprio prédio, em pleno inverno desolador, na hora do almoço de uma terça-feira comum, no dia 30 de janeiro. A música fez com que multidões se reunissem na rua abaixo. O trânsito parou. Policiais da delegacia de West End Central no fim da rua se levantaram e correram para dentro. O que está acontecendo aqui? Eles tocaram por 42 minutos — dos quais apenas metade entraria no futuro filme. Nove tomadas. Cinco músicas.

"Eu estava nos escritórios da Apple Corps no dia do show no telhado", lembra o músico e compositor Mike Batt. "Por acaso estava lá, eu usava muito os estúdios deles. O *timing* foi excelente para mim, pois eu era um grande fã dos Beatles. Eu tinha dezenove anos e era chefe de A&R da Liberty Records. Assim que começaram o show, o editor Wayne Bardell e eu atravessamos e paramos na rua. Poderíamos ter entrado e subido, mas do lado de fora seria melhor. O som estava alto. Uma multidão se formou. Havia a sensação de estarmos vivendo um momento importante e decisivo. Se você está presente quando algo tão significativo acontece, acaba se sentindo parte daquilo. Eu ainda me sinto. Faz com que eu me ache sortudo."

Mike não foi o único nome conhecido que marcou presença no show do telhado. "A última palavra que ouvi de John foi na última vez em que tocaram juntos e ao vivo como os Beatles, no telhado da sede da Apple Corps, na Savile Row", disse Keith Altham. "Era uma manhã gelada. Nosso colega Alan Smith nos avisou, através de sua esposa Mavis, que trabalhava na assessoria de imprensa da NEMS, que os rapazes estavam filmando e que poderíamos ir até lá e assistir. Deixando de lado meu casaco, saí voando da NME e me enfiei dentro de um táxi. Pouco depois, estava tremendo no telhado com um grupo de fotógrafos enquanto os Beatles tocavam e cantavam 'Get Back' duas vezes. Quando a polícia acabou com tudo porque a multidão estava se aglomerando na rua lá embaixo, John passou por mim com seu casaco de pele e percebeu que eu estava tremendo de frio. 'É o Fabs Keith!', zombou, através de uma saudação amigável, referindo-se aos nossos conflitos anteriores, quando eu era um jovem repórter em uma revista adolescente. 'Tá com frio, cara?' Fiz que sim. 'Quer meu casaco?' 'Quero, por favor', falei. 'Complicado', respondeu ele, e foi levado pelos roadies. Nunca mais o vi."

Isso é tudo, fãs de pop. Esta apresentação repentina, acompanhada por Billy Preston, tecladista americano excepcional, provavelmente foi ideia de John. George não queria participar. Ringo, com sua capa de chuva vermelha (que era de Maureen), não via o propósito. John pegou o casaco de pele de Yoko emprestado para aquela que seria a última vez dos Beatles. Ele quebrou a tradição e se colocou no centro do palco, com George à sua esquerda. As últimas palavras foram de John, de quem mais seria?

"Gostaria de agradecer em nome do grupo e de nós mesmos, e espero que tenhamos passado no teste."

Embora um single, "Get Back", fosse ser lançado em abril daquele ano, as faixas restantes para um possível álbum e todas as filmagens foram deixadas de lado.

\*

Para além dos limites da indústria da música, inúmeras figuras da história dos Beatles hoje são relegadas aos anais e, em sua maioria, esquecidas. Mesmo do lado de dentro, restam poucos que têm idade o suficiente ou são interessados o suficiente para se lembrar. Menos ainda são aqueles que se importam. Mas houve um tempo em que o mundo inteiro conhecia o nome Allen Klein.

Tudo se resume a um jogo de cara e coroa. De um lado, o ríspido e predatório empresário de Nova York e rottweiler dos contratos que havia levado os Rolling Stones à glória financeira e que pairava feito uma ave de rapina desde 1964, determinado a afundar suas garras nos Beatles. De outro, uma dupla dinâmica de pai e filho, os advogados Lee e John Eastman, que também vinham da Big Apple e tinham uma mulher importante ao seu lado. Quando Lennon veio a público com seu medo de que, do jeito que as coisas iam, os Beatles quebrariam em seis meses, Klein aproveitou a oportunidade. Bastaria chamar que ele estaria lá. Ele e John se reuniram em janeiro de 1969. John o contratou para cuidar de suas finanças imediatamente. No dia seguinte, Klein sentou-se com os outros. Paul explicou que tinha preferência por seus futuros sogro e cunhado, dado que se casaria com a filha de Lee e irmã de John, Linda, em questão de semanas. Ringo e George, obedecendo a John, optaram por Klein. Reunião, raiva, reunião, animosidade, desentendimento, seu desgraçado, vai se danar. Até aí, tudo normal. Klein venceu e foi nomeado empresário provisório dos Beatles em abril, enquanto os Eastman foram contratados como advogados da banda. Como se isso fosse dar certo. Os parentes de Paul foram dispensados. Todos, menos Paul, assinaram um contrato de três anos com Klein.

O primeiro passo do Big Al foi detonar a Apple, eliminando tudo que era inútil. Ele se livrou dos funcionários mais caros e tentou até mesmo expulsar Neil Aspinall. Os rapazes não aceitaram. A situação se complicou quando tiveram a notícia de que Clive, irmão de Brian Epstein, havia vendido a NEMS para o grupo de investimento britânico Triumph, que passou a ter posse de 25% dos lucros dos Beatles. Seguiram-se mais negociações frenéticas. Em tais acordos, Klein mostrou suas garras, e eram todas afiadas. O que eles iam fazer a respeito da editora de música, a Northern Songs Ltd, gerenciada por Dick James, que claramente havia passado a perna em Brian durante a negociação original? Assim que ouviu Klein chegando, DJ correu até a companhia de TV de Lew Grade, ATV, para vender suas ações ao magnata, em vez de deixar que John e Paul tivessem suas músicas de volta. Klein se desdobrou para oferecer a Grade uma oferta melhor. Até que John e Paul dão uma volta por cima de Klein — que havia corrido até a EMI, firme e disposto a acertar o acordo patético dos Beatles por lá. Se *timing* é tudo, o de John foi atroz: ele escolheu este momento específico para informar à banda e a Klein que ia sair. Embora a EMI estivesse relutante em renegociar os termos, a subsidiária norte-americana, a Capitol, pulava de alegria com *Abbey Road*, gravado entre fevereiro e agosto e lançado em 26 de setembro. Contemplem: a obra-prima, *la pièce de résistance*. Aumentar o valor foi inevitável. Acertaram um novo acordo. Alheia ao naufrágio, a banda seguiu em frente. A música reverberou. Não havia mais nada a fazer. McCartney sacou a caneta esferográfica.

*

"Quando ouvi o *Let It Be* pela primeira vez, em 1981, com cerca de nove anos, e vi que tinha sido lançado em 1970, presumi que os Beatles haviam se cansado", relembra James Irving, membro fundador das noites na Vinyl Vaults (filial de South London), que realizávamos regularmente sobre o rio no início dos anos 2000.

"Era um compilado de músicas de aquecimento irregulares e desgastadas com um ou outro clássico no meio. Embora Paul pareça tentar desesperadamente manter as coisas de pé, John está desleixado e com a cabeça em outro lugar, e comete vários erros nas músicas de McCartney, geralmente no baixo. Eu já tinha ouvido o 'Álbum Branco' e o *Abbey Road*, seus outros dois últimos lançamentos, e presumi que o *Let It Be* fora gravado depois, com relutância, e lançado para cumprir um contrato de gravação. Depois vi o filme *Let It Be* na BBC (não acho que tenha sido exibido desde então), e ele pareceu reforçar ainda mais o estado desolador e desinteressado da música."

Então, ao longo dos anos, relata James, ele tomou conhecimento de uma série de fatos que o encorajaram a reavaliar a obra.

"Em primeiro lugar, descobri que a crueza das músicas se devia ao fato de que foram gravadas ao vivo, sem *overdubbing*, o que fez com que o som parecesse bastante vivo e honesto. Em segundo lugar, em uma tentativa de fazer com que o disco soasse mais como um álbum refinado dos Beatles, a pós-produção extravagante feita por Phil Spector — com coros e cordas densas — foi um ato de vandalismo que arruinou músicas como 'The Long and Winding Road'. Quando, por fim, o álbum *Let It Be Naked* foi lançado em 2003, finalmente tivemos a chance de ouvir como as canções deveriam soar. Os Beatles foram, é claro, capazes de se reunir após a gravação do *Let It Be* e produzir o *Abbey Road*, que se destaca como um final adequado, garantindo, assim, que o *Let It Be* possa ser visto como um experimento excêntrico com um produtor alternativo, e não uma triste despedida."[8]

*

Ao mesmo tempo, um caso de amor ia ganhando corpo. Assim que voltaram da Índia naquela primavera, John encorajou a esposa a juntar-se a Magic Mike, Jenny e Donovan em uma viagem de férias para a Grécia, mas excluindo-se dos planos porque tinha muito trabalho a fazer. Tendo acabado de passar dois meses afastada, hoje em dia parece estranho que despachar Julian para a governanta e ir embora de novo não tenha incomodado Cynthia. Ao voltar para casa, um rude despertar: outra mulher, sentada no chão de *seu* jardim de inverno, vestindo *seu* roupão, olhando nos olhos de *seu* marido. Sem o conhecimento de Cyn, John havia convidado Yoko para o lar do casal. Sabe como é. "Quer ouvir algumas coisas que estou gravando?", o equivalente musical de "Quer subir para ver minhas gravuras?". Eles passaram a noite fazendo experimentos com um gravador, registrando efeitos sonoros, vozes engraçadas e outras esquisitices para o que se tornaria *Unfinished Music No. 1: Two Virgins*, seu álbum de estreia juntos. A capa retrata o casal em toda sua glória nua, de frente e de costas. Genitais peludas e seios pendentes estão à mostra. À época considerado ofensivo e obsceno, o trabalho foi lançado pelo selo Apple. A EMI recusou-se a distribuí-lo. A tarefa coube à Track, cujos donos eram os empresários do The Who, Kit Lambert e Chris Stamp, que o venderam em uma embalagem de papel pardo. Mesmo assim, o álbum causou um alvoroço e não chegou às paradas do Reino Unido. A Tetragrammaton cuidou da distribuição nos Estados Unidos, onde a obra não chegou ao Top 100. Entre os três álbuns estilo "diário de um relacionamento" criados por John e Yoko enquanto os Beatles ainda eram uma banda, este deve ter sido o pior.

Eles fecharam negócio naquela noite em Kenwood, fazendo sexo na cama de Cyn. Em vez de fazer a coisa certa e sentar com sua esposa para explicar que o casamento estava acabado porque havia se apaixonado por outra, ele tramou que ela os flagrasse. Seria arrogância, covardia ou apenas descuido que o fez magoá-la de modo tão violento? Tanto faz. O comportamento insensível de John ainda é inconcebível.

\*

Para John, foi uma sensação de alívio, de libertação. Todo aquele problema havia sido resolvido. Agora estava livre para tocar sua vida nos braços da mulher que o fazia se sentir vivo. Que efetivamente o salvara.

Para Cyn, havia apenas um vazio. Um desespero silencioso. Por que não foi direto até Dot, a governanta, buscou Julian e se dedicou inteiramente a ele? Por que Cyn manteve distância do filho por vários dias a mais?

"Não sou capaz de explicar", disse ela, encolhendo-se. "Eu não conseguia pensar com clareza, estava descontrolada, não queria que meu filho me visse naquele estado. A imagem dos dois juntos, de como pareciam íntimos e em sintonia, e do que deviam estar aprontando na minha casa, pelas minhas costas, me destruiu. Eu estava enojada. Qualquer mulher ficaria. Ao longo dos anos, muitas vezes me perguntei por que senti que era *eu* que devia ir embora. Por que me senti desconfortável de ficar por perto? Era minha casa, não dela! Eu deveria ter colocado os dois para fora naquele momento. Mas sei que não teria sido capaz de fazer isso — muito embora, quando a vi ali, tenha sentido tanta raiva e humilhação que quis matá-la. Voltei com Alex e Jenny para a casa que dividiam. Jenny ficou arrasada e foi direto para a cama. Alex se demorou por mais um tempo, me embebedou e deu em cima de mim. Fiquei horrorizada. Corri até o banheiro e vomitei. Alguns dias depois, voltei para casa para encarar a realidade, apavorada com o que encontraria por lá."

Cyn lembrou-se de ter tentado desesperadamente desenterrar tudo de ruim a respeito de John para se fortalecer para o confronto:

"Coisas do tipo: a vez em que ele me deu um tapa na cara quando ainda estávamos na faculdade. A vez em que me disse que meu *som* passando rímel o irritava. Houve uma época em que amava me ver passar maquiagem. Quando estávamos namorando. Era a coisa mais sexy, ele dizia. Mas aí, é claro, surgiu Yoko, com sua cara lavada. [...] Precisei encontrar formas de me fazer odiá-lo, e que me fortalecessem, me preparassem para ele, para seja lá o que mais ia despejar em cima de mim. Mas você não ia acreditar: quando cheguei lá, era como se nada tivesse acontecido. Julian já estava em casa, tudo estava em ordem, e John agiu como se estivesse feliz em me ver. Será que eu estava alucinando? Nada fazia sentido. Eu realmente comecei a duvidar da minha própria sanidade.

"Quando Julian foi para a cama e John e eu tivemos a chance de conversar, ele se sentou e minimizou Yoko, dizendo que era apenas mais uma das mulheres sem importância com quem havia confessado antes que já tinha saído. Eu não podia deixá-las me incomodarem, ele disse. Deus que me perdoe, como eu era frouxa! Hoje em dia eu não engoliria uma coisa dessas! Ele insistiu que amava a mim e somente a mim. Eu estava uma pilha de nervos. Mas, mais uma vez, me vi perdoando John. Fomos para a cama e fizemos amor. Não sabia o que pensar. Nada daquilo era normal. Será que eram as drogas? Mesmo assim, ousei acreditar que tudo estava bem entre nós. Não tinha como estar mais distante da realidade."

Mais horrores estavam por vir. Divórcios nunca são justos. John jogou sujo. Os advogados fizeram seu pior. Cyn foi acusada de adultério e sofreu a ameaça de perder Julian. Eles fizeram um acordo extrajudicial. Ela recebeu uma ninharia. Arrasada, enganada e desnorteada, ela nunca teve a menor chance.

Em 26 de agosto, a música de consolo que Paul havia escrito para Julian, "Hey Jude", foi o single de estreia dos Beatles pelo novo selo Apple. Ela chegou ao topo das paradas no mundo inteiro.[9]

"Eu sabia que não ia ser fácil para ele", comentou Paul em 1997. "Sempre sinto pena das crianças em meio a um divórcio."[10]

Quando Paul apresentou a música a John, este entendeu mal o significado e presumiu que fosse sobre ele. Não, não. "You were made to go out and get her", você foi feito para ir atrás dela, foi o verso que John interpretou como dica, pensando que Paul estava lhe dizendo para trocar Cyn por Yoko. "Sempre a ouvi como uma música para mim", disse o narcisista.

Aos vinte e poucos anos, na época um astro do rock por mérito próprio, com dois álbuns no currículo — o aclamado *Valotte* e o não tão bem-recebido *The Secret Value of Daydreaming* —, Julian topou com Paul em Nova York. O encontro proporcionou a Julian a oportunidade de ouvir, direto da fonte, a verdadeira história por trás da criação de "Hey Jude".

"Eu nunca quis saber a verdade sobre como meu pai era e como era comigo", confessou Julian. "Havia coisas bem negativas — como quando ele disse que eu era o resultado de uma garrafa de uísque num sábado à noite. É difícil lidar com isso. Faz você pensar: 'Cadê o amor nisso?' Eu me surpreendo sempre que ouço a música. É estranho pensar que alguém escreveu uma música sobre você. Ainda me comove."[11]

No mês seguinte, em 1968, John gravou "Happiness Is a Warm Gun", na qual canta explicitamente sobre sua nova amante. Em 8 de novembro, o divórcio com Cyn foi declarado completo. Duas semanas depois, Yoko perdeu o segundo filho de John.

*

*Christ, you know it ain't easy.*\* Nada é. Cyn, que tivera tudo, agora havia perdido tudo. Seria reduzida a explorar o nome de John e detoná-lo em público. Ela reescreveria a história em seu primeiro livro de memórias, *A Twist of Lennon* — escrito às pressas, como admitiria, por "necessidades financeiras": "Eu estava falida", disse abertamente. "Não tive escolha a não ser me rebaixar a esse tipo de coisa para conseguir pagar as contas." John, por fim, abordaria os supostos desvios da verdade em uma carta fulminante à ex-esposa, escrita em 15 de novembro de 1976, que foi a leilão em 2017, em Nova York.

"Como você e eu sabemos bem, nosso casamento já estava acabado muito antes do advento do LSD ou de Yoko", escarneceu, "[...] e essa é a realidade! Sua memória está prejudicada, para dizer o mínimo."

John teve seus motivos para censurar a ex-esposa. Se ele a tivesse compensado adequadamente por todos os anos e pelo filho que lhe deu, ela não seria forçada a casar mais três vezes. Ainda assim, sua conexão com John viveu para sempre. Uma vez esposa de um Beatle, sempre esposa de um Beatle.[12]

\*

Cynthia e Julian não foram as únicas vítimas. O segundo marido de Yoko, Tony Cox, reagiu mal à traição. Ela se divorciou dele em 2 de fevereiro de 1969. Seis semanas e meia depois, em 20 de março, ela e John se casaram em Gibraltar, como diz a música, no Consulado Britânico. A lua de mel foi um Bed-In for Peace de uma semana, que encenaram para o mundo inteiro no Hilton de Amsterdã.[13]

---

\* "Cristo, você sabe que não é fácil." (N. da T.)

CAPÍTULO 16

# METAMORFOSE

Tente ver as coisas da perspectiva dele. John conhecia Cyn desde a adolescência. Provavelmente a amou a certa altura, à sua maneira impetuosa e autocentrada. Em circunstâncias normais, o relacionamento poderia ter minguado naturalmente, antes que chegassem perto de um cartório. Eles eram muito diferentes desde o início, encontrando pouco em comum com o passar do tempo. John era infiel. Era abusivo, e sabe-se que era violento com ela. Em seu devido tempo, Cyn provavelmente superaria a fase do amor cego e chegaria ao outro lado, à plena percepção de que ele não era a pessoa que ela procurava, no fim das contas. Mas muitos fatores deram um jeito de complicar o romance e perpetuar a ligação do casal. A gravidez de Cyn colocou John contra a parede. Ele tentou fazer a coisa certa, mas sentiu-se encurralado. Podemos culpá-lo? Ele era um garoto que finalmente estava começando a dar a volta por cima, para quem as prioridades estavam longe de ser as domésticas. Não estava pronto para a responsabilidade de ter uma esposa e um filho. O fato de sua família ter que viver debaixo dos panos e ser mantida em segredo fez com que John levasse uma vida dupla. Embora não fosse exatamente uma dificuldade para John — que, de acordo com Bill Harry, editor da *Mersey Beat*, seguiu tendo amantes "como se Cynthia ou Julian não existissem" —, era uma ideia ridícula, fadada ao fracasso. Ele estava distraído por tudo que estava por vir. Se a gravidez indesejada tivesse acontecido hoje, talvez nunca resultasse em casamento — nem mesmo, vamos ser honestos, em Julian. Não quero ofendê-lo ao dizer isso. O pensamento deve ter lhe ocorrido.

A vida do astro internacional se expandiu, enquanto a da vendedora estagnou. Ela não fez nenhuma tentativa de acompanhar o ritmo do marido, contentando-se em administrar o casarão, aproveitar a vida de motoristas, governantas, férias e roupas de grife e levar uma vida encantada. Mamãe paparicada, esposa de celebridade: como não gostar? Ela nem sequer tentou desenvolver uma carreira. Será que "as coisas eram assim" naqueles dias? Não necessariamente. Não para uma mulher com suas vantagens. A questão é que Cyn não era alguém para quem voltar correndo para casa. Ela não era fascinante. Deveria ser uma artista, mas abriu mão do talento. Fez pouco mais do que trabalhar na Woolworths. Ficou estagnada, entediada e ressentida, e queixava-se constantemente de que ele preferia ficar à toa assistindo à TV, ouvindo música, lendo e dormindo, o de sempre, a conversar com ela. Mas conversar sobre o quê? Cyn experimentou LSD com relutância, porque John praticamente a forçara. Ela admitiu pensar que aquilo poderia excitá-la um pouco e torná-la mais atraente para ele. Mas ela detestava as viagens e os efeitos colaterais e reprovava a persistência de John. Ele a desprezava porque o desprezo era sua configuração padrão. A vida o havia feito dessa maneira. Mesmo assim, sem muito entusiasmo, de modo quixotesco, apegou-se a ela. Cynthia representava seu lar. Liverpool. O passado compartilhado entre o casal, embora distante. Era inevitável que tanto John quanto Paul, tendo viajado e conquistado, acabariam sentindo nostalgia da infância e começariam a revisitá-la para inspiração, criando "Strawberry Fields Forever", "Penny Lane", "In My Life" e as demais. Isso não era sentimentalismo gratuito. Era uma necessidade básica.

O psicoterapeuta e conselheiro Richard Hughes compara John ao Odisseu de Homero. Como é? A princípio, demorei a compreender a comparação. Mas, enquanto ele falava, a ficha começou a cair. Hughes descreve o herói grego do poema épico da *Odisseia* tentando voltar para casa, na ilha de Ítaca, após a Guerra de Troia.

"O Odisseu é um personagem muito humano — imperfeito, mas com boas intenções — e hoje vemos sua atribulada viagem como uma história arquetípica que reflete a experiência da autodescoberta", explica Hughes.

"Não nos esqueçamos de que a busca é tão importante quanto o destino. Talvez até mais. Quando li a *Odisseia* pela primeira vez, questionei se Odisseu sequer queria voltar para casa. Como Homero escreve: 'Um homem que passou por experiências amargas e viajou para longe aprecia até suas angústias depois de certo tempo.' Odisseu anseia por uma vida livre de guerras e sofrimento, e pelo amor de sua esposa, Penélope. Ele não faz ideia se e quando vai chegar em casa ou o que vai encontrar quando chegar lá. Com o desenrolar da história, a 'casa' começa a assumir um status mitológico. A ideia de 'casa' — uma base segura ou um refúgio — é poderosa. É também uma 'necessidade' fundamental. Não precisa ser apenas um lugar físico. Muitas vezes, não é nem possível. Está mais para um senso de pertencimento."[1]

Para John, Cyn era a "casa". Ela era uma conexão palpável com tudo que ele pensava sentir falta. Eles se apegavam às lembranças da infância e de casa porque nenhum dos Beatles jamais poderia voltar em tempo integral para Liverpool. Aqueles lugares, aqueles tempos, aquelas pessoas não existiam mais. Só são reais em nossa mente e em nossas memórias? Aqueles dias em que eu era jovem demais para saber a verdade... Gerry Goffin, Carole King, onde estão vocês? Vá em frente, sinta toda a saudade que seu coração permitir. O passado ainda é o passado.[2]

Embora os outros ainda tivessem parentes no norte, John não tinha nem mais Mimi para quem voltar. Preocupado com o constante aborrecimento das hordas de fãs do lado de fora de Mendips, John atendeu aos apelos de sua tia para realocá-la antes que perdesse a cabeça. Assim, Mimi trocou uma "pool" por outra. Em 1965, John pagou a então vasta soma de 25 mil libras pela Harbour's Edge, um bangalô de seis quartos na península de Sandbanks, em Poole, Dorset, com uma vista para a Ilha de Brownsea — onde Robert Baden-Powell havia criado o movimento dos escoteiros em 1907, e onde hoje é uma reserva natural. Era a melhor parte de uma viagem de cinco horas e quinhentos quilômetros de casa. Lá, Mimi viveria feliz por 26 anos, até sua morte, em 1991. John visitava com frequência. Ele tinha seu próprio quarto, semelhante ao seu quarto de solteiro sobre a varanda de Mendips, com discos de ouro em vez de pôsteres na parede. John apreciava a tranquilidade. Em sua mente, revisitava os longos verões que passava nas remotas praias escocesas em Sango Bay, Durness. Ele chamou a similarmente arenosa Sandbanks de "o lugar mais bonito que conheço".

"Ele dava uma passadinha nos fins de semana", disse Mimi. "Normalmente quando a pressão era muita. Ele vinha até aqui e fazia piruetas na praia. Sozinho, não havia mais ninguém lá." Mas, às vezes, ele levava Cynthia e Julian consigo. Também começou a velejar rio Frome acima até Wareham, em um barco emprestado de um vizinho. Será que o verso "Picture yourself in a boat on a river",* de "Lucy in the Sky with Diamonds", foi inspirado nessas viagens? Não é uma ideia tão improvável.

*

Mimi diria que conheceu Yoko em Londres. Depois, John a levou para ver sua tia em julho de 1968, em um fim de semana de folga das gravações do "Álbum Branco".

"Isso foi no início, quando ele a trouxe", disse Mimi. "Bem, eu não sabia do que se tratava. Me perguntei quem era. Disse: 'Quem é essa?' Ele respondeu: 'É a Yoko.' Mas não pensei nada sobre o assunto, sabe? Cheguei a perguntar a ela: 'O que você faz da vida?' E ela disse: 'Sou artista.' Eu falei: 'Engraçado, nunca ouvi falar de você!'" Mimi nunca foi de se deixar impressionar.[3]

Cadê você, John? Os olhos solitários de nossa nação se voltam para você, como na canção de Simon & Garfunkel. Ninguém entendeu por que ele usava Yoko Ono como uma arma. Seja lá o que acontecesse entre os dois, ele nunca a menosprezava. Ela era a fêmea alfa de que ele precisava, a parceira que sentia merecer. John não queria alguém que pudesse simplesmente alcançá-lo, mas alguém que ele precisasse fazer um esforço para alcançar. Ela já era a artista. Intimidava homens e mu-

---

* "Imagine-se em um barco num rio." (N. da T.)

lheres, algo que John amava nela. Ele a admirava e a obedecia. Entre os dois, ela era de longe a mais instruída. Circulou a vida inteira entre os bem-sucedidos, os bem-criados, os proeminentemente artísticos e os talentosos. Sentia-se confortável e se mantinha de igual para igual em companhias sofisticadas. John costumava se sentir inibido entre aqueles que considerava superiores. Comportava-se de modo informal, sarcástico e presunçoso para disfarçar o nervosismo inerente e sentimentos de inadequação. Essa era sua armadura. Então conheceu Yoko, e seu cinismo começou a esmorecer. Finalmente foi capaz de evoluir. Daí em diante, passou a recorrer a ela para orientação e aprovação na maioria dos assuntos, assim como uma criança recorre à mãe. Queremos que nossa mãe seja forte e esteja do nosso lado para tudo, não é? Que nunca demonstre fraqueza. Que seja o pilar da família. Que seja alguém para quem voltar para casa.

Ele chamava Yoko de "Mãe". Não era apenas "o jeito nortenho".

"John estava sem rumo quando conheceu Yoko", reflete Richard Hughes. "Ele não estava sozinho nessa. Muitos de nós já tivemos essa sensação de desorientação uma vez ou outra, por vários motivos, tanto internos quanto externos. Seu conflito pessoal foi agravado pelo fato de que estava vivendo sua vida aos olhos do mundo — cada declaração, movimento e piscar de olhos sujeitos à análise pública. Não só no Reino Unido, mas no mundo inteiro. É praticamente impossível para a maioria de nós imaginar a imensa pressão de uma existência desse tipo. Como dizia a música, 'Nothing is real'. Ele deve ter sentido, na maior parte do tempo, que estava tendo uma experiência extracorpórea; que era outra pessoa vivendo aquela vida louca e extraordinária em ritmo alucinante, e que 'John Lennon, o astro do rock' não era ele. Ele teve sucesso, riqueza e oportunidades constantes além dos sonhos mais ousados da maioria das pessoas. Então, se pensamos o que raios ele tinha para se preocupar, podemos ser perdoados. Bem, é claro, ele tinha os mesmos problemas que todo mundo. Apesar de suas conquistas fantásticas, ainda buscava a única coisa que todos nós desejamos e corremos atrás."

"Não há lugar como nosso lar" é o refrão de Dorothy em *O mágico de Oz*. Ela sentia falta do Kansas, da fazenda de tio Henry e tia Em. Mas lar é onde o coração está. O "lar" é o "amor". Pobre Cyn, o amor não vivia mais ali.

*

Prevalece uma impressão de que, ao explodir seu casamento e partir em direção ao pôr do sol com Yoko, John apertou o botão vermelho dos Beatles. Costuma-se dizer isso com frequência, mas não é exatamente verdade. Nenhum deles estava isento de culpa no front dos romances e relacionamentos. Paul terminara com Jane Asher e estava casado com Linda. Ringo, como ele mesmo admitiu, teve várias amantes pela Inglaterra, e jogou sua angustiada esposa Maureen nos braços de outro amante… que por acaso era George Harrison, a quem John acusou de "quase um incesto". Dava para entender o ponto de vista dele. A esposa de George, Pattie, contou tudo a Ringo, que exigiu o divórcio, ao qual Mo resistiu; ela quase acabou com a própria vida em uma motocicleta e teve que refazer seu rosto. Mas, no fim das contas, foi o caso de Starr com uma modelo americana que destruiu o casamento. Pattie Harrison fazia hora extra com Ronnie Wood enquanto Harrison tinha um caso com a primeira esposa de Wood, Krissy Findlay, que Wood havia roubado de Eric Clapton. Pattie encerrou o círculo de Clapton, casando-se com ele e inspirando ainda mais canções de amor. Viu só? No amor, na guerra e na Terra do Rock vale tudo.[4]

*

A matança veio depressa.

O Beatle John foi aniquilado. Yoko substituiu Paul como principal colaboradora criativa de John.

"Quando conheceu Yoko, foi o início de uma nova vida", disse-me o bom e velho amigo de Hamburgo, Klaus Voormann. "Ele deixou os Beatles para trás. Os fãs não querem ouvir isso, mas é verdade. A banda, a música, todos aqueles anos ficaram no passado. Ele não era mais John, era JohnEYoko: a metade de um todo. Ele parou de tentar ser um roqueiro durão, coisa que nunca foi de verdade, e tornou-se ele mesmo. Fiquei muito orgulhoso por isso, e é claro que fiquei feliz por ele."

"Era exatamente o que John precisava", insiste Richard Hughes. "Ele havia superado os Beatles de uma vez por todas. Sua energia estava muito poderosa naquele momento, e permaneceu assim durante os anos 1970. Esse é o John a quem reagimos e respeitamos hoje em dia, eu acho — em vez do Beatle John dos anos 1960, que, afinal, não era realmente 'ele'. Aquela versão de John era uma ideia, uma farsa. Os historiadores amam nos forçar o contrário, mas estão errados. O que Lennon representa para nós no século XXI é a esperança. Porque, estranhamente, depois de tudo por que passamos, ainda estamos vidrados na certeza e na verdade. Ele é o representante de algo mais meta."

No entanto, foi uma de suas músicas mais simples, um número dos Beatles dos anos 1960, que transmitiu a melhor mensagem: "All You Need is Love." É verdade?

"Com certeza", afirma Hughes. "Ao mesmo tempo, não existe nada mais incerto do que o amor. Todos nós precisamos ser amados, acolhidos e validados. John sabia disso. Aprendeu por autoanálise. Ele pode ter sido disfuncional e equivocado em várias frentes, mas nisso acertou. Por que o amor se tornou o cerne de tudo para ele? Porque foi privado de amor na infância. Sabia seu valor.

"O certo é que John Lennon realmente amou Yoko Ono. Foi um magnífico caso de amor. Foi verdadeiro. Foi o parâmetro. Sua salvação foi reconhecê-lo quando surgiu."

Pete Shotton, que conhecia John melhor do que qualquer um, acreditava que Yoko foi a melhor coisa que aconteceu a ele.

"Seu comportamento em relação a várias coisas mudou consideravelmente", disse ele. "Ele passou a ser menos egoísta e mais preocupado. Começou a se comunicar com muitas pessoas, só para dizer 'obrigado', e por aí vai. Antes de Yoko, ele era bastante blasé a respeito de tudo, sua postura com os fãs e tudo o mais. Ele realmente começou a valorizar os outros. Talvez por ter sentido que o que estava fazendo na época era importante."

Após os Beatles, John não só tornou-se um prolífico escritor de bilhetes, cartões-postais e cartas, mas também conquistou um grupo de fãs totalmente diferente.

"Exatamente", diz Shotton. "Mais pessoas *inteligentes* começaram a se interessar por ele, se me permite dizer. Acho que pessoas *importantes* estavam prestando mais atenção nele. Elas perceberam que não se tratava apenas de um Beatle fofinho e cabeludo. Era um homem inteligente que estava pensando, fazendo e agindo, e de certa forma era um parâmetro para muitas pessoas, mesmo que não concordassem exatamente com tudo que ele fazia. Ele tornou-se uma figura com a qual as pessoas podiam se comparar. Elas começaram a se identificar com ele em um nível muito pessoal. Não era nem um pouco parecido com quando era um Beatle. Ele era um pop star, era famoso e rico. Mas agora havia algo a mais. Os fãs sentiam que tinham contato com ele pessoalmente. John conseguiu isso enquanto ainda mantinha os pés firmes no chão, e não deixava que nenhuma besteira o atingisse."[5]

Assim como Shotton, Klaus Voormann viu o menino se tornar um homem; presenciou a raiva que vinha da frustração e ficou maravilhado com a maneira como desabrochou nos braços de seu novo amor.

"Assim que Yoko surgiu, eles nunca se separaram", diz ele. "Ela ficava no estúdio, sentada em seu colo. Ela ia até mesmo ao banheiro com ele — porque ele queria, não porque ela estava se impondo e não o deixava perder de vista. Foi estranho no início, mas logo me acostumei. Pela primeira vez na vida de John, pude ver que estava sendo ele mesmo e que estava feliz. Foi como um milagre.

"Yoko o salvou. Os fãs não querem acreditar nisso. Eles só veem o lado ruim dela. Mas ela é uma ótima pessoa. Eles eram engraçados juntos. John muitas vezes a interrompia para falar alguma coisa, ou ela o interrompia, ou eles terminavam as frases um do outro, sem mais nem menos. Eles se completavam. Goste ou não da música que produziram juntos, eles realmente inspiravam um ao outro. Posso lhe dizer em primeira mão. O que as pessoas não percebem é que ela é hilária. Passei a pensar nos dois como gêmeos siameses que foram separados no parto."

*Acima, à esquerda*: A cara da mãe: John, dez anos, com Julia Lennon. © *Getty Images/Icon*

*Acima, à direita*: John em seu primeiro ano na Quarry Bank, aos oito anos. © *Getty Images/Hulton Archive*

*No meio, à esquerda*: Mendips, Woolton, casa de John na infância. © *Edward Phillips*

*No meio, à direita*: "Tia Mimi" Smith com David Stark, em Dorset. © *David Stark*

*Abaixo, à esquerda*: O quarto de John na casa de Mimi, em Sandbanks. © *David Stark*

*Abaixo, à direita*: Harbour's Edge, Sandbanks. © *David Stark*

*Acima, à esquerda*: "Stu", de pintor modernista a baixista. © *Getty Images/Mirrorpix*

*Acima, à direita*: Stuart Sutcliffe com Astrid Kirchherr. Hamburgo, 1961. © *Getty Images/Popperfoto*

*Abaixo*: The Silver Beatles no palco em Liverpool, anos 1960. Da esquerda para a direita: Stu Sutcliffe, John Lennon, Paul McCartney, Johnny "Hutch" Hutchinson (baterista substituto) e George Harrison. © *Getty Images/Michael Ochs Archive*

"História da minha vida, preso entre dois Johnnies…"

"Vamos lá, Paul, diga xis!"

"Acho que nos safamos dessa…"

Com Johnnie Hamp, da Granada, o primeiro produtor a pôr os Beatles na TV.

© *Johnnie Hamp Collection*

```
                XXXXXXXXXXXXXXXXXXXX
                JOHN HAMP              PRODUCTION      10.12.63


P387/216        25.11.   Ent. Beatles & Manager.                    15    0
P387/218        26.11.   Visit Whiskey Club re: Elke Brookes.    1   2    0
Late/B 7        23.11.   Lunch on Train.                             17   6
P387/219        28.11.   Meal Pat McKeegan.                           8   6
                28.11.   Ent. Agents Gene Vincent /Odeon         1    5   0
Late/8          29.11.   Ent. George Melly, Joan Sims, etc. and
                         musicians.                              3   5    0
P387/221        2.12.    Meal Adam Faith.                        1   3    0
                3.12.    Petrol Manchester/London. one way.          2   5   0
                                                                 11  1    0
```

*Acima*: Os Beatles posando para um cartão-postal. © *Getty Images/SEM*

*Abaixo*: Prestação de contas de Johnnie Hamp para a TV Granada, 10 de dezembro de 1963. Receber os Beatles e o empresário Brian Epstein lhe custou quinze xelins: menos de vinte libras hoje em dia.

© *Johnnie Hamp Collection*

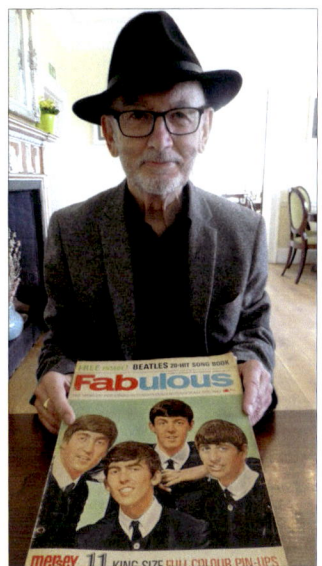

*Acima*: "Fabs Keith" Altham entrevista John para a revista *Fabulous* (© *Keith Altham*) — e (*à direita*) K.A. ainda guarda sua cópia. © *Lesley-Ann Jones*

*Abaixo*: O baixo é o centro das atenções com Ed Sullivan. Da esquerda para a direita: Brian Epstein, Ed Sullivan, John, Ringo, Paul. © *Getty Images/Popperfoto*

*À esquerda*: Felicidade doméstica e o amor de uma boa mulher: John em casa com Cynthia e Julian, tentando se convencer disso...

© Getty Images/Robert Whitaker

*Abaixo*: Cyn e John.

© Getty Images/Keystone France

*Acima*: Alma Cogan brilha diante de um retrato de si mesma.

© Getty Images/Popperfoto

*À esquerda:* O NYPD tenta impedir que hordas de adolescentes invadam o hotel dos Beatles em 12 de agosto de 1965.

© *Getty Images/Bettmann*

*À direita:* Três dias depois, os Beatles sobem ao palco do Shea Stadium.

© *Getty Images/Michael Ochs Archive*

*À esquerda:* É difícil imaginar a histeria ensurdecedora dentro do estádio — por sorte, há filmagens disponíveis na internet.

© *Getty Images/New York Daily News Archive*

"A melhor vista da casa!": os Fab Four se apresentam em *Os reis do iê-iê-iê*, 1964.

*© Getty Images/John Springer Collection*

"Nós não tocamos só os nossos instrumentos, sabe?"

*© Getty Images/Popperfoto*

*Acima*: De visual novo, os Beatles se sentam do lado de fora da casa de Brian Epstein em Belgravia. © *Getty Images/Jan Olofsson*

*Abaixo*: Os Beatles realizam seu último show ao vivo no telhado do prédio da Apple Corps, Savile Row. © *Getty Images/Express*

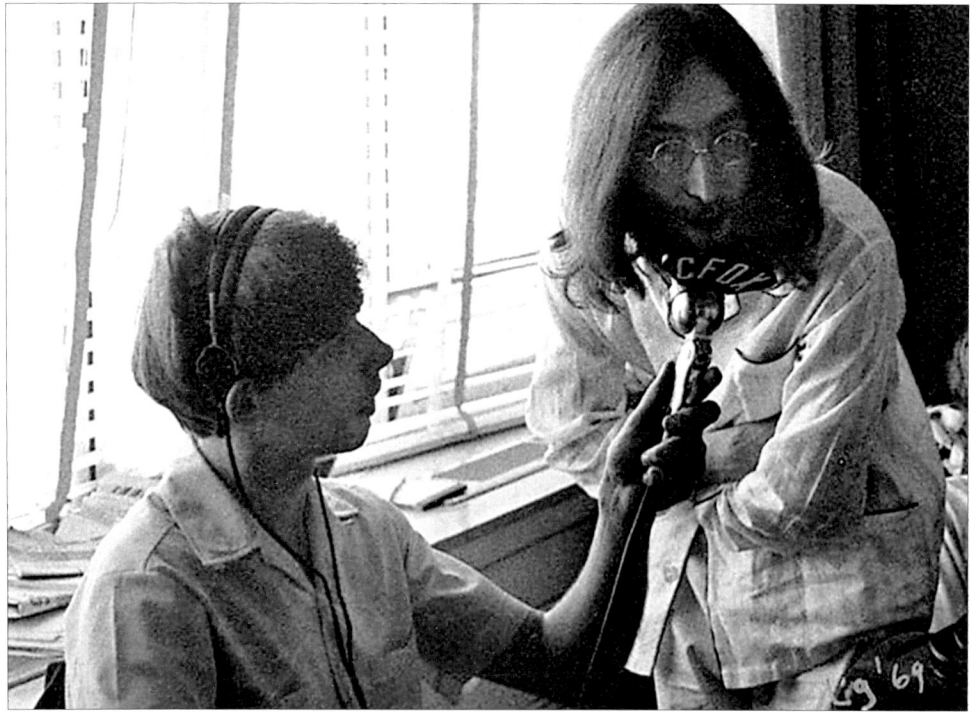

*Acima*: Menina dos olhos: John e Yoko com a primeira filha de Yoko, sua enteada, Kyoko.
© Getty Images/Stroud

*Abaixo*: O DJ definitivo: Roger Scott entrevista John durante o *bed-in* em Montreal, 1969.
Collection Lesley-Ann Jones

*Acima*: Palavras carinhosas ao pé do ouvido no infame "Fim de Semana Perdido" com May Pang. © *Getty Images/Art Zelin*

*Abaixo*: "Certa vez eu tive um amor secreto… e então veio Bowie": John e David na décima sétima cerimônia do Grammy. Uris Theatre, NYC. © *Getty Images/Ron Galella*

*À esquerda:* Yoko se agarra a John ao saírem do tribunal em Londres após acusações de posse de maconha e obstrução policial.

© *Getty Images/Bettmann*

*À direita:* Durante o "Bed-In for Peace" no Hilton de Amsterdã.

© *Getty Images/Mark and Colleen Hayward*

*À esquerda:* The Dirty Mac (formada por Eric Clapton, Mitch Mitchell, John Lennon, Keith Richards e Yoko Ono) fazem seu único especial em Londres, em 1968.

© *Getty Images/Mark and Colleen Hayward*

*Acima*: "Lembra como nos divertimos naquele dia em Bangor?": Os Beatles se juntam a Maharishi Mahesh Yogi no norte do País de Gales antes da temporada em Rishikesh.
© *Getty Images/Archive Photos*

*Abaixo*: Com amor de mim para você: Julian Lennon no Golden Rose/Montreux Rock Festival, Suíça, em 1986, quando a autora o entrevistou. *Collection Lesley-Ann Jones*

*Acima*: Ringo, Barbara Bach, a autora e John Entwistle no Fulham Town Hall, Londres, em março de 1985, para as filmagens do vídeo do grupo Willie & The Poor Boys (campanha de Ronnie Lane em apoio à ARMS — Action into Research for Multiple Sclerosis).
Collection Lesley-Ann Jones

*Abaixo, à esquerda*: A autora com May Pang. Londres, setembro de 2019. Collection Lesley-Ann Jones

*Abaixo, à direita*: … e com Sir Paul McCartney na formatura da LIPA, 26 de julho de 2019.
© David Stark

*Acima, à esquerda*: Andy Peebles com John e Yoko no Hit Factory, NYC, 6 de dezembro de 1980.

*Acima, à direita*: Andy e Sean Lennon no trem de Tóquio para Karuizawa, 1983.

*No meio*: Andy com Sean e Yoko no Hotel Mampei, Karuizawa. À esquerda, observe Sean se preparando para atirar uma bola de neve. © *Andy Peebles Collection (and above)*

*Abaixo, à esquerda*: Uma noite com Earl Slick em St. Leonard's-on-Sea, Hastings, 2019. Ele está à frente de uma foto de si mesmo tocando com Yoko. © *Lesley-Ann Jones*

*Abaixo, à direita*: A autora com Slicky no restaurante Balthazar, Londres, 2019. © *Martin Barden*

*Acima*: "Imagine…" Mosaico em homenagem a John no jardim Strawberry Fields, Central Park, NYC, em frente ao edifício Dakota. © *Lesley-Ann Jones*

*Abaixo*: John Winston Lennon. Beatle, pai, marido. 9 de outubro de 1940 — 8 de dezembro de 1980. © *Getty Images/Allan Tannenbaum*

\*

Roger Scott, um fã fervoroso dos Beatles que se tornaria um dos mais amados e respeitados locutores de rádio da Grã-Bretanha, era um DJ iniciante de 25 anos que trabalhava na estação canadense de rádio AM, CFOX Montreal, quando John e Yoko visitaram a cidade usando crucifixos em 26 de maio de 1969, com Kyoko, de cinco anos, a tiracolo. Essa foi a última etapa da missão de paz internacional do casal, durante a qual encenaram seu famigerado Bed-In for Peace no quarto 1742 do Hotel Queen Elizabeth, em Montreal, cercados de cravos rosa e brancos, repletos de equipamentos de filmagem e gravação e livros.

"Eu tinha um programa da tarde na época", disse-me Roger. "A equipe deles combinou que eu apresentaria meu programa colado na cama deles até o fim. Imagine só: ainda fico arrepiado. Eu não tinha nenhuma experiência prévia em nada daquele nível. Não estava preparado para o fato de que a mídia internacional ia se instalar no quarto deles, e que eu teria que manter a cabeça fria e me concentrar em apresentar meu programa de rádio de qualquer maneira. Lá estávamos nós, os dois na cama como o centro das atenções, membros da divisão Hare Krishna local, o assessor de imprensa dos Beatles, Derek Taylor. Tommy Smothers, da dupla de comédia musical Smothers Brothers. O evento durou uma semana inteira, e no final revelou-se que John e Yoko pretendiam gravar um disco naquele mesmo quarto, no sábado à noite. O disco acabou se tornando 'Give Peace a Chance', e contou com a participação de todo mundo que estivesse por ali. Devíamos ser um grupo de pelo menos cinquenta pessoas — Tommy no violão, eu batucando a mesinha de centro, a cantora Petula Clark e o poeta beat Allen Ginsberg — cantando os versos que foram rabiscados às pressas por John em cartolinas gigantes. Que zona foi aquilo! Mas, mesmo assim, funcionou."

Até aí, tudo bem. Mas então, houve um momento de humilhação que assombraria Roger pelo resto da vida.

"Por algum motivo, John de repente se recusou a ser entrevistado por mim, e insistiu que fosse entrevistado por uma garota de dezesseis anos que por acaso estava por lá. O que raios eu tinha feito de errado?

Provavelmente nada. Era apenas John e seus caprichos. Remoí o assunto sem parar, e nunca consegui pensar em nenhuma outra razão. Isso meio que me magoou."[6]

Quanto a John, sua mensagem para a mídia foi clara.

"Toda a repercussão dos nossos *bed-ins* fez com que as pessoas falassem sobre a paz", declarou ele. "Estamos tentando convidar os jovens a fazerem algo pela paz. Mas tudo deve ser feito por meios não violentos — caso contrário, só teremos o caos. Estamos dizendo aos jovens [...] e eles sempre foram os mais descolados [...] estamos dizendo a eles que transmitam a mensagem nas praças." Algo do tipo.

*

A gravação do icônico álbum *Abbey Road* foi uma tarefa longa e arrastada, pela última vez sob o comando de George Martin — persuadido a voltar à ativa com a promessa de que fariam o disco de acordo com as regras antigas, assim como costumavam fazê-los antes, com o produtor no comando absoluto. Do fim de fevereiro até a segunda metade de agosto, eles trabalharam esporadicamente nos estúdios Olympic e Trident, bem como na EMI — que, no fim das gravações deste memorável LP, seria renomeada Abbey Road Studios em sua homenagem. Aperfeiçoar a perfeição levou tempo. Divergências e animosidade pesaram o clima. No entanto, em meio à adversidade e às complicações surgiria aquele que muitos consideram o trabalho mais completo, abrangente e espetacular dos Beatles. Embora não se tenha decidido que este seria o último álbum juntos, pairou no ar um senso de conclusão. Mais tarde, John falaria mal da obra, em particular das contribuições de Paul, reduzindo as canções a "música de vovó" e encontrando defeitos na construção do álbum. Tendo há muito superado os Beatles e ansioso para seguir em frente com o restante de sua vida, sua própria música e seu casamento, John estava claramente ressentido com o confinamento que seu compromisso exigia. O acidente de carro (mais sobre isso a seguir) não ajudou nem um pouco. Tampouco a instalação da cama de Yoko no estúdio, na qual ela se deitava ridiculamente durante as gravações, após os médicos terem ordenado que repousasse o máximo possível. Por que não ficar em casa?

Mas quem pode contestar a imensidão de *Abbey Road*? Com "Come Together", a música de abertura de John; sua melosa e apaixonada "I Want You (She's So Heavy)"; sua melancólica e sobrenatural "Because", inspirada em Yoko tocando "Sonata ao luar" de Beethoven no piano e John fazendo-a tocar novamente com os acordes de trás para frente, e marcada pelo cravo de George Martin. Com "Something" e "Here Comes the Sun", de George, e "Oh! Darling", no estilo *doo-woop*, de Paul, da qual John se ressentia porque pensava que teria sido melhor cantada na voz *dele*. "You Never Give Me Your Money", de Macca, refletindo o terrível caos financeiro da banda e o colapso iminente. A complicada e multifacetada "The End": caracterizada pelo único solo de bateria de Ringo nos Beatles, e a mensagem central: "And in the end, the love you take is equal to the love you make."* O álbum marca a última vez em que os quatro Beatles gravaram juntos. E a capa? Este foi o único LP original da banda no Reino Unido a não apresentar nem o nome nem o título. Quem precisa disso? O mundo já sabia quem eles eram e o que eram! Seis dias antes do lançamento, em 26 de setembro de 1969, John disse aos outros que ia sair da banda. O fato de o álbum ter vendido quatro milhões de cópias nos dois primeiros meses de estreia nada fez para que ele mudasse de ideia. *Abbey Road* estreou em primeiro lugar nas paradas do Reino Unido, e lá ficou por onze semanas. Ele deu lugar, por um breve período, aos Stones, mas logo recuperou seu lugar de direito. Nos Estados Unidos, tornou-se o álbum mais vendido de 1969. No Japão, permaneceu no Top 100 por quase trezentas semanas, e foi o álbum dos anos 1970.

"Além de ter sido o último álbum dos Beatles a ser gravado, o *Abbey Road* foi o primeiro desde *Help!*, em 1965, a apresentar uma faixa de abertura que John compôs e cantou, o hino influenciado pelo poema 'Jaguadarte' de Lewis Carroll, 'Come Together'", comenta o músico e editor da *SongLink*, David Stark. "Os Fab Four, a música pop e o mundo

---

* "E, no fim, o amor que você leva é igual ao amor que você produz." (N. da T.)

tinham mudado muito naqueles breves quatro anos. Mas era totalmente apropriado que o fundador e o líder do grupo reivindicasse sua posição à frente daquele que viria a ser uma despedida para os fãs e admiradores dos Beatles no mundo inteiro. É claro, isso não era de conhecimento oficial na época, embora muitos suspeitassem, enquanto o irregular *Let It Be* foi mantido em suspenso para futuro lançamento no ano seguinte."

Por incrível que pareça, diz Stark, a reação inicial ao *Abbey Road* foi tépida: "Os críticos não estavam entendendo o fato de que, junto das exigências e contribuições inestimáveis de George Martin, os Beatles conseguiram gravar um álbum de puro brilhantismo técnico no último ano da década de 1960. E ainda é, mais de cinquenta anos depois, uma obra-prima — a qual o filho de George, Giles Martin, descobriu ser quase impossível aperfeiçoar quando remixou o álbum para o lançamento de aniversário em 2019. Ao lado de sua capa icônica — que certamente continua atraindo fãs dos Beatles a 'chegar junto' no estúdio de gravação e na faixa de pedestre mais famosos do mundo, muito depois do 'the end' ter passado, seja lá quando foi —, *Abbey Road* segue incomparável, pelo menos aos meus ouvidos, e é o apogeu absoluto do pop. Como estudante de dezesseis anos, tive a sorte de receber uma cópia antecipada da Apple mais ou menos uma semana antes do lançamento. Eu me lembro até hoje de como fiquei fascinado pela combinação do brilhantismo musical e vocal, o contraste surpreendente entre seu humor lírico e o *páthos* genuíno, e os belos arranjos e a produção esplêndida de Martin. Ainda fico fascinado."

\*

Em 13 de setembro de 1969, duas semanas antes do lançamento de *Abbey Road*, John, Yoko, Klaus, Eric Clapton e outros participaram, como a Plastic Ono Band, de um show *revival* de rock'n'roll, "Live Peace in Toronto", no Varsity Stadium. Quase todos os artistas que compareceram eram heróis de John: Little Richard, Gene Vincent, Jerry Lee Lewis, Fats Domino. O repertório de John e seu grupo incluía "Give Peace a Chance", "Blue Suede Shoes", "Cold Turkey" e "Don't Worry Kyoko

(Mummy's Only Looking for Her Hand in the Snow)", de Yoko, sobre sua filha pequena. Como esperado, os gritos, soluços e uivos de Yoko deixaram o público inabalado. Não era o John que eles tinham ido ver? Qual era a *dela*? Klaus explica.

"A primeira vez em que o talento artístico de Yoko se fez de fato aparente para mim foi naquele show", diz ele. "Ela estava dentro de um saco, no chão. Ela saiu lá de dentro e começou a fazer barulhos, e então começou a gritar. Estava tentando dizer algo importante ao público. Senti a enorme urgência que ela sentia. Foi avassalador. Ela gritou até ficar rouca, e no fim passou a coaxar. Eu estava bem atrás dela. Fico arrepiado até hoje, só de pensar. Você imediatamente pensava em guerra, tanques, bombas, destruição. Ela estava usando a si mesma para expressar todo o horror da guerra, de um jeito muito chocante. Era o que estava sentindo, e era o que estava tentando comunicar. Eu, logo atrás, senti junto dela. Mas os espectadores não sentiram. Estavam longe demais do palco para captar a energia. Além disso, uma banda mal-ensaiada em um show de rock'n'roll com Yoko saindo de um saco e gritando com a audiência — naquela época, era demais para as pessoas. Yoko foi ridicularizada. Tudo que queriam era John tocando. Não chegaram a atirar tomates, mas a reação do público foi humilhante. Ela aprendeu. Logo soube como lidar com a plateia. Ela disse: 'Quando estou aqui no palco e canto para vocês, é como se eu estivesse em um túnel. E quero que vocês entrem comigo no túnel.'

"A questão é que John e ela estavam na mesma sintonia. Ele a apoiava e a defendia. Para ele, o que ela estava fazendo era perfeitamente apropriado, e ficava maravilhado. Entende? Estava muito feliz com ela. Havia uma solidariedade genuína entre os dois. Concorde ou não com o método, não se pode culpar a mensagem. John estava muito à frente de todo mundo."

*Timing*: ainda é tudo. John e Yoko estavam bem ali, no lugar certo, na vanguarda do movimento pela paz mundial. Um mês depois, em 15 de outubro, milhões de norte-americanos organizaram a maior manifestação da história dos Estados Unidos, uma Moratória para o Fim da Guerra no Vietnã. O novo presidente republicano, Richard Nixon, impassível, fez seu infame discurso sobre a "maioria silenciosa". O movimento antiguerra, estimulado pela terrível revelação do massacre de My Lai, foi resoluto, e se reuniu novamente. Em novembro daquele ano, meio milhão de manifestantes marcharam na Casa Branca, em Washington, DC. Durante o protesto pacífico — com participação do grupo Peter, Paul and Mary, de Leonard Bernstein, Arlo Guthrie, John Denver e Cleveland String Quartet, bem como o elenco de diferentes montagens do musical de vanguarda *Hair* —, o ativista e cantor folk Pete Seeger liderou a vasta multidão em uma versão de dez minutos de "Give Peace a Chance". Está ouvindo, Nixon? Agnew? Pentágono? O presidente acompanhou os acontecimentos pela televisão e tentou, em vão, contar o número exato de manifestantes de sua janela na Casa Branca. Ele ouviu a música. Lennon cruzou seu radar. O ex-Beatle pagaria por isso — mas John, à época, não fazia ideia. Tudo que ele dizia era o que milhões de pessoas estavam pensando. Ele descreveu a performance ao vivo em massa de sua música como "um dos maiores momentos da minha vida". Abbey Road? Onde fica?

## CAPÍTULO 17

# KYOKO

Não há perigo maior do que um homem humilhado. Tony Cox teria sua vingança. Ele ia punir sua ex-esposa da pior maneira que se possa imaginar. Uma parte significativa da história de como ele fez isso nunca foi contada até agora.

O mundo presumiu que John e Yoko recolheram seus pertences, abandonaram a Grã-Bretanha e se mudaram para os Estados Unidos para salvarem o planeta. Mas o mundo estava errado. O verdadeiro motivo da mudança para Nova York foi mais pessoal e doloroso. Kyoko, a filha de oito anos de Yoko, havia desaparecido. Eles acreditavam que ela estivesse com o pai, e foram procurá-la nos Estados Unidos. Nunca foi a intenção permanecer no país em definitivo. As circunstâncias impossibilitaram a partida do casal. Quando, por fim, eles se viram livres para ir embora, já era tarde demais. Quanto à filha, Yoko pagaria o preço mais alto.

O período que antecedeu a partida foi um turbilhão. Desde o momento em que ficaram juntos, o interesse da mídia nas idas e vindas do insolente Beatle e sua musa oriental, na escandalosa destruição de casamentos, no relacionamento interracial e no aparente abandono de seus respectivos filhos fugiu de controle. Ávidos demais em identificar-se como ativistas que buscam a paz e fazem o bem, mas entusiasmados pela atenção da mídia e sua importância global, eles cometeram erros. Aliando-se a causas impróprias e campanhas questionáveis, o casal errou tanto quanto acertou. Sua fama, seu status e sua fortuna foram explorados o tempo inteiro. É quase impossível compreender, hoje em dia, como foi intenso e arrebatador. Tudo que eles faziam — gravações esquisitas, exposições de arte, filmes excruciantes, esculturas, "Acorn Events", uma dramatização dos dois estranhos livros de John, *In His Own Write* e *A Spaniard in the Works*, as roupas em preto e branco, os abortos espontâneos, a obsessão ciumenta com eles mesmos e um com o outro, a autorreinvenção sem açúcar, o evangelismo macrobiótico do arroz integral com legumes e verduras, a recusa de John de largar os cigarros, Yoko adotando o hábito alucinadamente, de acordo com a promessa de que deveriam ser iguais e unidos em todas as coisas, a presumida "química" e o apetite sexual um pelo outro; tudo que faziam, não faziam, bom, ruim, feio, bonito, chato, fascinante, indiferente, imprudente, absurdo ou simplesmente estúpido era uma manchete multilíngue e um *happening*. Imagine viver assim. Eu sei que não seria capaz. Eles suportaram tudo isso juntos, construindo uma relação entre iguais, em perfeita sintonia, que faria John destroçar alegremente sua misoginia inata para abraçar e até começar a promover o feminismo. *O quê?* Era o que Yoko queria. Era o que exigia dele. Ela não lhe deu alternativa, e calmamente informou-o de que, caso contrário, o deixaria. Sobre o tema da liberação feminina e seu crescente esclarecimento sobre a igualdade sexual, John disse: "É tão sutil, a forma como somos ensinados sobre a superioridade masculina. Levei um bom tempo para me dar conta de que minha masculinidade estava afetando certas áreas de Yoko. Ela é uma liberacionista fervorosa e logo me mostrou onde eu estava errando, embora a mim parecesse que eu estava apenas agindo naturalmente. É por isso que sempre me interesso em saber como aqueles que se dizem radicais tratam as mulheres."

O ponto de vista de Yoko foi mais sucinto.

"Não dá para amar alguém a não ser que esteja em uma posição de igual para igual. Muitas mulheres têm que se prender aos homens por medo ou insegurança, e isso não é amor — basicamente, é por isso que as mulheres odeiam os homens…"

"… e vice-versa", complementou John.

Como ele explicaria mais tarde:

"Ela mudou minha vida por completo. Não só fisicamente […] minha única forma de descrever é que Yoko foi como uma viagem de ácido ou a primeira vez que você fica bêbado. Foi uma grande mudança, e isso é tudo. Não sei descrever direito até hoje."[1]

Foi mais um prego no caixão do John de outrora.

*

Eles foram viver no antigo apartamento de Ringo em Londres, no número 34 da Montagu Square. Não era segredo que a situação com Tony Cox, ex-marido de Yoko, era péssima, sobretudo porque Yoko havia abandonado Cox e Kyoko para ficar com John. Em seguida, uma batida policial no apartamento. Mais um circo midiático, e tudo por uma pequena quantidade de maconha, pela qual foram acusados de posse. John declarou-se culpado, as acusações contra Yoko foram retiradas, e ele, se ao menos soubesse, assinou sua própria sentença de morte. Ainda que com tinta invisível.

Do outro lado do divórcio, Cynthia manteve a custódia de Julian, enquanto Yoko e Tony dividiriam Kyoko. Agora, graças à batida antidrogas, o mundo inteiro sabia o endereço do casal. John e Yoko foram obrigados a cair fora. Outra residência de Ringo, desta vez em Weybridge — estamos andando em círculos aqui —, serviria no momento. Lá, planejaram receber Julian e Kyoko, que tinham quase a mesma idade, para fins de semana agradáveis em família. Ao assumir esse compromisso doméstico, John surpreendeu a todos que testemunharam sua até então negligência paternal. Yoko havia despertado seu pai interior. Foi ela quem o ajudou a valorizar os filhos como uma bênção. Cuidar, cozinhar, brincar, ler e fazer músicas com Julian e Kyoko, mergulhando de cabeça na vida simples em família, os ajustaria e os prepararia para a ninhada que planejavam criar. John estava tão entusiasmado com a oportunidade de se redimir como pai, tão ávido a se entregar à atividade, que decidiu levar os quatro de volta à sua própria infância, em Liverpool e nas Terras Altas da Escócia. Chegou o momento.

Redenção. De repente, *havia* um caminho de volta e uma nova parceira com quem revivê-lo. Isso foi em junho de 1969, em meio às sessões de gravação do *Abbey Road*. Ele estava animado com a ideia de Yoko conhecer suas outras tias, Nanny e Harrie em Liverpool e Mater em Durness. Eles dormiriam com a família e fariam tudo com discrição, dispostos a evitar o máximo de atenção da imprensa possível. Em sua empolgação, John relevou suas obrigações para com Cynthia. Como mãe de Julian, deveria ao menos ter sido informada de que o menino, de apenas seis anos, estava sendo levado para uma longa viagem, e com John ao volante — sempre um risco. Do jeito que foi, a mãe não fazia ideia de sua partida nem de seu paradeiro. Vale lembrar, é claro, que na época não havia celular.

Assim que chegaram à sua cidade natal, John admitiu que o Mini Cooper era pequeno demais para transportá-los ainda mais longe. Ele pediu ao chofer que lhe trouxesse um Austin Maxi, modelo mais confortável. A combinação de veículo desconhecido, a falta de experiência de John ao volante, visão limitada e incapacidade generalizada de se concentrar em coisas tão mundanas quanto estradas por longos períodos fez com que batesse o carro em uma vala perto de Golspie, um vilarejo nas Terras Altas, no caminho para a casa de Mater. Apenas Julian escapou ileso. Hospital, pontos, tratamento para o choque. O rosto de John levaria para sempre a cicatriz. Julian foi levado aos cuidados de Mater, onde Cynthia logo o encontrou, mas seus esforços para se comunicar com John e descobrir o que tinha acontecido foram em vão. Ele foi categórico em não querer vê-la, o que foi cruel. Feridas simples, fraturas expostas.

O rostinho de Kyoko precisou de alguns pontos insignificantes para recuperar a plena perfeição. Era um rosto para o qual John adorava olhar. Que criança bonita! Seus cabelos pretos com franja, olhos de obsidiana e sorriso angelical eram o que bastava para fazê-lo derreter. Ele a adorava por ser uma extensão de Yoko, mas também por ela mesma, como se fosse sua própria filha. Uma fotografia em preto e branco deste pequeno clã divertindo-se nas Terras Altas retrata os dois pimpolhos de kilts, coletes xadrez e bolsas de couro, sorrindo acanhados por baixo de boinas quadriculadas. Eles estão de mãos dadas entre papai e mamãe, caminhando ao ar livre, ela toda de preto, com tênis brancos, ele com barba cerrada e vestindo um grosso suéter de tricô. Eles parecem muito felizes de estarem vivos, e estão bem próximos.

Mas tudo ia mudar. Embora Cynthia não tivesse muito a fazer a não ser aturar o egoísmo e a impetuosidade de John, Tony Cox não estava mais disposto a ser amigável ou razoável. Irritado com o que deve ter interpretado como negligência do casal com sua filha, ele passaria a proibir Kyoko de passar tempo com a mãe e John sem sua presença. Ele também dificultaria cada vez mais o acesso. A aquisição de Tittenhurst Park, uma mansão majestosa em um vasto terreno perto de Ascot, em Berkshire, aquela que pode ser vista em todo seu esplendor etéreo no clipe de "Imagine", com Yoko abrindo as cortinas, deve tê-lo enfurecido. Para colocar sal na ferida, além de ser gigantesca, ela exigia um inconveniente trajeto pela estrada M4. Qualquer um que já tenha compartilhado um filho com um ex-companheiro e se sentiu desgastado com todo o ir e vir e as infinitas, incansáveis brigas com um parceiro menosprezado será capaz de ter empatia com a situação, de ambos os lados. Ao menos John e Yoko tinham bastante dinheiro. *Can't buy me love?* Com certeza, ajuda. Foi em Tittenhurst que John e Yoko, fiéis ao pacto de fazer tudo juntos, firmaram compromisso com as drogas. *Por quê?* Mais uma tendência artística para se deliciar? Não apenas o relacionamento não era tudo aquilo que pintavam, mas o fato de serem usuários de heroína deve ter chegado até Cox. Ou possivelmente ele viu com os próprios olhos seus efeitos gritantes: a fala arrastada, olhos esbugalhados e palidez fantasmagórica, a náusea, a confusão. Quem em sã consciência deixaria uma criança sob os cuidados de viciados sob a influência das drogas? O próprio Cox já fora dependente do ácido, na loucura dos anos 1960. Ele conhecia o estrago, e como.

"Tomei muito ácido pensando que fosse aprimorar minha mente, e levei anos para descobrir que o contrário era verdade", disse ele. "Toda droga é uma furada."[2] Cox resolveu aumentar a distância entre eles e proteger a filha do estilo de vida instável e autocentrado do casal.

Mais tarde, Yoko enfatizaria que a experimentação dos dois com o opioide da euforia foi passageira. Eles abandonaram o uso por motivos familiares, insistiu. Estavam ansiosos para engravidar de novo o mais rápido possível, e não queriam correr o risco de prejudicar o feto ou dar à luz uma criança viciada. Incapazes de se colocar na reabilitação por medo da exposição na mídia, ajudaram um ao outro a se livrar do hábito entre quatro paredes. John fez um single da Plastic Ono Band a respeito da experiência, "Cold Turkey". É aquela do outro lado, Kyoko, sobre mamãe procurando a mão na neve.

\*

John e Yoko seguiram rumo ao norte da Dinamarca, onde Cox estava morando com a filha e a namorada norte-americana, Melinda Kendall, e onde se envolveram na primeira de várias seitas. Os Lennon passaram o mês de janeiro de 1970 ali, recuperando o tempo perdido com Kyoko, dizendo adeus aos anos 1960, livrando-se dos cigarros através da hipnose com um dos líderes da seita Harbinger e cortando seus longos cabelos para lançar a campanha Year One for Peace. Eles levaram as mechas cortadas para casa e as presentearam a Michael X — a resposta trinidadiana da Grã-Bretanha a Malcolm X — para serem vendidas com o intuito de levantar fundos para o movimento Black Power. Benevolência equivocada, no fim das contas: no final do ano, Michael X foi acusado de roubo e extorsão, e desapareceu em Trinidad antes do julgamento. A terapia primal à qual se submeteram com Arthur Janov em Londres e em Los Angeles — "Essa terapia me forçou a acabar com toda aquela porcaria de Deus" — quebrou suas correntes, livrando John dos últimos grilhões restantes dos Beatles e libertando sua verdadeira personalidade musical. Ele nunca tinha sido capaz de criar composições tão honestas, tão genuinamente *John*, cantando suas músicas por conta própria, totalmente expressivo e confiante, sem depender de truques, técnicas de estúdio e harmonias sofisticadas para disfarçar o que enxergava como defeitos e fazê-lo *soar* melhor. Dali em diante, seria o verdadeiro John Lennon, cru e sem remorsos. Apenas ele e suas canções. Ele e sua vida. Não haveria separações. Embora tenha abordado dores e inseguranças pessoais em canções anteriores, durante a fase dos Beatles, sua dor era invariavelmente camuflada. Letras sombrias se enfeitavam com melodias alegres — "Help!" e "I'm a Loser" são exemplos perfeitos. Ninguém pensava muito a fundo sobre as "mensagens" naquelas canções porque a música era muito otimista. Acho que sempre presumi que ele estivesse escrevendo de forma abstrata, sobre outra pessoa, não ele mesmo. Hoje acredito que suas canções eram principalmente sobre ele, John. Ele mergulhava de cabeça nelas. "Jealous Guy", que ainda estava por vir no álbum *Imagine*, de 1971, foi um pedido de ajuda semelhante. As composições de McCartney, em comparação, parecem contidas e até mesmo imparciais.

Mas chega disso. Agora, John queria soar como seu eu verdadeiro e minimalista. Seu álbum solo de estreia, *John Lennon/Plastic Ono Band*, que coproduziu com Yoko e Phil Spector e que conta com Klaus Voormann no baixo, Ringo na bateria e Billy Preston aqui e a li nos teclados, era pra valer.

"McCartney ainda pode ser considerado um músico, compositor e melodista melhor. Mas não era como John: um provocador", observa o ex-redator do *Melody Maker*, Michael Watts, editor da publicação nos Estados Unidos nos anos 1970.

"John expressava seus sentimentos a respeito do mundo de formas muito inesperadas. Isso fazia dele uma pessoa fantástica de se entrevistar. Ele dizia coisas que abriam e expandiam nossa própria mente, e que faziam com que refletíssemos sobre elas de novas maneiras. Foi isso que o tornou tão popular entre os jornalistas. Acho que McCartney sempre se sentiu meio que um peixe fora d'água em entrevistas para a imprensa, porque John era brilhante em se expressar de um jeito alegre e divertido. Paul era igualmente letrado, mas não tinha aquele dom de animar as coisas como John. Ele era sincero e transparente ao extremo. O *John Lennon/Plastic Ono Band*, que tinha faixas como 'Mother', 'God' e 'My Mummy's Dead', é extraordinário. As canções são tão puras! Elas o revelam como alguém muito vulnerável. O álbum é *a* melhor expressão do que ele foi. Ele claramente se empenhou em contar as coisas de um jeito completamente sincero. É confessional do início ao fim. Considerava, e ainda considero, um ótimo álbum."

Lembrando a todos nós que John embarcou em uma das maiores jornadas de autodescoberta já vivenciadas por uma estrela do rock, Watts observa que John foi mais corajoso do que a maioria. Ele decidiu se encontrar. E acabou descobrindo que não gostava da pessoa que era de verdade.

"Assim começou sua campanha para se tornar alguém diferente. Imagine a maioria dos astros do rock tentando fazer algo do tipo. Não daria certo. O que ele estava dizendo era que o cara pelo qual todos se apaixonaram era falso, não prestava, e agora ia lhes oferecer uma versão diferente de si mesmo: um John Lennon a quem ele próprio poderia amar e respeitar. Foi um grande risco, porque a coisa poderia ter seguido uma direção totalmente oposta. Ele poderia ter perdido toda a credibilidade. Veja as coisas que admitiu, que confessou: 'Eu costumava ser violento, agora não sou mais', e por aí vai. Ao fazer isso, alcançou algo extraordinário. Ele se conhecia. Queria ser alguém melhor. Desejava transcender e tornar-se um ser humano mais digno. As pessoas costumam achar que muito do que ele dizia era bobagem. Como nós, jornalistas, somos um bando de cínicos, parte de mim concorda. Mas não há dúvida de que ele genuinamente acreditava no que pregava. Ele de fato queria mudar o mundo."

Muito de seu desejo de alcançar tal objetivo vinha de Yoko, Watts concorda: "Ela *foi* seu amor verdadeiro, sua alma-gêmea genuína. Isso é certo. Nela, ele encontrou alguém que estava na mesma sintonia. Por conta de todas as coisas estúpidas que eles faziam, Yoko muitas vezes era reduzida a alguém que o levava para o mau caminho. Mas os dois juntos, e ela por conta própria, fizeram trabalhos artísticos muito interessantes."

O que foram os *bed-ins* senão uma antecipação da cama desfeita de Tracey Emin? O que foi a música de Yoko senão uma precursora de Björk?

"Exatamente. O mundo não estava pronto para Yoko. Ela era uma verdadeira artista de vanguarda. Os *bed-ins*, o *bagism*, o ato de se esconder em sacos, ser entrevistada em sacos, como John disse, eram acontecimentos meio que dadaístas, e o público não entendia isso. Os fãs não conseguiam conciliar John, o pop star, com essa figura que havia começado a absorver cada vez mais influências do mundo da arte, e se expressava de maneiras mais complexas e menos convencionais. O que ele e Yoko estavam fazendo era realmente extraordinário. Porque estavam atraindo um público um milhão de vezes maior do que o comum no mundo da arte. Porque já eram muito famosos, antes de mover uma palha e de fato fazer qualquer coisa. Ele estava muito entusiasmado com isso. Ele tinha noção e se aproveitou de seu poder. Isso recarregou suas baterias além de sua imaginação."

Ainda assim, todo mundo queria mais dos Beatles. Mais de como era antes. Suplementos do mesmo. O que não queriam eram quatro Beatles e Yoko.

"O problema de John era não ser sutil do jeito que Paul conseguia ser", conclui Michael. "John estava sempre em atividade, sempre correndo atrás de uma lacuna, para preencher um vazio. O fato de não ter filtro é o que fazia dele uma figura tão empolgante. Com um pouco mais de tato e pragmatismo, os Beatles poderiam ter evoluído para outras coisas e ainda desenvolvido suas carreiras solo em paralelo. Mas, com John, era tudo ou nada. Ele estava determinado a ter uma nova carreira com Yoko, e foi atrás disso que correu. Com ele, era sempre 'pronto para a próxima'."

\*

As visitas de fim de semana de Julian, à época com sete anos, ao pai e à madrasta o deixavam confuso. Para início de conversa, não era Cynthia quem o levava até lá, como deveria; nem era John quem percorria o trajeto até Londres para buscá-lo. A viagem de volta ficava a cargo de um chofer, que transportava o menino para lá e para cá no enorme Rolls-Royce de John. Um divórcio já é difícil para uma criança. O estrago causado pela separação de um dos pais, a mudança de casa e a transferência para um ambiente desconhecido, e a insegurança causada pela exposição às extremas emoções e raiva inevitáveis, todas têm seu peso. Um dos meios mais importantes pelos quais os pais podem limitar o impacto e as consequências do divórcio nos filhos é assumir a responsabilidade das transferências, por mais desconfortáveis que sejam, até eles terem idade o suficiente para viajar sozinhos. Embora John e Julian tivessem enfim liberdade para aproveitar um tempo de pai e filho completo e desimpedido, explorando todas as atividades — pedalar, remar, correr por aí — que o terreno amplo e maravilhoso de Tittenhurst tinha a oferecer, o relacionamento de Julian com Yoko deixava a desejar. Nenhum dos dois morria de amores pelo outro. Mais tarde, sua madrasta admitiria que não fazia ideia de como se relacionar com garotinhos. Mas ela poderia ter dado um jeito. Ela fez o que pôde, assim acreditava, mas não foi o suficiente. O elefante na sala era que a presença de Julian a deixava obcecada com o bebê que ela e John haviam perdido, e a lembrava de seus abortos espontâneos. Ela ficou abertamente ressentida com o fato de que John tinha a chance de curtir todo aquele tempo livre com o filho enquanto ela estava privada de sua menina. Em todas as coisas, igualdade. Menos neste quesito. Ainda não.

Até então, o relacionamento deles com Tony e Melinda havia sido bem tranquilo. Dizia-se que os dois casais estavam dispostos a desenvolver trabalhos criativos juntos. Chegou-se até a discutir a ideia de montar outro grupo com os quatro, e Cox já havia filmado John e Yoko para um documentário. Como Pete Shotton lembrou: "Uma das características mais estranhas da vida de John em Tittenhurst Park — por um período de muitas semanas, pelo menos — era a constante presença do ex-marido de Yoko, Tony Cox, que os Lennon passaram a usar como menino de recados."

Mas o relacionamento logo azedou. Se foi a evidente adoração de John por Kyoko que irritou Cox, deixando-o com ciúme, ou a natureza suspeita de John incitando o medo de que Cox estivesse usando o fato de ser o pai com custódia para exercer controle sobre Yoko e ele, fato é que os dois homens chegaram ao limite. Um convite aparentemente inocente para o aniversário de sete anos de Kyoko no apartamento de Cox em Londres tirou John do sério. Interpretando a situação como uma armadilha, ele se recusou a comparecer. Pior ainda, impediu que a mãe de Kyoko comparecesse também. Yoko ficou angustiada. Houve então o que pareceu ser um evidente insulto de Cox a Lennon, quando o primeiro tornou-se devoto do Maharishi Mahesh Yogi e da meditação transcendental. Sem pedir permissão, ele desocupou seu apartamento em Londres e desapareceu com Melinda e Kyoko. Nem John nem Yoko faziam ideia do local para onde tinham ido. Um palpite os levou por fim a Maiorca, onde por acaso o Maharishi estava morando. Possivelmente assustados com a fuga às escuras e apavorados com a ideia de nunca mais verem Kyoko outra vez, os Lennon solicitaram investigações e agiram com força, acompanhados de um advogado e um assistente. Foi então que cometeram o erro fatal, capturando Kyoko em seu novo jardim de infância e correndo com ela para o hotel, de onde retornariam para a Inglaterra em um avião particular. Cox, no entanto, havia sido informado e estava à frente deles. John e Yoko foram interceptados pela polícia, detidos e presos. O resultado foi uma audiência emergencial durante a noite. Ao amanhecer, o juiz chamaria Kyoko para que decidisse com quem gostaria de viver. Foram feitas comparações entre este cenário insuportável e a aparente situação delicada do pequeno John Lennon, forçado quando menino a escolher entre seu pai, Freddie, e sua mãe, Julia, e dizendo adeus ao pai pelos próximos vinte anos. Isso não aconteceu. O pesadelo de Kyoko, sim, porém, e ainda não havia acabado.

Apesar de a pobre Kyoko, puxada para lá e para cá, ter escolhido permanecer com o pai, John e Yoko tiveram permissão de levá-la para casa com eles — contanto que assumissem o compromisso solene de se reapresentarem ao judiciário de Maiorca algumas semanas depois, para demais formalidades. Mas os compromissos no Festival de Cinema de Cannes, com Michael X em Trinidad, fizeram com que se afastassem. Quando estavam prontos para voltar as atenções para a questão em andamento com Kyoko, Cox, Kendall e a criança haviam se mandado outra vez. A inteligência indicou que Cox e companhia haviam voltado às pressas para os Estados Unidos, o que fazia sentido. Cox e Kyoko eram cidadãos norte-americanos. Yoko não tinha cidadania. John e Yoko voaram até Nova York. Mas suas pistas se esgotaram.

De volta a Tittenhurst em fevereiro, John se lançou em seu novo estúdio de gravação, o Ascot Sound Studios, e enterrou sua raiva e frustração naquele que se tornaria seu melhor momento solo: o álbum *Imagine*. Com coprodução de Yoko e Phil Spector, contando com os talentos de George Harrison, Klaus Voormann no baixo, Jim Keltner e Alan White na bateria e Nicky Hopkins nos teclados, e continuando o bom trabalho tanto no Abbey Road Studios quando no Record Plant em Nova York, John criou um devaneio multifacetado que dispararia ao primeiro lugar das paradas de álbuns do Reino Unido e à Billboard 200 nos Estados Unidos. A partir de seu lançamento em setembro, tornou-se um sucesso comercial gigantesco. O álbum é um autorretrato, uma tapeçaria, tecendo experiências de terapia primal com sexo e amor, maldade e rancor, arrogância e humildade. Ele apresenta o ser humano por completo em toda sua nuance, em toda sua glória distorcida e contraditória. Criticado na época por ser mais contido e menos meticuloso do que seu antecessor, por sua arrogância e autoindulgência e até mesmo por desleixos técnicos, ele afastou as críticas negativas para se estabelecer para sempre como o álbum solo mais popular e definidor de John. De suas dez faixas, a música-título reverbera. Dissimulada e um pouco arrastada, ela grudou na nossa cabeça e de lá não saiu. "How?" é irresistivelmente fluida, melancolicamente orquestral e bastante profunda. Sua letra é excruciante: já existiu verso mais revelador do que "How can I give love when love is something I ain't never had?".* "Oh My Love" é charmosa, ressonante, inocente, com um toque quase elisabetano. Pela primeira vez na vida de John, os olhos e a mente estavam bem abertos. "Oh Yoko!" é puro amor. "How Do You Sleep?", uma denúncia sobre Paul notavelmente cruel, vingativa e mesmo assim viciante, ainda choca. "Jealous Guy" é angustiante e carente. "Gimme Some Truth" é uma de suas melhores músicas de protesto, cheia de invectivas. John nunca teve medo de se expor por inteiro. Ele o faz de forma figurativa aqui, com sinceridade explosiva.

*

Os advogados dos Lennon pressionaram Yoko a pedir guarda total de sua filha nas Ilhas Virgens Americanas, onde ela obteve o divórcio.

---

* "Como posso oferecer amor quando amor é algo que eu nunca tive?" (N. da T.)

O tribunal local concedeu seu desejo, com a condição de que Kyoko fosse criada nos Estados Unidos. Yoko já tinha resolvido que ficaria pelo tempo que fosse necessário, de qualquer maneira, para que estivesse disponível para lidar com Cox e receber Kyoko quando por fim seu ex-marido criasse coragem e lhe devolvesse a filha.

O que se provou ser exatamente o incentivo de que John precisava. Ele estava entediado, exausto das obrigações e da atenção incansável da mídia, e estava perdendo a fé na terra natal. Ele estava revoltado com o insucesso de seu país em aceitar sua nova esposa, e enojado com o racismo e as agressões direcionados a ela. Pode-se dizer, hoje em dia, que o príncipe Harry — "ele é ou não é duque de Sussex?" — sabe exatamente como John se sentia. Ele viu uma revolta política e social da qual não queria fazer parte a caminho. Estava de saco cheio de ser questionado, aonde quer que fosse, por qualquer pessoa: "Então, quando que os Beatles vão se reunir de novo?" e "Você acha que um dia vão voltar a fazer turnês como um grupo?" Ele não havia bolado em sua mente nenhum plano de emigrar em definitivo. Simplesmente queria se desvencilhar daquilo tudo por um tempo. Respirar novos ares. Acomodar-se em um novo espaço. Ele queria estar com sua amada esposa, em quem confiava de corpo e alma, e apoiar seus esforços desesperados de se reunir com a filha. Ele não se deu conta, ao solicitar mais um visto de turista nos Estados Unidos, de que, quanto mais energia investia na busca por Kyoko, menos tempo teria para seu próprio filho. Mal sabia ele que nunca mais veria sua enteada nem sua tia Mimi.

*

A explicação de Cox, após décadas e muito depois da morte de John, foi que ele teve muito medo de que Yoko, em algum momento, se agarrasse à filha, se recusasse a se separar dela e nunca mais o deixasse vê-la. Não dava para competir com o poder e o dinheiro de John. Assim, eles deram no pé, não para Nova York, mas para Houston, no Texas, cidade de origem de Melinda, sua segunda esposa. Foi lá que se converteram à igreja evangélica cristã. Por uma coincidência bizarra e impossível de se inventar, a jovem de dezessete anos Meredith Hamp, filha do líder da TV Granada Johnnie Hamp, o cara que havia oferecido aos Beatles a primeira exposição na TV nos anos 1960, também havia acabado de se converter.

Existem poucas histórias mais tristes, e esta nunca foi contada.

"Merry", como apenas Johnnie tinha permissão de chamá-la, lembra nos mínimos detalhes as diversas vezes em que acompanhou o pai aos estúdios da Granada e conheceu as estrelas. Ela gostava de Cliff Richard and The Shadows e dos Hollies, mas foram os Beatles que causaram o maior impacto.

"Para mim, John Lennon parecia o príncipe da Branca de Neve", diz Meredith, ecoando as lembranças de seu pai. "Até encontrá-los cara a cara, eu nunca os tinha visto em cores, apenas na televisão em preto e branco, então não estava preparada para a visão dos cabelos de John, que eram de um castanho-claro muito bonito. Era quase ruivo, mas não exatamente. Seu rosto tinha feições bem marcadas e um perfil acentuado. Fiquei encantada. Eu tinha mais ou menos dez anos na época e, é claro, não fazia ideia do tamanho dos Beatles. Eles estavam tocando uma música e fazendo mímica. Depois, todos nós fomos para uma sala para reassistir. Só George se deu ao trabalho de falar comigo. Os outros nem me notaram, estavam determinados a se verem na tela. Mas eu só tinha olhos para John. A impressão que ele causou em mim foi incrível. Ele se destacava em meio aos outros. Era tão bonito!"

Então, Meredith sofreu um terrível acidente, a partir do qual todos passaram a notá-la. Durante toda a infância, ela tivera uma visão perfeita. Duas semanas antes de completar doze anos, em seu primeiro ano na nova escola secundária, um experimento científico explodiu no rosto dela. Os médicos do hospital local não viam queimaduras como aquelas desde a Segunda Guerra Mundial, diz ela: "[...] e nunca em uma criança. Eu fiquei irreconhecível. Mais tarde, me levaram até Barcelona e depois a Houston para ser operada. Entre os treze e os dezesseis anos, passei por quarenta cirurgias. Após cada operação, minha visão voltava, depois diminuía de novo. No fim das contas, ela se foi por completo. Removi o que tinha restado dos meus olhos por razões estéticas."

"Depois disso, ganhei muitas coisas do pessoal do pop. Os Hollies me enviaram um bicho de pelúcia enorme. Recebi uma foto autografada dos Walker Brothers. Lulu veio me visitar no hospital, assim como Jimmy Savile e Peter Noone — mas minha mãe o pôs para fora, porque ele estava fumando um cigarro russo. Não ganhei nada dos Fabs, mas isso foi no auge de tudo, então não fiquei surpresa. Eles estavam ocupados. Mas George chegou a me ligar uma vez, no meu aniversário. Continuei a acompanhar a música deles do mesmo jeito, e amava John tanto quanto antes."

Como ela foi parar numa igreja em Houston na mesma época em que Tony e Melinda Cox?

"A vida apronta algumas", assente a psicoterapeuta da British Association for Counselling and Psychotherapy, hoje na casa dos sessenta anos, enquanto ela, seu pai e eu relembramos velhas histórias em um jantar em Stockport. "As conexões surgem. Coisas estranhas e extraordinárias sempre aconteceram comigo. Quando nos mudamos para cá" — ela quis dizer de Londres para o norte da Inglaterra, para o trabalho de Johnnie — "ficamos em Milverton Lodge, que na época era um hotel particular. Wolf Mankowitz, o escritor e roteirista, estava hospedado lá na época. Havia também um casal incomum: um americano branco e uma japonesa. Marido e mulher. Eles tinham uma bebê num carrinho, e eu costumava brincar com ela. Ela era adorável. Mas então sofri o acidente."

Ela nunca voltou para a escola. Sua indenização por danos corporais foi fixada em 88.284 libras, a soma mais alta já concedida a uma mulher. Desde então, ela vive na escuridão total.

"Aos dezessete anos, estava de volta a Houston, Texas, passando por um tratamento e frequentando uma igreja cristã evangélica. Era tudo bem hippie. Eu tocava violão na igreja e fiquei muito amiga da esposa de um dos músicos. Foi ela que me apresentou a um casal muito bacana, Tony e Melinda Cox. Eles estavam em um caminho espiritual, em busca de respostas, e estavam em Houston porque os pais de Melinda moravam lá.

"'Estou em busca de uma igreja local', Tony me disse.

"'Prazer em conhecê-lo', respondi.

"Eles tinham uma garotinha de mais ou menos sete anos, chamada Rosemary. Eu me afeiçoei muito a ela. Eles me convidaram para comer na casa deles, e lá tive minha primeira refeição verdadeiramente vegana. Tive a chance de conhecer Rosemary muito bem, mas, é claro, eu não fazia ideia de como era fisicamente. De repente, ela decidiu que queria ser batizada. 'Eu tenho uma madrinha muito querida na Inglaterra', disse a ela. Isso os levou a me pedir para ser madrinha de Rosemary. 'Não temos madrinhas na igreja evangélica', respondi. Mas eles insistiram, então aceitei. Compareci à cerimônia na semana seguinte. Foi uma imersão completa. Como presente, dei a Rosemary o coração esmaltado de prata que minha própria madrinha tinha me dado."

Certo dia, algumas semanas depois, Tony ligou para ela de repente.

"Vamos ter que sair por um tempo", disse ele. "Podemos deixar Rosemary com você?"

"Respondi que sim. Ela não dava trabalho nenhum, era muito fofa e amava todo mundo. Tinha bom coração e cabelos macios e espessos. Ela sentava no meu colo e se aninhava para um abraço. Uma amiga minha nos levou para assistirmos ao filme *Se minha cama voasse*, da Disney, embora eu só conseguisse ouvir a história. Depois disso, Rosemary voltou comigo para meu apartamento, e por fim Tony e Melinda retornaram para buscá-la. Nunca tive motivos para suspeitar que Melinda não fosse mãe biológica de Rosemary. Elas certamente se relacionavam como mãe e filha, e Rosemary era muito afeiçoada a ela. Mas, pouco depois, eles desapareceram sem deixar vestígios. Não me contaram que iam embora, e não tive a chance de me despedir. Nunca mais ouvi falar deles."

"Rosemary", é claro, era Kyoko, filha de Yoko. O fato de Cox ter deixado sua filha pequena com uma pobre garota cega de dezessete anos, por mais que fosse gentil e amável e tivesse boa vontade, é uma amostra de seu desespero para que Kyoko não fosse encontrada. Meredith não sabia, quando acolheu sua afilhada, que os Cox estavam fugindo das autoridades e da polícia, nem que o casal mais famoso do mundo os perseguia. John e Yoko nunca descobriram que Cox havia deixado Kyoko sob os cuidados de uma adolescente com deficiência. Cox deve ter pensado que seria o último lugar que qualquer um procuraria. No final de 1971, quando um juiz de Houston ordenou que ele deixasse Yoko visitar a filha, eles não ficaram por perto até que isso acontecesse, mas fugiram mais uma vez. "Eu não estava recebendo um tratamento minimamente justo", ele comentou mais tarde, de modo confuso.

Meredith não tinha motivo algum para suspeitar de nada impróprio. Ela não fazia ideia de que poderia haver uma ligação com John Lennon. Não acompanhava muito as notícias com aquela idade. Poucos adolescentes se informavam. Ela não sabia nem que Rosemary tinha traços orientais, porque, é claro, não conseguia enxergá-la. Mas o mais estranho de tudo era que Meredith *já tinha* visto a criança. Anos antes, quando essa menininha adorável era um bebê, em um hotel particular em Manchester... nos braços de sua mãe biológica, Yoko Ono... que estava na cidade para visitar os estúdios da Granada Television, onde tentaria vender um filme para o pai de Meredith, Johnnie Hamp. Nas palavras dele, "um filme sobre traseiros".[3]

Os Cox bateram em retirada em direção à casa de um amigo em Los Angeles, que era membro de outro esquema com cara de seita: a Church of the Living Word, também conhecida como The Walk, que praticava uma "mistura religiosa" de pentecostalismo, misticismo oriental e ocultismo. Melinda e Tony se converteram, e a família viveu em meio aos discípulos na Califórnia e em Iowa. Cox veio a se tornar um dos pastores e semiprofetas do grupo. Por fim, ele viu a luz. Mais tarde, afirmaria que o fundador do culto, John Robert Stevens, acreditava ser a "encarnação terrena de Jesus Cristo" e que praticava hipnose e um tipo de controle da mente. Ele também acusou Stevens de rezar pela morte de líderes políticos como Jimmy Carter e Robert F. Kennedy. Quando o líder morreu em 1983, Cox disse que mantiveram seu corpo por oito meses, em preparação para sua ressurreição. Ele perdeu a fé na seita e em seus ensinamentos, divorciou-se de Melinda e foi embora em 1977. Sua ex-segunda esposa acabou se casando com outro seguidor.

Mas Kyoko ainda teria mais pesadelos com sequestros pela frente. A essa altura conhecida como Ruth Holman — que estrago essas mudanças de identidade devem ter causado na criança —, ela era agora aluna de uma escola secundária em North Hollywood. Cox disse que, quando o líder soube que ele planejava ir embora, os membros da seita ficaram encarregados de levar e buscar sua filha na escola. Ele teve tanto medo de que a raptassem para evitar que deixasse a seita que apareceu na escola mais cedo e ele mesmo levou a filha embora. Fugiram da cidade naquele momento, do jeito que estavam, e nunca mais voltaram. Mais tarde, The Walk desmentiria as acusações.

Kyoko voltou a ser ela mesma. Cox declarou que a filha "saiu da experiência sem um arranhão". Mas, apesar de Yoko ter conseguido a custódia em março de 1972, sob a condição de que Kyoko deveria ser criada nos Estados Unidos, o arranjo não saiu do papel. Ela nunca teve Kyoko de volta. Cox também disse que os Lennon "quase o destruíram". Por fim, admitiu que Yoko deve ter sofrido absurdamente. Tarde demais. Ela não foi a única. Como a terrível perda de Yoko a impossibilitou de conviver com outras crianças, John acabou perdendo Julian também. Embora houvesse encontros ocasionais aqui e ali, o relacionamento dos dois nunca voltou a ser o que quase havia sido. A relação não teve a chance de se desenvolver como deveria. Depois que John e Yoko deixaram a Inglaterra e se mudaram para Nova York, pai e filho ficariam três anos sem se ver. Depois veio o momento trágico em que Julian foi efetivamente cortado da existência de seu pai. Kyoko nunca mais voltou a ver seu padrasto. Só reencontrou a mãe quando ela mesma se tornou uma.

Cox continuou a ser cristão evangélico e fez um filme sobre suas experiências com seitas, lançado em 1986. Foi a primeira vez que Yoko teve notícias dele e de sua filha desde o telegrama de condolências que lhe enviaram em dezembro de 1980, após a morte de John. Ela foi levada a publicar uma comovente carta aberta para a filha, cuja infância lhe foi roubada.

"Querida Kyoko", escreveu:

"Durante todos esses anos, não houve um dia em que não tenha sentido sua falta. Você está sempre em meu coração. No entanto, não farei mais nenhuma tentativa de encontrar você, pois quero respeitar sua privacidade. Desejo a você tudo de melhor no mundo. Se um dia quiser entrar em contato comigo, saiba que eu te amo do fundo do coração e ficaria muito feliz de ter notícias suas. Mas não se sinta culpada se decidir não me procurar. Você tem meu respeito, meu amor e meu apoio para sempre. Com amor, mamãe."

\*

"Tenho uma forte sensação de que ela se lembraria de mim", diz Meredith Plumb, nascida Hamp, a respeito de Kyoko Chan Cox, hoje com 57 anos. "Nunca tentei entrar em contato com ela. As pessoas que vivem em seitas assim são delicadas. Se eu tivesse a chance de encontrá-la de novo, adoraria lhe dizer, porque acho que ficaria maravilhada, que ela era a criança com quem brinquei tantos anos atrás no Milverton Lodge, e que a vi naqueles dias com meus próprios olhos."

\*

Trinta anos depois de ter visto a filha pela última vez, duas décadas após o assassinato de John Lennon, Yoko Ono Lennon foi vista em um dia triste em Nova York no Strawberry Fields, memorial ao seu falecido marido no Central Park, em frente ao edifício Dakota. Yoko estava sentada balançando uma garotinha de aparência japonesa em seu colo. Teria voltado milagrosamente no tempo? Ela daria tudo por isso. A adorável criança de três anos era a cara da mãe, que pairava ao seu lado. A menina se chamava Emi e era neta de Yoko — a primogênita de Kyoko Chan Cox.[4]

Trinta anos. Na maior parte do tempo, Yoko não sabia nem se a filha estava viva. Como é horrível que tenha tido que suportar tamanha perda.

Então, em novembro de 1997, algumas semanas após ter dado à luz, um progresso. Kyoko finalmente entrou em contato com a mulher que fora criada para considerar má. O que a fez ligar?

"Não me pareceu certo me tornar mãe sem ao menos deixar que minha mãe soubesse que estou viva e bem", explicou a assistente social Kyoko, que havia criado uma nova vida com seu marido cristão em Denver, Colorado. Um ano depois, ela aceitou o convite de sua mãe para se encontrarem pessoalmente. Kyoko e Emi, por fim, foram até Nova York para ver Mamãe e Vovó.

Dizem que metade da fortuna de bilhões de dólares da Sra. Lennon reside em um fundo de garantia para sua neta. A outra metade é atribuída ao filho de John e Yoko, Sean. E Julian? Será que foi forçado a processar o patrimônio de Lennon para ter uma parcela da fortuna do pai? Afirmou-se que sim, mas Julian negou. Ele deve ter recebido uma herança como seu direito inato, sem ter que recorrer a uma ação judicial. Caso contrário, por que não?

CAPÍTULO 18

# MAY

Por que os Lennon não voltaram para a Inglaterra, para sua amada Tittenhurst Park e a vida que haviam construído ali? Porque estavam convencidos de que Kyoko ainda estava nos Estados Unidos. Eles nunca perderam a esperança de recuperar a menina. Quem perderia? Voltar para casa significaria abrir mão da luta. Não se preocupe, Kyoko, mamãe só está procurando… estamos bem aqui, à sua espera. Eles nunca quiseram que sua garotinha pensasse que haviam abandonado de vez a esperança, que não se importavam mais. Precisavam estar bem ali para o momento em que ela aparecesse.

Mas eles não poderiam ir embora, nem se quisessem. Imersos em polêmicas que pairavam sobre eles desde o caso do porte de drogas, e tendo ganhado fama de agitadores e inconvenientes após exercerem sua impactante e midiática influência sobre causas duvidosas e campanhas extremistas, eles estavam mais do que cientes de que o governo Nixon queria se livrar de John. Como um astro do rock subversivo e avesso à lei, John estava entre as figuras mais indesejáveis de todas. O fato de sua base de fãs chegar a dezenas de milhões de pessoas fazia dele alguém perigosamente influente. A batalha contra a deportação e a luta pelo importantíssimo Green Card que lhe garantiria residência permanente seriam duras e extensas. O espectro do presidente e de seus capangas pairava sobre eles. Incapaz de encarar a possibilidade de deixar a esposa sozinha e com medo de voltar para casa por temer que a imigração norte-americana pudesse impedir seu reingresso, John ficou parado onde estava. Ele cairia em contradição a respeito disso em entrevistas futuras, em um momento declarando que deu o fora porque estava de saco cheio da Grã-Bretanha e da forma como tratavam Yoko; no outro, que nunca foi parte dos planos ficar em Nova York em definitivo. Todos nós mudamos de ideia. Mas, quando seu perfil global faz com que cada declaração que sai de sua boca seja gravada para a posteridade, para ser eternamente esmiuçada, as discrepâncias podem confundir. Poucas angústias humanas são piores do que se ver dividido. Em nosso esforço para fazer a coisa certa, muitas vezes somos levados ao caminho oposto. A dor e o sofrimento de Yoko pela filha comprometeram o relacionamento de John com seu filho. Antes de julgá-lo por sua aparente frieza e indiferença em relação a Julian, deveríamos fazer uma pausa e considerar que não houve ganhadores nessa história. Todos os envolvidos foram prejudicados. Todas as almas, mesmo que apenas em parte, foram dilaceradas.

\*

Mal sabia John que 31 de agosto de 1971 seria o último dia em que pisaria em solo inglês. O primeiro lar do casal em Nova York foi o St. Regis Hotel, na East 55th Street com a Quinta Avenida. Os Lennon se estabeleceram por lá em um par de suítes interconectadas, douradas, gloriosas, com todo serviço de quarto a que se tem direito. Tinha pouquíssimo a ver com o estilo de John, mas tudo bem. Dali, continuariam a dirigir seu império, administrar a campanha pela paz mundial, gravar, filmar e montar exposições de arte. Em algumas semanas, trocaram o glamour estilo Astor da residência em que o Bloody Mary foi inventado por um modesto apartamento semissubterrâneo emprestado, em uma casa geminada no número 105 da Bank Street, próximo à Bleecker, no West Village. A rua em que Sid Vicious, dos Sex Pistols, morreria de overdose em 1979; em que Mark Knopfler teria uma grande casa no fim dos anos 1980. Seus vizinhos eram John Cage — antes sem um tostão, agora compositor próspero e amigo de Peggy Guggenheim — e seu amante e colaborador, o dançarino e coreógrafo Merce Cunningham.

Cage, como você deve lembrar, viajou ao Japão com Guggenheim em 1956, quando Yoko, aos 23 anos, trabalhou como guia e tradutora da dupla e traiu o primeiro marido, Toshi Ichiyanagi, concebendo Kyoko com Tony Cox no quarto de Guggenheim... com Peggy bastante ciente, uma vez que estava presente no momento. Com a paranoia de que o FBI estava cuidando do caso deles e havia grampeado seu telefone, John e Yoko logo tomaram a precaução de usar o aparelho de Cage.

Esta ponta da cidade, multicultural e cheia de paralelepípedos, com seu encontro de culturas, culinárias e linguagens étnicas, foi uma revelação. De muitas maneiras, parecia seu lar. John reconheceu Liverpool em cada fileira de casas irregulares e em cada depósito de esquina. Ele ouviu nos gracejos atrevidos e na fala carregada dos *"noo yawkers"* o sotaque e as gírias *scouse* de sua cidade natal. Não demoraria até John exaltar abertamente, para jornalistas e qualquer um que desse ouvidos, as virtudes da cidade e do estilo de vida norte-americano, sua descontração, as infinitas possibilidades, a naturalidade, a plena liberdade de poder simplesmente caminhar e pedalar por aí como se fosse alguém comum. Fazer exatamente o que quisesse.

Quando os vistos de turista de John e Yoko expiraram em fevereiro de 1972, eles esperavam e planejavam seguir o procedimento padrão de renovação. No entanto, receberam uma notificação do INS, o Serviço de Imigração e Naturalização,[1] informando que os dois vistos haviam sido cancelados, junto de um aviso de que deveriam deixar o país dentro de duas semanas. Não seria mais possível se defender sem a ajuda de um advogado, e eles se deram bem com Leon Wildes: um jurisperito inteligente e comedido, disposto a enfrentar o poder federal e desafiar a ordem de deportação. Em seguida, audiências e adiamentos intermináveis. Até então, John nunca tivera a intenção de firmar moradia nos Estados Unidos. Simplesmente queria ter permissão de ir e vir e trabalhar no país sempre que desejasse. Só quando Wildes lançou no ar a ideia de que eles deveriam buscar inclusão na categoria de "pessoas de mérito artístico especial, cuja presença enriquecia a vida cultural norte-americana", e os orientou a baixar o tom nas idas e vindas políticas, fechar o bico a respeito de Nixon e focar nas campanhas antiguerra e a favor da paz, que uma ideia começou a ganhar forma. John, Yoko e sua comitiva sabiam que eles estavam sob vigilância; suas linhas telefônicas haviam sido grampeadas. Sabiam havia algum tempo que estavam sendo perseguidos. O MI5, serviço secreto britânico, entrou na jogada, compartilhando provas do apoio de John ao IRA Provisório e a publicações "revolucionárias", tais como a *Red Mole*, de Tariq Ali, para a qual havia doado fundos e trocado ideias. John recuou apenas até certo ponto. Continuou a se comportar com indiferença e a pôr a boca no trombone em entrevistas que atraíam milhões de espectadores. Ele e Yoko insistiram em compor músicas feitas para provocar, como "Sunday Bloody Sunday", "The Luck of the Irish" e o single feminista que surgiu de uma frase típica de Yoko, "Woman Is the Nigger of the World", que foi proibido — quem poderia imaginar? — em todo os Estados Unidos.

No epicentro, dois meros seres humanos sob o intenso olhar inquisidor do público e a pressão da vida particular, lutando com bravura para fazer o melhor que podiam. Separados de seus filhos, sem mais saber em quem confiar, eles haviam passado boa parte de meia década mantendo-se fiéis um ao outro. Isso era algo desconhecido para John, incompatível com sua experiência como um Beatle. Até então, nunca tivera na vida uma mulher colada a ele o tempo inteiro. Como pai casado, havia desfrutado de toda a liberdade de um solteirão livre e desimpedido. Pete Shotton e Neil Aspinall, os leais companheiros com os quais sempre podia contar, estavam a mais de cinco mil quilômetros de distância, não mais disponíveis noite e dia para cumprir suas ordens. Sua tia Mimi — para cujo bangalô em Sandbanks, Dorset, ele costumava ir para se esconder e renovar as energias, entregando-se à vida de quarto-de-solteiro-com-ovos-e-batata-frita da infância — era agora uma voz que ouvia semanalmente do outro lado da linha telefônica.

Talvez o mais importante de tudo: ele sentia falta de sexo sem compromisso.[2] Durante os anos em que esteve com Cynthia, John satisfazia seu apetite sexual febril sempre que a vontade batia, com o tipo de garota que não precisava ser amada por ele. Agora, tinha "apenas" Yoko para satisfazer suas necessidades lascivas. Pela avaliação da própria, jamais poderíamos classificá-la como uma aventureira, sexualmente falando.

Na cama, John estava entediado. O divisor de águas ocorreu na noite da reeleição de Richard Nixon à Casa Branca. John e Yoko marcaram presença em uma festa, na qual John surgiu completamente alterado. Assim que tirou o casaco, bateu os olhos numa mulher que estava sentada, cuidando de sua própria vida. Ele foi direto até ela. Levantou-a da cadeira e a conduziu a um cômodo adjacente, onde se formava uma pilha com os casacos dos convidados. Em seguida, a festa inteira ficou desconfortavelmente ciente do que John e a mulher estavam fazendo lá dentro. Yoko, paralisada, sem demonstrar reação em sua indignação passiva, ficou parada onde estava. Ninguém podia entrar para pegar o casaco. Embora afirmasse indiferença, a experiência humilhante foi decisiva, plantando a semente da dúvida que levaria a um próximo passo inesperado.

Mas, primeiro, um passo rotineiro. Ansiosos para se tornarem menos acessíveis e mais seguros, os Lennon estavam à procura de um apartamento próprio. O Dakota, edifício misteriosamente gótico no Upper West Side do Central Park, lhes chamou a atenção. O refúgio, com ares de fortaleza dos ricos e famosos, tinha um conselho de residentes para vetar compradores em potencial. Na certa haveria objeções ao casal. Contra todas as expectativas, eles foram aprovados, adquirindo inicialmente um lar dos sonhos no sétimo andar, com quatro quartos e uma bela vista do parque, para o qual logo acrescentariam mais quatro apartamentos grandes. Eles contrataram um médium para realizar uma sessão espírita para os moradores anteriores. Quem não faria isso? Colocaram o imóvel abaixo, pintaram tudo de branco e ocuparam o espaço com luxos e gatos. Um pouco cedo demais? John ainda não estava fora de perigo em relação ao seu status. O INS ainda avaliava seu caso. Mas havia esperança.

Havia um pouco menos para seu curto casamento. Yoko encarou o problema de frente. Nesse momento, a diferença de idade entre os dois deve ter parecido significativa. John tinha apenas 33 anos, enquanto Yoko estava caindo em direção aos quarenta: uma idade sensível para qualquer mulher. Por mais confiantes que sejamos, todas nós tememos a perda do encanto e a iminente menopausa. Todas nós duvidamos de nosso domínio sobre um homem, não importa com quanto orgulho projetemos nossa invencibilidade feminina. Ela era veementemente contra a ideia de continuarem sendo um casal pela força do hábito, só por ficar, apenas porque eram casados. Melhor se separar a ter que sofrer a humilhação da morte em vida que costuma ser um casamento mecânico, sem sexo. John claramente precisava de espaço. Ansiava por paixão. Muito mais paixão. Em vez de sair com uma mulher atrás da outra pelas costas de Yoko, como John sempre fizera com Cyn, marido e mulher chegaram a um acordo de que ele não podia ficar ocioso, e estava livre para ir atrás de parceiras extraconjugais. Incomum? Aparentemente, milhões de casais vivem assim. Só não costumam compartilhar os detalhes com família e amigos, muito menos com o restante da população do planeta Terra. Assim como agora fazia música independentemente de Yoko — seu álbum seguinte, *Mind Games*, não seria uma típica produção JohnEYoko, não teria nem um pingo da presença de Spector e seria, embora oferecesse canções em homenagem ao relacionamento com sua esposa, um projeto completamente solo —, John também teria uma vida sexual independente. Para a dor persistente, um remédio — e, adivinhe só, a solução partiu de Yoko. John devia passar um tempo em Los Angeles, decretou ela, onde poderia se divertir como bem entendesse sem envergonhar Aquela Que Deve Ser Obedecida. Ele precisaria de uma companheira para ficar de olho, segurar sua mão e tudo o mais. Para a função, a Sra. Lennon selecionou May Pang.

*

Até hoje, May sustenta que ela e John estavam profundamente apaixonados. Nunca havia pensado nele como um possível interesse amoroso em seus primeiros dias como parte da equipe do casal, antes mesmo de os Lennon terem se mudado para os Estados Unidos, diz ela. May trabalhara com diligência e competência como o braço direito, auxiliando em filmagens, gravações e na montagem de exposições de arte, recebendo com um sorriso no rosto qualquer tarefa que o casal lhe atribuísse. Com 22 anos, ela era a boa filha católica de imigrantes chineses. Era bonita, simpática, gentil, inventiva e inteligente. Tinha cabelos pretos e brilhosos que iam até a cintura e era discreta. A sugestão de que deveria se tornar a concubina de John a chocou. Sobretudo por ter partido de sua aparentemente possessiva e grudenta esposa.

Todo mundo amava May. Ela dava ouvidos à mãe; sempre estendia uma mão amiga. Seu bom senso se atrasou para o trabalho no dia em que embarcou num voo para Los Angeles com John, que insistia em dizer para os vários jornalistas que o interrogavam que não havia nada de remotamente errado com seu casamento e que ele e Yoko ainda estavam muito juntos. May se mudou com John para um apartamento emprestado em West Hollywood, e depois migrou de casa em casa com ele, pacientemente recolhendo seus pertences e providenciando tudo que fosse necessário. Ela aguentava as inúmeras conversas telefônicas entre John e Yoko, de quem ele precisava mais do que nunca; as intermináveis súplicas para que a Mãe o deixasse voltar para casa. Às vezes, eram mais de vinte ligações por dia. May cerrou os dentes, sorriu, suportou, manteve-se firme como sua amante, sua musa, sua colaboradora, sua serviçal, sua babá, sua desculpa. Ele lhe declarou amor eterno, disse ela. Se de fato o fez, provavelmente foi sincero no momento, embora devamos nos perguntar se a sobriedade alguma vez já pronunciou tais palavras vazias. Porque ele também terminou com May, repetidas vezes, largando-a aos prantos enquanto ela tentava se recompor. Ela relevou as farras de John com os baderneiros Ringo, Harry Nilsson, Klaus Voormann e Keith Moon. Ela o acompanhou nas bebedeiras. Lidou com as consequências daquela noite infame em que John foi parar no clube Troubadour com um absorvente feminino colado na testa e virou manchete por toda parte. Fez vista grossa quando ele se mostrou rancoroso, absorveu seus insultos, limpou seu traseiro, limpou seu vômito. E o mais importante: com Yoko fora do caminho, ela o encorajou a recuperar o relacionamento com Julian, que não encontrava havia três anos, com quem só havia falado uma ou duas vezes durante o período e que tinha agora — quando foi que isso aconteceu? — onze anos. Foi ela quem organizou tudo para que recebessem Julian e sua mãe na saída do navio que os levou a Nova York, e que providenciou uma extensão da viagem para que passassem mais tempo com John em Los Angeles. Ela paparicava Julian. Fez amizade com Cynthia. Disse e fez tudo certo. Entendia a diferença entre querer, precisar e desejar. Provia tudo sem reclamar.

May convenceu-se de que John era o Cara Certo. Lembrava-se de seus quatorze — alguns dizem dezoito — meses juntos como felizes na maior parte do tempo. Ela me contou que eles planejaram comprar uma casa em Long Island. Disse que John voltou para ela várias vezes, muito depois de Yoko e ele se reconciliarem, mas dessa vez sem que Yoko soubesse. Não demoraria a publicar um livro, *Loving John*, sobre o que ele chamou de seu "Fim de Semana Perdido" e o papel que ela desempenhou no período. Quando nos encontramos em 2019, May lamentou o tom e o conteúdo do livro, revelando que o material foi apimentado pelos editores para causar mais "impacto" e que não a apresentou exatamente como gostaria de ser vista. Hoje em dia, faria diferente. De fato, o livro dá a entender que o que os dois tiveram foi o suprassumo dos casos de amor. Meu instinto me diz que May foi usada. Para muitos que estiveram presentes e testemunharam, ela não era mais do que uma assistente pessoal com benefícios. Uma transa intermitente. Ela não foi paga em toda a duração do relacionamento; foi deixada sem um teto onde morar e, por fim, descartada, sem um emprego e sem mais valor. Nenhuma provisão foi feita para compensá-la por seu tempo e sua dedicação. Eu gostei muito dela. Pensar na forma como foi tratada me aborreceu.

May está chegando na casa dos setenta. Divorciada do produtor musical Tony Visconti, ela é mãe de dois de seus filhos adultos. Ela tem dificuldades financeiras. E muito remorso.

"O que diabos fez você aceitar a proposta de Yoko para início de conversa?", perguntei-lhe no almoço. May deu de ombros.

"Não pude dizer não a ele." Ela sorriu de leve. "Ninguém podia. Além disso, ele precisava de mim. Completamente."

*

Ele precisava de Yoko. O filho pródigo precisava da Mãe. Acalme-se, Johnny, espere um minuto. Ainda não. De qualquer maneira, voltemos a Nova York, e, caramba, ele ainda está com a tal de May. Voltemos ao interminável caso de John contra o INS, Leon Wildes acelerando o passo a ponto de ter começado a fantasiar sobre chamar o próprio Nixon como testemunha. Até parece. Mas então veio Watergate, no momento exato, resultando na humilhação e na queda do nêmesis de Lennon — no mesmo mês, agosto de 1974, em que o caso de John foi parar no Tribunal de Apelação dos Estados Unidos.

John e May haviam se mudado do elegante Pierre Hotel para uma pequena cobertura, "The Tower", no prédio "Southgate", no número 434 da East 52nd Street, em Sutton Place. Foi nesse belo apartamento, cuja janela da cozinha lhes dava acesso ao telhado inteiro, que eles alegariam ter visto um OVNI. John fez referência ao momento no encarte de seu álbum seguinte, *Walls and Bridges*, e na música "Nobody Told Me": "There's UFOs over New York / And I ain't too surprised."\* May estima ter havido cerca de quatrocentos relatos de pessoas que avistaram o mesmo objeto voador, e todas as descrições individuais coincidiam. Contrária às afirmações de que John havia gritado em direção à suposta nave espacial na esperança de que pudesse levá-lo embora, May explicou: "Ele não a chamou. Mais tarde, disse que desejava que ela nos levasse junto." Eles se abrigavam confortavelmente na cobertura bonitinha, socializando com os amigos íntimos Mick e Bianca Jagger, além de "PauleLinda". Engraçado como todas aquelas matérias "exclusivas" mostravam que Paul e John haviam cortado relações de vez. Não há tempo para brigas e confusões, meu caro. É claro, eles trocaram farpas em forma de música, e deixaram os fãs estremecidos. É difícil ouvir a pesarosa "Dear Friend" de Paul, do álbum *Wild Life*. "3 Legs", do *Ram*, é um ataque explícito aos outros Beatles, enquanto "Too Many People", do mesmo álbum, acerta "JohneYoko" na jugular com os versos: "That was your first mistake / You took your lucky break and broke it in two."\*\* Os esforços de John foram mais brutais. Na brusca e pungente "God", do álbum *John Lennon/Plastic Ono Band*, ele não só dá as costas aos Beatles, mas abandona todas as religiões e todos os ídolos, deixando

---

\* "Existem OVNIs em Nova York / E eu não estou tão surpreso." (N. da T.)
\*\* "Aquele foi seu primeiro erro / Você pegou sua chance e a partiu ao meio." (N. da T.)

claro que nada mais importa, apenas ele e Yoko. A música "How Do You Sleep?", de *Imagine*, é seu ataque mais cruel de todos a Paul: "The only thing you done was *Yesterday* / And since you've gone you're just *another day*."* E fica pior: "Those freaks were right when they said you was dead"** — uma referência aos rumores de que "Paul estava morto", que começaram a se espalhar em 1969, depois que ele atravessou descalço a faixa de pedestres da Abbey Road. De acordo com algumas reportagens, Paul e John se referiam um ao outro com tanta repulsa que não eram mais capazes de ficar no mesmo ambiente. Curioso: eles tinham acabado de tocar juntos em um estúdio de gravação em Los Angeles. Julian veio passar um tempo com o pai de novo, dessa vez sem a mãe. Todos eles se juntaram no pequeno apartamento, em que May o alimentava e cuidava dele com amor, curtindo o momento. John e Julian enfim tinham algo em comum: guitarras. Julian estava tendo aulas em casa. Vamos lá, experimente *este* acorde.

*

Em um sábado, dia 14 de setembro de 1974, Chris Charlesworth da *Melody Maker* dirigiu-se até o Commodore Hotel,[4] próximo à estação Grand Central, para o Beatlesfest: o primeiro evento do tipo para os fãs dos Fab.

"Segundo falsos rumores, John estava lá, completamente disfarçado", disse Charlesworth. "May apareceu sozinha, munida de um maço de dinheiro para adquirir alguma memorabilia interessante. Ela me viu e pediu dicas do que comprar. Sugeri que gastasse o dinheiro de John com alguns LPs piratas, alguns itens de merchandising e fotografias antigas dos Beatles em Hamburgo, tiradas nos anos 1960." Entre elas, havia o retrato feito por Jürgen Vollmer que acabaria figurando na capa de um polêmico álbum de covers.

---

* "A única coisa que você fez foi *Yesterday* / E desde que foi embora, você não passa de outro dia." (N. da T.)
** "Aqueles malucos tinham razão quando disseram que você morreu." (N. da T.)

"Para mim, foi a obra-prima de John", declara Leo Sayer. "É um álbum formidável que procuro tocar uma vez por mês, só para me lembrar de como a música pop deveria ser tocada e como deveria soar."

Saturado das muitas maracutaias legais e de produção em cima de uma coleção inofensiva de canções queridas que havia gravado em Los Angeles e que por fim seria lançada em 1975 como *Rock'n'Roll*, John começou a compor músicas para *Walls and Bridges*. O tema do álbum ganhou forma como um hino à sua esposa. A faixa que mais chamou atenção foi "#9 Dream", que soa mil vezes melhor hoje do que na época. Magia no ar, havia magia? Ouça. Eu nunca me canso dela, embora às vezes seja muito dolorosa de ouvir. É a voz de May sussurrando seu nome ali, não porque John a "convenceu" de gravar as partes que Yoko normalmente teria gravado, mas porque a vocalista contratada não apareceu no dia. May, sempre solícita, assumiu o microfone. Quem disse isso foi David Thoener, engenheiro de som das sessões de gravação. "Surprise Surprise (Sweet Bird of Paradox)" e "Whatever Gets You Thru the Night" contaram com o piano e os vocais retumbantes de seu amigo Elton John. *It's all right, it's all right*. Esta última veio a ser o primeiro número um da carreira solo de John nos Estados Unidos. Seu sucesso, que derrubou as estatísticas de que John era o único ex-Beatle a nunca ter emplacado um trabalho solo no topo das paradas, obrigou-o a honrar o acordo de que, caso a música chegasse ao primeiro lugar, ele se juntaria ao Rocketman no palco do Madison Square Garden e a apresentaria ao vivo.[5]

"Só encontrei John uma vez", diz Paul Gambaccini, lembrando-se de uma noite em que poderiam ter sido mortos.

"Foi em 1974. Ele veio ver Elton no Boston Garden para que pudesse se inteirar do repertório antes de se apresentarem em Nova York. Após o show de Elton, todos nós embarcamos em um avião particular. Houve uma tempestade, talvez uma tempestade de neve de início de estação. O voo foi terrivelmente turbulento. Íamos para cima e para baixo, para cima e para baixo, e alguns dos passageiros, incluindo Kiki Dee, estavam apavorados. Connie Pappas, representante americana do empresário de Elton, John Reid, estava sentada ao meu lado, e não estava lidando bem com a situação. Disse a ela: 'Connie, *relaxe*. Nunca existiu um acidente de avião tão famoso assim. Isso faria com que o acidente de Buddy Holly parecesse secundário. John Lennon e Elton John, os dois no mesmo voo: não vai acontecer.'"

Na noite de Ação de Graças do show, em 28 de novembro, enquanto John pedia que o guitarrista de Elton, Davey Johnstone, afinasse sua Fender Telecaster preta nos bastidores, Elton disse misteriosamente a Paul: "A terceira música."

"*Hã?* O que ele quer dizer com isso? Fui me sentar na plateia — eu tinha passe livre para os bastidores, então podia entrar e sair — e Elton apresentou John Lennon. Dá para ouvir, está na gravação. Bem, se o topo do prédio pudesse levitar simplesmente pela força da energia vinda do público, o Madison Square Garden teria ficado sem teto. No minuto em que ele disse: '*John Lennon!* BOOOOOOOMMM!* Eu NUNCA senti nada igual em toda minha vida. O amor e o entusiasmo absolutos por John foram inacreditáveis. Ninguém podia prever.

"Fizemos um programa de rádio de meia hora sobre isso, que está no BBC Listen Again, parte da série *One Night Only*, chamado *When John Met John*. Incluía uma fala que deveríamos aprovar com um superior da Radio 4. Davey Johnstone lembrou que John Lennon estava bastante nervoso — como todo mundo concorda. E John disse: 'Era nessa hora que eu normalmente ia atrás de uma boceta.' Err... ou seja, *sexo* — pouco antes de um show. O executivo disse: 'Dadas as circunstâncias, podem transmitir 'boceta' na BBC Radio 4.'"

Como retribuição, John apareceu no cover de Elton de "Lucy in the Sky with Diamonds", gravado no Caribou Studios, no alto das Montanhas Rochosas do Colorado.

"Elton queria fazer um cover, um single único sem ser um álbum, e tinha chegado a duas finalistas: 'Lucy' e 'Rockin' Roll Baby', dos Stylistics", lembra Gambaccini. "Mas 'Rockin' Roll Baby' tem um verso sobre um sapato ortopédico. Elton não se sentiu confortável cantando sobre um sapato ortopédico! Então, ficou com 'Lucy'. John fez suas guitarras Winston O'Boogie nela. Esta e 'Whatever Gets You' eram as duas músicas que eles iam tocar, ambos os singles chegaram ao primeiro lugar. E então, *a terceira música* que Elton havia sinalizado para mim. Era 'I Saw Her Standing There'."

Naquela noite, a famosa introdução de Lennon para a música foi assim: "Tentamos pensar em um número de encerramento, para que eu possa sair daqui e passar mal, e pensamos em tocar uma música de um velho ex-noivo chamado Paul. É uma que nunca cantei. É um número antigo dos Beatles, e nós meio que conhecemos."

Mais tarde, John insistiu que não fazia ideia de que sua esposa estava na plateia. A falsidade é desconcertante. Foi ele que havia arrumado os ingressos; ela que havia enviado um funcionário ao camarim com bilhetes de boa sorte e as gardênias brancas que Elton e John usaram no palco.

"Ela estava nos bastidores depois", disse John, "e teve aquele momento em que nos olhamos e tal, e é como nos filmes, sabe, quando o tempo para. E veio o silêncio. Tudo ficou em silêncio, sabe, e só ficamos meio que olhando um para o outro."

Foi, é? Apesar de suas palavras, a ideia de que os dois reataram após o show naquela noite pode ser pouco mais do que uma idealização romântica de quem olha em retrospecto. John correu com May para a festa pós-show no Pierre Hotel, dizendo aos jornalistas à espreita: "Foi bem divertido, mas eu não gostaria de ganhar a vida assim."[6] Yoko foi embora de fininho para casa. Ela e John só se reuniriam quase três meses depois.

Ali estava John, como muitas vezes se diz, tragicamente alheio ao fato de que havia acabado de apresentar seu último show. Pois o que foi aquilo senão um retorno à Beatlemania, uma reconstituição dos velhos tempos ruins? Suba ao palco, dê a eles no máximo vinte minutos, impressione-os, empolgue-os, cative-os, deixe-os desesperados por mais. Naqueles breves e exaustivos instantes com Elton no palco do Garden, ele experimentou novamente o amor de uma plateia ao vivo, a alegria de fazer sua especialidade, o resultado das dez mil horas de provação dando tudo de si em Hamburgo. Imagine tudo isso rebobinando em velocidade alucinante em sua mente reprimida. Durante todo esse tempo, não tinha deixado de ficar de olho em McCartney percorrendo o mundo, conquistando grandes sucessos, fazendo e conseguindo o que *ele* queria: viver como o Grande Ex-Beatle de carreira solo madura, com sua própria banda, de volta à estrada, livre e desprendido do conceito Fab Four. Sendo um roqueiro, um músico de verdade. Agora, graças a Elton, John tivera a chance de reviver um pouco tudo isso. Seus ouvidos ainda zumbiam, pulsariam por semanas. Todo meu amor, Johnny baby. Todo meu amor. Aquela energia ainda estava presente! Talvez sempre estivesse. Será que não deveríamos tentar de novo, só para ter certeza?

Em meio aos burburinhos sensacionalistas de um retorno, uma turnê mundial, uma reunião dos Beatles, uma volta triunfal à Inglaterra a bordo do *QE2* para retomar as turnês, recomeçar — tudo que as massas esperavam, clamavam, imploravam havia anos —, John sabia que tinha cansado. O Fim de Semana Perdido teve seu preço. Aquela última farra o havia deixado esgotado. Este foi o momento em que deu as costas para a loucura, as drogas, a pegação, a bebedeira. Este era John, abrindo os olhos para o que importava, para quem verdadeiramente amava. Este era John, o garoto enlutado e abandonado, descolado e inexperiente, o marido irresponsável, o Beatle rabugento, o sujeito malicioso, o ativista esgotado, o músico sem mais nada a provar. Então, por que continuar provando? Mais valia provar um *pão*. May? Esqueça, isso nunca teve a ver com ela.

Falta pouco. John logo estaria enganando o mundo com a ideia de que dera as costas para a música, que havia saído de cena e se enterrado nos travesseiros. O mundo esperaria ansiosamente. Então, quando ele vai sair?

CAPÍTULO 19

# RESSURREIÇÃO

Podemos continuar nos perguntando se a fase dono de casa de John foi genuína ou um lapso psicológico disfarçado. Meu palpite é que ele estava passando por uma combinação dos dois fatores, com o acréscimo de outras pressões e perturbações. Para os milhões que acreditaram em sua misteriosa reencarnação como parceiro, pai e dono de casa renovado, há outros tantos que enxergam por trás do artifício uma criatura enrijecida e incapacitada que havia aberto mão da luta pelo descanso tão necessário. Chegaria o dia em que os bajuladores e os puxa-sacos abririam o bico a respeito da vida de John entre quatro paredes. Alguns contariam tudo aos agentes do biógrafo "assassino", Albert Goldman, outros lançariam volumes de autoria própria. Podemos escolher em que gostaríamos de acreditar, sempre conscientes. Toda história tem três lados: o dele, o dela e a verdade. Quanto mais nos aprofundamos no preto, mais perto chegamos do branco. Nada, ninguém, lugar nenhum é tão simples.

May jura até hoje que Yoko, a "viúva negra", fisgou seu partidão com a promessa de que poderia curá-lo de seu vício em nicotina através da magia que havia funcionado para ela. Agora Yoko estava lançando feitiços sobre John? Reduzindo-o a catalepsia? Para constar, Yoko declarou que era John quem estava louco para voltar para *ela*, que *ele* estava pressionando. John a perseguiu incansavelmente até que ela o capturou... e, no fim das contas, os dois cederam. *Sayonara*, Srta. May.[1]

Os Lennon tornaram pública a retomada do casamento na décima sétima cerimônia do Grammy, realizada em Nova York no Uris Theater, em 1º de março de 1975. Que ocasião bizarra. John não estava concorrendo, mas apresentando. Sua participação com Paul Simon para ler os indicados e anunciar o vencedor do Disco do Ano tornou-se quase uma comédia quando o ex-parceiro de Simon — que virou adversário — Art Garfunkel subiu ao palco para receber o troféu em nome de Olivia Newton-John e seu produtor John Farrar, por "I Honestly Love You". Art pela arte? Não houve brigas, mas o clima era palpável. Incapaz de resistir a uma piada à custa dos criadores (separados havia cinco anos) do álbum dos anos 1970, *Bridge Over Troubled Water*, John perguntou a Garfunkel: "Vocês vão voltar a tocar juntos?" Rápida feito uma cascavel veio a resposta ao ex-Beatle: "*Vocês* vão voltar a tocar juntos?"

Juntos, John e Yoko pareciam estranhos mas, ao mesmo tempo, tão certos. Ela em um vestido branco e justo com penas de marabu, os cabelos pretos e espessos descendo até a cintura, assim como os de May, seu rosto sereno e reluzente; ele em uma mistura elegante de guarda-livros dickensiano e bibliotecário francês, em uma sobrecasaca de veludo preto, boina, lenço de seda branca no pescoço e botas marrons de motoqueiro surradas, um broche brilhante escrito "Elvis" e uma gardênia branca na lapela. Socializando depois da cerimônia com vencedores e convidados — Marvin Hamlisch, Stevie Wonder, Roberta Flack, "PauleLinda" (que vieram para receber o prêmio por "Band on the Run", obra-prima de McCartney e Wings, na categoria Melhor Vocal Pop) e o ex-engenheiro dos Beatles, Geoff Emerick (vencedor de Melhor Engenharia de Som pelo mesmo álbum) —, um só tinha olhos para o outro.

Será? Algumas fotos no tapete vermelho revelam John flertando com um delicioso espécime bem por cima da cabeça de Yoko. O foco do fascínio de John carregava uma bolsa e era elegantemente andrógino, pálido e magro, de gravata branca e chapéu Fedora, exibindo maçãs do rosto que poderiam cortar carvão. Bom palpite, era David Bowie.

\*

*Come together*. John e Yoko esqueceram as diferenças e renovaram os votos de casamento em uma cerimônia particular à luz de velas na própria residência do casal. A lua de mel também foi no Dakota. Em um piscar de olhos, aos 42 anos, a Mãe estava esperando um filho. O pai, com 34, estava em êxtase. Dada a idade avançada — relativamente normal para se engravidar hoje em dia, mas ainda um risco na época —, além de seu triste histórico de abortos espontâneos, Yoko foi forçada a pegar leve, descansar e deixar John assumir o comando e cuidar de tudo para ela. Ele assim o fez, com ternura, paciência e amor, de um jeito que poderia ter feito Cynthia e Julian se contorcerem. Muita coisa estava em jogo nesta gravidez: não só os pobres bebês Ono Lennon que não tiveram a chance de nascer, mas os filhos que eles não tinham mais. A reconciliação de John e Yoko prejudicou a reconstrução do relacionamento paterno com Julian. Depois disso, haveria apenas mais duas visitas. Julian veria o pai pela última vez na Flórida, quando estava prestes a completar dezesseis anos. Ainda não havia nenhum sinal de Kyoko.

*

Deixe a música tocar. E assim se fez, antes que John se recolhesse à cozinha e aos seus aposentos e se entregasse àqueles famosos anos como dono de casa. O conturbado álbum *Rock'n'Roll* finalmente deu as caras, bem como o single em que havia trabalhado com Bowie em janeiro daquele ano, "Fame": uma feliz coincidência, uma interrupção no estúdio que acabou se tornando uma *jam*; um pouco de improvisação inesperada que ganhou vida própria e se cristalizou em forma de música, assim como "Under Pressure" nasceria no ar das montanhas suíças para David e o Queen alguns anos depois. "Fame" aconteceu enquanto David gravava um cover de "Across the Universe", dos Beatles, para seu novo álbum *Young Americans*. Contou com a participação de Carlos Alomar e um jovem guitarrista incrível chamado Earl Slick.

Que Bowie venerava Lennon não era segredo para ninguém. Ele falava sobre isso o tempo inteiro. O ex-Beatle se entregara ao hedonismo do músico. Eles se conheceram em Los Angeles durante o Fim de Semana Perdido de John, Bowie me contou. Eu almoçava com David de tempos em tempos em Nova York, enquanto trabalhei na cidade como jornalista de música, antes de ele se casar com Iman. Ele me emprestou sua casa em Mustique para que eu escrevesse o esboço de minha primeira biografia sobre Freddie Mercury. A dupla do barulho saiu para a farra, de acordo com David, enquanto John mais uma vez dava um tempo de May e estava muito longe de Yoko. Eles quebraram normas de gênero, e John novamente se entregou ao seu "gay interior". Bons tempos. Mais tarde, eles "ficaram": "Tinha uma prostituta envolvida, e não era nenhum de nós." David deu uma risadinha maliciosa. "A certa altura, ela foi embora. Eu acho que era uma mulher. Não que a gente se importasse." Quando voltaram a Nova York, o dueto ambissexo havia se tornado uma "amizade de longa data".

Eram os anos 1970. Rock'n'roll, sabe? Bowie também tinha Jagger, lembra? Nenhuma grande surpresa. Mas "Fame" foi. O single deu a David seu primeiro número um nos Estados Unidos. Verdade seja dita, ele ficou aborrecido de não ter chegado lá por conta própria, e sim graças à ligação com Lennon.

John finalmente ganhou seu caso contra o INS em outubro. Sua batalha de quatro anos pelo direito de permanecer foi vitoriosa. Chega de pedidos intermináveis por permissão temporária, chega de evitar voos que pudessem ultrapassar o espaço aéreo norte-americano e impedir sua reentrada. Ainda assim, quando o glorioso dia chegou, não houve tempo para celebrar. Os Lennon estavam no hospital, no dia do aniversário de 35 anos de John, para dar à luz o novo filho do casal. Depois de uma cesariana tortuosa e arriscada, um filho: Sean Taro Lennon. O nome Sean é uma versão irlandesa de John, e Taro é um termo japonês que denota "primogênito". Será que lhes passou pela cabeça como uma declaração dessas poderia impactar Julian? Esse simples gesto casual, o nome de seu meio-irmão, disse muito sobre o lugar do verdadeiro primogênito de John.

*

Muito se falou sobre o contrato de gravação de John com a EMI e a Capitol finalmente ter expirado em fevereiro de 1976; não ter mais uma gravadora seria o real motivo de sua aposentadoria da música e sua reclusão à vida doméstica. Mas a decisão, mesmo que no nível subconsciente, havia sido tomada quatorze meses antes, pós-Elton, em novembro de 1974. Agora, com seu precioso recém-nascido nos braços, ao menos no que dizia respeito ao mundo exterior, ele havia largado o batente. Perdera o interesse na indústria da música. Não se dava ao trabalho de ouvir mais nada além do som da respiração e do balbucio de um bebê indefeso. Até os gritos estridentes na calada da noite se tornaram melodias. Ele se entregou à paternidade, tornando-se o pai ativo e dedicado que nunca tivera, o pai que deveria ter sido para Julian. Não estava pronto na época, com seus vinte e poucos anos, mas agora estava. Tudo que John fazia por Sean o completava: ao cantar para o filho, sentia que cantavam para ele; ao ler para Sean, sentia que liam para ele; ao lhe dar banho, sentia-se limpo; ao doar, era presenteado; ao cuidar, era cuidado; ao amar incondicionalmente, por fim entendeu o sentido do amor. O peso de sua própria infância lamentável desapareceu. John nasceu de novo. Embora fosse verdade que assava pão e sentia um enorme prazer em criar pratos para outras pessoas desfrutarem, ele não se tornou um cozinheiro em tempo integral. A parte de não compor mais? Era um pouco fantasiosa. Ele nunca chegou a parar de escrever músicas, porque essa sempre foi sua principal forma de comunicação. Ele as capturava, junto de seus monólogos, trechos com vozes excêntricas e experimentos de todo tipo em cassetes atrás de cassetes, sempre tencionando arrumar um tempo para montar seu próprio estúdio, para que pudesse gravar tudo de modo apropriado. Se ao menos pudesse descobrir como fazer as coisas funcionarem. Se ao menos se desse ao trabalho.

"Eu não acredito nessa ideia de que ele abriu mão de tudo por completo e se transformou em um dono de casa. Não parece verdade", reflete Michael Watts, que conheceu bem os Lennon em Nova York nos anos 1970.

"Tenho certeza de que fazia algumas coisas — assava pão, trocava fraldas, que seja. Mas acho que a verdade é que ele tinha perdido alguma espécie de ímpeto. Talvez estivesse feliz e satisfeito demais. Talvez precisasse, assim como a maioria dos artistas, sentir-se inquieto e apreensivo para conseguir criar. Ele não tinha o mesmo tipo de estímulo que costumava ter como um Beatle, isso é fato. Para seu completo desgosto, me arrisco a dizer. Ele via McCartney rodando o mundo em turnês e sendo uma figura tremendamente celebrada, representando os Beatles sem o envolvimento de John, e isso deve ter sido motivo de muita irritação. Para dizer o mínimo. Então, a grande rivalidade entre os dois continuava."

De volta a 1980, em sua entrevista para a *Playboy*, John ainda tentava vender sua fase dono de casa. "Tenho assado pães e cuidado do bebê", repetiu. O entrevistador pareceu em dúvida, sugerindo que John certamente devia estar trabalhando em projetos secretos durante todo aquele tempo, nas masmorras do edifício Dakota.

"Está de brincadeira, né?", zombou John. "Porque pães e bebês, como toda dona de casa sabe, é um trabalho em tempo integral. Depois de fazer os pães, sentia que tinha conquistado alguma coisa. Mas, enquanto via o pão sendo comido, pensava: 'Caramba, será que não mereço ganhar um disco de ouro ou um título de cavaleiro ou qualquer coisa?'"

Por que tomou essa decisão? "Existem muitos motivos", explicou John. "Estive à mercê de obrigações ou contratos dos 22 até os trinta e poucos anos. Depois de todo esse tempo, era o único tipo de vida que eu conhecia. Eu não era livre. Estava confinado. Meu contrato era a manifestação física de estar numa prisão. Era mais importante encarar a mim mesmo e aquela realidade do que continuar uma vida de rock'n'roll [...] e viver com os altos e baixos dos impulsos causados por seu próprio comportamento ou pela opinião do público sobre você. O rock'n'roll não era mais divertido. Decidi não tomar as decisões típicas da minha indústria [...] ir para Vegas e cantar os grandes sucessos, se tivesse sorte, ou ir para o inferno, que foi o que aconteceu com Elvis."

John promoveu a imagem de reclusão porque gostava da ideia. Ele pesquisou sobre Howard Hughes, o excêntrico magnata com transtorno obsessivo-compulsivo. Entusiasmou-se com a história de Greta Garbo, que exigiu ficar sozinha. Ele amou o mistério, o enigma. Escreveu diários. Manteve contato regular com tia Mimi por meio de telefonemas, longas cartas e muitos cartões, e lhe pediu que enviasse seu uniforme escolar, seus livros, as porcelanas dela, todo e qualquer item que o lembrasse de casa e da infância. Ele dizia que, mais cedo ou mais tarde, voltaria para a Inglaterra, sua Inglaterra. Nunca chegou a ir. Ou será que foi? Sua tia insistiria até a morte que John fez a viagem saindo de Nova York pelo mar, e que tiveram um último momento juntos em Sandbanks, somente os dois. Mais ninguém sabia que ele tinha ido.

Ilusão? Idealismo? David Stark, dono e editor da *SongLink*, quis descobrir. Pouco depois da morte de John, dirigiu até Sandbanks para visitá-la. Fez compras para Mimi, ela cozinhou ovos com batata frita para ele, e os dois passaram a tarde e a noite inteiras examinando os cadernos de desenho de John, seu *Daily Howl*, e vasculhando gavetas cheias de seus pertences. O que os fãs não dariam por isso...

"Ela era uma senhora adorável", disse David. "Não tinha nada de bruxa velha, como muitas vezes a pintavam. John teria feito questão de manter contato se ela fosse tão ruim? Sem dúvida, a teria dispensado e a esquecido. Ela me contou que ele tinha vindo dos Estados Unidos para visitá-la, disfarçado. Em suas lembranças, ela estava convencida de que John tinha ido. Na verdade, estava irredutível, e não parava de dizer que não estava enganada. Mimi estava bem lúcida, então não tive motivos para duvidar. Ele de fato fez muitas viagens pouco antes de morrer. Sabemos que foi ao Japão algumas vezes, às Ilhas Cayman, a Hong Kong, ao Egito, à África do Sul. Por que não iria à Inglaterra? Poderia ter ido de navio, que atracaria em Southampton, caminho para a casa de Mimi. Os registros de imigração são uma exigência legal, é claro, e o que ele teria feito em relação ao passaporte? Mas vamos supor que outra pessoa tenha se envolvido nisso, e que molharam a mão de alguém para que fizessem vista grossa. Tudo é possível, ainda mais quando se é tão rico. Gosto de pensar que é verdade, e que ele realmente a viu uma última vez, após dez longos anos de separação. Um momento para Mimi guardar com carinho, se for real. Quem sabe?"

\*

Um bebê e um Green Card mudaram a vida de John. Uma vez que se viu livre para deixar os Estados Unidos sem medo, a primeira viagem que quis fazer foi à terra natal de Yoko. Chegou até a se comprometer a aprender japonês antes de ir para Tóquio com sua esposa e seu filho. Eles ficariam no Japão por boa parte do verão de 1977. Na primeira visita, entretiveram a família Ono em grande estilo, com uma festa em Karuizawa, no resort do distrito de Nagano, à sombra do vulcão ativo Monte Asama. Na infância, Yoko passava férias no local. Eles ficaram no tradicional Hotel Mampei, um destino significativo na história de Lennon. Tanto a cidade quanto o hotel dão muito valor à sua ligação com John e Yoko. John apreciava o anonimato por lá. Ele e Yoko desfrutaram de um programa de exercícios e alimentação saudável que os deixaria rejuvenescidos. Em setembro, entraram no modo totalmente turista em Quioto, antiga residência do imperador e então capital cultural, antes de retornarem a Tóquio e seguirem viagem para casa. Haveria mais duas férias no Japão, intensificando o amor de John pelo país e seu apreço pela cultura.

Entrementes, Yoko cuidava dos negócios — o que incluía o interminável e estressante desenrolar dos velhos negócios dos Beatles —, enquanto John (e a babá) cuidava de Sean. Sua astuta esposa expandiu a fortuna do casal com aquisições de obras de arte, imóveis, fazendas, gado, um bando de touros, até mesmo tesouros (presumivelmente saqueados) do Egito antigo. Eles criaram uma sala egípcia em um dos apartamentos do edifício Dakota, para que uma autêntica múmia dentro de um sarcófago se sentisse em casa. Compraram uma mansão à beira-mar em Palm Beach, na Flórida, onde John adorava se sentar sozinho em silêncio, só para observar o mar. O oceano o atraía. Talvez estivesse revisitando um momento distante em Rishikesh, quando consultou Donovan a respeito de uma música sobre sua mãe e a infância que nunca tivera.

"Ele me pediu ajuda com imagens que poderia usar na letra de uma música sobre o assunto", lembrou Donovan. "Então eu disse: 'Bom, quando pensa na música, você se imagina em que lugar?' E John respondeu: 'Numa praia, de mãos dadas com minha mãe, e estamos caminhando juntos.' Eu o ajudei com alguns versos — 'Seashell eyes / windy smile' — para compor o clima *Alice no País das Maravilhas* que John tanto amava."

Trata-se da música "Julia".

Os Lennon logo incluiriam em seu formidável portfólio um retiro em Cold Spring Harbor, Long Island. Imagine não ter posses... Foi durante as fugas para a área dos iates no rico litoral norte da ilha que John redescobriu a navegação, imaginando-se em um barco no rio, remando até esquecer suas preocupações em Sandbanks. Ele conseguiu ensinar Sean a nadar. Pai e filho estreitavam a relação, prontos para conduzi-la mar adentro.

Enquanto isso, para Yoko, tudo se resumia a alquimia e auras, anjos e guias espirituais. Ela parecia obcecada por numerologia, astrologia, tarô, videntes e médiuns. O esoterismo a dominava a ponto de a família mal poder se mexer sem que isso fosse previsto por um adivinho ou estivesse escrito nos números, nas cartas ou nas estrelas. Tão esperta nos negócios, mas tão perdidamente dependente da adivinhação. Não devemos julgar, mas, caramba, quanta insegurança. Aos 47 anos, quando Sean tinha apenas cinco, sua mãe voltou a usar heroína. Ela escondeu o fato de John. Lá se ia a época em que faziam tudo juntos.

*

Quarenta anos são quarenta anos. Alguns aceitam e seguem em frente. Alguns entram em negação e continuam se enganando. Alguns se rebelam e partem para o adultério, ou se idiotizam de outras maneiras. Ainda há outros, aqueles com recursos, que se entregam a grandes gestos ou jornadas e se transformam para sempre. Este foi John, no limiar daquilo que veio a se tornar uma odisseia arriscada. A experiência foi tão profunda que o susto o fez tomar jeito. Mataria o falso John dono de casa. Ressuscitaria o grande astro do rock pela última vez.

CAPÍTULO 20

# REPLAY

Na primavera de 1980, John tinha sede de novas aventuras. Enquanto sua esposa estava ocupada tentando se livrar da heroína, ele planejava uma pequena excursão. Embora na infância sonhasse em fugir para o oceano e tentasse imaginar como tinha sido a vida de seu pai e seu avô em alto-mar, ele ainda não havia se aventurado para além do Canal de Long Island. Agora era a hora.

Como o numerologista de confiança de Yoko havia feito alertas sobre pontos cardeais adversos e prescrito a direção mais benéfica a se seguir, John velejaria a partir do selvagem Atlântico Norte de Newport, Rhode Island, até Hamilton, Bermudas, um trajeto de pouco mais de mil quilômetros. Seu instrutor de vela, Tyler Coneys, reuniu uma pequena tripulação e escolheu um barco apropriado: *Megan Jaye*, uma chalupa de treze metros.[1] A equipe partiu em tempo aberto na manhã de quinta-feira, 5 de junho, no início da temporada de furacões. As condições pareciam favoráveis. Então, no Triângulo das Bermudas, veio uma tempestade. Em uma região conhecida por ciclones tropicais, a princípio pareceu algo corriqueiro. Mas a tempestade logo se intensificou. Todos ficaram apavorados. Um a um, a tripulação começou a passar mal. Somente o capitão conseguiu segurar as pontas, mas dois dias depois estaria desmaiando. Embora petrificado pelas ondas imensas e a possibilidade de que o *Megan Jaye* pudesse afundar, John pôs o capitão Hank para descansar e assumiu o comando da embarcação. Com as ondas vertiginosas constantemente quebrando sobre ele enquanto tremia, agarrado ao leme, é um milagre que não tenha perdido os óculos. Mal conseguia enxergar com seus olhos cobertos de água salgada. John poderia se render, e todos eles afundariam, ou poderia enfrentar a natureza e tentar salvá-los. Com vinte minutos de turno, as ondas implacáveis indo com tudo para cima dele, John lembrou-se de sua coragem. Ele reagiu. Uivou e gritou feito uma Banshee. Sem saber de onde tirava tanta coragem, cantou baladas e cantigas de velhos marujos a plenos pulmões, e gargalhou alucinadamente diante da quase certeza da morte. Então agora ele sabia, era *assim* que tinha sido! Mais tarde, descreveria o ocorrido como a experiência mais fantástica que já tivera. Exorcizou seus fantasmas, sentiu-se fortalecido e invencível.

"Quando aceitei a realidade da situação, algo maior do que eu assumiu o controle e, de repente, perdi o medo", contou em sua entrevista para a *Playboy*. "Passei a curtir de fato a experiência, e comecei a cantar antigas canções de marinheiro diante da tempestade, gritando para o céu trovejante."

Depois da tempestade, a calmaria. Eles chegaram às Bermudas em seis dias. Em 11 de junho, John escreveu no diário de bordo da embarcação: "Querida Megan, não há lugar como lugar nenhum." Ele rabiscou um bilhete para o capitão; desenhou um autorretrato e a figura de um barco. Ele o desenhou navegando rumo ao pôr do sol.

Para John, que não pisava na Inglaterra havia quase uma década, esse território britânico ultramarino foi o mais próximo do lar a que ele pôde chegar. Embora o cenário fosse de uma exuberância tropical, a cultura colonial das Bermudas lhe parecia maravilhosamente familiar. Ele escolheu uma casa chamada Undercliff a poucos quilômetros da capital, Hamilton, em uma vizinhança conhecida como Fairylands. Ficou encantado ao encontrar caixas de correio e cabines telefônicas vermelhas e ao descobrir que os carros circulavam pela esquerda. Mandou buscar Sean, à época com quatro anos, que foi de avião com sua babá e uma das assistentes. Yoko iria mais tarde, para uma brevíssima visita. O plano era ficar por alguns meses. Pai e filho logo estabeleceram uma rotina de praia: nadar no mar, construir castelos de areia e velejar em um bote emprestado. Ei, Julian, você se lembra de quando fizemos tudo isso? Claro que não. Eles descobriram os mercados de rua e a pitoresca Front Street de Hamilton. Em meio às suas colunas em tons pastel, músicos da ilha ficavam à espreita. John mergulhou de cabeça nos sons. Os habitantes locais, acostumados com sujeitos ricos e famosos invadindo sua ilha nas férias, não se ouriçaram com a presença do ícone global entre eles, e o deixaram à vontade. A beleza extraordinária do Jardim Botânico de 36 hectares no topo da colina, com suas figueiras e palmeiras gigantes, lhes deixou de queixo caído. Foi ali que toparam com a primorosa frésia amarela chamada "Double Fantasy", que levaria à ideia de um álbum. Foi ali, pela primeira vez em cinco longos anos, que John se deu conta de que ainda podia voltar a gravar.

As Bermudas foram uma espécie de volta ao lar. Isso lhe ocorreu quando ele e Sean foram explorar os arredores de St. George. Onde, na mais antiga cidade inglesa habitada do Novo Mundo, foi impossível não encontrar uma igreja de St. Peter...

O simples edifício de calcário, de quatrocentos anos, ofusca os olhos com seu branco contra o azul intacto do céu. Fica no alto de um lance de mais ou menos vinte largos degraus. Vinte lances de pedra — *Twenty flight rock*... teria John feito uma pausa para prestar homenagens ao seu velho herói Eddie Cochran ou saltou direto, maravilhado, para conferir o interior? A coincidência é incrível. Não que esta, a igreja anglicana mais antiga em funcionamento contínuo fora das Ilhas Britânicas, tenha muito em comum com a igreja de St. Peter em Woolton. Não muito, quer dizer, além do nome. Mas imagine seu rosto no momento em que a descobriu. John está de volta, diante da imponente igreja de arenito vermelho de sua infância, com seus contrafortes, parapeitos e gárgulas. Ele se vê como um garoto arteiro na Escola Dominical, dando pouco de si no coro; observa o adolescente John tocando guitarra na caçamba de um caminhão em uma festa da igreja em julho de 1957, quase 23 anos antes; passeia propositadamente pelo cemitério, passando pela lápide de Eleanor Rigby, sem saber que seu amado tio George logo jazeria ali também. Passa pelo grande portal de madeira, descendo o declive e seguindo pela rua até o pequeno salão paroquial, para um ensaio dos

Quarry Men em preparação para o grande show daquela noite. Então Ive Vaughan se aproxima com um moleque com cara de bebê a tiracolo. Um novato de quinze anos chamado Paul, que sabe afinar guitarras e toca "Twenty Flight Rock" para ele...

John voltou para sua esposa no fim de julho, revigorado e pronto para qualquer coisa. O que será que teria feito diferente, àquela altura, se soubesse que só lhe restavam mais quatro meses de vida?

*

"John sempre foi meu Beatle favorito, porque era sombrio e dizia a verdade. Ele se posicionava. Também era visível fora da música, o que eu gostava. Mas eu não tinha nenhuma ideia preconcebida de como ele seria. Não costumo fazer isso."

Earl Slick, um guitarrista precoce nascido no Brooklyn, que começou a vida como Frank Madeloni, ganhou reconhecimento ocupando o lugar de Mick Ronson na turnê norte-americana de Diamond Dogs, de Bowie, em 1974. Ele também foi guitarrista solo nos álbuns *Young Americans* e *Station to Station*, de David, e trabalhou com Ian Hunter da banda Mott the Hoople, em sua própria banda solo, e no duo Slick Diamond, com Jim, meu querido amigo falecido. Ele foi contratado para contribuir com seu talento ao trabalho que marcaria a volta de John e Yoko, *Double Fantasy*.

"Eu era o único cara no recinto que não sabia ler música, que não era um autêntico músico de estúdio. John queria um cara mais informal. Nas palavras do produtor Jack Douglas, eu era 'o elemento surpresa'."

Ele se lembra de seu primeiro encontro no estúdio com John?

"Com certeza me lembro. Cheguei lá cedo. Não costumo ficar nervoso, mas, sabe como é, quando você recebe do nada uma ligação para tocar no álbum de um Beatle — especialmente seu Beatle favorito —, você fica um pouco nervoso. Pensei: 'OK, quer saber? Vou chegar mais cedo ao Hit Factory.' Conhecia o lugar porque já tinha gravado lá, fui um dos primeiros artistas a gravar no local.

"Então, cheguei ao estúdio e, droga, ele já estava lá. Estava sentado em uma cadeira no meio da sala. E me disse: 'Bom ver você de novo!' E respondi: 'Hã? A gente já se viu antes?' Como se eu fosse me esquecer de ter encontrado um Beatle! Mas, é claro, a gente *já* tinha se visto, no Electric Lady Studios, no Village, no dia em que gravamos 'Fame' para o David. John Lennon se lembra de ter me visto, e eu não me lembro de tê-lo visto: *dá para imaginar?*"

Slicky estava nervoso, mas não se intimidou.

"Eram apenas dois músicos se reunindo. Tínhamos doze anos de diferença, mas não queria dizer nada. No mundo da música, diferenças de idade não existem. Mas ele ter sido um Beatle não era pouca coisa. Eu era fã na minha juventude, claro que sim. Eles foram importantíssimos. John tinha razão, eles eram maiores do que Jesus Cristo. Vamos cair na real, cara. Não dava para dizer esse tipo de coisa na época, é óbvio, e John recebeu muitas críticas. Ele pediu desculpas, mas foi meio indiferente — o que eu amei. Ele entendeu muito bem o que tinha feito. Era muito mais inteligente do que todo mundo. A questão desse cenário é que ele estava certo, mas *ainda* não estava certo. A linha de pensamento de John estava muito além da capacidade de compreensão do público. Então, sim, eu era fã dos Beatles. A postura deles era tão irreverente! Se nós os pegássemos exatamente como eram e os trouxéssemos para o presente, eles seriam extremamente inofensivos. Não é? Mas essa docilidade, na época, meu Deus! Eles não eram inofensivos *coisa nenhuma*. A aparência deles. O jeito de tocar. Eles eram divertidos. Eram ótimos músicos, ganharam experiência em Hamburgo, se ajustaram como banda. Não podia ser melhor."

Agora, ali estava John, o Beatle sincero, o Beatle obsceno, aquele que dizia o que pensava sem rodeios, sentado em uma cadeira no meio do estúdio, olhando para o "elemento surpresa" de 28 anos enquanto estavam prestes a começar a trabalhar juntos.

"Ele correspondeu às expectativas", afirma Slick. "Tudo que vi era tudo que John era. Ele não virou um grande babaca quando o conheci, como acontece com muitos, que fazem a gente pensar: 'Meu Deus, lá se vai *aquele* mito pelo ralo.' E, desde o início, me identifiquei com ele. Por mais famoso que fosse, não virou um pseudointelectual ou um pseudossocialite. Manteve sua essência. Não estava fazendo a linha 'garoto da classe trabalhadora que confraterniza com príncipes e rainhas e políticos' e toda essa baboseira, ou usando smoking e maquiagem toda vez que saía para jantar ou tomar um café e é tipo, *fala sério*. John não era assim, nem um pouco. Ele era real. Fazia as coisas do jeito dele, era muito discreto. Ainda era o mesmo John Lennon de antes dos Beatles. Era apenas um humilde trabalhador.

"Eu me lembro de uma das últimas conversas que tive com ele — a *última* que tive, na verdade. Ele estava em Nova York e eu estava em Los Angeles. Liguei para o estúdio para alguma informação e, por acaso, John estava lá. Ele pegou o telefone, e conversamos por um tempinho. Sobre a turnê que ele havia planejado para 1981. Ele virou e disse: 'O pessoal está gostando do disco aí na Costa Oeste?' Outro planeta, né? Respondi: 'Sim!', depois falei: 'Ficou sabendo que está nas paradas?' E ele: 'Sim, mas estão realmente *gostando*? O disco, quero dizer. Realmente espero que gostem do disco.'

"Isso era a insegurança dele dando as caras. Aquele garotinho *ainda estava ali dentro*. O que é ótimo. Mostra que ainda estava disposto a crescer. Porque, quando você acha que tudo que faz é perfeito e banhado a ouro, não é mais capaz de *crescer*, e é preciso crescer. Mesmo até o finzinho, ele ainda era inseguro."

Slicky e eu conversamos antes dos shows de sua turnê "An Evening with..." pelo Reino Unido, durante a qual o entrevistei no palco algumas vezes. O assunto chegou a John e como ele era no estúdio. Ele era um dos caras da banda ou era o chefe, o líder? Dava as ordens sozinho ou seguia orientações e aceitava sugestões?

"Ele era perfeito quanto a isso. Vou dizer por quê. Ele *era* o chefe. Era a carreira *dele*. Era o álbum *dele*. Ele contratou caras de quem gostava para tocar no disco, mas isso nunca foi forçado goela abaixo de ninguém. Tivemos liberdade para tomar decisões. Fomos tratados com respeito, sabíamos o que ele queria e seguíamos em frente. Curtimos isso à beça, porque ninguém mandava e desmandava na gente. Não existia arrogância nem hierarquia no estúdio com John. Dava para sacar perfeitamente que só queria ser o vocalista da banda. Sabe, ele escrevia as músicas, sabia que tinha escolhido os caras certos para trabalhar nelas com ele, então não precisava controlar todo mundo e gritar ordens o tempo inteiro. Tratava as pessoas como gostaria de ser tratado. Ao mesmo tempo, ninguém dizia a John Lennon o que fazer."

Eles tiveram a chance de sentar e trocar uma ideia sobre suas vidas?

"Não precisamos. Tínhamos origens semelhantes. Estava na cara. Nós sabíamos. Acho que foi um dos motivos pelos quais nos entendíamos e nos dávamos tão bem. Genuinamente gostávamos um do outro. São sempre as coisas não ditas. Não há muito que precise ser dito. Nem perto do quanto as pessoas dizem. A música diz tudo de modo sucinto, em poucas palavras. O livro se estende sem parar.

"Obviamente, com ou sem Beatles, ele é um dos melhores compositores de todos os tempos. Sabia tocar no assunto, não importa qual fosse. Sabia expressar as coisas. O modo como era capaz de sintetizar algo em poucas palavras que gerariam tamanha emoção fazia a gente chorar. Essa habilidade vem da disfunção, da dor, das dificuldades na infância, e tem a ver com encontrar uma maneira de resolver os problemas. Estabilizar as coisas. Se ele conseguiu tudo isso no fim das contas, eu não sei. Mas acho que deve ter conseguido."

Quando a banda terminou as gravações de *Double Fantasy*, Slick estava se preparando para pegar um voo de volta a Los Angeles quando recebeu uma ligação de última hora informando-o que sua programação havia mudado.

"Eu disse: 'Como assim, vão mudar meu voo?' 'Hum, John quer que você venha ao estúdio porque quer que você faça um solo.' OK, ótimo. Fui até lá. Acabamos fazendo o 'solo' juntos, e tivemos uma conversa. Ele não tinha me chamado para fazer o solo, mas para outra coisa. Só me dei conta anos depois. Ele disse: 'A propósito, lembra quando conversamos sobre eu fazer shows e tudo o mais?' Respondi: 'Lembro.' Ele: 'Você quer ir, né?' Falei: 'Quero... mas acabei de assinar com a Columbia Records, tenho que lançar um álbum, e depois vão querer que eu faça uma turnê.' Ele repetiu: 'Você quer ir, né?' Respondi: '*Quero!*' Ele disse: 'OK, vou fazer o seguinte: vou ligar para eles diretamente, em seu nome. Vou fazer com que adiem sua turnê para que você possa pegar estrada *comigo*.' E ele fez isso mesmo! A turnê dele nunca aconteceu, é claro, mas, sim, ele ligou pessoalmente. Era um homem de palavra. Estava determinado a levar aquele grupo específico de pessoas para a estrada com ele porque sabia que conhecíamos as coisas. Fomos nós que gravamos. Quem ia saber mais do que os caras que fizeram o disco? Essa era a forma de John dizer: 'Essa é *minha banda*. Ela é legal, e é assim que quero mantê-la.'"

Já fazia muito tempo que John não saía em turnês. Houve um show ocasional aqui e ali, mas não passou disso. Ele ainda era capaz?

"Ele estava animado, disso eu sei", diz Slick. "Amava estar em uma banda de rock'n'roll. John precisou dar uma maneirada nesse lado dele para ser um Beatle. Voltar a essa vida, e não ter uma imagem falsa, era isso que o empolgava. Ele estava de volta. Ele nos mostrou. É trágico pra caralho que não tenha tido a chance de mostrar para o mundo."

CAPÍTULO 21

# FINALE

"Quando chegamos ao Dakota, vi um rosto rechonchudo de vinte e poucos anos vagando do lado de fora. Olhei bem para ele, porque definitivamente havia algo de estranho naquele rapaz. Estava sempre ali, vim a saber depois. Pedia para John autografar cópias do *Double Fantasy*, provavelmente para vendê-las. John era legal demais para dizer não. Era tolerante e educado com os fãs que iam vê-lo. Yoko com certeza notou aquele jovem. Não sabia o nome dele, mas o conhecia de vista por ser um dos visitantes frequentes que passava o tempo nas redondezas para encontrar e conversar com John."

Andy Peebles, com os dedos inquietos, beberica lentamente uma Coca-Cola sem gás enquanto revive, quarenta anos depois, o momento mais importante de sua longa e distinta carreira. Ele conseguiu a entrevista que todas as emissoras estavam loucas para garantir. Para o então apresentador da BBC Radio 1, a primeira audiência exclusiva com John em dez anos foi uma conquista excepcional. Andy era, naquela época, um nome importante por si só. DJ respeitado e autoridade musical que passou treze anos na Radio 1, ele criou o duradouro "My Top Ten", entrevistando artistas de peso a respeito de seus discos favoritos. Milhões de pessoas ouviram a entrevista extraordinária com Lennon no início de 1981, atraindo ainda mais espectadores por sua terrível morte ter acontecido apenas dois dias depois da gravação, antes que os produtores tivessem a chance de levá-la ao ar. O episódio viria a ser um divisor de águas, não só na história da música popular, mas também na vida pessoal de Andy. Lançou uma sombra que o seguiria por quatro décadas.

Comprometido por obrigações profissionais com a BBC, bem como por seu senso natural de dignidade e discrição, Peebles sempre se mostrou relutante em revelar detalhes de sua improvável amizade com Yoko após a morte de John. Quando concordou em tocar no assunto comigo, levantou algumas questões perturbadoras.

"Por que Yoko parecia tão mais feliz após a morte de John?", indagou ele. "Por que começou a desfilar por Nova York com seu novo amante, Sam Havadtoy, tão cedo? E por que explorou a memória e o legado de John, como parecia estar fazendo, para obter fama e ganhos pessoais? Tenho uma sensação terrível de que fui manipulado por uma questão de lucro comercial. Não seria a primeira vez que uma coisa do tipo acontecia. Faz parte do jogo. Você faz um álbum, ele é lançado — neste caso, pelo selo de David Geffen — e é sua obrigação promovê-lo e vendê-lo de todas as maneiras possíveis. Todo mundo sabe como funciona. Mesmo assim, existem limites de honestidade e decência que não se deve ultrapassar, não importa quem você seja. Quando penso nas coisas que aconteceram quarenta anos atrás, ainda me chateio e me incomodo. Principalmente porque hoje sinto que o período 'Starting Over', o recomeço de John e Yoko em dezembro de 1980, foi uma farsa promocional, pensada para restabelecer a visibilidade de John após sua ausência de cinco anos no Reino Unido. Também me entristeço e me revolto profundamente pelo fato de a BBC ter guardado minha entrevista mais famosa a sete chaves, inacessível para o público, em vez de tratá-la como o documento público que deveria ter sido."

Andy nunca havia encontrado John e Yoko antes de ir a Nova York com sua equipe: a produtora executiva Doreen Davies, seu produtor Paul Williams e o chefe de promoções da Warner Bros, Bill Fowler. Ao perceberem que a chave para o sucesso de *Double Fantasy* era se restabelecerem em casa, eles decidiram conceder a entrevista exclusiva à emissora nacional de que John tanto gostava. Com um álbum polêmico que contava com o mesmo número de músicas entre marido e mulher, eles corriam o risco de serem expostos ao ridículo caso tomassem a decisão errada. Tinha que ser a BBC. Ela o lembrava de tudo que ele estimava em seu longínquo lar.

Andy admite o quanto estava animado com a ideia de finalmente conhecer seu ídolo da infância. Mas, primeiro, precisava passar por Yoko.

"Tínhamos combinado de nos encontrarmos com ela no Dakota ao meio-dia de sexta-feira, 5 de dezembro", lembra ele. "Por mais que tudo estivesse acertado antes de sairmos do Reino Unido, ainda precisaríamos ser entrevistados por ela pessoalmente, para garantir que gostaria de seguir em frente.

"O apartamento deles era palaciano, lindo. Pediram que tirássemos os sapatos e nos levaram ao enorme escritório de Yoko. Ela estava sentada atrás de uma antiga mesa egípcia bem grande. Eu me sentei de pernas cruzadas em um sofá, e mal tive a chance de abrir a boca. Yoko era obstinada e enfática. Ela nos disse que tinha recebido ofertas melhores que a da BBC — da Radio Luxembourg e da Capital, entre outras. 'Portanto, por que exatamente deveríamos fazer a entrevista com vocês?', questionou. Ela estava nos provocando deliberadamente. Doreen disse: 'Você precisa entender que a Capital Radio, por mais maravilhosa que seja, só é transmitida em Londres. A Radio Luxembourg é uma estação histórica e importante, é verdade, mas o sinal não para de enfraquecer. A BBC Radio 1 é nacional e confiável.' Era óbvio que Yoko queria que nós implorássemos."

Ele ficou impressionado com a aparência de Yoko ao vivo. Aos 47 anos, ela era "pequena e rígida, de corpo magro mas seios fartos. O que se passava pela minha cabeça enquanto estava sentado olhando para ela? Para ser sincero, estava pensando: 'Então, esta é a mulher que separou os Beatles.'

"'Certo, se nós toparmos', disse ela, 'preciso deixar muito claro que a entrevista vai ser cinquenta por cento focada em John e cinquenta por cento focada em mim.' Senti vontade de dizer: 'Quem diabos é *você*? Você é a mulher que contribuiu para o canto o mesmo que Wayne Sleep contribuiu para a Rugby League.'"

Apesar de terem começado com o pé esquerdo, a entrevista da noite seguinte no Hit Factory — famoso por ter criado álbuns dos Stones, de Stevie Wonder, Paul Simon e Bruce Springsteen, bem como o *Double Fantasy* — foi um sucesso. Andy e a equipe de produção já estavam no local e prontos para gravar quando os Lennon chegaram, atrasados, por volta das dezoito horas. Eles cumprimentaram os visitantes com muita simpatia, especialmente John, que disse: "A Mãe e eu passamos a noite em claro mixando o novo single dela, 'Walking on Thin Ice', venham ouvir!"

"No instante em que John me viu", disse Andy, "ele me saudou como um amigo que não via há anos. Ficou bem claro que sentia uma enorme saudade de casa, depois de quase uma década sem voltar. Assim que a fita começou a rodar, conversamos sem rodeios por horas. Nenhum assunto era tabu. Depois, Yoko disse que ficou impressionada com muito daquilo, tinha descoberto coisas que não sabia antes. John admitiu abertamente que todo aquele circo dos Beatles o aborreceu. A banda tinha parado de fazer turnês porque mais ninguém os ouvia por cima de toda aquela gritaria. Ele disse que mudava as letras, por puro prazer. Disse que cantava 'Pissed and Gout' em vez de 'Twist and Shout', porque ninguém conseguia ouvi-los, de qualquer maneira. Ele me contou que em 1969 os quatro Beatles mal se falavam, e relembrou o momento em que Paul, em abril de 1970, anunciou que ia sair da banda e efetivamente roubou o brilho de John [...] porque ele já tinha decidido sair. Na opinião de John, a banda era dele. Era ele que deveria ter decidido a hora de acabar."

John e Yoko também falaram abertamente sobre como se conheceram, sobre o efeito de Yoko nos Beatles, sobre a BBC World Service, sobre homossexualidade, feminismo, o *bagism* e os *bed-ins*; sobre Kyoko e a briga pela custódia, sobre o casamento e a apreensão das drogas; sobre o comportamento de John no Fim de Semana Perdido, sobre a apresentação com Elton John, seu período de pausa como dono de casa e sobre pães; sobre o brilhantismo de Bowie na Broadway como "The Elephant Man", sobre new wave e punk e, significativamente, sobre John ter assumido os créditos por "Imagine" quando a inspiração foi de Yoko.[1]

"[...] Na verdade, a música deveria ser creditada a Lennon-Ono. Muito dela — a letra e o conceito — veio de Yoko", disse John a Andy.

"Mas, naquela época, eu era um pouco mais egoísta, um pouco mais machista, e meio que deixei de mencionar a contribuição dela. Mas a música saiu direto de *Grapefruit*, seu livro, que tem toda uma pilha de textos sobre imagine isso, imagine aquilo, e eu dei o crédito a ela agora, com muito atraso [...] se tivesse sido Bowie, eu colocaria 'Lennon-Bowie'. Se tivesse sido um homem, sabe?" Ele também mencionou o material que gravou com Harry Nilsson, creditado a "Lennon-Nilsson".

"Mas, quando *nós* a criamos, só coloquei 'Lennon' porque, sabe, ela é apenas 'a esposa' e, sabe como é, não se coloca o nome dela, né?"

"Foi a entrevista mais devastadora, mais comovente e mais poderosa que John já deu à mídia britânica", lembra Andy. "Correu tudo tão bem que, assim que acabou, ele exigiu que fizéssemos de novo. Ele disse que voltaria à Inglaterra no Ano-Novo, e prometeu aparecer ao vivo no meu programa."

Embora mais tarde a entrevista tenha se tornado tanto um calvário quanto um momento decisivo para Andy, ainda é até hoje a que tem mais apreço. John e Yoko também ficaram obviamente satisfeitos, porque a conversa terminou, a convite deles, em um jantar de celebração no refúgio favorito do casal em Nova York, o Mr. Chow: um antigo e glamoroso restaurante no centro de Manhattan, com uma sala de jantar rebaixada e espelhos de parede a parede. Um lugar para se arrumar e ser visto.

Andy e sua equipe passaram o dia seguinte fazendo compras de Natal e embarcaram no voo de volta da Pan American na noite de 8 de dezembro. Pela primeira vez em uma carreira que lhe oferecia a oportunidade de viajar pelo mundo, ele sentiu medo de avião. Foi acometido inesperadamente pela sensação no meio do voo, e lhe causou grande agonia. Ele não conseguia entender por que se sentia tão inquieto.

"Então, descobri que uma das portas no meio do avião não estava fechada corretamente", lembrou. "Houve muita perda de tempo nisso, e fiquei muito aborrecido. Não estava convencido de que estávamos seguros. Eu não faço nem um pouco o tipo nervoso. Já voei dezenas de milhares de quilômetros sem tensões ou transtornos. Mas, dessa vez, uma comissária de bordo precisou vir até mim e me tranquilizar, de tão transtornado que eu estava." Ele seguiu viagem estressado demais para ler, ouvir música ou assistir a um filme, que dirá dormir. Três horas e 45 minutos de voo depois, quase na metade do caminho através do Atlântico, ele pulou do assento.

"Levantei para passear pelo corredor e de repente ouvi alguém chamar meu nome. Era o grande jornalista esportivo Hugh McIlvanney, melhor amigo de seu pai [o pai desta autora] há mais de sessenta anos. Ele perguntou se eu estava bem — obviamente não parecia — e me chamou para sentar do lado dele. Ele me perguntou o que fui fazer em Nova York. Contei sobre John, sobre todo o tempo que passei com ele, e Hugh ficou impressionado. No fim das contas, eu me levantei do meu assento e percorri o avião no exato momento em que Mark Chapman disparou os tiros contra John. Não quero nem imaginar como eu teria me sentido e me comportado se soubesse o que estava acontecendo naquele instante no edifício Dakota."

A notícia do assassinato de John chegou aos ouvidos de Andy só depois que o avião pousou no Heathrow. Ele foi escoltado por oficiais até o estúdio da BBC no aeroporto, onde teve que falar sobre a morte ao vivo no programa *Today* da BBC Radio 4, sem ter nem um minuto para processar seus pensamentos.

Um dos aspectos da tragédia que mais o intrigaram foi a ausência dos seguranças dos Lennon na noite em que John morreu. Apesar de John insistir que amava viver em Nova York porque podia circular livremente, visitando cinemas, restaurantes e galerias e caminhando no Central Park sem ser incomodado pelos fãs, eles nunca iam a lugar nenhum sem seus guarda-costas.

"Eles tinham dois seguranças uniformizados que os acompanhavam o tempo inteiro", diz ele. "Vestiam blazers azuis, calças lisas e eram grandes como uma muralha. Não cheguei a descobrir o nome deles. Definitivamente andavam armados: eu vi os coldres das armas por baixo dos paletós desabotoados. Na noite em que John foi assassinado, não estavam por perto. Já me perguntei muitas vezes: onde estavam? Passavam o tempo todo com John e Yoko, mas não naquela noite. Por que não? Há quarenta anos, existem mais perguntas do que respostas."

De volta à Broadcasting House algumas horas depois de expor seus pensamentos no programa *Today*, Andy e o colega DJ John Peel apresentaram um tributo ao vivo. Mais tarde, Andy foi levado aos estúdios de televisão em West London para aparecer no *Old Grey Whistle Test* da BBC2 com Anne Nightingale, Paul Gambaccini e Michael Watts, da *Melody Maker*. Cinco anos antes, o antigo apresentador do programa, "Whispering Bob" Harris, havia ido a Nova York para uma animada entrevista com John para promover seu álbum *Rock'n'Roll*, no fim da qual John se voltou diretamente para a câmera. Ele aproveitou o momento para mandar todo seu amor ao filho mais velho, Julian, sua tia Mimi e o restante do clã. "Alô, Inglaterra!", gorjeou, como se fosse um antigo apresentador de programas de auditório. "Continuem mandando aqueles biscoitos de chocolate! Aguentem firme!" Então, começou a cantar uma música de incentivo: "We'll meet again, don't know where, don't know... *when*..."* — a mais célebre canção de Dame Vera Lynn nos tempos de guerra. Tia Mimi aprovaria.

Mas não havia um pingo de alegria no estúdio do *Whistle Test* aquele dia. "Rostos tristes, poucas palavras", disse Andy. "Fiquei sentado ali, em estado de choque. A ficha ainda não tinha caído. O maior astro do rock que já existiu estava morto — e eu tinha sido uma das últimas pessoas na Terra a falar com ele. Annie soltou o vídeo de 'Imagine', aquele com John no piano branco. De repente, a luz vermelha na mesa começou a piscar com uma ligação recebida. Era Paul McCartney. 'Linda e eu estamos assistindo', disse Paul. 'Diga ao pessoal, eles estão fazendo um ótimo trabalho.'

"Quando ouvi o velho amigo de John e companheiro de Beatles na linha, a ficha caiu. Mas, ainda assim, não chorei. Reprimi meus sentimentos quando deveria ter posto tudo para fora em forma de lágrimas. Hoje sei que a experiência me afetou profundamente por anos."

Poucos dias depois, Andy recebeu uma ligação na Radio 1 do produtor dos Beatles, George Martin, convidando-o a visitar o AIR Studios,

---

* "Nós nos encontraremos de novo, não sei onde, não sei... quando." (N. da T.)

no Oxford Circus, a uma curta caminhada de distância. Ao chegar, encontrou Paul McCartney à sua espera.

"Nós dois nos emocionamos muito e tivemos que consolar um ao outro. Eu me senti péssimo por estar chateando, mas ele não parava de dizer: 'Não, sério, não peça desculpa.' Paul precisava desesperadamente que eu lhe assegurasse de que John ainda o amava. Disse-lhe que estava convencido de que ele realmente o amava. 'Ele falou sobre você na entrevista', comentei. 'Foi sarcástico, engraçado e irreverente, como só John sabe ser. Mas não há dúvida do carinho dele por você. Era como se ele não pudesse deixar de desejar que você estivesse presente ali com a gente.' Eu nunca me esqueci desse encontro. Me tocou profundamente. Paul, mais do que qualquer um, teria que encarar uma triste realidade: a maior parceria da história da música pop havia se encerrado para sempre."

*

Talvez a última coisa que Andy pudesse esperar era que ele e Yoko se tornariam amigos próximos. Mas, pouco depois de sua histórica entrevista finalmente ter ido ao ar em janeiro de 1981, ele começou a receber ligações de Nova York. Unidos, ao que parecia, pelo amor em comum por John, os dois tornaram-se íntimos. Cada vez que um aniversário de Lennon se aproximava, era a Andy que Yoko recorria, insistindo que somente ele teria autorização para entrevistá-la. Ele passou muitas horas com ela em três continentes ao longo de vários anos e veio a amar seu filho, Sean. Toda vez que viajava a Nova York, fosse por lazer ou por negócios — como quando Elton John o levou em um voo de Concorde para assistir a seus shows no Madison Square Garden —, Andy e Yoko se encontravam. Toda vez que ela ia a Londres, a primeira coisa que fazia era entrar em contato com ele. Entre uma viagem e outra, conversavam sem parar ao telefone, sempre por iniciativa dela. Yoko até mesmo sugeria haver uma dimensão psíquica no relacionamento deles, geralmente comentando: "Você sabia que eu ia ligar naquele exato momento, não sabia? Você sabia que era eu." Não demoraria muito, contudo, para que Andy passasse a enxergar as coisas com clareza. A princípio, ficou surpreso, depois perplexo, com o quanto a energia e o entusiasmo de Yoko haviam aumentado. A alegre viúva começou a montar exposições pelo mundo e expandiu sua própria imagem como musicista. Tornou-se mais criativa do que nunca.

"Para mim, ficou óbvio que o assassinato de John estava funcionando a seu favor", diz Andy. "Comecei a me sentir constrangido e com vergonha de algumas decisões que ela estava tomando. Ela usou a morte dele para promover seu novo álbum, por exemplo, e foi correndo gravar um lado B sentimental com um compilado de trechos de John falando, como suvenir. Comparou abertamente a morte de John ao assassinato de John F. Kennedy, e se pôs em pé de igualdade com Jackie Onassis. Declarou que a influência dos Lennon foi maior que a dos Kennedy. De repente, do nada, tivemos uma 'Grife Lennon', que eu sabia que John teria detestado. Eu simplesmente sabia que ele não se sentiria nem um pouco confortável com todas essas mercadorias em massa e por aí vai. Não tinha nada a ver com ele. Ele riria da situação, provavelmente, mas morreria de raiva por dentro."

Um ano depois do assassinato de John, a BBC decidiu organizar uma homenagem. Estabeleceu-se que Martin Bell, o então correspondente de Washington, ou a apresentadora Sue Lawley deveria entrevistar Yoko. A Sra. Lennon não gostou nada da ideia e insistiu em conversar com Andy. Embora estivesse ficando cada vez mais desconfortável com o comportamento de Yoko, ele ficou satisfeito em aceitar o trabalho. De volta à Big Apple.

"Ela usou sua própria equipe de filmagem, o que foi bom", disse Andy. "Eu a sentei no piano branco da sala de estar do Dakota, e ela foi ótima. Chorou, disse o quanto sentia falta de John e como ainda estava atordoada pelo que tinha acontecido. Tudo estava indo muito bem até que mencionei Mark Chapman. Neste momento, ela perdeu as estribeiras. Não queria que mencionassem o nome dele em sua presença.

"Mas achei difícil levar as lágrimas a sério. Eu sabia que ela já estava em um relacionamento com Sam Havadtoy, um ex-assistente de Lennon vinte anos mais jovem. Foi um escândalo e tanto."

Dizem que John tinha plena noção de que sua esposa sentia atração por Havadtoy — filho de um relojoeiro húngaro nascido em Londres e ex-garçom e mordomo que foi crescendo na área de design de interiores em Nova York, fez amizade com Warhol, Baechler e outros artistas, além de ter planejado o interior de um dos apartamentos dos Lennon no Dakota e algumas de suas residências no campo. Uma das faixas de *Double Fantasy* se chama "I'm Losing You". John compôs a música em um frenesi de duas horas, temendo que o feitiço do casal tivesse se quebrado e que a Mãe tivesse levado seu coração para outro lugar.

Na mesma noite do assassinato de John, afirma-se que Sam se mudou para o Dakota. Durante vinte anos, ele mal saiu de perto de Yoko. Não demorou a adquirir uma nova imagem: a viúva fez seu garoto Havadtoy se vestir com o que pareciam ser as roupas do falecido marido e usar o cabelo comprido, assim como o de John. A imitação chocou e constrangeu alguns vizinhos, incluindo o astro do balé Rudolf Nureyev, que comentou sobre o assunto.

Yoko e Sam duraram muito mais do que Yoko e John. Eles se separaram em 2000. Tendo lançado sua própria galeria de arte em Budapeste em 1992, ele retornou à cidade para lá viver em definitivo. "Nunca fui marido dela", declarou Sam. "Nós nunca nos casamos." Ele também disse que haviam prometido um ao outro nunca discutir a ligação entre os dois publicamente. Em troca de seu silêncio, um pesado acordo foi pago.

Segundo Andy: "Comecei a me perguntar se Yoko e Sam já tinham um relacionamento há um bom tempo antes da morte de John. Comecei a refletir se Yoko tinha encorajado John a viajar e ter um caso com May Pang para que pudesse explorar sua atração por Havadtoy. Eu gelei. Será que todo o episódio 'Starting Over', cujo ponto alto foi minha entrevista com eles, não passava de uma farsa? Será que toda aquela pose de 'casal feliz que se reconciliou e está fazendo o casamento dar certo' só girou em torno do 'produto' — o álbum —, garantindo que o *Double Fantasy* fosse um sucesso? Fiquei enojado. Se fui mesmo enganado, ela e John eram os melhores atores do planeta. Foi digno de Oscar. A atuação me convenceu."

Dois anos depois, Andy aceitou fazer outro programa com Yoko em Nova York. A locação então mudou para Los Angeles e, por fim, Tóquio.

"A equipe de produção e eu trocamos nossos voos, chegamos ao Japão, e lá estava Yoko com seu filho, Sean, e Sam Havadtoy, à nossa espera. Viajamos todos juntos até o Hotel Mampei em Karuizawa, no meio da floresta ao sul dos Alpes Japoneses. Foi ali que John e Yoko passaram várias férias prolongadas. Yoko conhecia o Mampei desde a infância, e claramente sentia muito carinho pelo local. Foi muito mágico e um privilégio e tanto me hospedar ali. O único aspecto desconfortável era que Yoko agora dividia a cama abertamente com Havadtoy.

"Viajamos para lá fora de época, então o hotel estava fechado ao público. Yoko tinha feito o hotel abrir exclusivamente. Trouxeram funcionários e acenderam lareiras por todo o estabelecimento, só para nós. Ela também fez restaurantes locais, nos quais éramos os únicos clientes, abrirem as portas. Por quê? Porque podia! Para me impressionar, suponho. Devo dizer que ela parecia genuinamente feliz naquele período. Provavelmente *estava* mais feliz. Não vivia mais na sombra de John; não fazia mais parte daquele circo incessante de Lennon-Beatles. Ou, melhor dizendo, ela foi capaz de transformar o circo em algo que *lhe* convinha. O ponto, para mim, é que ela era apenas uma artista japonesa comum que se deu bem e destruiu a maior banda que a Grã-Bretanha já produziu."

Sean conversava com Andy sobre seu pai durante as longas noites que passavam juntos.

"Aquele garotinho tinha muitas lembranças felizes do pai, e fiquei contente com isso", diz ele. "Nos últimos anos, chorei mais por Sean do que por qualquer outra coisa, especialmente à medida que fui envelhecendo. Perdi meu pai quando tinha onze anos. Uma criança nunca supera a morte de um pai. Eu sabia exatamente como ele se sentia. Por isso, queria muito que Sean fosse feliz. Queria que se sentisse amado. De várias maneiras, eu me lembrava de mim mesmo. Eu realmente me identificava com ele. Passar tempo com Sean talvez tenha me permitido encarar certos aspectos da perda do meu pai que eu não tinha sido capaz de confrontar. Nós nos sentávamos juntos no sofá, assistindo ao *Inspetor Bugiganga*, seu programa de TV favorito, e conversávamos sem parar. Como na música dedicada a ele no *Double Fantasy*, Sean realmente era um menino muito bonito. É difícil pensar nele como um músico de 44 anos hoje em dia. Como eu gostaria de ter tido a chance de manter contato com ele!"

Mas Andy estava bastante irritado com Yoko, que, na opinião dele, estava "bastante equivocada": "Graças ao seu próprio ego. À sua necessidade de se manter importante no contexto de John Lennon. Mas ela não é importante. Não é mais do que sua viúva. Acho constrangedor Yoko ter feito uma carreira em cima disso. Não me entusiasmei nem um pouco com suas tentativas de me impressionar, nem com o fato de ter mantido contato insistentemente. Eu sabia que não ia durar, e não durou mesmo. No instante em que soube que eu tinha trocado a BBC por outro lugar, nunca mais tive notícias dela."

*

Após uma tragédia vem a descrença, muitas vezes seguida de fúria. Buscamos motivos para o inexplicável. Alguém para culpar. Mas sempre foi muito fácil julgar Yoko Ono. Não temos fama mundial. Nunca fomos casados com alguém que influenciou positivamente centenas de milhões de vidas humanas. Não estamos sentados em uma almofada de riqueza inimaginável. Não temos a menor ideia de qual é a sensação, nem do privilégio nem do fardo que é. Jamais saberemos. Tudo isso deve levar uma pessoa a fazer o que reles mortais talvez considerem coisas peculiares. Não dá para negar o fato de que a estrela de Yoko cresceu desde então. Sua arte é considerada importante hoje em dia. Ela é uma pioneira notável. Finalmente, e com razão, seu trabalho é apreciado.

"Analise a dinâmica entre Yoko e John", diz Michael Watts. "Deve ter havido uma. Ele era um cara muito conflituoso e atormentado, e ela queria ser uma estrela do mundo da arte. Ele estava completamente absorto nessa ideia. Ele era uma novidade tão grande para ela. Yoko fazia coisas que ele achava divertidas, do jeito que um liverpudliano de baixa renda pudesse achar divertidas. Todas aquelas pequenas maluquices que ela fazia, como produzir um filme sobre traseiros, e aquele estrelando o pênis de John: o que um sujeito simples ia pensar daquilo tudo? O que ele podia fazer a respeito dessas coisas em um primeiro momento, a não ser rir e zombar delas? É o que costumamos fazer quando nos vemos diante de coisas que não compreendemos. Yoko o fez apreciar uma abordagem mais estética e inteligente. Ela melhorou seu desempenho. Era manipuladora, sem dúvida. Encontrou uma pessoa disposta com quem conspirar. Sim, podemos dizer que ela foi atrás do benfeitor mais rico e famoso. A questão é: John se sentiu manipulado ou foi de boa vontade? O ponto fundamental é que ele a deixou e depois voltou para ela. Ele teve uma escapatória. Ele não queria. Ele *a* queria."

\*

Quando foi a última vez que Klaus Voormann viu John?

"No edifício Dakota, em setembro de 1979. Fui com meu filho Otto, que tinha mais ou menos a mesma idade de Sean. Os dois garotos se divertiram juntos. John assou um pão e cozinhou arroz, e estava bem feliz. Bem doméstico. Enquanto conversávamos, ele me disse: 'Esta é a primeira vez que não tenho obrigação nenhuma de fazer alguma coisa para uma gravadora. Eu me sinto livre. Posso fazer o que quiser.' Dava para ver que tinha tirado um grande peso das costas. As pessoas gostam de presumir que ele devia sentir falta das turnês e das gravações em estúdio, porque era isso que *elas* queriam dele. Mas ele não sentia falta. Ele me disse o quanto amava sua vida. Não queria estar no palco. Já tinha passado por tudo isso. Definitivamente não precisava de uma plateia."

Anúncios sobre uma possível reunião beneficente dos Beatles para os "boat people" vietnamitas, os refugiados que começaram a fugir do país em 1975, no fim da Guerra do Vietnã, haviam se espalhado a todo vapor. O *Washington Post* noticiou o evento (como se realmente fosse acontecer) como "o show mais aguardado da história do rock and roll". O ex-promotor dos Beatles, Sid Bernstein, publicou um anúncio enorme no *New York Times*, praticamente implorando para que os quatro topassem. O então secretário-geral das Nações Unidas, Kurt Waldheim, comprometeu-se a patrocinar o evento. Propôs-se um grande show, com Elton John como mestre de cerimônias e Leonard Bernstein conduzindo a Filarmônica de Viena. "Todos os quatro, menos John, disseram sim." *Hello, goodbye*, eles mentiram.

"Leonard Bernstein ligou para John enquanto eu estava lá", lembra Klaus. "Presenciei a ligação. Ouvi John dizer a ele: '*Não!* Nada disso!' John ficou bastante irritado e falou na lata: 'Eu não tenho que fazer nada por ninguém! Eu faço o que quiser!' Fiquei tão feliz de ouvir isso. A verdade é que só Ringo faria aquele show de bom grado. Os outros só se atacaram. Por anos, os fãs dos Beatles do mundo inteiro sonhavam com o retorno dos quatro. Mas nós, que ficamos por perto o tempo todo, sabíamos que nunca ia acontecer. A verdade é que 'os Beatles' eram mais importantes para os fãs do que para os membros da banda. Para eles, os Beatles estavam mortos."

Toda esperança de uma possível reunião futura foi logo destruída.

"Eu estava na Alemanha quando tudo aconteceu", diz Klaus. "Estava morando na casa do meu irmão. Recebi uma ligação de uma revista alemã me perguntando como eu me sentia com 'a situação de John Lennon'. *Que* situação? Eu não sabia. Demorei um bom tempo para absorver a morte dele. Até hoje, ainda penso a respeito.

"Quando Sean ainda era um bebê, fui visitar John um dia e decidimos caminhar no parque. Deixamos o apartamento, fomos até o porão, passamos pelos carros e saímos na luz do sol. John levou Sean preso ao seu corpo em uma bolsa. Nós andamos um pouco, sentamos, tomamos um café. Ele estava relaxando no parque como qualquer um. Ninguém o incomodava. Eu não ia a Nova York com muita frequência, então não estava acostumado à cidade como ele. Vi pessoas loucas correndo para lá e para cá e fiquei com medo. Uau, pensei, este lugar é perigoso. Então, quando soube do assassinato, meu primeiro pensamento foi que poderia facilmente ter acontecido muito antes.

"Primeiro, senti muito por Mark Chapman. Pelo que tinha feito ao meu amigo e pelo que tinha feito ao mundo. Mas, à medida que o tempo foi passando, ele não demonstrou nenhum remorso, então mudei de ideia. A morte de John não afetou minha habilidade de fazer música, mas me fez decidir voltar para a Alemanha e levar uma vida mais simples. Meus dias de rock'n'roll estavam terminados. Assim, deixei Carly

Simon, B.B. King, Randy Newman, Manfred Mann, Jerry Lee Lewis, Lou Reed e todas as pessoas incríveis com quem tive o prazer de trabalhar. Deixei tudo para trás e voltei para casa."

A vida de Michael Watts mudou de forma bastante parecida: "Dediquei muito tempo a John Lennon", reflete. "Quando ele morreu, parei de escrever sobre música popular. A morte dele me afetou profundamente. Perdi o ânimo, de certa forma. Senti que uma luz tinha se apagado."

Se há um consolo em sua morte, observa Klaus, é que aconteceu num momento em que John havia chegado a uma conclusão.

"Ele estava vivendo do jeito que queria. Não era mais uma marionete da fama ou das circunstâncias. Não tinha ninguém dizendo a ele o que fazer. Ele havia recuperado sua vida. Encontrado liberdade."

Pete Shotton ainda estava na cama quando recebeu a ligação de manhã cedo: "Liguei para George [Harrison] imediatamente. Ele ainda estava dormindo, não sabia de nada. Fui até Friar Park, a casa dele em Henley-on-Thames, para vê-lo. Nós nos sentamos ao redor da mesa e conversamos. Ringo ligou dos Estados Unidos. George tinha um estúdio em casa e tinha organizado uma sessão. Todos os músicos começaram a chegar, prontos para o trabalho. 'Você vai continuar?', perguntei. 'Vou', respondeu George, 'temos que seguir em frente. O que mais podemos fazer?' Ele estava calmo em relação a isso. Por dentro, devia estar em crise, mas ele era filosófico. George era uma pessoa bastante espiritual. Sabe como é."

O telefone de Paul Gambaccini tocou por volta das 5h50 da manhã: "Aqui em Londres. Era meu irmão que mora em Nova York. 'Tenho más notícias', disse ele. 'Achei que você fosse querer ouvir de mim.' O tom de voz, a intimidade, logo pensei: 'Meu Deus, deve ser alguém da família.' 'John Lennon foi assassinado', disse ele. 'A quatro quarteirões de distância. As pessoas estão cantando ao redor. Todo mundo está horrorizado e em choque. Pensei que você fosse querer saber antes que seu telefone comece a tocar.' É claro, ele tinha razão. Tomei meu banho, meu telefone começou a tocar, e assim teve início o dia mais longo da minha vida. Dia em que, sem internet, sem Skype, eu e outras pessoas cruzamos Londres inteira, de estúdio em estúdio, encerrando a noite no *Old Grey*

*Whistle Test*. Tudo isso foi um indicativo de que era muito mais do que a morte de um pop star. Foi o assassinato de uma *era* inteira. O amor por John era fora de série, e tentávamos expressar o que ele significava para todos. Não foi como a morte de Elvis, porque o auge de Elvis, que Deus o tenha, já tinha passado. Com o lançamento do *Double Fantasy* — embora não fosse ser tão grande quanto acabou sendo, mesmo assim era um álbum com algumas canções poderosas —, John era claramente um artista em pleno funcionamento. Houve, nos Estados Unidos, um elemento sinistro que se perdeu na Grã-Bretanha. Porque o assassino, que, na tradição da primeira-ministra da Nova Zelândia, jamais direi o nome, chegou a considerar matar outras pessoas. Johnny Carson. David Bowie. Então, John teve o azar de ser escolhido como a personificação da — sem querer fazer trocadilho, considerando a colaboração com Bowie — fama."

\*

Yoko não foi a única esposa japonesa a ser "privada" do marido mais jovem na noite de 8 de dezembro de 1980. A cerca de oito mil quilômetros de distância a oeste de Nova York, em Kailua, a nordeste de Honolulu na ilha havaiana de Oahu, Gloria Hiroko Chapman soube da notícia pela televisão. Ela sabia, antes mesmo de dizerem seu nome, que seu Mark era o responsável. A informação não a chocou tanto assim. Trinta e oito anos depois, em agosto de 2018, quando Chapman se preparava para seu décimo pedido de liberdade condicional, ela confessou já estar ciente dos planos de assassinar John. De cabelos prateados, bem magra, hoje com 69 anos, a ex-agente de viagens fervorosamente religiosa — que conheceu seu noivo psicologicamente frágil quando ele a procurou pedindo auxílio em uma viagem ao redor do mundo — ficou do lado dele. Ela disse à mídia que Mark havia revelado dois meses antes sua intenção de matar John. Ele disse isso, segundo ela, ao voltar de uma excursão pelo Oriente. Ela jura que ele prometeu ter mudado de ideia, que havia jogado a arma no mar. Ela não tinha motivos para suspeitar do contrário, afirmou. Nenhum motivo, a não ser a violência a que ele a sujeitara durante o breve e sucinto casamento, demonstrando que era mais do que capaz de infligir ferimentos em outras pessoas. Mas matá-las? Ela disse que não fazia ideia, quando Mark a deixou para voltar a Nova York cerca de oito semanas depois, que ele ia levar o plano adiante.

"O único motivo pelo qual aceitei a ideia de Mark fazer outra viagem foi porque acreditei nele quando disse que precisava amadurecer como adulto e marido e precisava de tempo para pensar na própria vida", disse ela. "Ele queria que eu fizesse o sacrifício de ficar sozinha por um curto período para que juntos pudéssemos ter um casamento feliz e duradouro."

Gloria e eu conversamos por e-mail. Ela não gostou da ideia de uma viagem minha ao Havaí, nem se animou com a possibilidade de eu visitar seu marido na prisão. Nem toda publicidade é positiva. No caso deles, há sempre um recurso de liberdade condicional em jogo. Bem. A situação não foi de todo ruim para os Chapman. Apesar de sua vida ter "mudado drasticamente", apesar de sua infâmia global como esposa de um notório assassino, Gloria ainda tem Mark. Eles se entregam ao luxo de quarenta horas por ano juntos, livres para fazer amor e pizza em um trailer sem câmeras no território do Wende Correctional Facility, em Nova York. Entre uma visita conjugal e outra, isolado e irreconhecível, Chapman sobrevive dia após dia preso em sua própria mente perturbada, sua vida um vazio sem fim. Tudo é relativo. É um tempo bem curto, menos de dois dias por ano. Ainda assim, é mais do que John teve com Yoko. Não importa se Chapman seja solto ou não, ele está preso para sempre em seu coração.

Isso nos traz ao cerne daquilo que o mundo vê como uma tragédia sem sentido, mas que John, pelo que sabemos, se levarmos em conta o jeito dele, talvez considerasse um fim adequado. Podemos remoer o lado ruim: o homem que melhorou a vida de milhões de pessoas foi privado de sua própria vida plena; ele não teve a chance de ver seus filhos se tornarem adultos nem de reencontrar sua enteada; roubaram-lhe o direito de envelhecer ao lado da esposa; justo no momento em que estava voltando à ativa, foi eliminado, com tanta música ainda dentro de si, músicas que nunca ouviremos. Ou podemos nos consolar com o fato de que ele estava em uma boa fase. Estava em paz. Havia matado pessoalmente cada versão de si mesmo que não era mais válida ou verdadeira. Aos quarenta anos, ele tinha suas respostas. Estava completo.

No coração de uma clareira no Central Park West, dentro do Strawberry Fields, encontra-se um círculo com a palavra "Imagine". O que acontece ali dia e noite se repete há quarenta anos. A atividade é descrita como "a cerimônia religiosa mais duradoura da cristandade". Os fiéis falam diversas línguas. São de todas as idades e de todas as vivências. Reúnem-se ali tanto em dias agradáveis quanto em dias de neve, no vendaval ou no calor. Organizam flores soltas em intrincados padrões por todo o mosaico, deitam-se no mármore, posam para fotos, comem sanduíches, bebem cerveja, aconchegam-se nos bancos, tiram cochilos, amamentam bebês, tocam gaitas, acendem velas, tocam violões. Vidas humanas, cantarolando, dedilhando, soltando a voz, agarrando-se uns aos outros e à lembrança de John. Ninguém está de luto. Todos vêm para que ele não vá embora. As pessoas estão ali. As pessoas sempre estarão ali.

"Apenas reze por ele", disse George Harrison, segurando nos braços o arrasado melhor amigo de John, Pete, naquele dia tão distante que mudou tudo. "Pense nele. John só saiu deste corpo, certo? Mas *ele* ainda está aqui. Ele está bem, apenas seguiu em frente. Só estamos aqui de passagem. Não tem nada a ver com quem somos de verdade. Isto é só um pouco de matéria que precisamos carregar por um tempo. Depois, seguimos em direção a outras coisas.

"A vida realmente continua. Portanto, não se torture com a morte dele. Temos que nos lembrar de sua vida. Esta é a parte importante."[2]

# CODA

## DAYS IN THE LIVES:
## UMA LINHA DO TEMPO SELECIONADA

**24 de abril de 1906**
A "tia Mimi" Smith de John nasce Mary Elizabeth Stanley em Toxteth, sul de Liverpool; a mais velha de cinco filhas, cujos pais são o ex-marinheiro mercante George Ernest Stanley e sua esposa, Annie Jane.

**14 de dezembro de 1912**
Nasce em Liverpool Alfred Lennon, pai de John, mais tarde conhecido por nomes variados, como "Alf", "Fred" ou "Freddie". Ele virá a se tornar garçom de navio, marinheiro mercante, presidiário, porteiro de hotel, lava-pratos e, ocasionalmente, cantor.

**12 de março de 1914**
Nasce em Toxteth, sul de Liverpool, Julia "Judy" Stanley, mãe de John e quarta das cinco irmãs Stanley.

**28 de julho de 1914 — 11 de novembro de 1918**
A Grande Guerra (Primeira Guerra Mundial).

**3 de janeiro de 1924**
Nasce em Delhi, na Índia britânica, Alice Mona Shaw, que se tornará promoter e Mona "Mo" Best, a "Mãe dos Beatles".

**3 de janeiro de 1926**
Nasce em Highbury, Londres, George Martin, futuro produtor musical, "Quinto Beatle" e cavaleiro do reino.

**19 de maio de 1932**
Nasce em Whitechapel, no East End de Londres, Alma Angela Cohen, que se tornará a cantora Alma Cogan, "a garota com o riso na voz", e amante secreta de John.

**18 de fevereiro de 1933**
Nasce Yoko Ono, segunda esposa de John, em Tóquio, Japão, em uma família aristocrática conservadora. Seus pais, Isoko e Eisuke Ono, são um banqueiro próspero e uma pianista clássica. O nome Yoko significa "Criança do Oceano". Seu pai está trabalhando em San Francisco na época de seu nascimento, então Yoko só o conhece aos dois anos. A família vive por um período na Califórnia. Yoko estuda piano a partir dos quatro anos. Eles voltam ao Japão, depois se mudam para Nova York em 1940. No ano seguinte, durante a Segunda Guerra Mundial, retornam mais uma vez ao Japão.

**19 de setembro de 1934**
Nasce Brian Epstein, futuro empresário dos Beatles, no número 4 da Rodney Street, em Liverpool.

**8 de janeiro de 1935**
Nasce Elvis Aron Presley em Tupelo, Mississippi.

**3 de dezembro de 1938**
Julia Stanley casa-se com Alfred Lennon no cartório da Bolton Street.

**1º de setembro de 1939 — 2 de setembro de 1945**
Segunda Guerra Mundial.

**10 de setembro de 1939**
Nasce Cynthia Lillian Powell em Blackpool, Lancashire, a mais nova de três filhos. Seu pai, Charles, trabalha para a GEC (General Electric Company). A família é de Liverpool, mas mulheres grávidas são transferidas para Blackpool para darem à luz, assim que a Segunda Guerra Mundial é declarada. A família se muda para a Península de Wirral, de classe média. Charles morre de câncer de pulmão quando a filha tem dezessete anos.

**15 de setembro de 1939**
Mimi casa-se com George Toogood Smith, produtor de leite/comerciante.

**7 de julho de 1940**
Richard "Ritchie" Starkey, o futuro Ringo Starr, nasce em casa na Madryn Street, Dingle, no centro de Liverpool, o único filho dos "confeiteiros" Richard e Elsie.

**9 de outubro de 1940, aproximadamente às 18h30**
Nasce John Winston Lennon, filho de Julia Lennon, no hospital-maternidade de Liverpool, durante a Segunda Guerra Mundial. Seu pai, Freddie, está em alto-mar. Sua tia Mimi Smith corre até o hospital para vê-lo. Freddie praticamente abandona Julia — que logo entrega John aos cuidados de sua irmã, Mimi, e o marido de Mimi, George.

# 1942
Julia e Alfred Lennon se separam legalmente.

## 18 de junho de 1942
Nasce James Paul McCartney no Hospital Walton, em Liverpool (onde sua mãe formou-se enfermeira), filho de Mary, enfermeira/parteira/ganha-pão da família, e Jim, músico e bombeiro voluntário.

## 25 de fevereiro de 1943
Nasce George Harrison no número 12 da Arnold Grove, em Wavertree, Liverpool; o mais novo de quatro, filho do motorista de ônibus Harold e da assistente de mercearia Louise.

## 9 de março de 1945
Durante o grande bombardeio de Tóquio na Segunda Guerra Mundial, "o ataque aéreo mais destrutivo da história da humanidade", Yoko Ono se abriga com a família no distrito de Azabu e é transferida para o resort em Karuizawa que ela e John acabarão por visitar diversas vezes. Acredita-se que seu pai desaparecido esteja na Indochina Francesa, em um campo de concentração em Saigon, Vietnã.

## 19 de junho de 1945
Como consequência de seu caso com um soldado galês, Julia dá à luz a meia-irmã de John, Victoria Elizabeth. O bebê é entregue à adoção, e seu nome mais tarde passa a ser Ingrid Pedersen. John nunca vem a saber de sua existência. Ingrid e Yoko se encontrarão após sua morte.

## Novembro de 1945
John começa a estudar na escola infantil de Mosspits Lane, em Wavertree. Julia vai morar com John "Bobby" Dykins. Mimi faz uma denúncia aos Serviços Sociais quando descobre que John tem que dormir na mesma cama que sua mãe e o namorado. Julia entrega John aos cuidados permanentes de tia Mimi e tio George no lar do casal, Mendips, no número 251 da Menlove Avenue, em Woolton, Liverpool.

# 1946
John é matriculado na Escola Primária Dovedale, próxima à Penny Lane, onde conhece seu amigo de longa data, Pete Shotton. Certo dia, seu pai, Freddie, aparece na casa de Mimi para "levá-lo em um passeio por Blackpool". Mas Freddie planeja emigrar para a Nova Zelândia com o filho e começar uma vida nova. Sua mãe, Julia, descobre o plano e vai até Blackpool para levar John de volta a Liverpool. Reza a lenda que John é obrigado a escolher com qual dos dois quer viver, escolhe o pai, não suporta ver a mãe ir embora e corre para ficar com ela. Esta foi a última vez que Freddie viu ou ouviu falar de seu filho, até que ele se tornasse um Beatle. John acredita que passará a morar com a mãe novamente. Julia logo entrega o filho a Mimi. John se aproxima de tio George, que o ensina a ler, escrever e desenhar. Com o incentivo de George, John devora livros e jornais. Seus livros favoritos incluem *Alice no País das Maravilhas* e a série *Just William*. Aos sete anos, cria sua própria revista, *Sport, Speed & Illustrated*, com cartuns, desenhos e piadas.

Julia e as outras tias de John, Anne, Elizabeth e Harriet, visitam John na casa de Mimi, Mendips. A infância de John é feliz, segura e estável. No entanto, na escola, ele entra em conflito com outras crianças, talvez como reação à negligência que sente dos pais. Frustrado, irritado e entediado, seu talento artístico sobressai, mas ele é bagunceiro, rancoroso e briguento. Conta piadas indecentes, é sexualmente precoce e tachado de má influência pelos pais das outras crianças. Apesar de todos os esforços de Mimi para mantê-lo na linha, ele cultiva uma aparência desgrenhada como símbolo de sua rebeldia. Ele passa raspando no exame *Eleven Plus*. Como recompensa, tio George o presenteia com uma bicicleta Raleigh Lenton Mk II verde-esmeralda novinha em folha.

**5 de março de 1947**
Nasce em Liverpool a segunda meia-irmã de John, Julia Dykins (mais tarde Baird).

**5 de julho de 1948**
O Sistema Nacional de Saúde (NHS) é lançado na Grã-Bretanha pelo governo pós-guerra do trabalhista Attlee, revolucionando a prestação de serviços médicos.

**26 de outubro de 1949**
Nasce em Liverpool a terceira meia-irmã de John, Jacqueline Dykins.

**6 de fevereiro de 1952**
A princesa Elizabeth acede ao trono britânico como rainha Elizabeth II após a morte de seu pai, o rei George VI.

**Setembro de 1952**
John e Pete Shotton dão início à escola secundária na Quarry Bank, escolhida por ser mais perto de casa e mais conveniente do que o prestigioso Liverpool Institute (futura escola de Paul McCartney e George Harrison). John se torna o centro das atenções, herói da classe e líder do grupo. Ele e Shotton desobedecem todas as regras e muitas vezes levam surras do diretor. John briga, escreve, inventa poemas rudes, fuma e xinga. Seus boletins escolares apresentam contravenções frequentes: faltou às aulas, respondeu aos professores, atirou apagadores pela janela. John é espirituoso e inconformista, desrespeitando professores e ridicularizando matérias e métodos de ensino. Alguns professores notaram seu senso de humor, sua sagacidade e sua inteligência. John e Pete continuam a atormentar professores e a não entregar os deveres de casa. John passa a ser o último aluno da turma. Ele já reconhece a própria "genialidade" e acredita ser o garoto mais esperto da escola. "Eu era diferente, sempre fui diferente. Por que ninguém me notou?" Sua personalidade magnética faz dele "o cara maneiro". Todas as crianças queriam andar com John.

Durante a adolescência, ele começa a desenvolver um relacionamento intenso com a mãe, que é mais como uma irmã mais velha para ele, e mora a menos de três quilômetros de distância. John começa a passar os fins de semana na casa dela em Allerton, que ela divide com o namorado, John "Twitchy" Dykins.

**2 de junho de 1953**
A coroação de Sua Majestade a rainha Elizabeth II na Abadia de Westminster, em Londres, reúne um milhão e meio de pessoas em prefeituras, hospitais e igrejas, que receberam licenças coletivas para assistirem à televisão. No Royal Festival Hall, em Londres, três mil portadores de ingressos presenciam a transmissão. Outros tantos lotam o Odeon Leicester Square. Pessoas de férias em resorts de Filey a Clacton também assistem em peso através de telas gigantes. Ao todo, cerca de 20,4 milhões de espectadores assistem aos pelo menos trinta minutos de cerimônia, quase o dobro da audiência do rádio, com quase o mesmo número assistindo às procissões ao vivo. Com apenas 2,7 milhões de televisores no país, cada aparelho foi assistido por aproximadamente 7,5 pessoas, sem contar as crianças.

**20 de maio de 1954**
Bill Haley & His Comets lançam "Rock Around the Clock" pelo selo norte-americano Decca. John não se abala com a era Bill Haley, mas sempre associará sua mãe àquela música, com a qual ela adorava dançar. Julia é o oposto de Mimi. John se sente mais à vontade na companhia dela. Ela é excêntrica, boêmia, incomum, brincalhona. Seu filho começa a sentir que puxou a ela. Ainda aprontando todas na escola, ele começa a escrever seu próprio periódico, o *Daily Howl*. O jornal é recheado de caricaturas, cartuns e rimas sem sentido. Seu talento para o jogo de palavras e para o duplo sentido nasce aí.

**5 de junho de 1955**
George Smith, tio de John, morre de repente de hemorragia no fígado aos 52 anos. John, à época com quatorze anos, fica devastado. Ele se recolhe ao seu quarto para sofrer em silêncio. Quando Liela, sua prima, chega para consolá-lo, a dupla cai numa risada histérica. John se sente culpado depois. Tal reação desagradável a situações traumáticas se repetirá com frequência. Tio George é enterrado no cemitério da igreja de St. Peter, em Woolton. Liela Hafez mais tarde viria a se tornar Dra. Liela Harvey. Ela morreu em 2012, aos 75 anos.

**22 de setembro de 1955**
A televisão comercial é lançada no Reino Unido com a primeira transmissão da ITV, desafiando o monopólio da BBC.

**Também em 1955**
Oscar Preuss se aposenta da Parlophone/EMI. George Martin, aos 29 anos, torna-se chefe do selo Parlophone.
   Lançamento dos influentes filmes norte-americanos *Juventude transviada*, estrelando James Dean, e *Sementes de violência*, com Sydney Poitier.

# 1956
Aos 23 anos, Yoko Ono foge e se casa com o pianista e compositor japonês Toshi Ichiyanagi.

**11 de maio de 1956**
"Heartbreak Hotel", do cantor de 21 anos Elvis Presley, vindo de Memphis, Tennessee, entra nas primeiras paradas de singles do Reino Unido. Certa noite, já tarde, John ouve a canção na Radio Luxemburg. A música sobre solidão, em uma linguagem que qualquer adolescente é capaz de compreender, desperta John, à época com dezesseis anos. Mais tarde, ele diria: "Nada me afetou de verdade até Elvis." Personagens de filmes também exerceram influência, mas Elvis era real. John adota seu estilo, calças coladas, sapatos com solas de crepe, topete e costeletas, e assume uma postura ameaçadora. Aos olhos de Mimi, "ele se tornou um homem da noite para o dia, e tudo por causa de Elvis Presley". Um pôster de Elvis logo dá as caras no quarto de John. Ele se torna ainda mais rebelde e bagunceiro pela casa. Mimi entra em desespero.
   John logo se vê viciado em outros artistas da época: Chuck Berry, Carl Perkins, Little Richard, Jerry Lee Lewis e Lonnie Donegan — um britânico que fez sucesso em 1956 com um cover da música americana "Rock Island Line". A febre skiffle do rock'n'roll estilo "faça você mesmo" tem início. John adquire sua primeira guitarra, a qual Mimi mais tarde alega ter comprado para ele. Tendo ensinado seu filho a tocar alguns acordes no banjo — a primeira música que aprendeu foi "Ain't That a Shame", de Fats Domino —, Julia compra uma Gallotone Cham-

pion acústica "com garantia de que não vai quebrar". Ela manda entregar em sua casa, porque Mimi não aprova a ideia. Sua tia ordena que ele ensaie na varanda da casa. John tira "Rock Island Line" de letra e logo sai à procura de outros garotos para formar uma banda.

### 31 de outubro de 1956
Mary, a mãe parteira de Paul McCartney, morre de embolia após cirurgia para a retirada de um câncer de mama quando Paul tem quatorze anos, e Michael, seu irmão mais novo, tem doze. Um ano depois de John e Paul se conhecerem, John virá a perder Julia. A dupla se unirá graças à perda de suas respectivas mães.

### Novembro de 1956
John e o amigo Eric Griffiths formam um grupo de skiffle, com Pete Shotton na tábua de lavar roupa e outro companheiro de escola, Bill Smith, no baixo improvisado com um pequeno baú vazio. Eles se autodenominam The Blackjacks, mas logo mudam para The Quarry Men, em homenagem à escola. John é o líder e o vocalista principal, toma todas as decisões e escolhe as músicas. Smith sai e é substituído por Nigel Walley, Ivan Vaughan, depois Len Garry. Colin Hanton e Rod Davis se juntam ao grupo. Lennon, Griffiths, Shotton, Garry, Hanton e Davis passam a ser "a formação oficial" e saem à procura de shows locais. Eles se apresentarão no Cavern Club, em Liverpool, embora o repertório da banda venha a ser considerado "rock'n'roll demais".

## 1957

### 4 de abril de 1957
Fim do alistamento. Até então, homens saudáveis acima dos dezoito anos eram obrigados a servir às forças armadas por dezoito meses; de 1950 em diante, após o início da Guerra da Coreia, por dois anos. O Serviço Nacional finalmente foi abolido no Reino Unido, embora o programa só fosse chegar ao fim em 1963. John não seria convocado.

### 22 de junho de 1957
Depois de ensaios na casa de três quartos de Julia, no número 1 do conjunto habitacional Springwood na Blomfield Road, em Allerton, os Quarry Men fazem sua primeira aparição em público na traseira de um caminhão de carvão na Rosebery Street, em Liverpool. Outras datas de shows são marcadas. Julia afina a guitarra de John como se fosse um banjo, para que ele toque acordes de banjo no instrumento usando apenas as quatro cordas superiores.

### 6 de julho de 1957
Ivan Vaughan, um amigo em comum, apresenta Paul McCartney, de quinze anos, a John, no salão paroquial da igreja de St. Peter, em Woolton, após a festa na área externa em que os Quarry Men se apresentaram. Paul fica fascinado com o jeito peculiar de John tocar guitarra e pela forma como olha para a plateia: John é extremamente míope e não gosta de usar seus óculos. Paul pega uma guitarra e começa a tocar "Twenty Flight Rock", de Eddie Cochran, e "Be-Bop-A-Lula", de Gene Vincent. Em seguida, afina as guitarras de John e Eric e anota as letras corretas das músicas. Mais tarde, John pergunta a Pete Shotton o que ele acha de convidar Paul a se juntar à banda. Shotton aprova. John: "Aquele foi o dia, o dia em que conheci Paul, que as coisas começaram a acontecer."

**Setembro de 1957**
Com quase dezessete anos, John se inscreve no Liverpool College of Art.

Com seus trajes de Teddy Boy em meio aos estudantes de arte caretas e entusiastas de jazz, ele é incompatível desde o primeiro dia. Bill Harry, outro peixe fora d'água um ano mais velho, vê em John uma novidade muito bem-vinda. Bill já colabora para revistas de música. A dupla começa a beber no Ye Cracke, um pequeno pub na esquina da faculdade, e a se reunir nas casas de outros alunos.

John se irrita com a faculdade, que é estruturada demais para seu gosto. Para ele, as aulas lembram a escola, e ele volta a ser desordeiro. John logo ganha fama de *bad boy* da faculdade.

Os Quarry Men continuam a tocar pela cidade, em pequenos clubes por toda Liverpool, até o fim de 1957 e 1958. Os pedidos de shows começam a rarear. Eles tocam em festas particulares. Alguns membros da banda perdem o interesse e se afastam. George Harrison, à época com quinze anos e colega de Paul no Liverpool Institute, ao lado da escola de arte, junta-se à formação. John o enxerga apenas como uma criança, mas sua habilidade musical é impressionante. A mãe de George deixa o grupo treinar em sua casa. John, Paul e George conseguem ensaiar na Sala 21 da cantina da faculdade, tocando covers para entreter outros alunos. Mimi ainda reprova. Julia continua a encorajar.

## 1958

**15 de julho de 1958**
Aos 44 anos, Julia deixa a casa de Mimi após uma visita, atravessa a rua para pegar o ônibus de volta para casa e é atropelada por um carro dirigido por um policial de folga, Eric Clague. Ela morre na hora. Felizmente, John não está em Mendips no momento, mas à espera de sua mãe na casa dela. Um policial chega para dar a notícia a John e Bobby Dykins.
Tendo perdido a mãe aos quatorze anos, Paul se aproxima de John.

**Verão de 1958**
John torna-se mais rebelde do que nunca. Ele começa a beber para aliviar a dor. Seu senso de humor fica mais amargo e cruel. Ele nunca supera a perda da mãe. Busca conforto ao lado da companheira de escola de arte, Cynthia Powell. Os opostos se atraem. "Cyn" muda sua aparência para refletir a imagem da mulher dos sonhos de John, a atriz francesa Brigitte Bardot.

Dedicando todo seu tempo e energia à música, John falha miseravelmente nos estudos. Sua postura contagia Paul McCartney, que também começa a matar aula para ensaiar durante os horários de almoço na escola de arte. John vai até a casa de Paul, no número 20 da Forthlin Road, em Allerton, onde a família McCartney vive desde que se mudou de Speke em 1955. John escreve "Please Please Me" no seu quarto em Mendips, mas John e Paul compõem "I Saw Her Standing There", "Love Me Do", "From Me to You", trechos de "She Loves You" e Paul escreve "When I'm Sixty-Four" na Forthlin Road. Eles conversam sobre garotas.

McCartney é um músico/faz-tudo superior, e toca vários instrumentos. Muito de sua produção é imitativa. John é original, único. Ele tem a voz de roqueiro perfeita. Inspira-se em Buddy Holly, mas canta com sotaque britânico. Ele não tenta copiar ninguém, pois tem confiança em si mesmo. Ele torna-se o letrista mais criativo. Paul é melhor nas melodias. Nasce uma parceria musical única entre a dupla. Eles concordam em dividir os créditos em todas as músicas. Enquanto Paul se sai muito bem nas histórias, John aprende a expressar as próprias emoções, em primeira pessoa. Enquanto Paul é alegre e positivo, John costuma ser cínico, sempre questionador, e exige respostas. Paul, o mais jovem, admira o mais maduro e perigoso John — que, por vezes, trata seu parceiro angelical e certinho com condescendência, mas reconhece o quanto ele é bom para o grupo.

John faz amizade com o escocês Stuart Sutcliffe, um estudante de arte franzino e imensamente talentoso. Mais uma vez, os opostos se atraem: "Stu" é modesto, quieto e inteligente. Os dois fazem sucesso com as garotas. Stu leva uma vida boêmia em um quarto alugado numa casa georgiana dilapidada. Eles ficam fascinados pela Geração Beat. John, Stu, Bill Harry e Rod Murray bebem até altas horas discutindo poesia e a nova literatura.

John deixa Mendips para morar com Stu na Gambier Terrace, perto da faculdade. Mimi lhe dá uma ajuda financeira para os estudos e se despede de seu beatnik. Em um mês, todo o dinheiro se vai, e o lugar é uma vergonha. Com a chegada do inverno, eles não têm condições de aquecer o apartamento.

## 1959

**29 de agosto de 1959**
Mona Best inaugura o Casbah Coffee Club, no número 8 da Hayman's Green, em West Derby, Liverpool.

## 1960

**1960-1973**
Nascimento da contracultura dos anos 1960, que tem início como reação à intervenção militar dos Estados Unidos no Vietnã. O movimento afetará os músicos e suas composições durante os anos seguintes.

Enquanto isso, em Liverpool, Stu se junta aos Quarry Men. O empresário local Allan Williams torna-se o promotor dos rapazes, contrata o grupo para tocar em seu clube, o Jacaranda, e arruma outros shows para eles, incluindo uma turnê pela Escócia como banda de apoio do cantor Johnny Gentle. Stu vende um quadro. John o encoraja a comprar um baixo, instrumento que Stu não sabe tocar. Stu propõe mudar o nome do grupo para "The Beatals", em homenagem ao movimento Beat.

**Agosto de 1960**
Depois de mudarem o nome de Beatals para Silver Beats, passando por Silver Beetles e Silver Beatles, a banda finalmente torna-se The Beatles. Pete Best, filho de Mona, junta-se ao grupo como baterista.

**17 de agosto — 30 de novembro de 1960**
A primeira das cinco temporadas na Alemanha Ocidental: John, Paul, George, Stu Sutcliffe e Pete Best chegam em Hamburgo para um período de dois meses no novo Indra Club. John terminou a faculdade, tendo sido reprovado nos exames de *lettering*. Os Beatles se acomodam no Bambi Kino, um pequeno cinema, e se apresentam na Grosse Freiheit, no coração do distrito da luz vermelha da cidade. O proprietário do clube, Bruno Koschmider, fecha o Indra devido à baixa venda de ingressos e reclamações de moradores locais. Os Beatles se transferem para o vizinho Kaiserkeller, um estabelecimento popular que vive cheio todas as noites. Eles se apresentam na casa pela primeira vez em 4 de outubro. Koschmider os incita: "Mach schau!" ("Faça um show!"). Eles cumprem suas dez mil horas e passam de garotos a homens.

John e Stu se aproximam. A banda faz amizade com Klaus Voormann e Astrid Kirchherr. Astrid e Stu se apaixonam. A viagem termina de forma desastrosa quando a banda quebra o acordo com Koschmider e o Kaiserkeller para tocar na concorrência, o clube Top Ten. George Harrison é exposto como menor de idade e deportado — assim como Paul e Pete. Stu permanece em Hamburgo com Astrid, deixando os Beatles.

**10 de dezembro de 1960**
John volta à Inglaterra sozinho.

**27 de dezembro de 1960**
Os Beatles se apresentam no salão de baile da prefeitura em Litherland, Liverpool, fazendo um grande sucesso. John agora se convence de que podem ir longe. Eles tocarão vinte vezes no local, sendo o último show no dia 9 de novembro de 1961.

# 1961
De janeiro a março, um show atrás do outro em Liverpool e arredores. Bill Harry lança o jornal musical *Mersey Beat*, cobrindo a cena pop do norte da Inglaterra. Bill convida John a colaborar. John envia um artigo sobre como o grupo se formou, intitulado "Uma breve distração sobre a origem duvidosa dos Beatles". Ele enviará mais poemas, histórias, desenhos e cartuns.

**Fevereiro de 1961**
Os Beatles começam a se apresentar regularmente no Cavern Club, na Mathew Street.

**27 de março — 2 de julho de 1961**
Segunda viagem dos Beatles a Hamburgo. Eles tocam 92 noites no Top Ten Club a partir de 1º de abril e fazem suas primeiras gravações profissionais. Com produção de Bert Kaempfert, eles tocam como banda de apoio do vocalista Tony Sheridan em três canções; gravam "Cry for a Shadow", música instrumental de Lennon-Harrison; e apresentam sua própria versão rock de "Ain't She Sweet", um clássico do núcleo de editoras de música Tin Pan Alley. Agora com vinte anos, John canta o vocal principal de forma distinta.

**Julho a dezembro de 1961**
Inúmeros shows por toda Merseyside, com algumas excursões para o sul.

**Setembro de 1961**
Duas semanas antes de completar 21 anos, a tia de John da Escócia, Elizabeth, dá a ele cem libras em dinheiro. Com o presente, John leva Paul a Paris por duas semanas. Eles frequentam clubes, cafés e bares, e se encontram com Jürgen Vollmer. Encorajados por "Jürg", John e Paul copiam seu corte de cabelo.

De volta ao Cavern, John desenvolve uma personalidade forte no palco. Ele fica de pé com as pernas afastadas, cabeça erguida, e segura a guitarra na altura do peito. Sua miopia extrema o impede de enxergar a plateia. Seus gracejos e sua sagacidade compensam as péssimas condições nas quais se apresentam, com fiações elétricas perigosas, amplificadores quebrados e quedas de energia recorrentes. John muitas vezes cai no piano e segue em frente, exibindo humor doentio. Ele parece mais maduro do que seus colegas de banda.

**9 de novembro de 1961**
Brian vê os Beatles ao vivo pela primeira vez, em uma sessão no horário de almoço do Cavern. O gerente de uma grande loja de música de Liverpool é imediatamente atraído por John, seu extremo oposto: Brian, o judeu homossexual, aprumado, bem-vestido e cortês; John, o roqueiro rude, desbocado, mulherengo e fumante inveterado. Brian, um ator frustrado, cai nos encantos dos quatro Beatles no mesmo instante. Ele se oferece para empresariá-los. Troca as roupas de couro dos rapazes por ternos e gravatas. Epstein agenda um show atrás do outro. John se convence da óbvia perspicácia de "Eppy" para os negócios, mas mesmo assim não resiste a se vestir de um jeito levemente "desarrumado", para provocar Brian.

## 1962
O número de rejeições de gravadoras só aumenta. Brian apoia os rapazes e os ajuda a acreditar em si mesmos.

**19 de março de 1962**
Bob Dylan lança seu primeiro álbum, homônimo. Dá início a um posicionamento pró-direitos civis e antiguerra, prevendo o caminho que a música popular contemporânea trilharia.

**11 de abril de 1962**
Os Beatles voltam a Hamburgo e são recebidos no aeroporto por Astrid, que diz a eles que Stu, com 21 anos, morreu no dia anterior em decorrência de um coágulo sanguíneo no cérebro. Stu e John trocavam correspondências regularmente e mantiveram uma amizade próxima apesar do comportamento cruel de John. John, acostumado a tragédias, se mostra pouco emocionado.

**13 de abril de 1962**
Eles são o show de abertura do novo Star-Club, apresentando-se no local por sete semanas até 31 de maio.

**9 de maio de 1962**
Brian volta de Londres a Liverpool com a notícia de que conseguiu um contrato de gravação com a Parlophone/EMI. Como os Beatles ainda estavam em Hamburgo, ele manda um telegrama com a novidade: "Parabéns, garotos. A EMI solicitou uma sessão de gravação. Por favor, ensaiem novo material."

**6 de junho de 1962**
Os Beatles encontram o produtor George Martin pela primeira vez.
Martin logo decide que Pete Best não é o baterista certo para a banda. Brian demite Pete em nome dos rapazes, já que eles não têm coragem de avisá-lo. Ringo Starr, que os Beatles conheceram em Hamburgo como baterista da banda Rory Storm and The Hurricanes, é chamado para substituir Best. Pete, sempre próximo de John, fica profundamente magoado.

**23 de agosto de 1962**
John se casa com Cynthia Powell, sua namorada grávida, no cartório do número 64 da Mount Pleasant. Enojada, tia Mimi boicota o casamento. Os noivos proferem os votos em meio aos ruídos infernais vindos da rua. A recepção acontece no Reece's Café, com frango e pavê. John e

Cyn se mudam para um apartamento de Brian perto da escola de arte. O empresário insiste que tanto o casamento quanto o bebê devem ser mantidos em segredo para não desanimar as fãs.

### 5 de outubro de 1962
Single de estreia, "Love Me Do" / "PS I Love You", lançado no Reino Unido. Pouco a pouco, ele alcança a décima sétima posição das paradas em dezembro. Composto por Paul antes dos Beatles, em 1958, o material é creditado a "Lennon-McCartney". Lançado nos Estados Unidos em 1964, ele conquista o primeiro lugar.

### 1º de novembro — 14 de novembro de 1962
Os Beatles voltam a Hamburgo pela quarta vez, para se apresentarem novamente no Star-Club.

### 28 de novembro de 1962
Yoko Ono se casa com Anthony Cox, músico de jazz/produtor de filmes/promotor de arte norte-americano. O casamento logo é anulado, porque Yoko ainda não havia finalizado seu divórcio de Ichiyanagi. Ono e Cox se casarão novamente em 6 de junho de 1963.

### 18 de dezembro — 31 de dezembro de 1962
Quinta e última temporada dos Beatles em Hamburgo, no Star-Club. Eles já haviam superado aquela experiência, mas Brian Epstein insiste que eles honrem o contrato.

## 1963

### 22 de março de 1963
*Please Please Me*, primeiro álbum dos Beatles, é rapidamente produzido para tirarem proveito do sucesso do grupo. A banda é promovida como um grupo de rapazes certinhos e irreverentes. John fica desconfortável com a imagem, mas entra na onda. Ele sorri, acena e morde os lábios… e, de vez em quando, deixa escapar um vislumbre de sua verdadeira personalidade.

### 8 de abril de 1963
Nasce John Charles Julian Lennon, filho de Cynthia, em Liverpool. Brian Epstein é o padrinho.

### 18 de abril de 1963
Os Beatles tocam no Royal Albert Hall, em Londres, como parte da turnê de primavera pelo Reino Unido.

### 28 de abril de 1963
Menos de três semanas após o nascimento do filho, John parte para a Espanha com Brian Epstein, levantando rumores de um relacionamento homossexual.

### 27 de maio de 1963
Bob Dylan lança seu LP *Freewheelin' Bob Dylan*, apresentando "Blowin' in the Wind".

### 18 de junho de 1963
Festa de 21 anos de Paul em uma tenda de quintal na casa de sua tia Gin, em Huyton, Liverpool. A atração é a banda The Fourmost. The Shadows e Billy J. Kramer comparecem. Paul está namorando a atriz Jane Asher. Bob Wooler, do Cavern Club, brinca com John a respeito de sua "lua de

mel" com Epstein na Espanha. Bêbado, John ataca Bob e o faz parar no hospital. Mais tarde, John envia a Wooler um telegrama pedindo desculpas, que é estampado nas páginas do *Daily Mirror*.

**8 de agosto de 1963**
Quatro meses após o nascimento de Julian Lennon, Yoko Ono dá à luz a filha Kyoko Chan Cox. Tony Cox toma conta do bebê enquanto Yoko se concentra em sua arte.

**22 de novembro de 1963**
O presidente dos Estados Unidos, John F. Kennedy, é assassinado em Dallas, no Texas. O marxista Lee Harvey Oswald é preso, mas ele próprio é morto a tiros dois dias depois, pelo dono de boate Jack Ruby. No mesmo dia, os Beatles lançam seu segundo álbum, *With the Beatles*, oito meses após o disco de estreia.

**24 de dezembro de 1963 — 11 de janeiro de 1964**
Shows de Natal dos Beatles no cinema Astoria, Finsbury Park, em Londres.

# 1964

**12 de janeiro de 1964**
Os Beatles conhecem Alma Cogan quando aparecem no *Sunday Night at the London Palladium*. Alma faz o primeiro de muitos convites para suas famosas festas no apartamento em Kensington, que divide com a mãe e a irmã.

**15 de janeiro — 4 de fevereiro de 1964**
Eles fazem seus shows pela França no inverno de 1964, um deles em Versalhes e vinte no Olympia, em Paris.

**7 de fevereiro de 1964**
Os Beatles chegam a Nova York para a aparição histórica no *Ed Sullivan Show*, da CBS. O programa será assistido por metade da população norte-americana. A Beatlemania está a todo vapor. Na turnê de inverno pelos Estados Unidos, eles fazem sua estreia ao vivo em Washington. Também se apresentam no Carnegie Hall, em Nova York, e voltam ao Deauville Hotel, em Miami, para tocar no Ed Sullivan.

**23 de março de 1964**
Publicação do primeiro livro de John, *John Lennon in His Own Write*, pela Jonathan Cape no Reino Unido e pela Simon & Schuster nos Estados Unidos. A coletânea de rimas e desenhos *nonsense* torna-se sucesso de crítica.

**Abril e maio de 1964**
Eles fazem seus shows de primavera, incluindo um em Londres, no Prince of Wales Theatre, em 31 de maio.

**23 de abril de 1964**
Almoço literário da Foyle em homenagem a John no Dorchester Hotel, em Londres. No evento, o autor de ressaca decepciona tanto os anfitriões quanto o público ao não apresentar um discurso espirituoso.

**4 de junho — 16 de agosto de 1964**
Turnê mundial, 26 apresentações, Dinamarca, Holanda, Hong Kong, Austrália, Nova Zelândia, Reino Unido e Suécia. Elegante em seu chapéu florido, tia Mimi acompanha John até a Austrália, aproveitando a oportunidade para se encontrar com alguns parentes, incluindo o primo Jim Mathews, que vive em Eketahuna, Nova Zelândia.

**6 de julho de 1964 (11 de agosto nos Estados Unidos)**
*Os reis do iê-iê-iê*, longa-metragem de comédia musical dos Beatles, é lançado no Reino Unido. Grande sucesso comercial, ele ainda é considerado um dos filmes musicais mais influentes e inspiradores de todos os tempos. A estreia mundial acontece no London Palladium, com a presença de Sua Alteza Real a princesa Margaret e Lorde Snowdon; doze mil fãs lotam o Piccadilly Circus.

**10 de julho de 1964**
Lançamento do álbum *A Hard Day's Night*.

**19 de agosto — 20 de setembro de 1964**
Turnê pelos Estados Unidos e pelo Canadá no verão de 1964, com início em San Francisco e encerramento em Nova York, passando pelo Hollywood Bowl em Los Angeles, pelo Red Rocks Amphitheater em Morrison (Denver), pelo Chicago International Amphitheater, pelo Boston Garden e pelo Dallas Memorial Auditorium.

**28 de agosto de 1964**
Eles encontram Bob Dylan pela primeira vez em um quarto no Delmonico Hotel, em Nova York. Dylan se tornou um recluso, fazendo uso de guarda-costas e drogas para se distanciar do mundo exterior. Ele apresenta os Beatles à *cannabis*.

John se frustra cada vez mais com a imagem e a fama global dos Beatles. Ele encontra consolo em sua arte e ao expressar suas emoções pessoais. Uma sensação de coragem começa a dominar suas composições, que alcançam um novo nível. A programação ininterrupta de turnê/gravação/promoção começa a afetar todos eles. John e George, em especial, ficam furiosos de se apresentarem ao vivo para fãs incapazes de ouvi-los em meio à gritaria. Eles próprios não conseguem ouvir o que tocam. A frustração piora graças aos equipamentos de som inadequados. Condições de segurança extremas os impedem de curtir as viagens. A vida deles é um eterno ciclo de aviões, quartos de hotel e casas de shows.

**Turnê pelo Reino Unido no outono de 1964**
Vinte e sete datas ao redor da Escócia, da Inglaterra, da Irlanda e do País de Gales, com início em Bradford e encerramento em Bristol.

**4 de dezembro de 1964**
Lançamento do álbum *Beatles for Sale*.

**24 de dezembro de 1964 — 16 de janeiro de 1965**
Shows de Natal dos Beatles no Hammersmith Odeon, em Londres.

## 1965

**12 de junho de 1965**
Os Beatles são nomeados para receber o título de MBE (Membro do Império Britânico) na lista de condecorações de aniversário da rainha.

**24 de junho de 1965**
Publicação de *A Spaniard in the Works*, segundo livro de John. Mais contos e ilustrações *nonsense*.
    Agora, Cynthia e seu filho são de conhecimento público. A família é tema constante de artigos de jornais e revistas. John segura a onda, mas sua infelicidade e inquietação aumentam. Como pai e marido, é distante e desinteressado. Não se preocupa em ter uma relação com a esposa e o filho. Quando sai para turnês, a culpa fala mais alto, o que o leva a escrever longas cartas para casa. Ele esconde de Cyn sua crescente obsessão por groupies e narcóticos. Escreve de forma obscura sobre sua vida privada em suas canções.

**29 de julho de 1965 (11 de agosto nos Estados Unidos)**
Lançamento do segundo filme dos Beatles, a comédia musical/aventura *Help!*, no Reino Unido. Estreia mundial no Pavilion Theatre, em Londres, com a presença de Sua Alteza Real a princesa Margaret, condessa de Snowdon. O filme se torna um modelo para futuros vídeos de pop e rock.
    John está profundamente infeliz, bebendo e comendo demais, passando pelo que mais tarde descreverá como sua fase "Elvis gordo".
    O pai desaparecido de John, Freddie Lennon, agora um lava-pratos em um hotel próximo à sua casa em Weybridge, aparece em busca de ajuda financeira. É a primeira vez que pai e filho se veem em vinte anos.

**6 de agosto de 1965 (13 de agosto nos Estados Unidos)**
Lançamento do álbum *Help!* no Reino Unido.

**15-31 de agosto de 1965**
Turnê de dezesseis shows pelos Estados Unidos, com início no Shea Stadium, em Nova York — 55.600 fãs comparecem ao espetáculo, o maior show dos Beatles até então. Em 29 e 30 de agosto, a banda se apresenta no Hollywood Bowl, em Los Angeles.

**26 de outubro de 1965**
Os Beatles recebem seus MBEs — anunciados em junho, no aniversário da rainha — de Sua Majestade no Palácio de Buckingham, causando alegria e indignação pública. Alguns membros condecorados anteriormente devolvem suas medalhas em sinal de protesto.

**3 de dezembro de 1965 (6 de dezembro nos Estados Unidos)**
Lançamento do álbum *Rubber Soul* no Reino Unido.

**3-12 de dezembro de 1965**
Turnê pelo Reino Unido, com início em Glasgow e encerramento em Cardiff.

**31 de dezembro de 1965**
Freddie, pai de John, lança o single "That's My Life (My Love and My Home)". O trabalho conquista uma cobertura considerável da imprensa, começa a subir nas paradas, então cai repen-

tinamente. Tony Cartwright, coautor da canção, desconfia de sabotagem por parte de John. O disco é a primeira performance gravada de que se tem conhecimento do baixista Noel Redding e do baterista Mitch Mitchell, futuros integrantes da Jimi Hendrix Experience. A tentativa vampírica de Freddie de capitalizar em cima da fama de seu próprio filho mais tarde será comparada aos esforços de Mitch Winehouse, pai da falecida cantora Amy Winehouse.

## 1966
O trabalho de estúdio cada vez mais sofisticado dos Beatles vai muito além do que conseguem alcançar como artistas ao vivo. O abismo em expansão frustra os rapazes. No palco, eles fazem tudo de forma mecânica.

### 4 de março de 1966
A entrevista de John com Maureen Cleave, amiga da banda, é publicada no *Evening Standard* de Londres. Na matéria, ele trata de sua vida doméstica, arte, livros, dinheiro, política — e religião. No contexto da reportagem, suas observações sobre o cristianismo e sobre Jesus não são incendiárias. Ao serem pinçadas e citadas fora de contexto pela revista adolescente norte-americana *DATEbook*, John é acusado de declarar que os Beatles são maiores que Jesus. Os Estados Unidos conservadores se voltam contra os Beatles "blasfemos". Vinte e duas estações de rádio do país proíbem seus discos. A população monta fogueiras dos Beatles, nas quais discos, livros e mercadorias da banda são destruídos. John recebe ameaças de morte. A Ku Klux Klan promete causar levantes durante a próxima turnê da banda pelos Estados Unidos.

### 24 de junho — 4 de julho de 1966
Turnê pela Alemanha, Japão e Filipinas.

São seus primeiros shows na Alemanha desde dezembro de 1962, quando um show na véspera de Ano-Novo foi a última apresentação dos Beatles no Star-Club, em Hamburgo.

A volta dos rapazes a Hamburgo lhes proporciona um reencontro com Astrid Kirchherr e Bert Kaempfert. Um retorno à Grosse Freiheit é considerado perigoso demais, graças ao grande número de fãs e à atividade da polícia. Mais tarde, John e Paul vão de fininho até o local por conta própria.

No Japão, eles tocam no Budokan, estádio sagrado de artes marciais e santuário dos japoneses mortos na guerra, e enfrentam oposição ferrenha de muitas pessoas contrárias ao uso do local para meros shows de rock. Como resultado, 35 mil policiais e bombeiros são mobilizados. Na coletiva de imprensa em 30 de junho, John condena a Guerra do Vietnã.

Enquanto se apresentavam em Manila, os Beatles sem querer desprezaram um convite da primeira-dama Imelda Marcos para uma audiência com ela no Palácio Malacañang. Eles foram obrigados a sair às pressas do país, correndo pelas próprias vidas.

### 30 de julho de 1966
Diante de uma multidão de quase 97 mil pessoas no estádio de Wembley, em Londres, a Inglaterra derrotou a Alemanha Ocidental por 4 x 2 e ganhou a Copa do Mundo da FIFA pela primeira e (até agora) única vez.

### 5 de agosto de 1966
Lançamento do álbum *Revolver*.

**6 de agosto de 1966**
Brian Epstein chega a Nova York para uma coletiva a respeito da repercussão do episódio "maior do que Jesus". No entanto, seus esforços botam lenha na fogueira.

**11 de agosto de 1966**
Os Beatles dão uma coletiva de imprensa complementar no Astor Towers Hotel, em Chicago, às vésperas de seus dois shows na "Cidade dos Ventos" no dia seguinte. John chora escondido em seu quarto antes de encarar a mídia. Ele pede desculpas em público por seu "erro".

**12-29 de agosto de 1966**
Turnê de verão pelos Estados Unidos, de Chicago até Cleveland, Washington, Memphis, Nova York, Los Angeles e San Francisco.

**23 de agosto de 1966**
Os Beatles retornam ao Shea Stadium. Na sequência da "gafe" protagonizada por John, eles vendem "apenas" 45 mil ingressos, com onze mil assentos disponíveis.

Esta turnê pelos Estados Unidos não foi um sucesso absoluto. Os exaustos Beatles, abatidos pela polêmica e por terem que apresentar uma falsa imagem pública a todo momento, concordam em pôr um ponto final nas turnês. Todos eles têm feito experimentos com drogas. John, em particular, começa a seguir um novo rumo musical. O álbum *Revolver* é um divisor de águas na criatividade da banda, tanto em termos de letra quanto de melodia. Tem início a era psicodélica dos Beatles.

**29 de agosto de 1966**
Último show dos Beatles como uma banda em turnê, no Candlestick Park, San Francisco.

**Setembro de 1966**
John começa as filmagens para o filme *Como eu ganhei a guerra*, de Richard Lester, filmado na Alemanha e na Espanha — seu único papel não musical no cinema. Ele começa a usar seus óculos redondos de vovó, que se tornam sua marca registrada pelo resto da vida. Ele vislumbra as possibilidades de uma carreira pós-Beatles e torna-se introspectivo. Rumores de uma iminente separação dos Beatles se espalham.

**26 de outubro de 1966**
Alma Cogan morre de câncer no Hospital Middlesex, em Londres.

**9 de novembro de 1966**
Dois dias depois de voltar das gravações de *Como eu ganhei a guerra*, John comparece a uma exposição de Yoko Ono, artista de vanguarda nipo-americana, na Galeria Indica, em Londres. Atraídos à primeira vista, eles se encontrarão em uma série de ocasiões ao longo do ano seguinte.

Paul propõe que os Beatles gravem um álbum como se fossem uma banda fictícia se apresentando, permitindo que experimentem e se expandam musicalmente, para além do conceito dos Beatles. Inspirados pelo LP *Pet Sounds*, dos Beach Boys, que por sua vez foi inspirado pelo *Rubber Soul*, eles apresentam "uma banda dentro da banda".

**24 de novembro de 1966**
Após uma pausa de dois meses, tem início o trabalho de *Sgt. Pepper's Lonely Hearts Club Band* no Estúdio 2, no EMI Studios, Abbey Road. A missão geral é produzir um álbum que não pode ser apresentado ao vivo. As gravações duram cinco meses.

## 1967
O aborto e a homossexualidade são legalizados no Reino Unido. Mudanças de comportamento resultam em várias leis do Parlamento. A Lei de Infrações Sexuais de 1967, que descriminaliza o relacionamento homossexual consensual entre adultos acima de 21 anos, e a Lei do Aborto de 1967, legalizando o aborto em certas circunstâncias, serão seguidas pela Lei da Reforma do Divórcio de 1969 e a Lei de Igualdade Salarial de 1970.

**26 de maio de 1967 (2 de junho nos Estados Unidos)**
Lançamento do álbum *Sgt. Pepper's Lonely Hearts Club Band* no Reino Unido. Fortemente influenciado pelo crescente uso de drogas dos rapazes e recebido com entusiasmo como "a trilha sonora do Verão do Amor", o trabalho vende mais do que todos os álbuns anteriores dos Beatles e muda a cara das gravações de LP. O disco conta com a canção favorita de John entre as que ele compôs, "Being for the Benefit of Mr. Kite!" e sua obra-prima, "A Day in the Life".

**Junho-julho de 1967**
O Monterey International Pop Music Festival, primeiro festival de rock oficial do mundo, acontece na Califórnia com duração de três dias. O evento conta com shows de Jimi Hendrix, The Who, Ravi Shankar, Janis Joplin e Otis Redding. Durante o Verão do Amor, cem mil hippies se dirigem até o distrito de Haight-Ashbury, em San Francisco. Nasce a revolução hippie.

**25 de junho de 1967**
Nos estúdios de gravação da EMI, Abbey Road, os Beatles apresentam a primeira de suas três últimas performances ao vivo: o hino "All You Need Is Love", na transmissão via satélite de *Our World*, para uma audiência de 400 milhões de telespectadores em cinco continentes. O lema da música sintetiza a ideologia dos anos 1960. Eles encaram o mundo com uma imagem completamente nova.
    John manda repintar seu Rolls-Royce em um design psicodélico.

**27 de julho de 1967**
A homossexualidade é parcialmente descriminalizada no Reino Unido. O primeiro lugar da semana nas paradas britânicas é "All You Need Is Love". Posteriormente, 1967 é lembrado como "o ano em que o pop se assumiu".

**8 de agosto de 1967**
Estreia em Londres de *Film No. 4. 1966-67* (também conhecido como *Bottoms*), filme de Yoko Ono e Tony Cox de 1966 que conta com 365 *close-ups* de traseiros famosos, o qual Yoko afirma ter feito para encorajar o diálogo pela paz mundial.

**24 de agosto de 1967**
John e Cyn, George e Pattie (Boyd) Harrison e Paul McCartney e Jane Asher assistem a uma palestra sobre Meditação Transcendental (MT) ministrada pelo Maharishi Mahesh Yogi no Hotel Hilton de Londres.

**25 de agosto de 1967**
Todos os Beatles viajam da Estação Euston, em Londres, até Bangor, no norte do País de Gales, para participar do seminário de fim de semana do Maharishi. John embarca no trem, mas Cyn fica para trás em meio à multidão e o perde. Ela é obrigada a percorrer o trajeto de carro. Já ciente de que seu casamento está ruindo, Cyn vê o contratempo como um mau presságio.

**27 de agosto de 1967**
Brian Epstein morre em Londres de overdose de barbitúricos. Nenhum dos obituários faz menção à sua homossexualidade. John interpreta a tragédia como uma profecia do fim dos Beatles.
A banda concebe a ideia do filme *Magical Mystery Tour* para a BBC TV como forma de se apresentar como grupo, agora que não fazem mais turnês.

**11-25 de setembro de 1967**
São feitas as filmagens de *Magical Mystery Tour*: a maior parte acontece em West Malling, Kent, a turnê em si em Devon e na Cornualha (a maioria do material não foi usada), no Soho de Londres e no sul da França. Sem Epstein para guiá-los, a banda sai dos trilhos.

**27 de novembro de 1967**
Lançamento da trilha sonora de *Magical Mystery Tour* como LP nos Estados Unidos. No Reino Unido, as músicas do filme seriam lançadas mais tarde como um EP duplo em 8 de dezembro de 1967.

**26 de dezembro de 1967**
Transmissão de *Magical Mystery Tour* na TV britânica pela BBC1 no feriado do *Boxing Day*. Ridicularizado por ser denso e autoindulgente, é o "primeiro fracasso" dos Beatles. Seu único mérito é a música, sendo "I Am the Walrus", de John, a cereja do bolo. John não se abala com as críticas ao filme. Os jornalistas de música sentem que ele está permitindo que Paul se torne o líder dos Beatles.

# 1968

**Janeiro de 1968**
Lançamento da Apple Corps para substituir a Beatles Ltd., a empresa da banda em vigor. De agora em diante, eles terão controle total de seus negócios artísticos e comerciais. Essa é a ideia, pelo menos.

**4 de fevereiro de 1968**
Os Beatles gravam "Lady Madonna", de Paul, e "Across the Universe", de John, no EMI, Abbey Road. O jogo de palavras, a poesia e a beleza estonteante da melodia desta última a destacam como uma das melhores criações de John. No entanto, a canção é arquivada, tornando-se o início do projeto *Let It Be*, e "Lady Madonna" é lançada como um single "dá pro gasto" durante a próxima ausência do grupo.

Mais tarde, eles viajam com vários amigos para Rishikesh, Índia, no sopé do Himalaia, para se aprofundar nos estudos da Meditação Transcendental com o Maharishi. O feitiço se desfaz quando o guru é acusado de assediar a atriz Mia Farrow. John fica desiludido.

**Maio de 1968**
Enquanto Cyn está de férias com amigos na Grécia, John convida Yoko para ir à casa dos Lennon em Weybridge. Eles gravam músicas e fazem amor pela primeira vez. De imediato, John decide deixar Cyn e viver com Yoko, que é a alma gêmea pela qual esperou a vida inteira. Apesar da cobertura brutal da imprensa, os amigos próximos de John dizem que Yoko é a melhor coisa que já lhe aconteceu. Cyn volta das férias e descobre que outra mulher se apoderou de sua casa e seu marido. Cyn foge. John e Yoko ficam tão próximos que ele a descreve como "eu de saias". O público britânico se volta contra John por abandonar sua esposa, seu filho e "o ideal dos Beatles".

**30 de maio de 1968**
Começa o trabalho do álbum *The Beatles* — mais conhecido como "Álbum Branco" — até 14 de outubro de 1968.

**15 de junho de 1968**
Primeiro *happening* público de John e Yoko, em que o casal plantou um par de bolotas no terreno que cerca a Catedral de Coventry. Uma é voltada para leste, a outra é voltada para oeste, em um gesto que simboliza o amor que sentem um pelo outro e a união de suas respectivas culturas.

**18 de junho de 1968**
John e Yoko comparecem ao teatro Old Vic, em Londres, para prestigiarem a dramatização de *In His Own Write*, livro de John. Há uma grande cobertura da imprensa no dia seguinte.

**1º de julho de 1968**
Inauguração da primeira grande exposição de arte de John, "You Are Here", na Robert Fraser Gallery, em Londres. O trabalho é amplamente inspirado na arte de Yoko. Os 365 balões de hélio, cortados e soltos pelo céu de Londres, levam seus descobridores a devolverem as etiquetas para John implorando que ele volte para casa e sua esposa. John fica confuso e desiludido. O abuso racial contra Yoko torna-se comum. Destemido, John leva Yoko para as sessões de gravação do "Álbum Branco", quebrando um acordo tácito de que as mulheres dos Beatles devem se manter afastadas do trabalho do grupo. Mas John não quer ficar longe de sua alma gêmea. Yoko irrita os outros ao tentar cantar junto, e chega até a oferecer-lhes conselhos musicais.

**22 de agosto de 1968**
Cynthia Lennon pede o divórcio de John, em virtude de seu adultério com Yoko. Ele não contesta.

**4 de setembro de 1968**
No Twickenham Film Studios, eles gravam a segunda de suas três últimas performances ao vivo: clipes promocionais de "Hey Jude" e "Revolution", dirigidos por Michael Lindsay-Hogg, com uma orquestra de 36 músicos de gravatas brancas. Trezentos figurantes, muitos dos quais reunidos localmente, e fãs que costumavam rondar os estúdios da EMI também foram contra-

tados para a filmagem. Também marcou presença o apresentador David Frost, que divulgaria a sequência em seu programa de TV *Frost on Sunday* quatro dias depois.

**18 de outubro de 1968**
Yoko e John são presos no apartamento de Ringo na Montagu Square, em Londres, por posse de *cannabis* e obstrução policial.

**8 de novembro de 1968**
O divórcio de Cynthia e John é finalizado.

**21 de novembro de 1968**
Aos 35 anos, com mais de cinco meses de gestação, Yoko perde o filho de John no Queen Charlotte's Hospital, em Londres. John não sai de perto dela em nenhum momento, em total contraste com o modo como tratou Cynthia durante a gravidez e o nascimento do filho Julian. É o primeiro de três abortos espontâneos que Yoko sofrerá com John. O filho de Yoko deveria nascer em fevereiro de 1970. Pouco antes de perdê-lo, eles gravaram seus batimentos cardíacos e, mais tarde, incluiriam o som em seu álbum de 1969, *Life with the Lions*, seguido por dois minutos de silêncio. O bebê recebe o nome de John Ono Lennon II e é enterrado em um local secreto.

**22 de novembro de 1968**
*The Beatles*, popularizado como "Álbum Branco", é lançado pela Apple, o selo do grupo. O álbum marca o início da queda dos Beatles. Enquanto a Apple Music segue em frente, os outros diversos empreendimentos da companhia engolem a fortuna do grupo. Os contadores protestam. Tem início a batalha interna entre os membros da banda. Ringo fica logo entediado com a negatividade, George se frustra por Paul e John não levarem suas composições e sua musicalidade a sério, John se cansa das demonstrações de autoridade de Paul e de sua auto-obsessão. Paul não suporta mais a crescente excentricidade de John e sua ostentação de Yoko. John e Paul não estão mais na mesma sintonia no que diz respeito às composições. Só não vê quem não quer.

**29 de novembro de 1968**
John e Yoko lançam *Unfinished Music No. 1: Two Virgins*, gravado na primeira noite dos dois juntos na casa de John e Cynthia. A capa os exibe de frente, completamente nus; o verso é o mesmo, mas com o casal de costas. A "música" é uma mistura de guinchos ininteligíveis, gorjeios e efeitos sonoros.

# 1969
O ano decisivo para os Beatles.

O projeto *Let It Be* continua. Ele se tornará o décimo segundo e último álbum de estúdio dos Beatles, embora tenha sido gravado antes de *Abbey Road*. Brigas entre os membros da banda prejudicam as gravações. Eles também estão perdendo dinheiro em ritmo assustador. John insiste em indicar o notório empresário Allen Klein para pôr as coisas em ordem. Paul quer John Eastman, seu futuro cunhado (Paul agora está noivo da fotógrafa Linda Eastman). Ringo e George apoiam John. A briga continua. A criação de *Let It Be* é interrompida e retomada em março-abril de 1970.

**13 de janeiro de 1969**
Lançamento da trilha sonora de "Yellow Submarine".

**20 de janeiro de 1969**
Richard Nixon toma posse como 37º presidente dos Estados Unidos.

**30 de janeiro de 1969**
A última apresentação ao vivo dos Beatles juntos acontece no telhado da sede da Apple Corps, no número 3 da Savile Row, em Londres. O tecladista Billy Preston os acompanha. As filmagens do show farão parte do filme *Let It Be*.

**2 de fevereiro de 1969**
O divórcio de Yoko Ono e Tony Cox é finalizado. Yoko recebe a custódia de sua filha, Kyoko.

**3 de fevereiro de 1969**
Allen Klein é nomeado empresário após uma audiência na Suprema Corte de Londres para dissolver a parceria dos Beatles. A recusa de Paul em aceitar Klein intensifica os problemas internos do grupo.

**22 de fevereiro — 20 de agosto de 1969**
Gravações do álbum *Abbey Road* no EMI Abbey Road, Olympic e Trident Studios.
    John está cada vez mais envolvido em projetos solo. Ele prefere trabalhar e fazer experimentações com Yoko a trabalhar com os outros Beatles. Ele seguiu em frente. Apesar disso, faz contribuições extraordinárias para o álbum, como "Because", "Come Together" e "I Want You (She's So Heavy)".
    Não há nenhum plano imediato de separação. Os Beatles permanecem amigos e planejam gravar juntos no futuro.

**20 de março de 1969**
John e Yoko se casam em Gibraltar e passam a lua de mel de sete dias em um Bed-In for Peace na Holanda, no quarto 902 do Hilton de Amsterdã. A isso se segue a coletiva de imprensa do *bagism* no Hotel Sacher em Viena, na qual o slogan "All we are saying is give peace a chance" é cunhado. O casal também promove seu filme de vanguarda *Rape*. Outras colaborações cinematográficas entre 1968 e 1972 incluem: *Smile*; *Self-Portrait*, um *close-up* de quinze minutos do pênis de John; *Erection*, com foco na construção do Intercontinental Hotel em Londres; *Up Your Legs*, com pernas de 331 pessoas; além de *Apotheosis* e *Fly*, apresentando, respectivamente, um breve voo de balão em direção às nuvens, com John e Yoko de capuz e capa, e um inseto em um corpo feminino nu.

**Maio de 1969**
John tem o visto norte-americano de turista negado. Os Ono Lennon resolvem levar sua mensagem ao Canadá.

**26 de maio — 2 de junho de 1969**
John e Yoko encenam seu segundo Bed-In for Peace, desta vez no Queen Elizabeth Hotel, em Montreal, Quebec. John compõe e grava "Give Peace a Chance" em meio aos acontecimentos.

A música é creditada a Lennon-McCartney, mas na verdade é o single de estreia da Plastic Ono Band.

### 8 de junho de 1969
O presidente dos Estados Unidos, Nixon, e o presidente do Vietnã do Sul, Nguyễn Văn Thiệu, se encontram na Ilha de Midway, um atol no Oceano Pacífico Norte equidistante entre a Ásia e a América do Norte. Nixon declara que 25 mil soldados norte-americanos serão retirados do Vietnã em setembro.

### 28 de junho de 1969
A Revolta de Stonewall em Nova York marca o início do movimento LGBT moderno.

### 1º de julho de 1969
Enquanto estava de férias nas Terras Altas da Escócia, John bate o carro em que conduzia Yoko, à época grávida, e seus filhos, Julian e Kyoko. Todos recebem tratamento para o choque no Lawson Memorial Hospital, em Golspie, e John, Yoko e Kyoko levam pontos nas feridas consideráveis no rosto e na cabeça.

### 3 de julho de 1969
O Rolling Stone Brian Jones (de 27 anos) é encontrado afogado na piscina de sua casa em Sussex, Inglaterra.

### 20 de julho de 1969
A *Apollo 11* leva os astronautas Neil Armstrong, Buzz Aldrin e Michael Collins à Lua, desembarca Armstrong e Aldrin em sua superfície e os traz de volta à Terra em segurança.

### 8 de agosto de 1969, às 11h30
Os Beatles são capturados pelo fotógrafo Iain Macmillan em uma faixa de pedestres na Abbey Road, perto dos estúdios de gravação. A imagem será usada na capa do canto do cisne da banda, que se tornará uma das capas de álbum mais amadas e reconhecíveis de todos os tempos.

### 9 de agosto de 1969
Membros da "Família" de Charles Manson assassinam a atriz grávida Sharon Tate e amigos na mansão de Roman Polanski, em Los Angeles.

### 15-18 de agosto de 1969
Festival de Woodstock, em White Lake, estado de Nova York, estrelando Jimi Hendrix, Sly and The Family Stone, Ravi Shankar, Joan Baez, Janis Joplin, The Who e Jefferson Airplane. Shankar fica insatisfeito com as condições do festival e se distanciará do movimento hippie durante os anos 1970. Bob Dylan boicota Woodstock e viaja ao Reino Unido para estrelar o Festival da Ilha de Wight (30-31 de agosto) diante de um público estimado em 150 mil pessoas. Outros artistas que marcam presença incluem The Band, The Pretty Things, The Nice, The Who, Bonzo Dog Doo-Dah Band e Joe Cocker. Entre as muitas celebridades convidadas encontram-se John e Yoko, Ringo e sua esposa Maureen, George e Pattie Boyd, a atriz e ativista Jane Fonda e Keith Richard, dos Stones.

**13 de setembro de 1969**
A Plastic Ono Band aparece no Toronto Rock and Roll Revival, estrelando artistas populares dos anos 1950 e 1960.

**20 de setembro de 1969**
Reunião na sede da Apple para discutir o próximo álbum. Ringo não comparece por motivo de doença. Um novo single também entra em debate. John propõe sua mais recente composição, "Cold Turkey", que Paul e George rejeitam. John grava a música mesmo assim, com a Plastic Ono Band, depois de dizer aos outros: "Estou saindo" e "Está tudo acabado". Isso marca o verdadeiro fim dos Beatles — não o comunicado oficial de Paul em 10 de abril de 1970. A separação ocorre quando John, o criador da banda, deixa os outros. Ele tem 29 anos.

**26 de setembro de 1969 (1º de outubro nos Estados Unidos)**
Lançamento de *Abbey Road* no Reino Unido, com críticas variadas. Hoje é amplamente considerado o melhor trabalho do grupo.

**15 de outubro de 1969**
Centenas de milhares de pessoas participam da Moratória para o Fim da Guerra no Vietnã em manifestações por todos os Estados Unidos.

Yoko sofre outro aborto espontâneo.

**13-15 de novembro de 1969**
Cerca de 250 a 500 mil manifestantes realizam um protesto pacífico em Washington, DC, com sua "Marcha contra a Morte".

**25 de novembro de 1969**
John devolve a medalha de MBE para Sua Majestade, a rainha.

**6 de dezembro de 1969**
O Altamont Free Concert, no norte da Califórnia, organizado pelos Rolling Stones como um "Woodstock da Costa Oeste", acaba em violência e entra para a história como marca do "fim dos anos 1960".

John e Yoko continuam os esforços para se manter nas primeiras páginas de jornais e revistas com suas campanhas e travessuras, para levar o foco tanto às suas visões políticas quanto à sua arte — que rapidamente vão se transformando em uma coisa só. Graças à credibilidade do casal, eles conseguem transmitir sua mensagem.

Também em dezembro, os Ono Lennon fazem campanha para limpar o nome de James Hanratty, um dos últimos homens a ser enforcado na Grã-Bretanha. Eles têm a ideia de promover a paz por todo o mundo erguendo enormes outdoors em onze cidades: "War is Over! If You Want It — Happy Christmas from John and Yoko."

---

\* "A guerra acabou! Se você quiser — Feliz Natal de John e Yoko." (N. da T.)

## 1970
**Janeiro de 1970**
John e Yoko cortam o cabelo, declarando 1970 como "Year One for Peace" [Ano Um pela Paz].

**6 de fevereiro de 1970 (20 de fevereiro nos Estados Unidos)**
Os Ono Lennon lançam seu single "Instant Karma! (We All Shine On)" no Reino Unido.

**1º de abril de 1970 (Dia da Mentira)**
Eles divulgam um comunicado humorístico anunciando cirurgias de mudança de gênero do casal.
Os problemas com Tony Cox, ex-marido de Yoko, em relação à custódia de Kyoko estão em curso. Os Ono Lennon vão atrás deles em Maiorca. Cox foge com Kyoko para Houston, Texas, cidade natal de sua nova companheira, Melinda Kendall. O estresse afeta John e Yoko.

**23 de abril de 1970**
Os Ono Lennon vão a Los Angeles para se submeter a um tratamento psiquiátrico de quatro meses com o Dr. Arthur Janov, defensor da terapia primal. John confronta suas inseguranças mais profundas — o abandono do pai, a morte da mãe e sua autoaversão. O casal retorna à Inglaterra e John lida com as três questões nas músicas de seu primeiro álbum formal de estúdio como um artista solo.

**18 de setembro de 1970**
Jimi Hendrix (27) é encontrado morto em um apart-hotel de Londres.

**4 de outubro de 1970**
Janis Joplin (27) é encontrada morta no Landmark Motor Hotel, em Los Angeles.

**26 de setembro — 23 de outubro de 1970**
Gravações de *John Lennon/Plastic Ono Band* no Abbey Road Studios e no Ascot Sound Studios na casa do casal, Tittenhurst Park, em Berkshire.

**11 de dezembro de 1970**
Lançamento de *John Lennon/Plastic Ono Band*. Seu tema é "enfrente seus problemas". Amplamente aclamado, o álbum inclui as faixas "Working Class Hero" e "Mother".

## 1971
**11-12 de fevereiro (e 24 de maio — 5 de julho) de 1971**
Gravações do álbum *Imagine* no Ascot Sound Studios, no Record Plant (Nova York) e no Abbey Road Studios.

**12 de março de 1971 (22 de março nos Estados Unidos)**
"Power to the People" é lançada no Reino Unido. John e Yoko estão claramente assumindo uma postura mais direta e rebelde.

**3 de julho de 1971**
Dois anos após a morte de Brian Jones, dos Rolling Stones, Jim Morrison (27), o poeta, letrista e líder da banda The Doors é encontrado morto em sua banheira em Paris.

**1º de agosto de 1971**
George Harrison e Ravi Shankar lideram o Concerto para Bangladesh, no Madison Square Garden, Nova York. Primeiro show beneficente internacional do mundo, o evento é organizado em prol dos refugiados após o ciclone de 1970 e as atrocidades durante a Guerra de Bangladesh. Ringo, Bob Dylan e Eric Clapton também se apresentam.

**3 de setembro de 1971 (alguns relatos indicam 31 de agosto)**
John e Yoko partem da Inglaterra para Nova York em uma breve viagem para encontrar Kyoko. John nunca mais viverá em sua terra natal.

Eles ficam no St. Regis Hotel, depois se mudam para um apartamento de dois quartos no West Village, onde atraem ativistas políticos que pretendem tirar Richard Nixon do poder. John e Yoko se envolvem em protestos e shows beneficentes, alguns duvidosos. Eles gravam outro álbum, *Some Time in New York City*. O FBI se interessa cada vez mais pelas atividades do casal. Depois que a música de protesto "John Sinclair" ajuda a garantir a liberdade de um indivíduo condenado por posse de maconha, Nixon intensifica a vigilância sobre os Ono Lennon.

**9 de setembro de 1971**
Lançamento de *Imagine*. O álbum inclui a faixa "Imagine", marca registrada de John; "Crippled Inside"; "Jealous Guy"; "How Do You Sleep?" é sua mensagem sarcástica e cheia de insultos a Paul, uma resposta mordaz às aparentes críticas de Paul a John em seu álbum *Ram*.

**28 e 31 de outubro de 1971**
"Happy Xmas [observe o "X"] (War Is Over)" é gravada no Record Plant East, em Nova York. A melodia vem de uma antiga música folclórica inglesa, "Skewball". Este é o sétimo single de John fora dos Beatles, e desde então se tornou uma canção de protesto do Vietnã e um clássico de Natal.

**1º de dezembro de 1971 (24 de novembro de 1972 no Reino Unido)**
"Happy Xmas (War Is Over)" é lançada nos Estados Unidos. No entanto, o lançamento no Reino Unido é adiado em quase um ano devido a uma disputa de direitos autorais com a editora, Northern Songs. John é o primeiro ex-Beatle a lançar uma música de Natal. "Ding Dong, Ding Dong", de George, veio mais tarde, em 1974; "Wonderful Christmas Time", de Paul, é lançada em 1979; e o álbum de Ringo, *I Wanna Be Santa Claus*, sai em 1999.

John cogita viajar pelos Estados Unidos para protestar contra a campanha de reeleição de Nixon em 1972. Com a idade mínima para votar prestes a ser reduzida para dezoito anos, Nixon entra em pânico, preocupado com o poder de John de influenciar o eleitorado mais jovem. O presidente não tem dúvida, levando em conta os ataques de John no álbum *Imagine* — tais como em "Gimme Some Truth" —, da opinião do músico a seu respeito: "No short-haired, yellow-bellied son of Tricky Dicky is gonna Mother Hubbard soft-soap me",* canta John, com o acompanhamento de George Harrison na guitarra. Agentes do FBI entram em ação para observar os shows de Lennon. Logo vem à tona o episódio de John com posse de maconha na Inglaterra. Isso deveria, tecnicamente, ter impedido a entrada de John nos Estados Unidos. Seu

---

* "Nenhum Dick Vigarista [apelido de Richard Nixon durante toda sua vida política] careta e covarde vai me engambelar com sua conversa fiada." (N. do E.)

visto de turista está prestes a expirar. Nixon encontra sua oportunidade. A princípio, John acredita que está apenas imaginando que carros o seguem e que seu telefone está sendo grampeado. Não demora a entender a mensagem. Tem início uma longa batalha judicial.

# 1972

### 17 de março de 1972
Ringo lança o single "Back off Boogaloo", produzido por George Harrison, citando o amigo Marc Bolan como inspiração para a letra. Há rumores de que Marc, em ascensão desde o sucesso do segundo álbum do T. Rex, *Electric Warrior* (o disco mais vendido do Reino Unido em 1971, mais tarde figurando na 160ª posição da lista dos 500 melhores álbuns de todos os tempos da *Rolling Stone*), contribuiu para a gravação. O single alcança o nono lugar no Hot 100 dos Estados Unidos. Em segundo nas paradas do Reino Unido, é o maior hit doméstico de Starr. No dia seguinte, Bolan faz dois shows no Empire Pool, do Estádio de Wembley, onde a loucura dos fãs eclipsa a Beatlemania. Ringo filma a performance para uma proposta de documentário para a Apple Films. O material se transforma em um longa-metragem. Cenas adicionais são filmadas na casa de John e Yoko, Tittenhurst Park, em Ascot, da qual Ringo tem tomado conta; e em uma *jam session* na Apple Studios, estrelando Elton John no piano e Ringo na bateria. Algumas semanas depois, Marc, sua esposa June, George Harrison e Ringo partem de férias para Cannes. O filme de Ringo, *Born to Boogie*, estreia no cinema Oscar One, na Brewer Street, no Soho de Londres. Fracasso de bilheteria, a obra é ignorada pelos compradores e distribuidores norte-americanos. Em abril, Marc grava uma demo no AIR Studios de George Martin para o álbum homônimo de Ringo, que não entra no LP final.

### 18 de abril de 1972
John e Yoko comparecem a uma audiência da imigração, na qual John recebe uma ordem de deportação e tem sessenta dias para deixar os Estados Unidos.

### Maio de 1972
John recua e confirma que não agirá para prejudicar a campanha de reeleição de Nixon. Ele busca ajuda de vários amigos, incluindo Bob Dylan, Joseph Heller, Leonard Bernstein e Joan Baez, para que apoiem seu apelo para permanecer nos Estados Unidos.

### 12 de junho de 1972 (15 de setembro no Reino Unido)
O lançamento de *Some Time in New York City*, com as bandas Elephant's Memory e The Invisible Strings, de Greenwich Village, tem pouca receptividade nos Estados Unidos. Mais uma vez, o álbum é lançado posteriormente no Reino Unido graças a uma disputa com a editora Northern Songs. John e Yoko são acusados de "suicídio artístico incipiente" pela revista *Rolling Stone*, por conta de seu foco em questões políticas e sociais — da crise na Irlanda do Norte até a rebelião na penitenciária de Attica. Pela primeira vez, John parece oprimido por sua temática e sem saber como agir. No Reino Unido, músicas como "The Luck of the Irish" e "Sunday Bloody Sunday" são consideradas ofensivas, especialmente por John ter dado as costas para aquelas terras e morar em Nova York.

### 17 de junho de 1972
O escândalo de Watergate em Washington, DC, vem à tona. Descobre-se que o comitê de reeleição do presidente é corrupto. Quarenta e oito funcionários do governo Nixon são condenados.

**30 de agosto de 1972**
John e Yoko são a atração principal do One to One, dois shows beneficentes no Madison Square Garden. John compra o equivalente a 59 mil dólares em ingressos e os distribui aos fãs, arrecadando US$ 1,5 milhão para deficientes físicos e mentais. Embora ainda haja mais algumas aparições no palco, estes serão os últimos shows grandes de John.

**7 de novembro de 1972**
Richard Nixon é reeleito em uma das maiores vitórias eleitorais da história dos Estados Unidos.

**23 de dezembro de 1972**
Lançamento do filme *Imagine*. Filmado principalmente em Tittenhurst Park, a obra retrata um casal apaixonado em perfeita sintonia. A realidade é menos aprazível. Imersos em problemas judiciais, em busca constante pela filha raptada e desiludidos pelas perseguições políticas, o casamento de John e Yoko está em apuros.

# 1973
**Abril de 1973**
John e Yoko se mudam para o exclusivo edifício Dakota, no Upper West Side de Nova York.

**Julho de 1973**
O sistema secreto de gravação do presidente Nixon é exposto. A ligação da Casa Branca com o roubo de Watergate vem à tona. Descobre-se que Nixon aprovou planos de impedir a investigação.

**Julho-agosto de 1973**
O álbum *Mind Games* é gravado no Record Plant East, em Nova York. É a primeira gravação produzida por Lennon. O trabalho marca o início da separação do casal. Com o incentivo de Yoko, a assistente/coordenadora de produção May Pang, que trabalha com os Lennon desde 1970, torna-se amante e companheira de John durante um período que será imortalizado como o "Fim de Semana Perdido" de Lennon — em referência ao filme *The Lost Weekend* (no Brasil, *Farrapo humano*) de 1945, estrelando Ray Milland como um escritor alcoólatra.

**29 de outubro de 1973 (16 de novembro no Reino Unido)**
Lançamento do álbum *Mind Games* nos Estados Unidos.

**Outubro de 1973**
John e May vão a Los Angeles promover o álbum *Mind Games* e ficam por lá. Sem Yoko por perto para controlá-lo, John passa a beber muito. Ele decide gravar um álbum de clássicos inspiradores do rock'n'roll. Restabelece um relacionamento com o filho Julian, que não vê há quatro anos.

Durante o Fim de Semana Perdido, John também entra no Top 10 com "#9 Dream" e no Top 20 com seu cover de "Stand By Me", trabalha com David Bowie em "Fame" e com Elton John em seu cover de "Lucy in the Sky with Diamonds". Ele presenteia Ringo com "Goodnight Vienna", dá "Rock and Roll People" a Johnny Winter e "Move over Ms. L." a Keith Moon.

## 1974

**Março-maio de 1974**
John produz o álbum *Pussy Cats* de Harry Nilsson, cujo título se refere a todas as críticas da imprensa por se comportarem feito bêbados arruaceiros em Los Angeles. Ringo, Klaus Voormann e Keith Moon estão entre os músicos convidados do álbum.

**13 de março de 1974**
John e Nilsson são expulsos do clube Troubadour por mau comportamento.
   Também no mês de março, Yoko contata John e pede que ele vá ao Dakota para conversar sobre um programa de tratamento para seu vício em nicotina. O casal manteve contato diariamente ao longo da separação. John implora permissão de Yoko para voltar para casa, mas ela não está pronta para aceitá-lo.

**28 de março de 1974**
Durante as sessões de *Pussy Cats*, John curte uma *jam session* improvisada com Paul McCartney no Burbank Studios, em Los Angeles. É a última vez que os dois tocarão juntos em um estúdio de gravação. É também o único momento conhecido em que isso ocorre entre a separação dos Beatles e o assassinato de John em 1980. Futuras gravações entram em pauta.

**Julho-agosto de 1974**
John grava *Walls and Bridges*, quinto álbum solo de estúdio, no Record Plant East, em Nova York.

**5 de agosto de 1974**
O presidente Nixon assume a culpa por enganar os Estados Unidos.

**9 de agosto de 1974**
Nixon renuncia em desgraça, tornando-se o único presidente dos Estados Unidos a renunciar ao cargo. O carma, não tão instantâneo assim, é bom o bastante para John.

**26 de setembro de 1974**
Lançamento do álbum *Walls and Bridges*. As faixas "Whatever Gets You Thru the Night" e "#9 Dream" são os destaques. Elton John contribui. Ele aposta com John que "Whatever Gets You…" chegará ao topo das paradas. Único ex-Beatle a nunca ter emplacado um solo em primeiro lugar, John aceita se apresentar com Elton no Madison Square Garden caso a música chegue lá. Ela chega.

**20 de novembro de 1974**
John viaja até Boston para assistir à apresentação de Elton John no Boston Garden com o intuito de se preparar para a aparição em Nova York e enfrentar seu medo de subir ao palco.

**28 de novembro de 1974**
John surge no palco com Elton John no Madison Square Garden. Será a última grande aparição de John em um show. Ele toca "Whatever Gets You Thru the Night", "Lucy in the Sky with Diamonds" e "I Saw Her Standing There". John arrumou ingressos para Yoko. Os dois se reco-

nectam nos bastidores após o show. John deixa May Pang. Pouco depois, John e Yoko começam a namorar.

**Natal de 1974**
John passa o Natal na Flórida com May Pang e seu filho, Julian. Eles visitam a Disneyworld em Orlando.

## 1975
**Meados de janeiro de 1975 (segundo as lembranças de May Pang, primeira semana de fevereiro de 1975)**
John e Yoko voltam a morar juntos no Dakota, considerando a separação "um fracasso".

**17 de fevereiro de 1975**
Lançamento de *Rock'n'Roll*, sexto álbum solo de estúdio, com músicas do fim dos anos 1950 e início dos 1960. A capa exibe uma foto antiga de John em uma porta de entrada em Hamburgo, tirada por Jürgen Vollmer em 1961. O álbum é aclamado pela crítica.

**18 de abril de 1975**
John faz sua última aparição em um palco, no especial televisivo *A Salute to Sir Lew Grade: The Master Showman*.

**7 de outubro de 1975**
A ordem de deportação de John é anulada por juízes norte-americanos na Suprema Corte do Estado de Nova York.

**9 de outubro de 1975**
No aniversário de 35 anos de John, seu filho Sean Taro Ono Lennon nasce de Yoko (42) por cesariana em um hospital de Nova York.

## 1976
**26 de janeiro de 1976**
O contrato dos Beatles com a EMI expira. John se vê livre de obrigações contratuais e de gravação.

**1º de abril de 1976**
Freddie Lennon, pai de John, morre de câncer em Brighton, Sussex, aos 63 anos. Pai e filho mantiveram contato constante durante os últimos dias de Freddie.

**27 de julho de 1976**
John finalmente recebe seu Green Card. Pela primeira vez em cinco anos, ele tem a liberdade de viajar para fora dos Estados Unidos sem medo de ser barrado na volta. Durante os últimos quatro verões da vida de John, a família passa longas férias no Japão, visitando Tóquio, Quioto e Karuizawa. John se apaixona pela cultura, pela arte e pelo estilo de vida japoneses, conhece seus sogros e viaja extensivamente para outros países.

## 1977

**20 de janeiro de 1977**
John e Yoko comparecem ao baile da posse de Jimmy Carter, o 39º presidente dos Estados Unidos. John é oficialmente uma *persona grata*.

John e Yoko embarcam em um voo via Genebra para o Cairo, Egito, e são fotografados nas pirâmides de Gizé. Mais tarde, afirma-se que participaram de uma escavação arqueológica clandestina e compraram artefatos egípcios.

**16 de agosto de 1977**
Elvis Presley morre em Memphis, Tennessee, aos 42 anos.

**16 de setembro de 1977**
Marc Bolan morre em um acidente de carro em Barnes Common, Londres, aos 29 anos.

**Setembro-outubro de 1977**
John, Yoko e Sean tiram férias estendidas no Japão.

**4 de outubro de 1977**
John e Yoko dão uma coletiva de imprensa no Hotel Okura, em Tóquio, na qual John anuncia um longo período de aposentadoria da música. A mídia rebatiza John de "Howard Hughes do Rock".

Dando as costas à indústria fonográfica, ele se torna dono de casa e cuida do bebê enquanto Yoko cuida dos negócios. A função de Yoko envolverá resolver questões legais e financeiras relacionadas aos Beatles e aumentar o valor da propriedade de John, enquanto ele cria o filho do casal e o ensina a ler, escrever e desenhar.

Cuidar de Sean reacende o interesse de John por sua própria infância distante. Ele pede a Mimi que envie seus desenhos, poemas, pinturas, boletins escolares, uniformes e outras lembranças de casa.

John ainda compõe músicas e grava demos em particular, mas passa a maior parte do tempo sonhando acordado, assistindo à TV e lendo, desenhando, esboçando cartuns e escrevendo poemas. Após sua morte, seus melhores trabalhos são compilados e publicados em um livro, *Skywriting by Word of Mouth*.

**Maio-junho de 1978**
Afirma-se que os Ono Lennon estão em Paris.

## 1979

**20 de março de 1979**
John e Yoko comemoram o décimo aniversário de casamento.

**27 de maio de 1979**
John e Yoko publicam um anúncio de página inteira no *Sunday Times* do Reino Unido, intitulado "Uma carta de amor de John e Yoko às pessoas que nos perguntam o quê, quando e por quê", para que os fãs saibam que eles e Sean estão bem. Atualizando o público a respeito de suas vidas, o casal parece feliz junto. Após lutar pela paz mundial durante anos, John finalmente parece em paz consigo mesmo.

Já paranoico com fãs enlouquecidos, John conhece Paul Goresh, um fã que se torna seu companheiro de caminhadas.

## 1980

**20 de março de 1980**
John e Yoko comemoram o décimo primeiro aniversário de casamento na casa do casal em West Palm Beach, na Flórida. John dá a Yoko quinhentas gardênias e um coração de diamante. Yoko dá a John um Rolls-Royce vintage.

No fim da primavera, John supostamente viaja sozinho para a Cidade do Cabo, na África do Sul, onde se hospeda no exclusivo Mount Nelson Hotel como "Mr. Greenwood". Afirma-se que vai meditar na Montanha da Mesa. Em 26 de maio de 1980, John liga para May Pang da África do Sul, e os dois têm sua última conversa. Também há relatos de que John, tanto sozinho quanto acompanhado de Yoko, visitou Espanha, Alemanha, Hong Kong e outros destinos durante o período, por avião particular ou pelo mar; e tia Mimi mais tarde afirma que John a visitou em segredo, em sua casa em Sandbanks, Dorset, pouco antes do assassinato.

**4 de junho de 1980**
John veleja de Newport, em Rhode Island, até Hamilton, nas Bermudas, a bordo da chalupa *Megan Jaye*, em uma aventura de dois meses. Ele sobrevive a uma intensa tempestade. Profundamente afetado e rejuvenescido pela experiência, John volta a compor a sério. Ele escreve "Watching the Wheels", "Starting Over" e "Woman", as primeiras músicas de um novo álbum após seu longo período de exílio autoimposto da indústria fonográfica. Sean, à época com quatro anos, se junta ao pai nas Bermudas. Yoko faz uma breve visita.

**28 de julho de 1980**
John volta a Nova York de avião para planejar as gravações de *Double Fantasy*.

**4 de agosto de 1980**
John e Yoko retomam a carreira em estúdio, fechando um contrato com David Geffen. Eles voltam a interagir com a mídia.

**7 de agosto — 19 de outubro de 1980**
Gravações de *Double Fantasy* no Hit Factory, em Nova York.

**9 de outubro de 1980**
John completa quarenta anos, e Sean, cinco. Yoko contrata um avião para escrever "Feliz aniversário, John e Sean. Com amor, Yoko" pelo céu de Nova York.

**17 de novembro de 1980**
Lançamento de *Double Fantasy*. É o quinto álbum de John e Yoko e o sétimo e último álbum de estúdio lançado por John em vida. O disco tem baixa receptividade. Após o assassinato de John, três semanas depois do lançamento, a obra se torna um grande sucesso internacional e vence o Grammy de 1981 na categoria Álbum do Ano. O álbum conta com sete faixas de John e sete de Yoko, alternadas. Ele restabelece John como um dos grandes compositores e comunicadores líricos do século XX e expõe sua brilhante voz rock'n'roll. O repertório inclui "(Just Like) Starting Over", "I'm Losing You", "Woman", "Watching the Wheels" e "Beautiful Boy (Darling Boy)".

John e Yoko fizeram também uma demo de seu próximo álbum e cogitam a possibilidade de uma turnê mundial.

Aos quarenta anos, John está saudável, tendo abandonado as drogas pesadas, a carne e o açúcar (embora não tenha aberto mão do cigarro forte e do café preto).

### 6 de dezembro de 1980
Entrevista da BBC Radio com Andy Peebles em Nova York. O tema central é a ânsia de John por um futuro brilhante.

### 8 de dezembro de 1980
John concede sua última entrevista para a RKO Radio no Dakota.

Naquela tarde, ele e Yoko são fotografados em casa por Annie Leibovitz, para a capa da *Rolling Stone*. Mais uma vez, John posa nu, enquanto Yoko fica totalmente vestida.

**16h15, horário local:** John e Yoko seguem para o estúdio de gravação (segundo alguns relatos, o estúdio foi o Hit Factory, outros afirmam ter sido o Record Plant) para mixar a nova música de Yoko, "Walking on Thin Ice". Do lado de fora do prédio, o fã Paul Goresh lhes mostra as fotos que tirou deles. Outro suposto fã, Mark David Chapman, está pairando pelas redondezas. John autografa sua cópia de *Double Fantasy*. Goresh faz uma foto de John e Mark juntos.

**22h50:** John e Yoko voltam para casa. Chapman está à espera. Quando John sai do carro em frente ao edifício — uma ocorrência incomum, visto que o motorista normalmente os deixa na segurança do pátio privado do Dakota —, Chapman dispara cinco tiros contra ele. Quatro o atingem. John é levado ao hospital por policiais.

**23h07:** John morre no Hospital Roosevelt (mais tarde renomeado Mount Sinai West), em Nova York.

### 9, 10 e 11 de dezembro de 1980 (todas datas fornecidas)
O corpo de John é cremado no cemitério Ferncliff, em Hartsdale, estado de Nova York — quarenta quilômetros ao norte da cidade de Nova York. Yoko não consulta a família de John na Inglaterra a respeito do destino de seu corpo. Por vezes, ela sugere ter mantido suas cinzas em uma urna "debaixo da cama", mas também já declarou tê-las espalhado no Central Park, no local em que hoje se encontra seu memorial Strawberry Fields.

### 14 de dezembro de 1980
Às 14 horas, horário local, 400 mil pessoas se reúnem no Central Park para realizar, com milhões de pessoas ao redor do mundo, dez minutos de silêncio em memória de John.

### 24 de agosto de 1981
Mark David Chapman é condenado a vinte anos até prisão perpétua. A sentença tem cinco anos a menos do que o máximo de 25 anos até prisão perpétua porque Chapman se declarou culpado por homicídio culposo. Não é necessário um julgamento extenso e custoso.

### 9 de janeiro de 1984 (27 de janeiro nos Estados Unidos)
Lançamento de *Milk and Honey*, último álbum de John e Yoko juntos, no Reino Unido. A obra é uma amostra da música que John ainda tinha a oferecer e do quanto o mundo perdeu. As melhores faixas são "Borrowed Time" e as demos "Let Me Count the Ways" e "Grow Old with Me".

## 15 de outubro de 1984
Aos 21 anos, Julian Lennon lança seu álbum de estreia, *Valotte* — incluindo o single "Too Late for Goodbyes", que chegou ao Top 10 (no Reino Unido e nos Estados Unidos). O álbum, cujo nome é uma homenagem ao castelo francês em que compôs as músicas, é indicado ao Grammy. O trabalho é dedicado "à minha mãe, Cynthia, e ao meu pai" e mixado no Hit Factory, em Nova York, no mesmo console usado por John e Yoko em *Double Fantasy*.

## 24 de março de 1986
Julian lança seu segundo álbum, *The Secret Value of Daydreaming*.

Em **1º de abril de 1987**, ele se apresenta no papel do Padeiro no musical *A caça ao Snark*, de Mike Batt, no Royal Albert Hall, em Londres. Seus dois álbuns seguintes são, respectivamente, *Mr. Jordan* (**março de 1989**) e *Help Yourself* (**agosto de 1991**).

Ele se afasta da indústria da música para se concentrar em outras atividades, incluindo culinária, fotografia e filantropia. Em **maio de 1998**, Julian volta à ativa com seu quinto álbum, *Photograph Smile*. Em **2009**, lança sua White Feather Foundation, em prol de questões ambientais/ecológicas/humanitárias. Tendo colecionado memorabilia dos Beatles desde a morte de seu pai, ele publica um livro sobre sua coleção em **2010**. No ano seguinte, em **outubro de 2011**, ele lança seu sexto álbum, *Everything Changes*.

## 9 de outubro de 1988
Aos 64 anos, morre Mona Best, na data em que John completaria 48.

No mesmo ano, George Martin é condecorado com o título de CBE (Commander of the Most Excellent Order of the British Empire).

# 1991
Criando música com sua mãe, Yoko, desde muito jovem, aos dezesseis anos, Sean Ono Lennon dá início à sua própria carreira, coescrevendo "All I Ever Wanted" com Lenny Kravitz para o álbum *Mama Said*, de Kravitz. Ele funda/colabora/se apresenta com várias bandas, incluindo Cibo Matto e The Claypool Lennon Delirium. Ele lança *Into the Sun*, seu álbum de estreia solo, em **1998**. Seu sucessor, *Friendly Fire*, surge oito anos depois, em **outubro de 2006**.

## 6 de dezembro de 1991
Aos 85 anos, morre tia Mimi, em sua casa em Dorset.

## 22 de abril de 1994
Morre Richard Nixon.

# 1996
George Martin é nomeado cavaleiro da rainha e se torna Sir George, em reconhecimento aos serviços prestados à indústria da música e à cultura popular.

## 11 de março de 1997
Paul McCartney é condecorado, tornando-se Sir Paul.

**7 de dezembro de 2000**
Um dia antes do vigésimo aniversário de morte de John, Mendips recebe uma placa azul do Patrimônio Inglês. Em **março de 2002**, Yoko compra a casa e a doa à National Trust, que restabelece sua aparência original.

Yoko e sua filha, Kyoko, se reencontram depois de trinta anos separadas. Kyoko tinha sete anos quando seu pai desapareceu com ela. Yoko torna-se avó de duas crianças. Em **agosto de 2020**, Kyoko completa 57 anos.

**29 de novembro de 2001**
Aos 58 anos, George Harrison morre na casa de um amigo em Los Angeles. Suas cinzas são espalhadas em uma cerimônia hindu nos rios Ganges e Yamuna, em Veranasi, Índia. Ele deixa quase cem milhões de libras em seu testamento.

**10 de abril de 2006**
Cynthia Lennon lança seu segundo livro de memórias sobre o ex-marido, intitulado *John*.

**9 de outubro de 2007**
No dia em que John completaria 67 anos, Yoko inaugura sua obra de arte ao ar livre, o memorial Imagine Peace Tower, na ilha de Viðey, em Reykjavík, Islândia.

"Guardem a luz em seus corações e saibam que não estão sozinhos."

**9 de outubro de 2010**
No dia em que John completaria setenta anos, Julian e Cynthia inauguram em Liverpool o John Lennon Peace Monument.

**Fevereiro de 2012**
Mendips e o número 20 da Forthlin Road — os respectivos lares de infância de John e Paul —, onde escreveram músicas juntos e separados, são tombados pelo governo britânico.

**15 de novembro de 2013 — 23 de fevereiro de 2014**
Perto de completar 81 anos, Yoko inaugura *War Is Over! (If You Want It)*, uma grande retrospectiva de seu trabalho, no Museum of Contemporary Art em Sydney, na Austrália.

**1º de abril de 2015**
Aos 75 anos, Cynthia Lennon morre em casa na Espanha, em Maiorca.

**8 de março de 2016**
Aos noventa anos, morre Sir George Martin em Wiltshire.

**24 de março de 2017**
Aos 75 anos, o amigo de infância de John, Pete Shotton, morre de ataque cardíaco em Cheshire, na Inglaterra.

**20 de março de 2018**
Ringo Starr torna-se Sir Ringo — o último Beatle a ser condecorado — pelo duque de Cambridge, no Palácio de Buckingham. Como o título de cavaleiro não é concedido após a morte, George Harrison e John nunca serão chamados de "Sir".

**Maio de 2018**
Inauguração da *Double Fantasy*, exposição de Yoko sobre sua vida e seu trabalho com John — parte da contínua campanha Imagine Peace —, no Museum of Liverpool. Atraindo mais de 300 mil visitantes em sua primeira edição, a exposição, uma das mais bem-sucedidas do museu, é estendida. É a primeira a explorar a química pessoal e criativa entre John e Yoko, além de apresentar diversos objetos, artefatos, bens pessoais e recordações nunca antes expostos.

**14 de dezembro de 2018**
Sean Lennon, Mark Ronson e Miley Cyrus gravam um cover de "Happy Xmas (War Is Over)", de John e Yoko. O trio apresenta a música em 15 de dezembro, no *Saturday Night Live* da NBC.

**18 de fevereiro de 2020**
Yoko Ono Lennon completa 87 anos. Ela continua a manter viva a memória de John, em nome da paz mundial.
 www.imaginepeace.com

# NOTAS

## ECOS

1. O fim era questão de tempo. Em 20 de setembro de 1969, durante uma reunião na sede da Apple, no número 3 da Savile Row, em Londres, John informou a Paul e Ringo separadamente que ia sair do grupo. (George estava com a mãe em Cheshire.) Paul fez a mesma declaração em 9 de abril de 1970 — mas em público, em uma estranha sessão de perguntas e respostas, como se entrevistasse a si mesmo — para anunciar seu álbum solo gravado em casa secretamente, *McCartney* (Apple Records, 17 de abril de 1970). Simples e despretensiosa, a obra não agradou a crítica (mas chegou ao primeiro lugar nos Estados Unidos e ao segundo no Reino Unido, ficando atrás de *Bridge over Troubled Water*, de Simon & Garfunkel). *McCartney* conta com a faixa preferida de todos os tempos da autora, "Maybe I'm Amazed". PERGUNTA: "Você prevê um momento em que Lennon-McCartney volte a ser uma parceria de composição ativa?" PAUL: "Não." A resposta foi interpretada pela imprensa como um anúncio oficial do fim dos Beatles, foi assunto de manchetes pelo mundo inteiro, devastou George e Ringo e enfureceu John. Tendo sido o primeiro a anunciar a saída, ele foi privado de seu direito de ir a público com a notícia. Assim, 10 de abril de 1970 é reconhecido como "o dia em que os Beatles se separaram".

2. Uma das citações mais famosas de Lennon, mas não é de sua autoria. Um artigo de 1957 da revista *Reader's Digest* dá os créditos da frase ao jornalista/cartunista norte-americano Allen Saunders, 1899-1986.

3. Alan Weiss, produtor sênior do programa *Eyewitness News*, da WABC TV, Canal 7, mais tarde ganhou um Emmy por sua participação na cobertura da morte de John. "All My Loving" foi a música de abertura dos Beatles na estreia da banda no *Ed Sullivan Show*, em 9 de fevereiro de 1964. É uma composição de Paul creditada a Lennon-McCartney. "É um trabalho bom pra caramba", reconhece John em sua entrevista para a *Playboy* em 1980. "[...] Eu toco uma guitarra de fundo bem bacana."

4. *A tragédia de Hamlet, príncipe da Dinamarca*, escrita entre 1599 e 1602, Ato 3, Cena 1. A peça mais longa e influente de William Shakespeare.

⁵ Justin Bieber tornou-se o primeiro artista na história da parada oficial de singles do Reino Unido a ocupar simultaneamente a primeira, a segunda e a terceira posições, com "Love Yourself", "Sorry" e "What Do You Mean?".

⁶ "Broken light" e "tumble blindly" são expressões que aparecem na letra de "Across the Universe" (música que compõe o disco beneficente *No One's Gonna Change Our World* [1969] e é retrabalhada para o álbum *Let It Be*, de 1970). O verso em sânscrito da música, "Jai Guru Deva Om", é um mantra, cuja tradução é: "Dou graças a Guru Dev", professor do Maharishi Mahesh Yogi. O mantra está gravado em pulseiras de latão que John comprou em Rishikesh, na Índia, durante a temporada dos Beatles no país com o Maharishi, e agora pertencem a Julian. "É uma das melhores letras que já escrevi", disse John em entrevista para a *Rolling Stone* em 1971. "Na verdade, talvez seja a melhor. É poesia de qualidade, ou como queira chamar. As letras que eu gosto são aquelas que se sustentam como palavras, sem melodia. Elas não precisam ter melodia nenhuma, assim como um poema, e nós podemos lê-las." Em 4 de fevereiro de 2008, para marcar o aniversário de cinquenta anos da NASA, "Across the Universe" foi a primeira música a ser transmitida diretamente ao espaço. Transmitida por antenas da NASA à Polaris, a Estrela do Norte, localizada a 431 anos-luz da Terra, o evento também comemorou o quadragésimo aniversário da música.

## CAPÍTULO 1

¹ Sir Winston Leonard Spencer-Churchill, nascido em 30 de novembro de 1874, primeiro-ministro conservador do Reino Unido de 1940 a 1945, levou a Grã-Bretanha à vitória na Segunda Guerra Mundial. Atuou novamente como primeiro-ministro de 1951 a 1955. Morreu em 24 de janeiro de 1965, aos noventa anos, e foi honrado com um funeral de Estado.

## CAPÍTULO 2

¹ Rita Hayworth, nascida Margarita Carmen Cansino em 17 de outubro de 1918, famosa protagonista hollywoodiana dos anos 1940. Estrelou em 61 filmes, incluindo o film noir *Gilda*, de 1946, com Glenn Ford. Pin-up favorita dos soldados norte-americanos durante a Segunda Guerra Mundial. Parceira de dança preferida de Fred Astaire. Rodopiou com Gene Kelly em *Modelos*. Primeira atriz de Hollywood a se tornar uma princesa: seus cinco maridos incluíram o príncipe Aly Khan e Orson Welles. Seus lábios já foram eleitos os melhores do mundo. Na terceira idade, tornou-se a primeira face pública do mal de Alzheimer. Seu diagnóstico em 1980 promoveu a conscientização e levou a pesquisas e financiamentos. Ela faleceu em 1987, aos 68 anos.

² Uma das abortistas mais surpreendentes da história recente foi a mãe de um artista que levava as fãs à loucura muito antes da Beatlemania. Natalina Maria Vittoria Garaventa, apelidada de "Dolly" [Boneca] por conta de seu belo rosto, trabalhava como parteira e oferecia "abortos seguros" a mulheres italianas católicas de todas as partes de Hoboken, Nova Jersey, no período entreguerras. "Dolly Hapteno" foi presa pelo menos seis vezes e condenada duas vezes. Era mãe de Frank Sinatra.

3   Embora o termo "the prom" represente, na cultura norte-americana, os bailes de formatura realizados por escolas e universidades, "down the prom", ou "pelo calçadão", é uma antiga expressão britânica que designa um passeio pela orla marítima ou ribeirinha. Também curtimos "The Proms", a série de concertos de verão realizados em parques por todo o país e pela BBC no Royal Albert Hall.

4   Estudo das Experiências Adversas na Infância (Adverse Childhood Experiences, ou ACE). Referência: Bellis, M.A., Hughes, K., Leckenby, N., Perkins, C., e Lowey, H. (2014), "National Household Survey of adverse childhood experiences and their relationship with resilience to health-harming behaviours in England". *BMC Medicine*, 12 (72).

5   Hyacinth Bucket foi uma personagem de *Keeping Up Appearances*, sitcom dos anos 1990 da BBC. Patricia Routledge interpreta a esnobe e ambiciosa protagonista de classe média baixa, que pronuncia o próprio sobrenome como "Bouquet" e busca relacionamentos com seus supostos superiores enquanto se esforça para disfarçar sua família e suas origens humildes. A série virou sucesso internacional, tornando-se o programa mais exportado da BBC Worldwide.

6   Blackpool, a pouco menos de cinquenta quilômetros ao norte de Liverpool, era naquele tempo um resort muito popular de Lancashire, noroeste da Inglaterra, no Mar da Irlanda. Era famoso por seu monumento estilo Torre Eiffel — a Blackpool Tower —, seus píeres e calçadões, e o clima típico das cidades litorâneas locais, com seus chapéus divertidos, passeios equestres e barracas de algodão-doce e fish and chips.

7   Mark Lewisohn, historiador dos Beatles, oferece um relato abrangente das lembranças de Billy Hall em seu livro *All These Years Volume 1: Tune In* (Little, Brown, 2013).

8   "Scouse" é uma abreviação de "lobscouse", palavra de origem obscura, mas que lembra termos semelhantes em línguas escandinavas: "lapskaus" (norueguês), "labskovs" (dinamarquês) e "lapskojs" (sueco); além disso, temos "labskaus" em baixo-alemão, língua do norte da Alemanha e nordeste da Holanda. Também refere-se a um ensopado de mesmo nome, comumente consumido por marinheiros, feito de cordeiro ou carne bovina e cebola, cenoura e batata — não muito diferente do Lancashire Hotpot (ensopado de Lancashire) ou do Irish Stew (cozido irlandês). No século XIX, a população pobre de Liverpool e de suas províncias costumava se alimentar de *scouse* porque era uma refeição barata e fazia parte da cesta básica das famílias de marinheiros. Os integrantes da humilde classe trabalhadora que consumia *scouse* acabaram ficando conhecidos como "Scousers", além de "Wackers" ou "Wack". Um carregado dialeto *scouse* foi ganhando forma ao longo dos anos, sendo quase ininteligível para quem é de fora. Assim, enquanto os *scousers* dizem "You sag off work, give the scallies a swerve, pick your Judy up from the ozzy, bring her some clobber (or threads), and take her for some scran", no inglês padrão temos "You leave work early without permission, avoid your cocky-lad mates, collect your girlfriend from the hospital, give her some clothes and take her out for a meal" [Você sai do trabalho mais cedo sem pedir permissão, evita seus colegas petulantes, busca sua namorada no hospital, dá a ela algumas roupas e a leva para comer fora].

9   *Alice no País das Maravilhas* e *Alice através do espelho*, de Lewis Carroll, cujo poema "Jaguadarte" John adorava. A série *Just William*, de Richmal Crompton, e *O vento nos salgueiros*,

de Kenneth Graham. Outros favoritos de John incluíam *A ilha do tesouro*, de Robert Louis Stevenson, além de Edward Lear e Edgar Allan Poe. Ele contou ao amigo de infância Pete Shotton que sua ambição era um dia "escrever uma Alice".

[10] Conforme descrito no livro de memórias de Pete Shotton, *John Lennon in My Life* (Stein & Day, 1983), com coautoria de Nicholas Schaffner.

[11] "I Am the Walrus", melhor música *nonsense* de John, faz alusão à sua canção favorita na época, "A Whiter Shade of Pale", da banda Procol Harum. "Walrus" foi inspirado na criatura de Lewis Carroll em seu poema "The Walrus and the Carpenter", ou "A Morsa e o Carpinteiro", de *Alice através do espelho*. Lançada em novembro de 1967, a composição figurou em *Magical Mystery Tour*, o filme dos Beatles que foi ao ar no mês seguinte; no EP duplo de mesmo nome lançado no Reino Unido; e no LP lançado nos Estados Unidos. Também foi o lado B do sucesso número um dos Beatles, "Hello, Goodbye". Esta foi a primeira gravação da banda em estúdio após a morte do empresário Brian Epstein. O single e o EP duplo conquistaram a primeira e a segunda posições nas paradas de singles do Reino Unido em dezembro de 1967. Pete Shotton forneceu a John os versos de uma cantiga infantil que a dupla havia cantado no pátio da escola:

"Yellow matter custard, green slop pie / all mixed together with a dead dog's eye.
Slap it on a butty, ten foot thick / Then wash it all down with a cup of cold sick."

[Creme de matéria amarela, torta de gororoba verde / tudo misturado com um olho de cachorro morto.

Espalhe num sanduíche, três metros de espessura / Então, engula tudo com um copo de vômito frio.]

("Butty" é um pão de forma amanteigado, dobrado ao redor do recheio para fazer um sanduíche de uma só fatia. Daí vem aquela rara iguaria, o "chip butty", ou sanduíche de batata frita.)

Shotton também aconselhou John a mudar a letra de "waiting for the man to come" [esperando o homem chegar] para "waiting for the van to come" [esperando a van chegar]. Mais tarde, John confessaria à revista *Playboy* (1980) que escreveu trechos da música durante viagens de ácido e que vinha "tentando compor de um jeito obscuro, estilo Dylan".

O *walrus* foi revisitado na música "Glass Onion", de 1968 ("the walrus was Paul", ou "a morsa era Paul"); em "Come Together" ("walrus gumboot", ou "galocha de morsa") e na faixa solo de John, "God" ("I was the walrus but now I'm John", ou "eu era a morsa, mas agora sou John").

A gravação inclui uma leitura de *Rei Lear*, de Shakespeare, Ato IV, Cena 6, tirada de uma transmissão de rádio.

Sua transmissão foi proibida pela BBC graças ao verso: "You've been a naughty girl, you let your knickers down" [Você foi uma garota safada, deixou cair a calcinha].

Uma das composições mais lendárias dos Beatles, "Eleanor Rigby", do álbum *Revolver* (1966), foi também um single de lado A duplo com "Yellow Submarine". O álbum e o lado A duplo foram lançados simultaneamente. Liderou as paradas do Reino Unido por quatro semanas (chegou à décima primeira posição nos Estados Unidos). "Yellow Submarine" conquistou sozinha o segundo lugar nos Estados Unidos.

Música inovadora e experimental com uma narrativa desoladora sobre a solidão e a condição dos idosos, foi uma criação quase que exclusiva de McCartney. Embora Macca tenha dito que pegou o nome "Eleanor" emprestado da atriz Eleanor Bron, que apareceu no filme *Help!* dos Beatles, e que "Rigby" veio do nome de uma loja de Bristol, a Rigby & Evans Ltd (comerciante de vinhos), quando visitou a cidade para assistir à sua então namorada, a atriz Jane Asher, em *The Happiest Days of Your Life*, existe uma Eleanor Rigby de verdade enterrada no cemitério da igreja de St. Peter em Woolton, paróquia frequentada por John na infância. Mais tarde, Paul concordou que talvez tenha se lembrado de modo subconsciente do nome Eleanor Rigby na lápide — que provavelmente já viu, uma vez que ele e John passaram muito tempo por lá. Há também uma lápide com o nome "Mackenzie".

Todos os Beatles e Pete Shotton sugeriram ideias para a letra. Pete disse que o nome do padre deveria passar de Father McCartney para Father Mackenzie, para que as pessoas não presumissem se tratar de uma música que Paul havia escrito para o próprio pai. Pete também deu a ideia de dois velhos solitários se reunindo tarde demais: o vigário que preside o funeral da Srta. Rigby.

Embora John tenha alegado em 1971 que escreveu "pelo menos metade da letra ou mais", e dito em 1980 que compôs tudo com exceção do primeiro verso, Pete Shotton deixou claro que o envolvimento de John foi mínimo. Segundo Macca: "John me ajudou com alguns versos, mas eu diria que foi oitenta por cento criação minha e vinte por cento dele, por aí."

12 Citação de Bill Harry no *Liverpool Echo*, 24 de março de 2017, por ocasião da morte de Shotton por ataque cardíaco aos 75 anos.

13 A pupila permanentemente dilatada de David Bowie sempre foi atribuída a um soco que George Underwood lhe deu em decorrência de uma discussão sobre uma garota quando os rapazes ainda estavam na escola. Nas pesquisas para meu livro *Hero: David Bowie* (Hodder & Stoughton, 2016), um importante cirurgião ocular me informou que o trauma não pode ter sido o responsável pela condição, e que é mais fácil associá-la à sífilis congênita. Complicações, incluindo a neurossífilis e a sífilis meningovascular, podem levar a problemas de visão e afetar a saúde mental.

14 Palavras de John a respeito do Natal em uma entrevista de novembro de 1969 ao repórter de rádio Ken Zelig, gravada em Tittenhurst Park, a mansão de Lennon.

# CAPÍTULO 3

1 Punição física: ver também *Violence Against Children: Making Human Rights Real* (Routledge, 2017), editado por Gertrud Lenzer.

2 Entrevista de Jann S. Wenner para a revista *Rolling Stone*, publicada em 4 de fevereiro de 1971.

3 Richard Hughes: www.richardhughestherapy.com

**Referências:**
Bowlby, J. (2005). *A Secure Base*. Reino Unido: Routledge Classics.
Jung, C. G. (2018). *Os arquétipos e o inconsciente coletivo*. Brasil: Editora Vozes.

Jung, C. G. (2016). *Memórias, sonhos, reflexões*. Brasil: Nova Fronteira.
Kohut, H. (1971). *The Analysis of the Self*. Madison, CT: International Universities Press.
Kohut, H. (1978). *The Search for Self: selected writings of Heinz Kohut: 1950-1978*, Vol. 2 (P. H. Ornstein, ed.). Madison, CT: International Universities Press.
Schaverien, J. (2015). *Boarding School Syndrome: the psychological trauma of the "privileged" child*. Hove: Routledge.
Siegel, D. J. (2004). *A mente em desenvolvimento*. Brasil: Instituto Piaget.
Winnicott, D. W. (1971). *Playing and Reality*. Estados Unidos: Basic Books.
Winnicott, D. W. (2011). *Tudo começa em casa*. Brasil: Martins Fontes.

[4] *Imagine: Crescendo com o meu irmão John Lennon*, de Julia Baird (Globo Livros, 2007).

[5] O vilarejo de Durness ostenta um pequeno jardim em homenagem a John. O local foi sede do John Lennon Northern Lights Festival em 2007 — uma celebração de poesia, música, teatro e outras artes dedicadas à sua memória. John voltaria ao povoado em 1969 com Yoko e a filha Kyoko, e seu filho, Julian, quando se envolveram em um acidente no Loch Eriboll.

[6] Em conversa com a escritora Lorna Maclaren em 2002. Charles Stanley Parkes morreu de demência vascular em janeiro de 2016. No funeral, tocaram "In My Life", dos Beatles, e "Imagine", de John.

[7] Sim, o DNA já estava "na área" naquela época. O ácido desoxirribonucleico, estrutura molecular de dupla hélice que carrega o código genético de todas as formas de vida, foi identificado no fim dos anos 1860, "descoberto" em 1952 pela química e cristalógrafa Rosalind Franklin — uma conquista monumental para uma mulher numa época em que alguns refeitórios de universidades ainda eram exclusivos para homens — e estabelecido pelo biólogo norte-americano James Watson e pelo físico britânico Francis Crick em 1953. Eles receberiam o crédito por parte do Prêmio Nobel. Ela mal seria lembrada.

[8] Julia Dykins nasceu em 5 de março de 1947. Sua irmã Jacqueline, conhecida na família como "Jackie" (embora às vezes também se escreva "Jacqui"), veio ao mundo em 26 de outubro de 1949.

[9] Em algumas partes do sul dos Estados Unidos, a gaita era conhecida como "harp", "mouth harp" ou "french harp". Este termo para gaita de blues é usado no mundo inteiro hoje em dia. É possível que tenha se inspirado na harpa eólia, instrumento de área externa que é "tocado" pelo vento — assim chamado em homenagem a Éolo, o deus do vento na mitologia grega. John pode ter conhecido seu primeiro instrumento como "gob iron".

[10] Conforme descrito no livro de memórias de Pete Shotton, *John Lennon in My Life* (com coautoria de Nicholas Schaffner), publicado em 1983.

[11] *Ibidem*.

[12] Elizabeth Anderson é autora do estudo "The Powerful Bond between People and Pets: Our Boundless Connections to Companion Animals" (*Practical and Applied Psychology*), Prager Publishers, Inc., Estados Unidos, 2008.

[13] "Hornpipe" se refere a vários estilos de dança folclórica por toda a Grã-Bretanha que datam do século XVI e foram adotados por marinheiros em meados do século XVIII. A palavra também se refere à música dançada. "Blanket hornpipe" é um antigo eufemismo inglês para relação sexual.

[14] Os Quarry Men foram gravados por um dos frequentadores da festa, Bob Molyneux, em um gravador de rolo da Grundig. Molyneux topou com a fita por acaso em 1994. Ela foi vendida em um leilão da Sotheby's para a EMI Records por 78.500 libras. O selo adquiriu a gravação com o intuito de incluí-la no *Anthology*, mas depois desistiu devido à baixa qualidade do som. É muito fácil encontrar o material na internet.

"Baby Let's Play House" foi lançada em 1955 por Elvis Presley. John Lennon pegou emprestado o verso "I'd rather see you dead, little girl, than to be with another man" para a faixa "Run For Your Life" do álbum *Rubber Soul*, de 1965. "Puttin' on the Style" foi um sucesso de 1957 de Lonnie Donegan. A música tornou-se um clássico norte-americano após ter virado um hit de Marion Try Slaughter, mais conhecido como Vernon Dalhart, em 1926. Dalhart, cantor e compositor de música country, foi o primeiro artista do gênero a vender um milhão de discos.

[15] Paul McCartney em entrevista para a revista *Record Collector* em 1995.

[16] "Come Go with Me" foi um sucesso de 1957 do grupo de doo-wop The Del-Vikings. Ganhou um cover famoso dos Beach Boys no álbum *M.I.U Album* (1978) e mais tarde entrou na compilação *Ten Years of Harmony* (1981), quando foi lançada como single.

[17] Conversa de John com Hunter Davies, escritor e biógrafo dos Beatles, em 1967.

[18] Em uma entrevista de 1970 com Jann Wenner, da revista *Rolling Stone*.

[19] Peter Michael McCartney, nascido em 7 de janeiro de 1944, deixou a escola para trabalhar como alfaiate em treinamento e depois como aprendiz de cabeleireiro antes de integrar o grupo de música e comédia The Scaffold, junto do poeta Roger McGough e do cantor e comediante John Gorman. Para este propósito, adotou como sobrenome o pseudônimo McGear — sendo "gear" um termo *scouse* para "fab". Eles tiveram vários sucessos entre 1966 e 1974, incluindo "Lily the Pink", primeiro lugar das paradas no Natal de 1968. Fotógrafo prolífico desde sempre, ele publicou diversos livros e é aclamado por suas imagens únicas dos Beatles.

[20] "When I'm Sixty-Four" acabou entrando no álbum *Sgt. Pepper's Lonely Hearts Club Band*, de 1967. É possível que Paul tenha se lembrado da música que compôs na adolescência assim que a banda começou as gravações do disco no fim de dezembro de 1966 porque seu pai havia comemorado 64 anos no mesmo ano: Jim McCartney nasceu em 7 de julho de 1902.

[21] Amplamente defendida como a primeira composição de Paul, "I Lost My Little Girl" foi escrita com apenas três acordes de sua primeira guitarra, uma Framus Zenith acústica, modelo 17, que ele tem até hoje. A canção faz parte do álbum *Unplugged (The Official Bootleg)*, lança-

do por Macca em 1991. Uma variação da música com John no vocal principal foi executada pelos Beatles durante as sessões de "Get Back".

22 "La Huchette" é provavelmente uma derivação do antigo vocábulo francês "hutchet", que significa "clarim". O prédio no número 5 da Rue de la Huchette foi originalmente convertido em um clube de jazz em 1949 e recebeu grandes nomes, tais como Count Basie. O local aparece em inúmeros filmes, de *Os trapaceiros*, de 1958, a *La La Land*, de 2016.

23 Como disse Alan Sytner ao autor, locutor e especialista em Merseybeat, Spencer Leigh, em 1998, e como declarou Leigh em seu obituário de Sytner em janeiro de 2006.

24 A primeira apresentação de George Harrison no Cavern aconteceu em 9 de fevereiro de 1961, durante uma sessão de almoço.

25 Mais tarde, John explicaria que "Hello Little Girl", no estilo Buddy Holly, foi inspirada em "uma música dos anos 1930 ou 1940" que sua mãe costumava cantar para ele. Trata-se de "It's De-Lovely", de Cole Porter. Viria a ser uma das músicas que os Beatles apresentaram na malsucedida audição na Decca em 1962. Creditada a Lennon-McCartney, a composição foi gravada um ano depois pelo grupo de Merseybeat The Fourmost, e foi até produzida por George Martin. Gerry and The Pacemakers também a gravaram, mas a versão deles não foi escolhida para lançamento.

26 *Imagine: Crescendo com o meu irmão John Lennon*, de Julia Baird (Globo Livros, 2007). Em uma terrível reviravolta posterior, o pai das meninas, Bobby Dykins, também perdeu a vida em um acidente de carro no final da Penny Lane, em dezembro de 1965.

27 Conversa de John com o biógrafo dos Beatles, Hunter Davies, em 1968.

## CAPÍTULO 4

1 Charles Sargeant Jagger (1885-1934), escultor britânico que também criou o Royal Artillery Memorial, no Hyde Park Corner, em Londres.

2 Conforme descrito no livro de memórias de Pete Shotton, *John Lennon in My Life* (com coautoria de Nicholas Schaffner), publicado em 1983.

3 "Hey Jude", escrita por Paul e creditada a Lennon-McCartney, foi um single que não saiu em álbum, lançado em agosto de 1968. Muitas vezes citada como uma das melhores músicas de todos os tempos, foi o single mais longo a conquistar a primeira posição nas paradas britânicas (com sete minutos e onze segundos de duração) e hit número um em todo o mundo. Foi também o disco mais vendido do ano no Reino Unido, nos Estados Unidos, no Canadá e na Austrália. "Hey Jude" foi o primeiro single dos Beatles a ser lançado pela Apple, selo da banda. Paul a compôs originalmente como "Hey Jules", em solidariedade ao filho de John, Julian, após o pai trocar sua mãe, Cynthia, por Yoko Ono. A música foi gravada durante as

sessões para o "Álbum Branco" (também conhecido como *The Beatles*, de novembro de 1968), e foi a primeira faixa que gravaram em oito canais, no Trident Studios, Soho.

4 Entrevista da *Rolling Stone*: "John Lennon. Part Two: Life with the Lions", fevereiro de 1971, por Jann S. Wenner.

5 John Moores Painting Prize continua sendo o concurso de pintura mais famoso do Reino Unido. O nome é uma homenagem a Sir John Moores (1896-1993), patrocinador do prêmio. Lançado em 1957, ele mantém uma exposição realizada na Walker Art Gallery a cada dois anos, sendo um destaque da Bienal de Liverpool.

6 Fala de Paul McCartney no *Anthology* dos Beatles: um documentário televisivo, três álbuns duplos e um livro que conta a história da banda. Paul, George e Ringo colaboraram oficialmente. Há também filmagens de arquivo de John. A série foi transmitida originalmente em novembro de 1995. O livro foi lançado em 2000. Também foram disponibilizadas versões em VHS, LaserDisc e DVD, o último em 2003. Os três álbuns do *Anthology* contam com *outtakes*, materiais inéditos e duas músicas novas baseadas em fitas demo gravadas por Lennon depois do fim dos Beatles: "Free as a Bird" e "Real Love".

# CAPÍTULO 5

1 Aldous Huxley se refere à "paranoia 'peter-pânica'" em seu livro *A ilha*, de 1962. *Síndrome de Peter Pan*, do psicanalista Dr. Dan Kiley, foi publicado originalmente em 1983 e tornou-se um best-seller internacional.

2 Sharon Osbourne, filha do temível empresário do rock Don Arden, casou-se com Ozzy Osbourne, líder do Black Sabbath, e o empresariou como artista solo. Apollonia Kotero ficou famosa graças a Prince, estrelou em seu filme *Purple Rain* e formou sua própria empresa de talentos multimídia para gerenciar jovens artistas. Tina Davis é uma veterana da indústria da música que empresariou Chris Brown. Janet Billig Rich empresariou Smashing Pumpkins, Hole, Nirvana, The Lemonheads, Lisa Loeb e muitos outros, e é uma respeitada supervisora musical. Dianna Hart de la Garza ganhou destaque como "mãepresária" de Demi Lovato, sua filha.

3 Entrevista de Roag Best por David Leafe para o *Daily Mail*, dezembro de 2018.

# CAPÍTULO 6

1 "Cumprir as dez mil horas" é um princípio creditado a Malcolm Gladwell, autor de livros de psicologia pop que propôs que, para se tornar excepcional em qualquer disciplina, são necessárias dez mil horas de "prática deliberada". Sua afirmação de que podemos alcançar a excelência com cerca de vinte horas semanais de dedicação por um período de dez anos foi contestada. Em seu livro *Fora de série – Outliers*, Gladwell sustenta que os intermináveis shows dos Beatles em Hamburgo em idade precoce os prepararam para se tornar a maior banda da história; e que Bill Gates foi capaz de acumular sua vasta fortuna por ter grudado

na tela do computador desde a adolescência. Um estudo recente da Universidade de Princeton derrubou a teoria ao descobrir que a regra só se aplica com eficácia em áreas com regras definidas e estrutura específica, tais como xadrez, tênis e música clássica. Em "disciplinas" mais informais e movidas por talento e acaso, como o rock'n'roll e o empreendedorismo, onde não há regras, os pesquisadores demonstraram com dados extensos que a maestria é mais do que uma simples questão de prática. O talento é, e sempre foi, algo indefinível.

2   John citado no *Anthology*, de 1995, que comemora seu vigésimo quinto aniversário em 2020.

3   O existencialismo, fenômeno tanto literário quanto cultural, passou a ser identificado como um movimento cultural que cresceu na Europa nas décadas de 1940 e 1950. Vários filósofos importantes se identificaram ou foram considerados existencialistas, incluindo Jean-Paul Sartre, Albert Camus, Simone de Beauvoir e Maurice Merleau-Ponty na França, e Karl Jaspers, Martin Heidegger e Martin Buber na Alemanha. Os filósofos do século XIX Søren Kierkegaard e Friedrich Nietzsche vieram a ser considerados precursores do movimento. As próprias ideias de Sartre eram/são mais conhecidas por meio de suas obras ficcionais (*A náusea* e *Entre quatro paredes*, por exemplo) do que por seus trabalhos mais filosóficos (tais como *O ser e o nada* e *Crítica da razão dialética*). O período pós-guerra reuniu uma vasta gama de escritores e artistas sob um mesmo conceito, incluindo (retrospectivamente) Dostoievski, Ibsen e Kafka, Jean Genet, André Gide, André Malraux e Samuel Beckett. Artistas do expressionismo abstrato, como Jackson Pollock, Arshile Gorky e Willem de Kooning, e os cineastas Jean-Luc Godard e Ingmar Bergman foram avaliados em termos existenciais. Em meados dos anos 1970, a imagem cultural do movimento já havia se tornado clichê, e foi alvo de paródias em livros e filmes de Woody Allen.

4   Citação de Astrid Kirchherr em *The Beatles: A biografia*, de Bob Spitz (Lafonte, 2007).

5   Em 1968, John conheceu a verdadeira Brigitte Bardot. Ele estava nervoso, chegou chapado e mais tarde se lembrou da ocasião como "uma merda de noite horrível — ainda pior do que ter conhecido Elvis". Todo e qualquer resquício de fantasia que ainda pudesse nutrir por sua deusa da juventude desapareceu, e talvez tenha sido um divisor de águas em seu casamento com uma mulher que se tornara uma loira oxigenada para agradar-lhe.

6   Entrevista de Astrid Kirchherr para o programa de rádio *Fresh Air*, produzido pela WHYY-FM, uma estação de rádio FM da Filadélfia, e distribuído nas estações da National Public Radio (NPR) por todos os Estados Unidos em janeiro de 2008.

7   Citação de Yoko Ono no site oficial do fã-clube de Stuart Sutcliffe: www.stuartsutcliffefanclub.com

8   Entrevista de Pauline Sutcliffe para Gary James (www.classicbands.com). Seu livro, *The Beatles' Shadow: Stuart Sutcliffe and his Lonely Hearts Club* (Sidgwick & Jackson, 2001), tem coautoria do falecido jornalista Douglas Thompson. A Sra. Sutcliffe morreu em 13 de outubro de 2019.

9   Da música "You Always Hurt the One You Love", escrita por Allan Roberts e Doris Fisher — um grande sucesso dos Mills Brothers em 1944, de Connie Francis em 1958, Fats Domino

em 1960 e muitos outros, e gravada por Ringo Starr em seu álbum solo *Sentimental Journey*. Lançado no momento em que os Beatles estavam se separando, o LP inclui canções que sua mãe, Elsie Starkey, cantava pela casa quando Ringo era criança.

[10] Entrevista da autora com Frank Allen, da banda The Searchers.

[11] O gigante Ted "Kingsize" Taylor liderou a banda de rock'n'roll Kingsize Ted and The Dominoes, que surgiu na cena de Liverpool no fim dos anos 1950 como rival dos Beatles. O grupo foi empresariado por Brian Epstein por um breve período, até julho de 1963, e se apresentou no Cavern pela primeira vez em janeiro de 1961, com a participação de Cilla White, de dezessete anos, como vocalista convidada — antes da estreia de sua carreira solo como Cilla Black.

Adrian Barber ficou famoso por ter gravado *Live! At the Star-Club in Hamburg, Germany; 1962*, dos Beatles. Tornou-se ainda mais famoso como produtor e engenheiro de som da lendária Atlantic Records, de Ahmet Ertegun e Herb Abramson, onde produziu o álbum de estreia dos Allman Brothers Band em 1969. Também produziu *Loaded*, do Velvet Underground, lançado no ano seguinte.

Quando um processo judicial a respeito do possível lançamento de *The Hamburg Tapes* em CD veio à tona em 1980, Frank Allen foi convidado a comparecer como testemunha dos Beatles. O motivo exato era um mistério para ele. Tudo que foi capaz de oferecer foi ter ouvido as gravações sendo tocadas. "Nada mais", admitiu. "Mas fiz minha parte e apresentei minhas provas insignificantes no mesmo dia que George Harrison e Cliff Bennett."

*Live! At the Star-Club in Hamburg, Germany: 1962* foi lançado como álbum duplo em 1977, com cerca de trinta canções interpretadas pelos Beatles. A gravação de baixa qualidade foi feita em um gravador caseiro da Grundig com um único microfone, posicionado na frente do palco. Taylor alega que John concordou pessoalmente com a gravação ao vivo em troca de cerveja de graça até o fim. É possível que sua data, alvo frequente de controvérsias, seja 31 de dezembro de 1962, último dia dos Beatles em Hamburgo, com possíveis acréscimos gravados em outros momentos. Taylor tentou vender as fitas a Brian Epstein no auge da Beatlemania. O empresário não se impressionou com a qualidade do material e ofereceu uma soma irrisória. Taylor as guardou em casa até 1973, quando decidiu investigar o valor comercial das gravações. Allan Williams, também envolvido, contradisse a história de Taylor. O plano era vender as fitas para a Apple por cerca de cem mil libras, mas a negociação não foi adiante.

Um extenso trabalho de aprimoramento de áudio melhorou a qualidade das gravações até certo ponto, mas não é grande coisa em termos de experiência sonora. O álbum tem valor principalmente como um registro histórico das apresentações ao vivo do grupo em clubes antes da fama global. Os Beatles perderam o processo para barrar o lançamento do álbum. O material foi comercializado em diversos formatos até 1998, dezoito anos após a morte de John, quando por fim ganharam os direitos de suas apresentações.

## CAPÍTULO 7

[1] Royal Academy of Dramatic Art, Londres.

[2] A atividade sexual entre homens na Inglaterra e no País de Gales só foi descriminalizada no final dos anos 1960, e posteriormente na Escócia e na Irlanda do Norte. A Lei de Infrações

Sexuais foi aprovada e recebeu consentimento real em 27 de julho de 1967. Durante os anos 1950, a repressão era intensa.

3   "Coronel Tom Parker" começou a vida na Holanda como Andreas Cornelis van Kuijk. Fugiu para os Estados Unidos aos dezoito anos, possivelmente para escapar de processo por envolvimento em atividade criminosa, e abandonou o navio. Ele nunca teve um passaporte americano, o que significa que jamais poderia deixar os Estados Unidos. Devido à sua impossibilidade de viajar, seu protegido, Elvis Presley, nunca pôde fazer turnês fora do país. Parker evoluiu de espetáculos de carnaval para promoção musical, assumiu o título de "Coronel" e descobriu Elvis em 1955. Ele se fez indispensável para seu artista, arranjando-lhe um contrato de gravação com a RCA Victor, e capitalizou o sucesso de sua música de estreia, "Heartbreak Hotel", para fechar grandes acordos de mercadorias, contratos de TV e papéis no cinema. Parker reivindicou cinquenta por cento de tudo que Elvis ganhava. No entanto, vendeu os direitos das primeiras gravações de Presley, que lhe teriam garantido uma velhice confortável. Os Beatles prejudicaram sua popularidade. O relacionamento imprudente de Presley com a menor de idade Priscilla Beaulieu e o breve casamento mancharam sua imagem e cobraram seu preço. Elvis desenvolveu um vício em remédios controlados e chegou à obesidade. Tornou-se um número de circo em Las Vegas e também fez turnês, mas havia perdido o encanto. Parker sumiu de sua vida e perdeu boa parte da própria fortuna no jogo. Elvis morreu de ataque cardíaco em agosto de 1977, com apenas 42 anos. Parker viveu mais vinte anos e morreu em janeiro de 1997, aos 87.

4   Os Grade foram uma família de imigrantes judeus russos de sobrenome Winogradsky que se tornaram proeminentes nos anos 1940 como os principais magnatas do entretenimento britânico. Lovat/Lev/Louis Winogradsky virou Lorde Lew Grade, o Barão, figurão da mídia, produtor e promoter. Seus irmãos mais novos eram Boris/Boruch, que se tornou Lorde Bernard Delfont, um empresário teatral, e Laszlo, também conhecido como Leslie Grade, agente de artistas e cofundador (com Lew) da Grade Organisation.

5   Como se sabe, Frank Sinatra declarou que "Something" é "a melhor música de amor dos últimos cinquenta anos". Ele também a apresentava em shows ao vivo como sua "canção Lennon-McCartney favorita"... o que talvez se devesse ao senso de humor sarcástico de Frank. E, na ponte da música, Francis Albert troca a palavra "now" por "Jack": "You stick around, Jack, it may show..." George Harrison achou graça e também cantou "Jack" quando tocou sua própria música ao vivo nos Estados Unidos, em 1974, e no Japão, em 1991-2.

6   Entrevista de Jeff Dexter para a autora, Londres, 2012.

7   Entrevista de Johnnie Hamp para a autora, Stockport, 2019.

8   Conversa de Cynthia Lennon com a autora, 1989.

9   O apartamento de Brian ficava no térreo de uma casa no número 36 da Falkner Street, desde então famosa por ser a locação da conhecida série da Netflix *Peaky Blinders* e, em 2017, a cena de um assassinato real. Nem John nem Cynthia poderiam saber que a mãe de John, Julia, havia se casado com Alf no mesmo cartório, 24 anos antes, nem que também haviam celebrado a união em uma refeição no Reece's Café.

## CAPÍTULO 8

[1] Pete Best relembrando os tempos de Hamburgo em *Beatle! The Pete Best Story* (Plexus Publishing, 1985).

[2] Citação de John em *All We Are Saying: The Last Major Interview with John Lennon & Yoko Ono* (Sidgwick & Jackson, 2000), versão publicada em livro da última entrevista de David Sheff com John e Yoko, conduzida no edifício Dakota em dezembro de 1980. Mais uma vez, a memória de John parece ter falhado: ele se hospedou com Brian Epstein em Sitges, na Costa Dourada catalã, costa nordeste da Espanha. Torremolinos fica na Costa del Sol, cerca de oitocentos quilômetros a sul-sudoeste de avião e a nove horas de carro.

[3] Citação de John em *Lennon Remembers*, Jann S. Wenner.

[4] Sitges, 35 quilômetros a sudoeste de Barcelona, foi um epicentro da contracultura espanhola nos anos 1960 e ganhou fama de mini-Ibiza. Era efetivamente a "praia de Barcelona" e conta com praias gays e de nudismo.

[5] Gin, a tia paterna de Paul, teve seu momento de destaque no álbum de 1976 dos Wings, *Wings at the Speed of Sound*, na música "Let 'Em In", que chegou ao segundo lugar no Reino Unido e ao terceiro nos Estados Unidos. Assim como sua adorada tia, Paul também pôs holofotes sobre seu irmão, Mike McCartney, seu cunhado, John Eastman, e "Phil e Don": os Everly. "Uncle Ernie" refere-se ao baterista do Who, Keith Moon, que interpretou o papel de Uncle Ernie na versão em filme da ópera rock *Tommy*. Ringo deu voz ao mesmo personagem para a gravação da obra pela Orquestra Sinfônica de Londres. "Sister Suzy" é Linda McCartney, que em 1977 gravou a canção "Seaside Woman", de autoria própria, sob o pseudônimo Suzy and the Red Stripes. "Martin Luther" não se trata nem do clérigo alemão do século XVI nem do ativista norte-americano dos direitos civis do século XX, mas de John Lennon. Paul, Ringo e George costumavam chamá-lo de "John Martin Luther Lennon", possivelmente tirando sarro do nome que ele assumiu para si após se casar com Yoko em 1969: John Winston Ono Lennon.

[6] *John Lennon: For the Record*, de Peter McCabe e Robert D. Schonfeld (Bantam USA, 1984).

[7] Conversa de John e Pete em *John Lennon In My Life*, de Pete Shotton, com coautoria de Nicholas Schaffner.

[8] Em *Mick: The Wild Life and Mad Genius of Jagger*, o autor Christopher Andersen apresenta uma citação de Angie Bowie sobre o ex-marido e Mick: "Eles estavam escrevendo 'Angie' quando os encontrei juntos na cama." (Robson Press, 2012.)

[9] Conversa de John com Jann S. Wenner em *Lennon Remembers* — versão publicada em livro da longa entrevista de Wenner com Lennon, conduzida em dezembro de 1970 e lançada em partes pela revista *Rolling Stone*.

[10] Falando em comédia e paródias, Andy White era casado com a artista Lyn Cornell, ex--Vernons Girl e ex-integrante do grupo The Pearls, as protegidas de Phil "The Collector"

Swern. Como membro dos Carefrees, ela desfrutou do grande sucesso da paródia "We Love You Beatles" (1964). A favorita da autora nesta categoria continua sendo a excêntrica "All I Want for Christmas is a Beatle", de Dora Bryan (1963, vigésimo lugar nas paradas do Reino Unido).

[11] Comunicado de Paul à imprensa amplamente publicado, 9 de março de 2016.

## CAPÍTULO 9

[1] Como disse John na série *Anthology*.

[2] Referência a *Dom Quixote*, do escritor do século XVI Miguel de Cervantes. "Lutar contra moinhos de vento" significa correr atrás de um objetivo irrealista, impraticável ou impossível; ou enfrentar inimigos imaginários.

[3] *All You Need Is Ears*, de George Martin com Jeremy Hornsby (Macmillan, 1979).

[4] "Soeur Sourire" e "The Singing Nun" eram nomes artísticos da cantora e compositora belga Jeanne-Paule Marie Deckers (17 de outubro de 1933 — 29 de março de 1985), também conhecida como "Jeannine". Dentro da Ordem Dominicana católica da Bélgica, ela era irmã Luc Gabriel. Alcançou a fama em 1963 com sua versão da conhecida música francesa "Dominique", sobre um padre de sua Ordem, que foi sucesso em diversos países e chegou ao topo nos Estados Unidos, no Hot 100 da *Billboard*. Sua história extraordinária teve um fim trágico. Um contrato de gravação desfavorável a levou à miséria, a experiência abalou sua fé, ela se afastou da Ordem e se suicidou com Annie Pécher, amiga de longa data, aos 52 anos.

## CAPÍTULO 10

[1] Cynthia Lennon em seu segundo livro de memórias, *John* (Hodder & Stoughton, 2005).

## CAPÍTULO 11

[1] O Toby Jug em Tolworth, Surrey, era parada obrigatória do circuito do rock nos anos 1960 e 1970, e recebeu muitos artistas hoje famosos: Muddy Waters, Led Zeppelin, Yes, Jethro Tull, The Yardbirds, Ten Years After, King Crimson, Fleetwood Mac e, mais tarde, The Stranglers, Squeeze, The Fabulous Poodles, The Damned, Ultravox e muitos outros. David Bowie marcou presença em 1972, no que ficou conhecida como a Turnê Ziggy Stardust.
Apesar de biografias e documentários sempre citarem o Toby Jug como o local que apresentou o "primeiro" show de Ziggy Stardust, Nicky Graham — tecladista da Spiders from Mars e executivo da Mainman (empresa que cuidava de Bowie) — discorda: "O show no Ebbisham Hall, Epsom, apresentado pelo DJ Bob Harris, é aquele que nós, que fizemos parte daquilo, consideramos a primeira apresentação da Turnê Ziggy Stardust", insiste. "Não

tinha acontecido até então." O pub entrou em declínio nos anos 1990, vítima da evolução da música ao vivo, e foi demolido em 2000. Descanse em paz, lindeza.

2   Os meios-irmãos paternos de John são David Henry Lennon, nascido em 26 de fevereiro de 1969, e Robin Francis Lennon, nascido em 22 de outubro de 1973.

3   *Daddy, Come Home: The True Story of John Lennon and His Father* (Angus & Robertson, 1990), de Pauline Lennon, é um livro de memórias sobre seu amor pelo pai de John e seus encontros com o filho. Pauline se casou novamente após a morte de Freddie, assumindo o sobrenome Stone.

# CAPÍTULO 12

1   Frase atribuída a uma ampla variedade de personalidades, do produtor de filmes Samuel Goldwyn ao jogador de golfe Gary Player. A origem provavelmente remonta a Thomas Jefferson, pai fundador e terceiro presidente dos Estados Unidos, que disse: "Acredito na sorte, e acho que quanto mais trabalho, mais sorte eu tenho."

2   Este recorde de público se sustentou por oito anos, até ser superado pela banda Led Zeppelin, que reuniu 56.800 fãs no Tampa Stadium, Flórida, em 1973.
    O nome Shea Stadium é uma homenagem a William Shea, advogado de Nova York que trouxe de volta à cidade a Liga Nacional de beisebol. O estádio foi inaugurado em 17 de abril de 1964. Recebeu os Beatles novamente em 23 de agosto de 1966; também foi palco do evento beneficente Summer Festival for Peace em agosto de 1970, estrelando Paul Simon, Janis Joplin, Steppenwolf, Creedence Clearwater Revival e mais; em 1971, o show da banda Grand Funk Railroad, com abertura da Humble Pie, superou o recorde de velocidade de vendas dos Beatles. Assim como o Wembley, em Londres, o Shea se tornou um clássico estádio de shows, recebendo Jethro Tull, The Who, Simon & Garfunkel, The Police — "Gostaríamos de agradecer aos Beatles por nos emprestarem o estádio deles", exclamou Sting do palco. Recebeu também o papa João Paulo II em outubro de 1979, os Stones por seis noites em outubro de 1989, e Elton e Clapton em agosto de 1992. Após as atrocidades do 11 de setembro, o Shea foi usado como central de resgate, armazenando suprimentos médicos, alimentos e água, além de oferecer abrigo para que os trabalhadores voluntários pudessem dormir.
    Springsteen e sua E Street Band se apresentaram no local em outubro de 2003. Os últimos shows do estádio, "The Last Play at Shea", incluíram Billy Joel em 2008, quando ele se juntou a Tony Bennett, Steve Tyler, Don Henley e mais. Paul McCartney, comovente, subiu ao palco para tocar "Let It Be". O estádio foi demolido em 2009.

3   Linda Eastman casou-se com Paul McCartney em Londres, no ano de 1969. Nascida Linda Eastman em 24 de setembro de 1941, em Scarsdale, NY, o nome original de seu pai, advogado do ramo do entretenimento, era coincidentemente Leopold Epstein, anglicizado para Lee Eastman. Linda havia perdido a mãe três meses antes, no acidente do Voo 1 da American Airlines no Queens, em março de 1962. Quando compareceu ao show, estava divorciada do primeiro marido, Melville See Jr. — com quem tinha uma filha de três anos, Heather —,

havia apenas algumas semanas. Graduada, ela então trabalhava como fotógrafa, e teve acesso aos bastidores do Shea Stadium. Encontrou Paul novamente em Londres, em maio de 1967, durante um show de Georgie Fame no clube Bag O' Nails. Ela e Paul ficaram juntos na casa de Brian Epstein quatro dias depois, em uma festa de lançamento do álbum *Sgt. Pepper*; e outra vez em Nova York um ano depois, quando John e Paul foram à cidade para a inauguração da Apple Records. O casamento, em 12 de março de 1969, enfureceu as fãs e lhe rendeu agressões, pois Linda havia abocanhado o "último Beatle disponível". John casou-se com Yoko Ono em Gibraltar oito dias depois, em 20 de março. Por mais ridículo que pareça, as duas mulheres foram culpadas pela separação dos Beatles. Linda morreu de câncer de mama em 17 de abril de 1998, aos 56 anos.

A atriz e modelo Barbara Bach tornou-se Sra. Ringo (agora Lady Starkey) em 27 de abril de 1981, pouco depois de se conhecerem naquele mesmo ano, durante as filmagens de *O homem das cavernas*. Nascida Barbara Goldback em 27 de agosto de 1947, em Rosedale, no Queens, ela ganhou fama mundial como Bond Girl ao lado de Roger Moore em *O espião que me amava*, de 1977. Sua irmã, Marjorie, é a quinta esposa de Joe Walsh, dos Eagles.

4  De "Getting Better", do álbum *Sgt. Pepper*.

5  **Os filhos dos Beatles:**
Ringo: Zak Starkey nasceu em 13 de setembro de 1965 e é baterista (The Who, Paul Weller, The Waterboys, Oasis etc.); Jason Starkey nasceu em 19 de agosto de 1967; Lee Starkey, em 11 de novembro de 1970.
Paul: Heather McCartney (filha de Linda, adotada por Paul), 31 de dezembro de 1962; Mary McCartney, fotógrafa, 28 de agosto de 1969; Stella McCartney, estilista, 13 de setembro de 1971; James McCartney, músico, 12 de setembro de 1977; Beatrice McCartney, sua filha com a segunda esposa, Heather Mills, 28 de outubro de 2003.
John: Julian Lennon, músico e fotógrafo, 8 de abril de 1963; Sean Ono Lennon, músico, 9 de outubro de 1975.
George: Dhani Harrison, 1º de agosto de 1978, com sua segunda esposa, Olivia.

6  A nova-iorquina Veronica "Ronnie" Bennett, a "Bad Girl do Rock'n'Roll", era vocalista das Ronettes, *girl group* extremamente popular que também contava com sua irmã, Estelle, e sua prima, Nedra, na formação. Embora sentisse uma forte atração por John, que nutria o mesmo sentimento, Ronnie casou-se com o produtor Phil "Parede de Som" Spector em 1968. Ela sofreu anos de abuso doméstico, tendo sido até mesmo aprisionada e ameaçada com uma arma, além de ter tido sua carreira sabotada pelo marido. Como ele havia confiscado seus sapatos para evitar que ela fugisse, em 1972 Veronica foi forçada a escapar do matrimônio descalça, em meio a arames farpados e cães de guarda, com a ajuda de sua mãe. Seu livro de memórias, *Be My Baby: How I Survived Mascara, Miniskirts and Madness, Or My Life as a Fabulous Ronette* (Harmony, 1990), com prefácio de Cher e introdução de Billy Joel, é uma leitura e tanto.

Mais tarde, Spector foi escolhido para trabalhar no projeto *Let It Be*. John o contratou em 1973 para produzir sua coletânea de covers de músicas queridas dos anos 1950 e 1960, *Rock'n'Roll*. Em 1975, o álbum finalmente foi lançado (após imbróglios que envolveram Spector desaparecendo com o material gravado, um acidente de motocicleta e uma batalha judicial com o temível executivo musical Morris Levy, que processou John por violação de direitos autorais em um verso de "Come Together"). A famosa foto de capa, com John de couro diante de uma entrada de tijolos, foi tirada em Hamburgo, em abril de 1961, pelo amigo dos Beatles Jürgen Vollmer, e só foi descoberta anos depois. A respeito de Spector, John disse: "Gosto muito do trabalho dele. Não morro de amores pela personalidade."

## CAPÍTULO 13

[1] O nome do antigo estádio, que ficava na tempestuosa costa oeste da baía de San Francisco, vem do numenius americanus — em inglês, chamado de "candlestick bird" —, uma variedade de maçarico muito comum na região.

Paul McCartney fez o último show do local em agosto de 2014, antes da demolição do estádio. Primeiras e últimas vezes: as favoritas de Paul.

[2] De "Os Homens Ocos", T.S. Eliot.

[3] *Geta* é o tradicional calçado plataforma de madeira, semelhante a uma mistura de chinelo com tamanco, usado pelos japoneses.

## CAPÍTULO 14

[1] Johann Wolfgang von Goethe, poeta, filósofo, romancista, dramaturgo e estadista alemão, criador de *Fausto*, figura proeminente no movimento literário Sturm und Drang (Tempestade e Ímpeto) do século XVIII, cuja ideia principal era expressar emoções humanas extremas em obras criativas, especialmente na música e na literatura.

[2] Ken Townsend, engenheiro de som da EMI, inventou a técnica ADT (Artificial/Automatic Double Tracking) no início de 1966, graças a pedidos expressos de John. Lennon não suportava o trabalhoso processo de *double tracking/overdubbing* durante as sessões de gravação e não parava de importunar os técnicos para que criassem alguma forma mecanizada de realçar os sons. Foi Townsend quem teve a ótima ideia de acrescentar delays de fita na primeira gravação "simples" para "incrementar" a voz de John, o que surtiu um efeito semelhante a usar um tônico para fortalecer os cabelos antes de secá-los com o secador! Os delays de fita encorpavam e enriqueciam o som. Os Beatles também começaram a usar a técnica nas gravações instrumentais. Em "Tomorrow Never Knows", o que se ouve é *double tracking* manual, mas o restante de *Revolver* de fato se beneficia da técnica ADT. Confira a onírica guitarra reversa de George em "I'm Only Sleeping" e sua guitarra principal em "Taxman". Além delas, temos também "Within You, Without You", "Being for the Benefit of Mr. Kite!", "Blue Jay Way" e "I Am the Walrus". Muitos músicos adotaram a técnica ao longo dos anos 1960 e 1970. Sua popularidade caiu com o advento da tecnologia digital na década de 1980. Técnicas antes inimagináveis passaram a ser obtidas com facilidade graças a um simples programa de computador.

[3] *All You Need is Ears*, de George Martin com Jeremy Hornsby, 1979.

4   "Wedding Bells", dos anos 1920, um clássico dos quartetos a capela, com letra de Willie Raskin e Irving Kahal, e música de Sammy Fain. Paul provavelmente conhecia a versão de 1954, gravada pelos Four Aces.

5   Novo Testamento da Bíblia Sagrada, 1 Coríntios, 13:11, Primeira Carta de São Paulo Apóstolo aos Coríntios (Bíblia King James). A conclusão é que o mesmo acontecerá para os crentes quando Cristo retornar, e quando nosso entendimento parcial de Deus se tornar pleno, maduro e "conhecedor".

6   PPL PRS Ltd é o órgão de licenciamento de música do Reino Unido, combinando organizações que protegem os direitos de execução das músicas e arrecadam royalties em nome dos artistas. www.pplprs.co.uk

7   Mais tarde, a sequência dos Beatles no *Our World* foi colorida digitalmente, modernizando-a para a série *Anthology*.

8   Entrevista de John para a *Rolling Stone*, em 1970.

# CAPÍTULO 15

1   Um retiro espiritual em um *ashram* é geralmente afastado de outros assentamentos humanos e situado em um ambiente calmo e natural, saudando aqueles em busca de orientação e iluminação. Exige-se que os participantes vivam de forma simples, sem os elementos de seus estilos de vida usuais, e que abram mão de prazeres e "maus" hábitos, como cigarro, álcool e drogas.
    Rishikesh, ao norte da Índia, considerado um dos lugares mais sagrados do hinduísmo, localiza-se nas montanhas de onde surge o rio Ganges. É a capital mundial da yoga, recebendo o festival internacional de yoga todo mês de março.

2   A mãe deles, Maureen O'Sullivan, atriz irlandesa-americana que estrelou em mais de sessenta filmes de Hollywood, interpretou Jane ao lado de Johnny Weissmuller (Tarzan) nos filmes do "homem-macaco" dos anos 1930 e 1940. Ela e seu marido, o diretor John Villiers Farrow, tiveram juntos sete filhos.

3   Entrevista de John para a *Playboy*, publicada em 1981. Prudence Farrow Bruns lançou seu livro de memórias, *Dear Prudence: The Story Behind the Song*, em 2015. Citação de Prudence em entrevista à *Rolling Stone*, setembro de 2015.

4   Embora Jenny tenha conhecido Mick Fleetwood aos dezesseis anos, eles tiveram um longo relacionamento com muitas idas e vindas antes de se casarem em 1970, divorciando-se seis anos depois. Ela se casou novamente com o baterista do Fleetwood Mac no ano seguinte, divorciando-se mais uma vez um ano depois. O casal teve duas filhas. Ela se tornou uma esposa do rock pela terceira vez ao se casar com o baterista Ian Wallace (Bob Dylan; Bonnie Raitt; King Crimson; Crosby, Stills and Nash; Don Henley), mas o relacionamento também terminou em divórcio. No fim dos anos 1980, Jenny ingressou na UCLA, obtendo um Ph.D. em Comportamento Humano. Tornou-se consultora clínica, escritora e autora. Seus livros publicados incluem *It's Not Only Rock'n'Roll* e *Jennifer Juniper: A Journey Beyond the Muse*.

5   Donovan, entrevista para a *Rolling Stone*, 2012.

6   Como citado em *Lennon Remembers*, de Jann S. Wenner.

7   *Um conto de duas cidades*, Charles Dickens.

8   Em 2019, anunciou-se que o diretor de *O senhor dos anéis*, Peter Jackson, foi convidado a transformar 58 horas de filmagens de arquivo e 140 horas de gravações em áudio, mais os registros do show no telhado, em um novo documentário *Let It Be*. Uma reedição do documentário original deve ser lançada após a estreia do filme de Jackson em 2021, para comemorar seu quinquagésimo aniversário.

9   "Hey Jude" nasceu como "Hey Jules", escrita para Julian Lennon com o intuito de ajudá-lo a se sentir melhor após a separação dos pais. Foi o primeiro disco dos Beatles a ser gravado em oito canais, no extinto Trident Studios, St. Anne's Court, Soho de Londres. Com sete minutos e onze segundos, é até hoje o single mais longo a alcançar o primeiro lugar no Reino Unido. Compare-o a "American Pie", de Don McLean, de oito minutos e meio, *mas* dividida em duas partes pela gravadora; "Layla" de Clapton, de sete minutos e oito segundos, a versão do álbum; "Bohemian Rhapsody" do Queen, um single de seis minutos; "MacArthur Park", gravada por Richard Harris, de sete minutos e 21 segundos; e "Light My Fire", do Doors, com sete minutos e seis segundos no álbum.
    Julian só descobriu que Paul escreveu "Hey Jude" para ele na adolescência.

10  Citação de Paul em *Paul McCartney: Many Years from Now*, de Barry Miles.

11  Citação de Julian em *The Beatles: A história por trás de todas as canções*, de Steve Turner.

12  Cynthia foi casada com o hoteleiro Roberto Bassanini de 1970 a 1973; com John Twist, engenheiro de Lancashire, de 1976 a 1982; viveu com Jim Christie, chofer de Liverpool, por dezessete anos, até se separarem em 1998; seu quarto e último casamento, com o dono de casa noturna barbadense, Noel Charles, durou de 2002 até a morte dele por câncer em 2013. Em 2015, Cynthia também morreu de câncer.

13  "The Ballad of John and Yoko", single dos Beatles lançado em maio de 1969: décimo sétimo single, primeiro disco da banda lançado em stereo, além de último *Number One* britânico. John compôs a música em Paris. Somente dois Beatles aparecem na gravação: John na guitarra principal, e Paul tocando bateria e baixo.

# CAPÍTULO 16

1   Entrevista com a autora.

2   "Goin' Back", sucesso de Gerry Goffin e Carole King, 1966. Foi gravado por muitos, em especial Dusty Springfield, The Byrds, Freddie Mercury como Larry Lurex e pela própria Carole.

3   O bangalô de tia Mimi ficava em um terreno que desde então se tornou uma das mais valiosas propriedades litorâneas do mundo, domínio dos ricos e famosos. O imóvel foi vendido por Yoko Ono após a morte de Mimi, e mais tarde demolido. A propriedade que hoje ocupa o mesmo terreno foi recentemente renovada e renomeada "Imagine". Foi avaliada em 7,2 milhões de libras.
    Mimi Smith foi entrevistada por Christopher Peacock para a Southern Television em 1981, sua única entrevista televisiva.

4   Os Beatles conheciam Maureen desde os tempos de Cavern Club. Tinha apenas dezesseis anos quando começou a namorar Ringo. Era praticamente cunhada de John, Paul e George, daí a famosa repreensão de John.
    Pattie Boyd inspirou dez canções: "I Need You", "Something" e "For You Blue", dos Beatles. "Layla", de Derek and The Dominos (Clapton). "Mystifies Me" e "Breathe on Me", de Ronnie Wood. "So Sad", de George Harrison. "Wonderful Tonight", "She's Waiting" e "Old Love", de Eric Clapton.

5   Pete Shotton em conversa exclusiva com David Stark no ano de 1983, numa entrevista gravada e nunca antes publicada. Aos 75 anos, Shotton morreu em casa, em Cheshire, de ataque cardíaco, no dia 24 de março de 2017.

6   A adolescente em questão, Gail Renard, deu um jeito de entrar no quarto levando um presente para a filha de cinco anos de Yoko, Kyoko. Embora tenha passado a semana inteira lá, era mandada para casa todas as noites. Em 2008, para consertar um vazamento no telhado, ela leiloou a letra de "Give Peace a Chance" escrita à mão, presente de John para ela.
    Roger Scott criou inúmeros documentários dos Beatles para a Westwood One, companhia norte-americana de distribuição de rádio, incluindo a série de nove episódios *Sgt. Pepper's Lonely Hearts Club Band — A History of the Beatle Years 1962-1970*, coproduzida pelo historiador dos Beatles Mark Lewisohn. Roger morreu em 31 de outubro de 1989, aos 46 anos. Em 7 de dezembro do mesmo ano, houve na Abbey Road um concerto em sua memória, com participações de Chris Rea, Mark Knopfler, Dave Edmunds, Nick Lowe e outros. Cliff Richard, o cantor que inspirou o caso de amor de Roger com a música, cantou a canção que despertou a paixão de Scott: "Move It". Como disse "Whispering Bob" Harris: "Roger Scott foi o melhor DJ que já pisou neste planeta."

## CAPÍTULO 17

1   John e Yoko em entrevista a Tariq Ali e Robin Blackburn para o jornal underground *Red Mole*, em janeiro de 1971.
    John em conversa com seu amigo Roy Carr, músico do grupo The Executives, autor dos Beatles, funcionário da *NME* a partir de 1970 e editor da revista em 1972.

2   Entrevista de Tony Cox à revista norte-americana *People*, em fevereiro de 1986.

3   O "filme sobre traseiros" é um curta, *Film No. 4. 1966-67*, também conhecido como *Bottoms* ou "o filme dos traseiros". Consistindo inteiramente em imagens de nádegas de pessoas famosas, a intenção de Yoko foi "encorajar o diálogo pela paz mundial".

⁴ Relatado pela jornalista britânica Sharon Churcher no *Advertiser*, da organização norte-americana Cult Education Institute, em janeiro de 2001.

## CAPÍTULO 18

¹ O antigo Serviço de Imigração e Naturalização (Immigration and Naturalization Service, ou INS) foi extinto em 1º de março de 2003 como parte da reforma que se seguiu aos ataques terroristas de 11 de setembro. Os três novos subdepartamentos criados sob o Departamento de Segurança Interna (Department of Homeland Security, ou DHS) são: Serviço de Cidadania e Imigração dos Estados Unidos (US Citizenship and Immigration Services, ou USCIS); Imigração e Alfândega dos Estados Unidos (US Immigration and Customs Enforcement, ou ICE); e Alfândega e Proteção de Fronteiras dos Estados Unidos (US Customs and Border Protection, ou CBP).

² "Zipless fuck" no original. Expressão cunhada pela escritora Erica Jong em seu romance feminista de 1973, *Medo de voar*, que denota relações sexuais entre parceiros desconhecidos sem nenhum tipo de envolvimento emocional. Hoje com 78 anos, Jong descreve este tipo de sexo como "sem zíper" porque "quando ficavam juntos, zíperes caíam feito pétalas de rosas, roupas íntimas soltavam-se feito sementes de dentes-de-leão. Para o melhor e verdadeiro sexo sem zíper, era essencial nunca conhecer muito bem o homem". O livro tocou mulheres insatisfeitas do mundo inteiro e vendeu vinte milhões de exemplares!

³ Nascida na Suécia, Greta Garbo (18 de setembro de 1905 — 15 de abril de 1990), atriz hollywoodiana dos anos 1920 e 1930, ficou famosa por "querer ficar sozinha".

⁴ Hoje o Grand Hyatt New York.

⁵ Apesar de John ter sido o primeiro ex-Beatle a lançar um single solo — "Give Peace a Chance", de John e Yoko, em 1969 —, ele foi o último a conquistar o primeiro lugar das paradas. George Harrison chegou lá em 1970, com "My Sweet Lord". Paul McCartney, com "Live and Let Die", e Ringo Starr, com "Photograph" e "You're Sixteen", conquistaram o topo em 1973. "(Just Like) Starting Over", de John, chegou à primeira posição no fim de dezembro de 1980, três semanas após sua morte.

⁶ Conversa de John com David Sheff, 1980.

## CAPÍTULO 19

¹ Entrevista de Yoko Ono a Philip Norman para o livro *John Lennon: A vida* (Companhia das Letras, 2009).

## CAPÍTULO 20

[1] O capitão Hank Halstad, Tyler Coneys e seus primos, Ellen e Kevin, foram a tripulação de John.
    Fenômeno da "maldição do Triângulo das Bermudas", uma área do Atlântico Norte em que navios e aviões supostamente desapareceram sem deixar vestígios. Muitos sumiços notáveis já foram refutados, mas a teoria da conspiração que alega atividades paranormais persiste.

## CAPÍTULO 21

[1] Em 2017, a NMPA (National Music Publishers Association) dos Estados Unidos anunciou planos de reconhecer a coautoria de Yoko em "Imagine", corrigindo "um erro histórico" cuja culpa John admitiu em sua entrevista com Andy Peebles. Mais tarde, Yoko recebeu um Centennial Award da NMPA, dizendo: "Este é o melhor momento da minha vida."

[2] Pete Shotton citando George Harrison em sua entrevista com David Stark.

# EM OUTRAS PALAVRAS

"Você não acha que os Beatles deram cada maldito pedacinho de si para se tornarem os Beatles? Isso ocupou toda uma parte da nossa juventude — aquele período inteiro. Enquanto todo mundo estava vagabundeando, nós estávamos trabalhando 24 horas por dia!"

John Lennon

"Na música pop atual, apenas duas coisas me interessam: rock'n'roll e poesia de vanguarda. Só tenho interesse por um grupo hoje em dia, Marc Bolan e o T. Rex. Ele é o único capaz de me empolgar, e mal vejo a hora de reencontrá-lo. Ele faz rock'n'roll de qualidade; tem boa batida e realmente agita. Mas são as letras em especial que me encantam. Sua escrita é nova, e eu nunca tinha lido letras tão divertidas e verdadeiras quanto as dele. Tirando algumas exceções americanas, Marc Bolan é o único que me chamou atenção, e acredito que sua mitologia também seja real. Ele vai lançar um livro de poesia em breve, e estou ansioso para lê-lo várias vezes. Marc Bolan é o único capaz de suceder aos Beatles."

John Lennon

"Eles deram aos ingleses a ilusão de ter valor novamente. A gente amava ouvir aquilo. *Cara*, como a gente amava ouvir aquilo."

David Bowie

"O que mantinha os Beatles muito à frente de todos era que estavam prontos para mudar, fazer coisas diferentes. Nenhum disco era uma cópia do outro. Nós nunca caímos na síndrome de *Star Wars II*, refazendo um trabalho com novo título."

Sir George Henry Martin CBE

"No meu país, os Beatles mudaram o rumo da sociedade. Tínhamos resistido ao peso da Segunda Guerra Mundial, e os Beatles disseram: 'Chega.' Isso criou um sistema de crenças que não envolvia dinheiro — embora o dinheiro obviamente cumprisse seu papel —, religião nem guerra. Tratava-se de mover a sociedade através da cultura, de ser jovem e diferente de nossos pais. Tratava-se de encanto, prazer e satisfação. Tratava-se de amor."

Danny Boyle, diretor do filme *Yesterday*

"Meu modelo de negócio são os Beatles. Eram quatro rapazes que mantinham as tendências negativas uns dos outros sob controle. Eles se equilibravam, e o todo era maior do que a soma das partes. É assim que enxergo os negócios. Grandes feitos nunca são trabalho de uma só pessoa, mas de uma equipe."

Steve Jobs

"Estávamos dirigindo pelo Colorado, o rádio estava ligado, e oito das músicas do Top 10 eram dos Beatles — 'I Wanna Hold Your Hand' e todas aquelas dos primeiros anos. Eles estavam fazendo coisas que mais ninguém fazia. Os acordes eram absurdos, simplesmente absurdos, e as harmonias validavam tudo […] Eu sabia que eles estavam apontando a direção para onde a música deveria seguir."

Bob Dylan

"Eu amo os Beatles. O que mais posso dizer? Não vou mentir para você. Eu amo os caras. Eles me fazem feliz. Acho que eles foram os melhores, e ainda são."

Liam Gallagher

"Não acho que ninguém chegue perto dos Beatles, incluindo o Oasis."

Brian May

"Foi algo diferente, virou o jogo. Quatro caras tocando e cantando, escrevendo seu próprio material […] O rock'n'roll bateu na minha porta e não parecia ter saída […] Um mundo de possibilidades se abriu diante de mim."

Bruce Springsteen

"Aquela apresentação [no *Ed Sullivan Show*] mudou minha vida […] Até aquele momento, eu nunca tinha pensado em fazer do rock uma carreira. E quando vi quatro caras que não pareciam ter saído da fábrica de estrelas de Hollywood, que tocavam suas próprias músicas e seus próprios instrumentos, e especialmente porque dava para ver uma expressão no rosto de John Lennon — que parecia sempre dizer: 'F\*\*\*-se!' —, eu disse: 'Conheço esses caras, me identifico com esses caras, eu *sou* esses caras. É isso que vou fazer: tocar em uma banda de rock.'"

Billy Joel

"Seu blefe era fachada. Ele costumava tirar os óculos, aqueles óculos de vovó, e dizer: 'Sou só eu!' Os óculos eram tipo um muro, sabe? Um escudo. Esses são os momentos que guardo com carinho.

Conversei com Yoko um dia depois do assassinato, e a primeira coisa que ela me disse foi: 'O John gostava muito de você.'"

Sir James Paul McCartney, CH, MBE

"Muitas pessoas ficaram tão chocadas quanto eu […] Estive em Nova York na casa dele, no Dakota. Ele foi ótimo. Corria para lá e para cá pela casa, cozinhando o jantar e tocando muita música indiana, o que me surpreendeu […] ele tinha evoluído.

O ponto é que eu não o via há muito tempo. Quer dizer, até onde eu sabia, ele ainda poderia estar lá, sabe, porque de qualquer maneira a gente não se via há dois anos. Ocasionalmente ele me mandava um cartão-postal. E eu sabia que ele estaria do outro lado da linha caso quisesse ligar. Essa é a diferença. Agora, precisamos do grande telefone cósmico para falar com ele [...] Acredito que a vida segue em frente. Então, para mim, não dá para ficar triste [...] Vamos todos nos encontrar de novo em algum ponto ao longo do caminho."

GEORGE HARRISON, MBE

"Ainda choro quando penso que um desgraçado atirou nele.

"Pegamos um voo para Nova York e fomos até o apartamento. 'Podemos ajudar em alguma coisa?' E Yoko disse apenas: 'Bem, brinque com Sean. Mantenha Sean ocupado.' E foi o que fizemos.

"Sinto falta da amizade dele. Sinto falta de encontrá-lo. Sinto muito [...] por não estarmos juntos agora. É disso que tenho saudade. Costumo ir muito a Nova York, dou sempre um alô a Yoko, e é péssimo, sabe? Mas ele ainda está no meu coração."

SIR RICHARD STARKEY, MBE (TAMBÉM CONHECIDO COMO RINGO STARR)

"No que dizia respeito à música, John Lennon estava sempre em busca do impossível, do inalcançável. Ele nunca estava satisfeito."

SIR GEORGE HENRY MARTIN, CBE

"Meu pai enchia a boca para falar de paz e amor ao mundo, mas nunca foi capaz de demonstrá-los às pessoas supostamente mais importantes para ele."

JULIAN LENNON

"Tenho muitas lembranças de nós dois simplesmente conversando, assistindo à TV. O momento de dizer 'boa noite' era íntimo para mim. Éramos só eu e ele. A voz dele tinha algo de muito reconfortante. E ele fazia uma coisa muito bonitinha: acendia e apagava as luzes no ritmo do que estava dizendo. Ele dizia: 'Boa noite, Sean', e as luzes faziam [Sean reproduz o som do clique]. Isso me fazia tão bem."

SEAN LENNON

"O fato de ele ser honesto demais talvez tenha ofendido algumas pessoas [...] ele era muito direto, extremamente aberto com as pessoas. Penso que, às vezes, acabamos pagando um preço alto por isso [...] e ele corria o risco, eu acho."

YOKO ONO LENNON

"Acredito que ele tenha descoberto seu espaço. Não acho que tenha encontrado a completa satisfação na vida porque penso que estava sempre procurando, sempre correndo atrás dela, sempre em busca de alguma coisa nova. Quer dizer, ele ia voltar à Inglaterra perto do fim, pouco antes de morrer. Então, ele estava em constante mudança e sempre atrás de novos desafios. Mas o que quer que fizesse, era sempre com honestidade e sinceridade."

CYNTHIA LENNON

"Lennon era um homem de muito talento e, acima de tudo, um sujeito muito gentil. John e seus colegas estabeleceram um padrão elevado, através do qual a música contemporânea continua a ser avaliada."

FRANK SINATRA

"Quarenta anos é uma idade muito precoce para deixar este planeta, mas, como artista, a maneira como Lennon foi morto é muito trágica e assustadora para mim. No meio musical, ele de fato foi um dos maiores pioneiros do mundo, e tenho certeza de que muitos sentirão sua falta, especialmente nós, seus pares."

Smokey Robinson

"Eu o conheci em Londres no ano de 1963. As Ronettes eram a sensação da Inglaterra naquela época. Ele nos viu e entrou em contato com nosso empresário, e fomos a uma festa em que dançamos a noite inteira com a rapaziada, ensinamos a eles as danças de Nova York. Ele gostava de mim por mais do que simplesmente minha voz [...] Eu tinha apenas dezenove anos, estava começando a crescer, e ele sabia das coisas [...] A gente se encontrou na rua, anos depois. Ele gritou meu nome: 'Ronnie!', e eu me virei; foi tão legal [...] ele foi morto pouco depois disso [...] Fiquei arrasada, não saí da cama por uma semana. Me partiu o coração. Sempre penso em John quando estou em um estúdio de gravação. Não dá para evitar. Ele é um espírito que fala comigo, dizendo: 'Não desista.'"

Ronnie Spector

"O fim de semana em que fomos para Bangor [no País de Gales, onde o Maharishi estava dando uma palestra] foi muito intenso, porque todos nós viajamos de trem: os Beatles, eu, Mick Jagger e o Maharishi. Então, durante o fim de semana, recebemos a notícia de que Brian Epstein tinha morrido de overdose. John ficou devastado. Eu queria ter ido ao retiro na Índia — não porque gostasse do Maharishi, porque não gostava. Só para presenciar os apartes de John e assistir à coisa toda desmoronar — porque foi o que aconteceu. Eu ia amar estar ali para ver tudo isso. O legado de John? É difícil expressar em palavras. Quer dizer, não é nada de mais. Ele só mudou a face da música popular para sempre, né?"

Marianne Faithfull

"Gostava muito de John. Era com ele que eu me dava melhor. Não éramos melhores amigos, mas sempre fomos amistosos. Depois que os Beatles e os Stones pararam de tocar em clubes, não nos víamos muito, até que ele se separou de Yoko, por volta de 1974. Ficamos bem próximos de novo. E, quando voltou com Yoko, ele hibernou [...] Quando eu ia visitar alguém no Dakota, deixava um recado para ele, dizendo: 'Eu moro aqui perto. Sei que não quer ver ninguém, mas se quiser, por favor, me dá uma ligada.' Ele nunca ligou."

Sir Michael Philip Jagger

"É bem difícil me lembrar de quando conheci John. Deve ter sido em meados de 1974, por aí [...] Começamos a passar tempo juntos. Ele era um dos homens mais brilhantes, perspicazes e realmente socialistas que já conheci na vida. Socialista na verdadeira definição da palavra, não em um sentido político fabricado. Um verdadeiro humanista. E tinha um senso de humor bem malicioso, que eu, como bom inglês, adorava. Pensei que seríamos amigos para sempre e que nos daríamos cada vez melhor. É. Doce ilusão."

David Bowie

"Eu realmente amava John. E quando amamos tanto assim uma pessoa, não acho que seja possível superar a morte dela."

Sir Elton Hercules John, CBE

"Lembro que fiquei sabendo da morte de John Lennon [quando eu estava] na Flórida. Estava acordando depois de uma sessão no Criteria Studios até tarde da noite. Lamento até hoje não ter abandonado as gravações para prestar homenagens do lado de fora do edifício Dakota. Ele era meu herói absoluto."

BARRY BLUE

"Ele escrevia o que sentia. Ele sempre escrevia a verdade. Sempre dizia: 'Escrevo a verdade e a faço rimar.' Ele era sua música. Era também extremamente generoso. Não no sentido monetário da coisa, embora ele também fosse. O que quero dizer é que, se ele gostasse de você e confiasse em você […] realmente lhe dava algo de si mesmo […] que você podia levar para sempre."

JACK DOUGLAS, ENGENHEIRO DE SOM DO ÁLBUM *IMAGINE*, PRODUTOR DE *DOUBLE FANTASY*

"Paralisadas pela descrença e pela tristeza, minha melhor amiga Hillary e eu fomos para a cama com uma garrafa de Baileys e assistimos a horas de filmagens na TV. O que mais poderíamos fazer?"

MIRIAM STOCKLEY, CANTORA E COMPOSITORA SUL-AFRICANA

"Encontrei John diversas vezes em Los Angeles e em Nova York, às vezes socialmente, porque por acaso estava no mesmo lugar que eu em algum canto da cidade e não se importava se eu me juntasse a ele e a quem mais o acompanhasse. Mais ou menos na terceira ocasião, depois de eu ter feito uma longa entrevista [com ele] para a *Melody Maker*, fui um pouco ousado e pedi seu número de telefone. Ele disse que não sabia. Era Yoko quem cuidava dessas coisas. Mas disse que, se eu quisesse entrar em contato, deveria lhe enviar um telegrama [para o Dakota] e dar meu número. Se estivesse em casa, me ligaria de volta. Fizemos isso umas três ou quatro vezes. Marquei duas entrevistas dessa maneira, nunca por meio de assessores. Ray Coleman [escritor] me pedia para conseguir aspas dele sobre isso ou aquilo. Em outra ocasião, falamos sobre sua situação imigratória. 'Olá, Chris, aqui é o Johnny Beatle', dizia quando me ligava. Por fim, acabou me dando o número de seu escritório particular. Ainda o tenho em minha antiga agenda telefônica daqueles tempos. Compareci à sua audiência do Green Card, e a última vez que o vi foi na rua assim que acabou. Ele estava segurando o Green Card nas mãos, e mencionei que não era verde, mas azul! Ele riu. Estava muito feliz naquele dia. Pouco tempo depois, enviei meu último telegrama a John. Ele não me ligou de volta, mas me mandou um cartão-postal. Ainda o guardo comigo."[1]

CHRIS CHARLESWORTH, JORNALISTA, AUTOR E EX-EDITOR CHEFE DA OMNIBUS PRESS

"John Lennon é a figura mais icônica da música desde os anos 1950. É o mais estimado: mais do que Michael Jackson, mais do que Elvis Presley, mais do que todos. Isso não é necessariamente justo. Paul McCartney é o melhor compositor, sem dúvida. Ele cria melodias primorosas. As composições de John são mais funcionais. Se juntarmos todas as músicas de John, não teremos uma grande quantidade. Sua popularidade duradoura tem a ver com o fato de ter sido assassinado, é claro. Isso fomenta todo o romantismo da coisa. Mas será que ainda seria tão reverenciado hoje em dia se não tivesse morrido? Não tenho certeza. Não quero

---

[1] Para combater fraudes, o INS mudou o design do Green Card dezessete vezes entre 1952 e 1977, de acordo com a American Immigration Lawyers Association (AILA). Em 1964, por exemplo, a cor passou a ser azul-claro. As mudanças de cor ajudavam os funcionários da imigração a identificarem documentos novos e vencidos com mais rapidez.

subestimar ou menosprezar sua inteligência, seu incrível conhecimento e compreensão da música contemporânea, nem sua habilidade de captar e manejar as nuances da indústria — e do mundo. John foi, sem dúvida, o líder em tudo de novo e experimental que os Beatles fizeram. No grupo, ele era o único que se interessava pelo funcionamento da indústria da música."

SIMON NAPIER-BELL, PRODUTOR MUSICAL, COMPOSITOR,
EMPRESÁRIO ARTÍSTICO, AUTOR E CINEASTA

## ALGUMAS MÚSICAS EM HOMENAGEM A JOHN

"Here Today" — Paul McCartney, do álbum *Tug of War*, 1982.
"I'm Outta Time" — Oasis, do álbum *Dig Out Your Soul*, 2008.[2]
"Edge of Seventeen" — Stevie Nicks, de seu álbum de estreia *Bella Donna*, 1981.
"All Those Years Ago" — George Harrison, do álbum *Somewhere in England*, 1981.
"Life Is Real" — Freddie Mercury, do álbum *Hot Space* (Queen), 1982.
"11:07pm" — Dizzy Mizz Lizzy, 1996.
"I Just Shot John Lennon" — The Cranberries, do álbum *To the Faithful Departed*, 1996.
"Ballad of John Lennon" — The Elect,[3] 1997.
"Roll on John" — Bob Dylan, do álbum *Tempest*, 2012.
"Empty Garden (Hey Hey Johnny)" — Elton John, do álbum *Jump Up!*, 1982.
"Moonlight Shadow" — Mike Oldfield,[4] 1983.

---

[2] Com ares de "Jealous Guy", de John, e "A Day in the Life", dos Beatles, a música inclui não só um mellotron e o filho de Ringo, Zak Starkey, na bateria, mas também um áudio de John retirado de uma de suas entrevistas em 1980: "As Churchill said, it's every Englishman's inalienable right to live where the hell he likes. What's it going to do, vanish? Is it not going to be there when I get back?" [Como Churchill disse, é direito inalienável de todo inglês viver onde raios quiser. O que vai acontecer, sumir? O lugar não vai mais estar ali quando eu voltar?]

[3] Uma banda de Lusaka, Zâmbia, formada em 2009.

[4] Muitos consideram que esta música fale do assassinato de John. Quando questionado sobre o assunto em uma entrevista de 1995, Oldfield disse: "Acho que não [...] Bem, talvez, quando olho em retrospecto, talvez seja. Na verdade, cheguei a Nova York naquela noite horrível em que ele foi baleado e eu estava na Virgin Records, na Perry Street, que ficava a poucos quarteirões de distância do edifício Dakota, onde tudo aconteceu, então isso provavelmente se infiltrou no meu subconsciente [...]"

# MÚSICA

A obra completa dos Beatles, que consiste em doze álbuns (alguns dizem onze, desconsiderando a trilha sonora do filme *Yellow Submarine*, enquanto outros afirmam serem treze, com a inclusão do EP *Magical Mystery Tour*, que não foi gravado como álbum, mas que mais tarde foi lançado como tal em alguns territórios), foi produzida em um período de apenas sete anos.

## ÁLBUNS DOS BEATLES

(Datas de lançamento no Reino Unido)

*Please Please Me* (1963)
*With The Beatles* (1963)
*A Hard Day's Night* (1964)
*Beatles For Sale* (1964)
*Help!* (1965)
*Rubber Soul* (1965)
*Revolver* (1966)
*Sgt. Pepper's Lonely Hearts Club Band* (1967)
*The Beatles* (o "Álbum Branco") (1968)
*Yellow Submarine* (1969)
*Abbey Road* (1969)[1]

---

[1] *Abbey Road*, lançado em 26 de setembro de 1969, foi o último álbum dos Beatles a ser gravado, mas não o último a ser lançado. Apesar de a maioria das músicas ter sido gravada em janeiro de 1969, *Let It Be* surgiu em maio de 1970, junto do filme homônimo. Há décadas discute-se a respeito do "último" álbum dos Beatles. Há muitos prós e contras. "I Want You (She's So Heavy)", de *Abbey Road*, marcou a última vez em que os quatro Beatles tocaram juntos em estúdio. *Let It Be* é mais uma trilha sonora do que de fato um álbum, e talvez só tenha se tornado um álbum de estúdio oficial porque os quatro integrantes já haviam seguido seus rumos. Entretanto, *Let It Be* é tecnicamente o último álbum da banda, enquanto *Abbey Road* é aquele que historiadores, especialistas e a maioria dos fãs consideram o "fim dos Beatles". Em 26 de setembro de 2019, exatamente cinquenta anos após o lançamento original, *Abbey Road* foi relançado em diversos formatos, com

*Let It Be* (1970)
*Magical Mystery Tour* foi originalmente lançado como EP duplo no Reino Unido em 1967, mas surgiu como álbum completo nos Estados Unidos e em outros territórios.

## OUTROS LANÇAMENTOS

*Red Album* 1962-1966 (1973)
*Blue Album* 1967-1970 (1973)
*The Beatles at the Hollywood Bowl* (1977)
*The Beatles Past Masters* (1988-2009)
*The Beatles Live at the BBC* (1994)
*Anthology 1* (1995)
*Anthology 2* (1996)
*Anthology 3* (1996)
*1 (One)* (2000)[2]
*Love* (2006)

## ÁLBUNS DE JOHN LENNON

*Unfinished Music No. 1: Two Virgins* (1968)
*Unfinished Music No. 2: Life with the Lions* (1969)
*Wedding Album* (1969)
*Live Peace in Toronto* — The Plastic Ono Band (1969)
*John Lennon/Plastic Ono Band* (1970)
*Imagine* (1971)
*Some Time in New York City* — com Yoko Ono (1972)
*Mind Games* (1973)
*Walls and Bridges* (1974)
*Rock'n'Roll* (1975)
*Shaved Fish* (1975) — com todos os singles de John como artista solo lançados nos Estados Unidos até então (exceto "Stand By Me", lançado anteriormente). Esta foi a única coletânea de gravações fora dos Beatles a ser lançada durante a vida de John e seu último álbum pelo selo da Apple.
*Double Fantasy* — com Yoko Ono (1980)
*Milk and Honey* — com Yoko Ono (1984)

---

uma nova mixagem do produtor Giles Martin e do engenheiro de som Sam Okell, e com vários conteúdos extras, como faixas adicionais, memorabilia e fotos nunca antes divulgadas. Martin (guiado pelo trabalho de seu pai, George, na mixagem original) comentou no encarte: "A magia vem das mãos tocando os instrumentos, a mistura das vozes dos Beatles, a beleza dos arranjos. Nossa missão é simplesmente garantir que tudo cause o impacto e transmita a originalidade como se fosse o dia em que foi gravado."

[2] Topo das paradas no mundo todo, a indispensável coletânea *1 (One)* inclui praticamente todos os singles número um no Reino Unido e nos Estados Unidos entre 1962 e 1970. Lançado no "trigésimo aniversário do fim oficial da banda" — apesar de a data ser discutível.
Os três Beatles restantes juntaram-se para o projeto *Anthology* em 1994, usando as composições "Free As a Bird" e "Real Love", de John, como base das novas canções que eles gravaram e lançaram como os Beatles.

## OUTROS LANÇAMENTOS

*Live in New York City* (1986)
*Menlove Ave* (1986)
*John Lennon Anthology* (1998)
*Wonsaponatime* (1998)
*Acoustic* (2004)
*John Lennon Signature Box* (2010)


## AS FAVORITAS DOS BEATLES DA AUTORA

Só posso listar minhas próprias favoritas. Caso contrário, ficaríamos aqui para sempre. Uma das maravilhas a respeito dos Beatles é que tem música para absolutamente todos os gostos. Mande um tuíte para mim com as suas preferidas: @LAJwriter. Podemos trocar ideias.

Foram quantas músicas no total, exatamente? Depende. Embora em geral se fale de um catálogo principal com 213 canções (algumas das quais são diferentes versões), com 188 originais e 25 covers, o ultimateclassicrock.com estima que os Beatles tenham gravado 227 canções lançadas oficialmente, sem incluir as gravações da BBC ou faixas ao vivo. Mais músicas chegaram ao mercado após a separação da banda, inclusive números ao vivo nunca capturados em estúdio e um banquete de *outtakes* e demos que podem ser encontrados em coletâneas, álbuns ao vivo, edições especiais e diversos lançamentos de remixes. Enfim, são muitas músicas. Talvez ainda haja mais por vir.

Simplicidade era a palavra-chave. Os Beatles deram início à carreira com um vocabulário limitado. As primeiras composições se voltavam principalmente para sentimentos universais, expressos com clareza. Eles raramente usavam palavras com mais de três sílabas. "Balalaikas" ("Back in the USSR"), "kaleidoscope" ("Lucy in the Sky with Diamonds") e "Montélimar" ("Savoy Truffle") são dignas de nota. As cinco palavras mais comuns em suas letras são monossílabas. "You" é a ocorrência mais frequente (2.262 vezes), seguida de "I" (1.736), "the" (1.355), "to" (1.097) e "me" (1.060). Eles fizeram uso de "girl" apenas 170 vezes (eu teria chutado mais), de "baby" 300 vezes, e "love" em um número relativamente restrito: 613... embora o sentimento esteja implícito, se não posto para fora, em quase todas as canções.[3] Por falar nisso, nomes de garotas surgem em larga escala em músicas que criaram ou pegaram emprestadas: Michelle, Eleanor, Rita, Madonna; Prudence, Martha, Sadie, Julia; Maggie Mae, Anna, Pam, Lizzy (dizzy miss) e Sally (long, tall); Lucy, Lucille, Carol, Clarabella e Penny; Mary Jane, Molly, Yoko, Loretta e Lil (mas todos a conhecem como Nancy).

Entre as escolhas de vocabulário mais incomuns temos "scrimp" ou "economizar" ("When I'm Sixty-Four"), "dovetail" ou "encaixe" ("Glass Onion"), "summersets" (ou "acrobacias") e "hogshead" ou "barril" ("Being for the Benefit of Mr. Kite!"), "hoedown" ou "quadrilha" ("Rocky Racoon"), "boatswain" ou "contramestre" ("Yellow Submarine"), "meander" ou "vaguear" ("Across the Universe"), "chapattis" ou "chapatis" ("What's the New Mary Jane") e "plasticine" ou "plasticina" ("Lucy in the Sky with Diamonds"). Há uma infinidade de belos absurdos, que vão desde o Welsh Rarebit (no mundo real, torrada com queijo) que veste roupa de baixo marrom em "Revolution 9", a contradição de deixar sair e deixar entrar ("So let it out and let it in") em "Hey

---
[3] Fonte: *Guardian*, 2010.

Jude", o homem-ovo ("I am the eggman"), o "goo goo g'joob" e a sardinha de semolina escalando a Torre Eiffel ("Semolina pilchard climbing up the Eiffel Tower") (*quê?*) em "I Am the Walrus" e a grandiosidade de um jardim de polvo ("Octopus's Garden") até Polythene Pam (*Abbey Road*), o homem rico que guarda dinheiro dentro de uma bolsa marrom no zoológico ("Baby You're a Rich Man"), uma semana de oito dias ("Eight Days a Week") e o sol apagando sua luz ("Good Night"). Há também inúmeras referências tipicamente britânicas: a Câmara dos Lordes (House of Lords), o Albert Hall e Blackburn, Lancashire, em "A Day in the Life"; o National Health Service ("Dr. Robert"); a nota de dez xelins ("ten-bob note") em "Mean Mr. Mustard"; dedo torto ("wonky finger"), costeleta ("sideboard"), galochas ("gumboot"), quiroprático ("spinal cracker") e "toe jam" (depósitos de sujeira que se acumulam nos dedos dos pés quando não lavados, mas vamos parar por aí) em "Come Together". Se nos aprofundarmos no tobogã ("Helter Skelter"), na National Trust ("Happiness is a Warm Gun"), na capa de chuva impermeável ("mac"), no retrato da rainha ("a portrait of the Queen") e no verso "Four of fish and finger pies" ("four of fish" se refere a porções de peixe frito que costumavam custar quatro pence; "finger pie" é uma expressão de cunho sexual) em "Penny Lane", vamos passar um ano inteiro aqui.

Portanto, sim: eles são mais inovadores, experimentais, influentes e duradouros do que qualquer outro grupo contemporâneo. De todo o século. Reduzir o catálogo inteiro a apenas meia dúzia? Queridos, eu bem que tentei.

**"P.S. I Love You"** — B-side do single de estreia, "Love Me Do".
Fui fisgada no "You, you you". Lançada em 5 de outubro de 1962, "PSILY" também aparece no primeiro álbum dos Beatles, *Please Please Me*. Paul escreveu boa parte da música em Hamburgo no início daquele ano, possivelmente como uma carta para sua queridinha do momento, Dot Rhone. Macca negou a afirmação, insistindo se tratar apenas de uma canção de amor genérica; e, de qualquer maneira, John também deu seus pitacos. O baterista escocês Andy White substituiu Pete Best na percussão, embora a banda já tivesse nomeado Ringo… que também apareceu na sessão e chacoalhou maracas (não é um eufemismo). Mais tarde, Starr tocou nas sessões de gravação da música na BBC. Eu amo a pose recatada dos rapazes na capa original do single.

**"Money (That's What I Want")** — do álbum *With the Beatles*.
Um cover de R&B escrito por Berry Gordy, fundador das gravadoras Tamla e Motown, com a compositora norte-americana Janie Bradford. A canção foi originalmente gravada por Barrett Strong em 1959 para o selo Tamla. Os Rolling Stones também fizeram um cover para o primeiro EP britânico da banda, bem como muitos outros artistas, especialmente os Searchers. Vale a pena conferir a versão do Doors em 1970 no álbum *Live in New York*. A gravação que os Beatles fizeram ao vivo em Estocolmo, em outubro de 1963, faz parte do *Anthology 1*. Lorde Lennon com seus autênticos berros, em uma performance afiada de rasgar a garganta. Primitivo, selvagem e incisivo. Em minha humilde opinião, ainda melhor do que o cover de "Twist and Shout".

**"I Saw Her Standing There"** — do álbum *Please Please Me*.
Escrita principalmente por Paul (que a princípio a chamou de "Seventeen"), com contribuições de John. Primeira música do álbum de estreia dos Beatles. Dizem que ele se inspirou na namorada Celia Mortimer, à época com dezessete anos (outubro de 1962). Paul confessou ter plagiado o riff de baixo de "Talkin' About You", de Chuck Berry (os Beatles também costumavam tocar esta música: a versão deles se encontra no álbum duplo *Live! At the Star-Club in Hamburg, Germany: 1962*). Nas notas de capa do *Please Please Me*, a faixa é creditada a "McCartney-Lennon".

**"If I Fell"** — do álbum *A Hard Day's Night*.
Esta música, no estilo "todos nós já passamos por isso", é bastante subestimada. Fala de mágoa, de amor e de se arriscar, e foi escrita e cantada principalmente por John, que a descreveu como sua primeira tentativa de compor uma "balada de verdade". Tem harmonias suaves e mudanças de tom complexas. Curiosamente, eles a tocavam em ritmo mais acelerado ao vivo do que quando a gravaram; e, ao cantá-la, John e Paul caíram na risada. A faixa também foi comercializada como single em dezembro de 1964, com "Tell Me Why" como lado B. Tratava-se de um single de exportação, mas acabou sendo mandado de volta à Grã-Bretanha e vendido por todo o país. Não chegou às paradas e não costuma ser considerado um single de verdade lançado no Reino Unido.

**"Things We Said Today"** — do álbum *A Hard Day's Night*.
A música é também o lado B do single britânico "A Hard Day's Night". Escrita por Paul em uma viagem ao Caribe com sua namorada, a atriz Jane Asher, em maio de 1964, ela reflete o complicado romance do casal. Bem-sucedidos em idade precoce, a agenda apertada dos dois os afastava. As separações os afetavam. Esta música solene passa uma ideia de pressentimento, de mau presságio. As mudanças de andamento são maravilhosas.

**"I'll Follow the Sun"** — do álbum *Beatles for Sale*.
Escrita por Paul em sua casa na Forthlin Road, com cerca de dezesseis anos. Também apareceu em álbuns não oficiais, EPs e lados B. Um esforço consciente de McCartney para garantir que cada música nova seria "diferente" da anterior. Ringo fez a percussão com as palmas das mãos nos joelhos. Uma canção pura, animada e estilo *carpe diem* que carece da grandiosidade da outra "música sobre o sol" do grupo — "Here Comes the Sun", de George —, bem como aquele traço de tristeza nas entrelinhas da letra otimista desta última.

**"I Feel Fine"** — single, com "She's a Woman" no lado B.
Notável por ser a primeira vez que a microfonia foi usada intencionalmente como um efeito de gravação. É John quem canta a música que ele mesmo escreveu, admitindo que a inspiração do riff veio de "Watch Your Step" (1961), a qual os Beatles já haviam tocado ao vivo. Paul acrescentou que "What I'd Say", de Ray Charles, influenciou a bateria. A queridinha do pop dos anos 1950, Alma Cogan, fez um cover da música em seu álbum *Alma*, de 1967.

**"I Need You"** — do álbum *Help!*.
É mesmo Ringo batucando nas costas de um violão Gibson Jumbo (e em uma campana), com John na tarola. O vocal com *double tracking* é de George, e ele toca uma guitarra acústica *e* uma guitarra de doze cordas. Foi George quem escreveu esta música um tanto ansiosa e melancólica — possivelmente sobre seu amor pela modelo Pattie Boyd, que conheceu nas filmagens de *Os reis do iê-iê-iê* e com quem mais tarde se casou, em janeiro de 1966.

**"You've Got to Hide Your Love Away"** — do álbum *Help!*.
John abre o coração mais uma vez, assim como havia criado coragem de fazer em "Help!" e "I'm a Loser". A música é ao mesmo tempo específica e obscura, com uma sofisticação psicológica que contradizia os 24 anos de John. Alguns especulam se tratar de sua frustração por ter que manter a própria esposa por baixo dos panos, com medo de que a existência de Cynthia pudesse comprometer sua reputação como um Beatle; outros creem que a música indique um caso de amor secreto com uma mulher desconhecida; ainda há outros que dizem que ela expõe os danos

que a fama e a fortuna lhe causaram. Ou será que, na verdade, a música fala do empresário da banda, Brian Epstein, homossexual não assumido? Seja como for, na opinião de Paul, este foi John dando uma de Bob Dylan — com flauta tenor e contralto no lugar da gaita. O "Hey" foi ideia de Pete Shotton.

**"Nowhere Man"** — do álbum *Rubber Soul*.
Escrita e cantada por John. Lançada como single fora do Reino Unido, também aparece no filme *Yellow Submarine*. Este é Lennon no auge de sua autoanálise, escrevendo sobre si mesmo em terceira pessoa, afastando-se do esquema "ela-me-ama-e-eu-a-amo" e voltando-se para o seu interior. Ele se expõe por completo. À toa em casa, sob a pressão de ter que correr contra o tempo para criar mais uma música para o *Rubber Soul* e frustrado pela falta de inspiração, John abriu mão dos esforços e foi se deitar. Foi então que a Musa lhe entregou a música completa, com letra e melodia. Mais tarde, ao falar sobre esse período em entrevistas, John descreveu um estado de catatonia muito próximo da forma clássica — uma condição psicológica séria que afeta aqueles que sofrem de depressão, ou daquilo que chamamos de transtorno bipolar, e de transtorno esquizoafetivo. O indivíduo catatônico se ausenta do ambiente, senta-se ou deita-se olhando para o espaço, pode apresentar sintomas como rigidez ou estupor e se mostrar incapaz ou indisposto a falar, responder ou até fazer alguns movimentos. Tal estado pode durar dias. As vítimas podem ter delírios, alucinações e ecolalia — ou seja, discurso repetitivo ou reprodução de sons, frases e palavras.

**"And Your Bird Can Sing"** — do álbum *Revolver*.
Pop/rock dissonante antes do surgimento de Allman Brothers Band e Lynyrd Skynyrd. Foi composta principalmente por John, que mais tarde a reduziu a "mais uma das minhas descartáveis [...] papel decorado embrulhando uma caixa vazia". Seu vocal cru é amortecido por harmonias sublimes. Tanto Paul quanto George tocam guitarra nesta faixa deliciosamente multifacetada.

**"Eleanor Rigby"** — do álbum *Revolver* (também lançada como single de lado A duplo com "Yellow Submarine").
Esta tragédia grega em forma de música, com seus temas sombrios que abordam envelhecimento, solidão e morte, transcendeu as convenções e a forma do pop e do rock da época, além de ter aumentado o fascínio pela banda. Os quatro Beatles e Pete Shotton ofereceram contribuições. Nenhum deles tocou nesta faixa: um conjunto de cordas fez o instrumental. A orquestração foi composta por George Martin. Paul canta a música; John e George o acompanham com harmonias. Angélico. Sublime.

**"Ticket to Ride"** — do álbum *Help!*.
A música aparece também no filme e foi lançada como single, com "Yes It Is" no lado B. Ah, o riff da guitarra Rickenbacker de doze cordas de George. Apesar disso, costumo me lembrar primeiro do cover marcante dos Carpenters, embora a faixa tenha sido gravada, entre outros artistas, por Mary Wells (que a banda adorava), a amante de John, Alma Cogan, e os Beach Boys. Mais uma vez, John e Paul se contradisseram a respeito de quem contribuiu com o quê, embora seja mais provável que se trate de uma música de John. Ele gostava de descrevê-la como "o primeiro disco de heavy metal já produzido". Segundo John, a música falava das prostitutas de Hamburgo que os rapazes conheceram durante as temporadas dos Beatles na cidade — elas

eram obrigadas a apresentar cartões provando estarem livres de ISTs antes de terem relações sexuais, ou "ride".

**"Rain"** — lado B de single.
Gravação icônica, psicodélica, experimental, desprendida, com melodia exótica e técnicas de alteração de velocidade da gravação. Notável graças ao vocal de John e à bateria excepcional de Ringo. Este é o lado B do single "Paperback Writer", muitas vezes escolhido como o melhor dos Beatles. Foi gravado durante as sessões de *Revolver* (embora nenhuma das duas tenha entrado no LP). A faixa conta com a primeira de suas "letras reversas", a técnica de tocar versos de trás para a frente que também foi usada em "Tomorrow Never Knows", *Revolver*. "Rain" é considerada por muitos o "maior sucesso de Ringo". Mais tarde, ele comentaria que estava "possuído" durante as gravações. Seu bumbo ficou mais potente graças a Geoff Emerick, assistente de George Martin que pôs um microfone mais próximo do instrumento e um agasalho de lã por dentro para abafar o som. O andamento por vezes é confuso, mas mesmo assim incrível. Possivelmente inspirado pelas drogas, é mais provável que a composição tenha sido instigada pelo tempo úmido que os recebeu quando pousaram em Sydney para a primeira e única passagem dos Beatles pela Austrália, em 1964 (como parte da primeira turnê mundial do grupo). O pessoal do Oasis deve ter ouvido esta música algumas vezes.

**"Strawberry Fields Forever"/"Penny Lane"** — single de lado A duplo.
Duas das músicas mais importantes que os Beatles já escreveram entrariam para a história como o maior arrependimento de George Martin. Não porque fossem inferiores, mas porque ele as reconheceu como as melhores canções que Paul e John tinham (até então) composto — e foram "descartadas" como singles. Ambas deveriam ter lugar em *Sgt. Pepper's Lonely Hearts Club Band* — não fosse pela exigência por parte da gravadora de um single que acalmasse os ânimos dos fãs até o próximo álbum. Preocupado em evitar acusações de tê-las esnobado, o produtor sustentou que tudo que era lançado como single não deveria aparecer também em um álbum. Os consumidores de discos precisavam sentir que estavam obtendo valor em troca de dinheiro (imagine só tentar impor tal padrão hoje em dia). As duas canções marcam um claro divisor de águas por serem as primeiras produções musicais dos Beatles desde o anúncio de que não fariam mais show nenhum. John escreveu "Strawberry Fields Forever" primeiro. Seu sonho nostálgico instigou Paul a revidar com "Penny Lane". Entre as duas, a última é mais inclusiva, acessível, charmosa e comercial, enquanto a primeira é pura elite, mistério e vanguarda.

Inspirado pelo poema *Fern Hill* de Dylan Thomas e pelo álbum *Pet Sounds* dos Beach Boys, Paul fez um passeio surreal e alucinógeno de volta à sua infância suburbana de céu azul em meio a uma chuva torrencial. *Very strange*. Ao fazê-lo, criou a experiência sentimental definitiva. Vale notar que "Penny Lane" refere-se tanto a um bairro no sul de Liverpool quanto a uma rua de verdade, cuja principal característica era o terminal de ônibus conhecido como "rotatória". Ela ainda existe — bem como a barbearia em que John, George e Paul iam cortar o cabelo quando eram crianças. Hoje Tony Slavin, o salão ainda guarda a prancha de madeira na qual os meninos se sentavam, por cima da cadeira do barbeiro, para deixá-los na altura certa para o corte. Eu a vi. Adele, a gerente, me deixou tocar na peça. As iniciais de Harry Bioletti estão gravadas nela, e o acessório é usado no estabelecimento até hoje.

Ao ouvirmos a música, somos forçados a encarar as aparentes memórias de nossa própria infância. Será que foi realmente desse jeito? Aqueles lugares eram exatamente como nos lembramos? Aquelas pessoas eram exatamente quem nós achamos que eram — ou estamos nos iludindo?

O músico de estúdio David Mason, que Paul recrutou após assisti-lo tocar na televisão, merece destaque por seu exuberante e encantador solo de trompete piccolo.

A mais psicodélica e desnorteante "Strawberry Fields", originalmente intitulada "It's Not Too Bad", foi batizada em homenagem ao orfanato do Exército da Salvação de Liverpool, que ficava perto da casa de John em Woolton. No passado, John brincava nos bosques e jardins do orfanato com seus amigos, apesar das repreensões de tia Mimi. Para ele, "Strawberry Fields" era sua melhor composição dos Beatles. Ele a escreveu em meio ao choque pela morte da cantora Alma Cogan, por quem havia se apaixonado sem que Cynthia soubesse. As referências obscuras da música refletem as obras religiosas e filosóficas que lia na época. Mais tarde, John falaria dela como uma interpretação musical do quanto se sentia "diferente" de todo mundo em toda sua vida, e afirmou se tratar de "psicanálise em forma de música". Paul, no entanto, interpretou a canção simplesmente como uma homenagem a Lewis Carroll e seu poema "Jaguadarte", que John amava e que teria sido inspiração para a letra. Há tanto uma nostalgia por lugares reais quanto um distanciamento deles; é ao mesmo tempo impressionista e precisa; ao mesmo tempo sóbria e movida a LSD. Sua introdução com mellotron é marcante, bem como os trompetes e violoncelos. Um dos trompetistas, Derek Watkins, ficou famoso por ter tocado em todos os temas dos filmes de James Bond de *Dr. No* a *Skyfall*.

Os filmes promocionais de ambas as faixas, junto das sequências de "Paperback Writer" e "Rain", estão entre os primeiros clipes musicais a serem lançados, e assim passariam a ser conhecidos. Com impressionante capacidade de visão, McCartney comentou que todas as futuras músicas pop girariam tanto em torno do aspecto visual quanto do sonoro. "Strawberry Fields" foi filmado no Deer Park, no parque Knole, em Sevenoaks, onde morei por muitos anos e por onde caminhei todos os dias com minha filha mais velha, Mia, depois da escola.

O memorial de John no Central Park, Nova York, foi assim chamado em homenagem à música.

**"A Day in the Life"** — última faixa do álbum *Sgt. Pepper's Lonely Hearts Club Band*. Escrita principalmente por John, esta faixa épica é a obra-prima dos Beatles e é aclamada pelo mundo inteiro como uma das gravações mais influentes e inovadoras da música pop de todos os tempos. É inspirada nos jornais, psicodélica, surreal, inexplicável, cacofônica, arrepiante e provavelmente movida a LSD. A obra estabeleceu o art rock como um gênero mainstream e inspirou Freddie Mercury a compor o golpe de mestre do Queen, "Bohemian Rhapsody".

**"She's Leaving Home"** — mais uma do álbum *Sgt. Pepper's Lonely Hearts Club Band*. Baseada na história real de Melanie Coe, de dezessete anos, sobre quem Paul tinha lido no *Daily Mirror*.

Assim como "Eleanor Rigby", esta é uma das poucas músicas dos Beatles em que nenhum deles tocou. (Ouça também "Within You Without You", de *Sgt. Pepper* — com participação de George, mas não na guitarra. Instrumentos indianos como a cítara, a tabla e a dilruba aparecem e são tocados principalmente pelo Asian Music Circle, do norte de Londres; "Good Night", do "Álbum Branco" — e só Ringo canta nesta, mais ninguém, com uma orquestra regida por George Martin; e, claro, "Yesterday": Paul a canta com cordas ao fundo, sem bateria.)

**"While My Guitar Gently Weeps"** — do "Álbum Branco".
Escrita pelo guitarrista George Harrison, que havia se estabelecido como compositor, esta é uma reflexão filosófica sobre o estado das relações entre os quatro músicos após voltarem do *ashram* do

Maharishi, na Índia, em 1968. A faixa conta com Eric Clapton na guitarra, mas ele não recebe os créditos. George disse que a música foi inspirada no antigo texto chinês, o *I Ching*. Desiludido com o resultado da jornada espiritual da banda, George também reconhece o grande tema do amor universal e lamenta o fato de a humanidade não ter encontrado a luz. É uma das melhores canções de amor de todos os tempos, paradoxalmente concebida em um momento de desespero.

**"Julia"** — do "Álbum Branco" (e também lado B do single "Ob-La-Di, Ob-La-Da", de 1976).
"When I cannot sing my heart, I can only speak my mind" [Quando não consigo cantar o que sinto, só me resta expressar o que penso]. Dá para ficar mais angustiante do que isso? John escreveu esta canção melancólica sobre sua mãe durante a estadia no *ashram* do Maharishi, em Rishikesh. O artista folk-pop Donovan, também presente na ocasião, ensinou-lhe novas técnicas de palhetada na guitarra. Também o ajudou na letra, ciente da intenção de John de evocar um clima *Alice no País das Maravilhas*. Há muito me pergunto se os versos emprestados do poeta Kahlil Gibran e levemente modificados foram ideia de Donovan ou de John. Aqui, temos apenas John e sua guitarra acústica, seu único solo em meio a todas as músicas dos Beatles. Ele acrescenta Yoko ao imaginário — seu nome significa "criança do oceano" —, porque sabemos que ele era inclinado a chamá-la de "Mãe". Neste caso, podemos e devemos fazer todas as interpretações possíveis. Porque seus sentimentos por Julia eram confusos, para dizer o mínimo. Porque todos os relacionamentos significativos que ele teve com mulheres após a morte de Julia foram efetivamente uma terapia de substituição materna.

**"Back in the USSR"** — do "Álbum Branco" (também lançado como single em 1976, com "Twist and Shout" no lado B).
Uma paródia de "California Girls", dos Beach Boys? Queria que todas fossem assim. Paul fez sua própria versão, acrescentando na mistura um pouco de "Back in the USA", de Chuck Berry. É uma sátira irresistível e um categórico rock'n'roll, que também foi alvo de críticas devido a seu evidente posicionamento político. Fazer o quê. Amo aquele chiado de motor a jato. Em 2003, Macca chegou a tocá-la na Praça Vermelha, em Moscou, pós-queda do regime socialista. Deve ter sido uma viagem e tanto. É uma pena que a British Overseas Airways Corporation não tenha sobrevivido para presenciar esse momento. Ringo não era um Beatle a essa altura, pois havia saído do grupo em protesto. Sim, Ringo era um baterista bom o bastante. Ele acabou voltando.

**"Across the Universe"** — do álbum *Let It Be*.
Você também passou anos se perguntando, né? Jai Guru Deva Om. Não tínhamos como pesquisar as coisas naquela época. Tudo que podíamos fazer era ligar os pontos, anotar a letra e tentar desvendar qual era a de John. Não. Quem diria que se tratava de um mantra em sânscrito, cuja tradução era "Dou graças a Guru Dev"? Algo do tipo. Também não sabíamos o que era MT (Meditação Transcendental). Éramos apenas crianças. A música teve sua primeira aparição em *No One's Gonna Change Our World*, uma coletânea de vários artistas, e foi retrabalhada para o álbum *Let It Be*. John disse que se inspirou em Cynthia reclamando de alguma coisa. Um resmungo da esposa transformado em esplendor poético que contradizia a insatisfação de John com a situação. Entre Lennon e McCartney, o clima estava tenso.

**"The Abbey Road Medley"**
Shakespeariana em sua diversidade, repleta de tragédia e comédia, poesia e dramaturgia, altos primorosos e baixos extremos, culminando em "The End". Verdadeiramente inebriante. Uma obra-prima. Que sejam essas as músicas tocadas no dia em que eu partir.

## AS FAVORITAS DE JOHN LENNON DA AUTORA

**"Instant Karma!"** — single.
*We all shine on!* Meu amigo Chris Welch escreveu sobre a música na *Melody Maker*: "Hit instantâneo! John Lennon está cantando melhor do que nunca. Com uma câmara de eco bem rock'n'roll em seu impactante vocal e uma percussão esplêndida, trata-se da melhor batida dos Plastic até o momento."

Para cada ação, uma reação. Causa e efeito. Um pouquinho de budismo aqui, a ameaça do carma ali — um bom conceito. John, ainda um Beatle na época, inspirou-se a escrevê-la após ter passado um tempo com o ex-marido de Yoko, Tony Cox, a filha deles, Kyoko, e a nova companheira de Cox, Melinda Kendall, que encheu sua cabeça de novas ideias espirituais. Foi produzida por Phil Spector, recém-saído da aposentadoria e de visita a Londres, e ostenta o seu *"Wall of Sound"*. Klaus Voormann e George Harrison se juntaram à formação. John havia cortado o cabelo, mas o corte não influenciou a canção — assim como Yoko (mas confira só o lado B).

**"God"** — do álbum *John Lennon/Plastic Ono Band*.
*The dream is over* [O sonho acabou]. John se refere aos anos 1960 e às práticas ineficazes das doutrinas e idolatrias que deveriam nos guiar para uma vida plena. Para adornar seu argumento, ele critica de tudo — de realezas a astros do rock, do budismo ao hinduísmo, do cristianismo à política e às antigas seitas e escrituras, juntando tudo no mesmo saco. Ele já havia sido o tecelão de sonhos e a morsa, mas agora era apenas John. "Só acredito em mim mesmo. Em mim e Yoko." O que ele quer dizer é: olhe para dentro de si. Como se "Deus" e o "Paraíso" estivessem sempre em seu interior.

**"Mother"** — do álbum *John Lennon/Plastic Ono Band*.
Este tema era a especialidade de McCartney, com "Lady Madonna", "Your Mother Should Know", "Let It Be" (apresentando sua mãe, Mary), "Mother Nature's Son", "Only Mama Knows" e "I Lost My Little Girl". Aqui surgia então a tentativa de John de ofuscar todas elas — até mesmo "Julia", sua própria composição.

Meu Deus! Desde a abertura, com seus toques fúnebres, até a conclusão, com gritos que ressoam toda a agonia de uma criança aterrorizada, esta música primal, inspirada em Janov, é uma lamúria de rejeição e luto que arrepia a alma. Para dizer a verdade, John critica ambos os pais: a mãe por abrir mão dele, o pai por abandoná-lo. Ele precisava dos dois, como reconhece — mas, é claro, eles não precisavam dele. Eles que se danem, então. Não foi o que quis dizer. O pedido angustiado de "Mama don't go, Daddy come home" [Mamãe, não se vá, Papai, volte para casa] demonstra de forma absoluta e devastadora que ele nunca superou o que os pais fizeram.

**"Jealous Guy"** — do álbum *Imagine*.
Muitos pensam que esta música foi escrita por Bryan Ferry, de tanto sucesso que fez sua versão (inferior), dez anos depois do lançamento da original. Crua, arrepiante e sofrida, a canção foi concebida na Índia, onde a princípio foi chamada de "Child of Nature". Mais tarde, os Beatles gravaram uma demo, mas o projeto acabou não indo para a frente. Por fim, John estava sonhando com o passado, como costumava fazer, e ela veio à tona. Trata-se de um reconhecimento de suas atitudes machistas do passado e de seu esclarecimento em relação às mulheres.

Esta foi a última música que John cantou ao vivo, sem aviso nem acompanhamento, com uma guitarra acústica, em um bar vazio de um hotel japonês. Bem anticlimático. É assim que o mundo acaba. Sem estrondo, mas com gemido.[4]

**"How Do You Sleep?"** — do álbum *Imagine*.
Com os Beatles chegando ao fim, a mais importante parceria de composição se desintegrando e o clima de ressentimento no ar, John escreveu esta música em retaliação. O álbum de Paul, *Ram*, o enfureceu por apresentar alguns ataques descarados a Lennon, em particular na música "Too Many People". "Sleep" é uma ótima música, mas vai longe demais e passa dos limites. Exemplos? Todos aqueles rumores de que Paul havia morrido estavam certos, afirma John; ele é apenas um rostinho bonito; vive cercado de puxa-sacos; a única música importante que escreveu foi "Yesterday" — um trocadilho, já que em inglês a palavra significa "ontem", insinuando que Paul é um artista ultrapassado; John chega até mesmo a debochar da obra de Paul, chamando-a de "música de elevador para os meus ouvidos". Foi desprezível da parte de John escrever e gravar este sarcasmo amargurado em forma de música. É de se compreender que Paul tenha se ofendido. Todos saíram perdendo. Mais tarde, John a dispensou como uma "brincadeira leve". Certo. É uma música legal, porém.

**"Happy Xmas (War Is Over)"** — single.
Sim, sim eu vi o número de vendas de "White Christmas". Bing Crosby é poderoso. Apesar da abreviação desagradável no título, a canção de Natal de John e Yoko, junto de "Fairytale of New York", de The Pogues/Kirsty MacColl, é um clássico definitivo. Está no mesmo patamar da "melhor música ruim de 1963": "All I Want for Christmas is a Beatle", de Dora Bryan ("Oh, that fab 'airdo").

Acima de tudo, é uma música de protesto. Um hino da paz com ares de *yule*. Tem algo a oferecer a todos: participação dos grupos Harlem Community Choir e Children's Choir; May Pang no *backing vocal*; mensagens melancólicas sussurradas para Kyoko e Julian, os filhos distantes; guizos tilintantes; produção de Phil Spector. A voz de John está adorável nesta música, e Yoko canta no tom. A guerra acabou. Se você quiser.

**"Out the Blue"** — do álbum *Mind Games*.
Oh, Yoko. Você inspirou algumas baladas pesadas. Esta é uma canção de amor sublime e enganosamente simples. Uma ode à alegria. À exceção de algumas metáforas mal-humoradas, ela atravessa os gêneros como se estivesse incerta sobre que tipo de música se trata, antes de se encerrar com confiança. É a música dos nossos sonhos. Porque é tudo que nós queremos, não é verdade? O amor verdadeiro. Duas mentes, um destino. Quem dera.

**"#9 Dream"** — do álbum *Walls and Bridges*.
"*Ah! Böwakawa poussé, poussé.*" Não quer dizer nada para mim. Também não queria dizer nada para eles. John sonhou com a música e com a letra indecifrável, que não faz parte de língua nenhuma. May Pang e amigos fazem o *backing vocal*, e ela murmura o nome do amante. É uma das músicas de Lennon mais difíceis de se ouvir em momentos de tristeza, nostalgia ou raiva por sua morte. É trágica e definitiva.

---

[4] Uma lembrança a T.S. Eliot, autor do poema "Os Homens Ocos".

**"Watching the Wheels"** — do álbum *Double Fantasy* (lançada também como single após a morte de John, com "Beautiful Boy (Darling Boy)", sua música para o pequeno Sean, no lado B). Ele precisava deixar para lá. Abriu mão do sucesso, desceu do carrossel, deu as costas para a fama e voltou à realidade. Ele tinha tudo que importava. Redefiniu suas prioridades. Ficou em casa para ser pai e cozinhar o jantar. As pessoas não entendiam. Agora entendem.

**"Grow Old with Me"** — do álbum *Milk and Honey*.
Acontece de tudo aqui. John grava a demo de uma música nas Bermudas com base em um poema de Robert Browning. Em Nova York, Yoko encontra um antigo poema da triste esposa de Browning, Elizabeth Barrett Browning. Ela escreve uma música inspirada no texto, intitulada "Let Me Count the Ways", e um ritmo se forma em sua cabeça. Seriam John e Yoko a reencarnação dos Browning? Pois bem. As duas músicas separadas poderiam ter entrado lado a lado no álbum *Double Fantasy*, não fosse o prazo apertado do lançamento. Em vez disso, eles entrelaçaram as duas para formar "Grow Old with Me". Como o título sugere — "envelheça comigo" —, assim eles fizeram, ou pretendiam fazer. O melhor ainda estava por vir.

# BIBLIOGRAFIA SELECIONADA E RECOMENDAÇÕES

Bíblia Sagrada King James atualizada, editora Abba Press.
BAIRD, Julia e GIULIANO, Geoffrey, *John Lennon My Brother*, Grafton Books, 1988.
BAIRD, Julia, *Imagine: Crescendo com o meu irmão John Lennon*, Globo Livros, 2007.
*The Beatles: História, discografia, fotos e documentos*, Publifolha, 2014.
*The Beatles Lyrics*, Futura Publications, 1974.
BEDFORD, Carol, *Waiting for the Beatles*, Blandford Press, 1984.
BEST, Pete e DONCASTER, Patrick, *Beatle! The Pete Best Story*, Plexus Publishing Ltd, 1985.
BRAMWELL, Tony, *Magical Mystery Tours: Minha vida com os Beatles*, editora Seoman, 2008.
BROWN, Peter e GAINES, Steve, *The Love You Make*, Macmillan, 1983.
BURGER, Jeff, *Lennon on Lennon: Conversations with John Lennon*, Chicago Review Press, 2016.
CLAYTON, Marie e THOMAS, Gareth, *John Lennon Unseen Archives*, Paragon/Daily Mail/Atlantic Publishing, 2002.
COLEMAN, Ray, *John Winston Lennon, Vol. 1*, Sidgwick & Jackson, 1984.
COLEMAN, Ray, *John Winston Lennon, Vol. 2*, Sidgwick & Jackson, 1984.
CONNOLLY, Ray, *Being John Lennon*, Weidenfeld & Nicolson, 2018.
DAVIES, Hunter, *The Beatles*, editora BestSeller, 2015.
DAVIES, Hunter (ed.), *The John Lennon Letters*, Weidenfeld & Nicolson, 2012.
EDMUNDS, Richard A., *Inside the Beatles Family Tree*, A. R. Heritage Publishing, 2018.
EPSTEIN, Brian, *A Cellarful of Noise*, Souvenir Press, 1964.
FAITHFULL, Marianne, *Faithfull*, Michael Joseph, 1994.
GIULIANO, Geoffrey, *The Beatles A Celebration*, Sidgwick & Jackson, 1986.
GIULIANO, Geoffrey, *Blackbird: The Unauthorised Biography of Paul McCartney*, Smith Gryphon, 1991.
GOLDMAN, Albert, *The Lives of John Lennon*, Bantam Press, 1988.

GOODDEN, Joe, *Riding So High, The Beatles and Drugs*, Pepper & Pearl, 2017.
HAMP, Johnnie, *It Beats Working for a Living*, Trafford Publishing, 2008.
HARRIS, Bob, *The Whispering Years*, BBC Worldwide, 2001.
HARRIS, Bob, *Still Whispering After All These Years*, Michael O'Mara Books, 2015.
HARRY, Bill, *The McCartney File*, Virgin Books, 1986.
HOFFMAN, Dezo, *With The Beatles: The Historic Photographs*, Omnibus Press, 1982.
JONES, Kenney, *Let the Good Times Roll*, Blink Publishing, 2018.
JONES, Ron, *The Beatles' Liverpool*, Liverpool History Press, 1991.
LENNON, Cynthia, *John*, Hodder & Stoughton, 2005.
LENNON, John, *In His Own Write*, Jonathan Cape, 1964.
LENNON, John, *A Spaniard in the Works*, Jonathan Cape, 1965.
LENNON, John, *Skywriting by word of Mouth*, Vintage, 1986.
LEWISOHN, Mark, *The Beatles Live!*, Pavilion Books Ltd, 1986.
LEWISOHN, Mark, *The Beatles, Tune In*, Little, Brown, 2013.
MACDONALD, Ian, *Revolution in the Head*, Fourth Estate, 1994.
MARION, Bob, *The Lost Beatles Photographs*, HarperCollins, 2011.
MARTIN, George, *Making Music*, Pan Books, 1983.
MARTIN, George, *All You Need Is Ears*, Macmillan London, 1979.
MCCABE, Peter e SCHONFELD, Robert D., *John Lennon: For the Record* (a partir de entrevista gravada em 1971), Bantam USA, 1984.
MCCARTNEY, Paul, *Blackbird Singing Lyrics & Poems 1965-1999*, Faber & Faber, 2001.
MCKINNEY, Devin, *Magic Circles: The Beatles in Dream and History*, Harvard University Press, 2003.
NAPIER-BELL, Simon, *You Don't Have to Say You Love Me*, New English Library, 1982.
NAPIER-BELL, Simon, *Ta-Ra-Ra Boom De-Ay*, Unbound, 2014.
NORMAN, Philip, *Shout! The True Story of The Beatles*, Hamish Hamilton, 1981.
NORMAN, Philip, *The Stones*, Hamish Hamilton, 1984.
NORMAN, Philip, *Elton*, Hutchinson, 1991.
NORMAN, Philip, *John Lennon: A vida*, Companhia das Letras, 2009.
NORMAN, Philip, *Paul McCartney: A biografia*, Companhia das Letras, 2017.
PANG, May e EDWARDS, Henry, *Loving John*, Transworld, 1983.
PEEBLES, Andy e BBC, *The Lennon Tapes*, BBC, 1981.
ROGAN, Johnny, *Lennon: The Albums*, Calidore, 2006.
SALEWICZ, Chris, *McCartney The Biography*, Macdonald & Co., 1986.
SCOTT, Neil e FOSTER, Graham, com vários artistas, *Lennon Bermuda* (livro e box), Freisenbruch Brannon Media, 2012.
SHEFF, David, *Last Interview*, Sidgwick & Jackson, 2000.
SPITZ, Bob, *The Beatles: A biografia*, Lafonte, 2007.
SWERN, Phil, *Sounds of the Sixties* (com 59 versões cover de músicas escritas por John Lennon e Paul McCartney ou George Harrison), Red Planet, 2017.
WALD, Elijah, *How The Beatles Destroyed Rock'n'Roll*, Oxford University Press, 2009.
WENNER, Jann S., *Lennon Remembers*, Straight Arrow Books, 1971.

## WEBSITES

www.thebeatles.com
www.johnlennon.com
www.beatlesbible.com

## RECOMENDAÇÕES

**London Beatles Walking Tours** por Richard Porter: cinco excursões programadas em grupo por semana, mais excursões particulares. Abbey Road e mais. Mais detalhes em www.beatlesinlondon.com ou pelo e-mail beatlesinlondon@gmail.com.

**Stefanie Hempel's Beatles — Tour of Hamburg**: uma jornada musical pelo distrito da luz vermelha de St. Pauli e locais originais dos Beatles. Excursões em grupo e particulares. www.hempels-musictour.de/en

**Fab Four Taxi Tours**
54 St. James St
Liverpool, L1 0AB
www.fab4taxitours.com
info@fab4taxitours.com
Eddie Connor (nome do táxi: "Penny [Lane]") foi nosso excelente e muito bem-informado motorista e guia.

**Excursão combinada da National Trust pelas casas da infância de John e Paul**
Mendips e número 20 da Forthlin Road: a única maneira de ter acesso ao interior das extraordinárias casas direto do túnel do tempo. Até mesmo Bob Dylan e Debbie Harry fizeram este passeio!
www.nationaltrust.org.uk/beatles-childhood-homes

**Philarmonic Dining Rooms**
36 Hope St
Liverpool, L1 9BX
www.nicholsonpubs.co.uk/restaurants/northwest/thephillarmonicdiningroomsliverpool
Refúgio favorito dos Beatles, com banheiros masculinos tombados pelo governo britânico, teve aparição memorável no episódio de *Carpool Karaoke* de James Corden com Paul McCartney no *Late Late Show* (CBS).

# AGRADECIMENTOS

Tantas pessoas me ajudaram ao longo do processo de pesquisa e escrita deste livro que selecionar apenas algumas para um agradecimento especial parece injusto. Ainda assim, gostaria de destacar aqueles que foram além.

Como eu trabalhava com o mesmo agente desde 2003, considerava a perspectiva de procurar um novo profissional tão assustadora que ignorei a necessidade de correr atrás disso por mais de um ano. Quando conheci Clare Hulton em 2019, nós nos demos bem de cara. Ela personifica as contradições que mais admiro. É enérgica, sem rodeios. Entende os escritores. Ela nos permite dar atenção ao texto.

Kelly Ellis e eu estávamos de acordo quando discutimos a possibilidade de um novo estudo sobre John Lennon. Ela concordou que a ideia não era produzir mais uma biografia só por fazer, em um ano com datas importantíssimas; mas oferecer uma nova interpretação com base em minha própria pesquisa e minhas entrevistas seria válido. Kelly comprou o livro com tanto entusiasmo e me deu tanto apoio que chorei quando ela saiu da Bonnier/John Blake para trabalhar em outra editora. Eu não precisava ter me preocupado. James Hodgkinson é seu nobre substituto. Amo trabalhar com ele.

Martin Barden e Ray Cansick me acompanharam até Hamburgo em uma corrida viagem de pesquisa, gerenciando nossa programação com calmo profissionalismo, gentileza e humor. Não teria conseguido sem eles. Contamos com a supervisão, o apoio e a tradução de Jörg e Dörte Günther, que foram igualmente úteis, generosos e adoráveis. Devo tudo a eles.

Ed Phillips foi meu braço direito indispensável em Liverpool. Ele fez tudo, inclusive dirigir. Seu registro fotográfico completo da visita se provou inestimável durante nossa reconstituição do caminho percorrido.

Mia Jones foi minha assistente prestativa e competente nas três viagens de volta a Nova York. Ela também passou muitas horas vasculhando arquivos para recuperar informações obscuras e esquecidas. Reouvir e rever coisas através de seus olhos e ouvidos não contaminados pelos Beatles foi revelador.

Aurora Benting fez todo o resto, desde estocar a geladeira até colar selos.

Existem inúmeras razões pelas quais sou grata a David Stark: a principal foi por ter me levado de volta a Merseyside para a formatura do Verão de 2019 da LIPA, no Liverpool Institute for the Performing Arts, localizado na antiga escola primária de Macca. Foi lá que tive a chance de conversar a sós com Paul, compartilhando histórias (e alguns segredos) com ele. Nunca imaginei que seria agraciada com uma oportunidade dessas. David também forneceu a gravação de uma entrevista perdida, nunca antes publicada, que ele mesmo havia conduzido com o falecido Pete Shotton, melhor amigo de John desde os seis anos.

Meu muito obrigada ao Hope Street Hotel de Liverpool, ao NH Collection Hamburg City e ao Soho House New York.

Sou muito grata a Jacob Nordby pela permissão para usar sua citação nas primeiras páginas. www.blessedaretheweird.com/jacob-nordby/

Estarei sempre em dívida com Andy Peebles por ter possibilitado que eu me tornasse, até onde sabemos, a primeira — senão a única — escritora do mundo a ter ouvido as três horas e 22 minutos da entrevista completa e sem edições que ele conduziu com John e Yoko no Hit Factory em Nova York, em 6 de dezembro de 1980. Foi a primeira vez em uma década que John havia aceitado ser interrogado pela rádio BBC; desde que os Beatles se separaram, na verdade. Acabou sendo a última conversa de John com um apresentador britânico. Assim como em qualquer entrevista com Lennon, ficamos com mais perguntas do que respostas. Mas a sensação foi boa. Essas são as perguntas que moldaram este livro.

Também não poderia ter escrito sobre John sem a ajuda de várias outras pessoas dispostas e prestativas — entre elas, um número considerável falou comigo com a garantia do anonimato, portanto estão aqui nas entrelinhas. Quanto aos seguintes, muitas lembranças para guardar com carinho. Agradeço de coração a:

Frank Allen
Keith Altham
David Ambrose
Dan Arthure
Judy Astley
Mike Batt
Julianne Batt
Brian Bennett
Warren Bennett
Ed Bicknell
Francis Booth
Jenny Boyd
Clare Bramley
Fenton Bresler, R.I.P.
Clem Cattini
Chris Charlesworth
Chips Chipperfield, R.I.P.
Dominic Collier
Eddie Connor
Jeff Dexter
Kuno Dreysse
Marianne Faithfull
Paul Gambaccini
Brian Grant

Dörte Günther
Jörg Günther
Cosmo Hallström
Johnnie Hamp
David Hancock
Stefanie Hempel
Andy Hill
Jackie Holland
Richard Hughes
James Irving
Debbie Jones
Trevor Jones
A reverenda cônega Dra. Alison Joyce
Berni Kilmartin
Simon Kinnersley
Cynthia Lennon, R.I.P.
Julian Lennon
Steve Levine
Mark Lewisohn
Sir George Martin, R.I.P.
Linda McCartney, R.I.P.
Sir Paul McCartney
Tom McGuinness
Leo McLoughlin

Scott Millaney
Jonathan Morrish
Paul Muggleton
Mitch Murray CBE
Simon Napier-Bell
Philip Norman
May Pang
Anne Peebles
Allan Pell
Meredith Plumb
Richard Porter
David Quantick
Sir Tim Rice
Leo Sayer
Roger Scott, R.I.P.
Paul Sexton

Pete Shotton, R.I.P.
Earl Slick
David Stark
Maureen Starkey, R.I.P.
Andy Stephens
Phil Swern
Judie Tzuke
Klaus Voormann
JohnnieWalker
Michael Watts
Adrienne Wells
John Wells
Stuart White
Tom Wilcox
Suki Yamamoto

Este livro é dedicado a minha mãe, Kathleen; a Henry, Bridie e Mia; e a Cleo e Jesse, Nick, Alex e Christian, Matthew e Adam.
P.S., amo vocês.

L-AJ, Londres, setembro de 2020

Impressão e Acabamento:
LIS GRÁFICA E EDITORA LTDA.